KB034184

상하이영화와 **상하이인**의 정체성

상하이영화와 상하이인의 정체성

임춘성 | 곽수경 엮고 씀
김정욱 | 노정은 | 유경철 | 임대근 | 홍석준 함께 씀

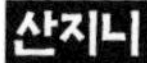

* 이 연구는 한국학술진흥재단의 2004년도 인문사회분야지원국내외지역 사업의
지원을 받아 수행되었습니다. (과제번호: KRF-2004-AS3040)

책을 펴내며

■ ■ ■

개혁개방 30년이 넘은 중국이 세계인의 주목을 받은 것은 어제오늘의 일이 아니지만, 2008년 베이징올림픽 이후 그 관심의 폭과 깊이가 더해지고 있다. 특히 '중국의 부상(the rise of China)', 중국이 세계를 '바꾼다(to change)', '움직인다(to move)', '흔든다(to shake)', '지배한다(to rule)' 등의 언설이 저널리즘의 표제를 넘어 학문적 의제로 제시되고 있는 것이 21세기의 현실이다. 이런 판단은 지난 30년 중국의 경제적 성장에 근거하고 있지만, 최근에는 서양의 잣대로 중국을 평가해서는 안 되고 중국의 오랜 역사와 문화를 직시해야 한다는 주장들이 눈길을 끌고 있다.

런던경제대학(London School of Economics) 아시아 연구센터(Asia Research Centre)의 객원 연구원인 마틴 자크(Jacques, Martin)는 『중국이 세계를 지배하는 날When China Rules the World』(2009)에서 '서양 세계의 종말(the end of the Western world)'과 '새로운 전지구적 질서의 탄생(the birth of a new global order)'이라는 문제의식을 제기해 학계와 독서계의 광범한 주목을 받고 있다. 550쪽에 이르는 방대한 분량을 여기서 상세하게 소개할 수는 없지만 그 요점을 보면 다음과 같다. 그는 중국과 최근 중국의 부상(rise)에 대한 서양의 주류적 견해 및 공감대가 중국을 제대로 이해하지 못한 오독에서 비롯되었음을 지적하면서,

중국을 관찰할 때 서양적 관점에서 바라볼 것이 아니라 중국적 특색을 충분히 고려하는 관점에서 바라볼 것을 주장하고 있다. 그가 중국적 특색으로 꼽은 네 가지 핵심 주제는 '국민국가(nation-state)에 그치지 않는 문명국가(civilization-state)', '94%에 이르는 한족을 중심으로 한 인종(race)', '조공국가(tributary state) 체계', '오래 지속된 통일(unity) 국면' 이다. 결론에서는 이 네 가지를 중심으로 중국의 여덟 가지 모더니티를 적시하고 있다. 여기에서 자세히 살펴보지는 못했지만 마틴 자크의 이론적 근거가 '21세기의 계보들(Lineages of the Twenty-First Century)' 이라는 부제를 단 조반니 아리기(Giovanni Arrighi)의 『베이징의 애덤 스미스(Adam Smith in Beijing)』(2007)임은 자명하다.

자크의 주장을 비판하기는 어렵지 않다. 그는 서양화(westernization)를 근현대화(modernization)와 동일시하고 개발도상국이 발전하면 서양식 선진국이 될 것이라는 서양 보편주의, 따라서 예전에 일본을 그 일원으로 받아들였듯이 중국도 어느 시점에 책임감 있는 일원으로 받아들인다는 서유럽 중심주의를 비판하고 있다. 자크는 이런 서양인들에게 이제는 서양과 역사 · 문화적 맥락이 다른 중국의 특수성에 주목할 것을 경고하는 것이다. 사실 이런 주장이 새삼스러운 것은 아니다. 몽골의 서정 이래 서양에서는 강대한 중국에 대한 위협을 '황화(Gelbe Gefahr)' 로 유비한 바 있다. 자크는 21세기 황화에 대해 중국적인 '지피지기(知彼知己)' 의 대응방식을 권유하고 있는 셈이다. 그러므로 그의 주장이 중국 중심주의(Sino-centricism) 편향을 가지게 되는 것은 당연하다. 우리가 주목할 것은, 개혁개방 이후 오랜 화두였던 '전통과 근현대화' 의 관계에 대한 논의가 이제 '다양한 근현대화의 성과를 수렴한 전통' 으로 모아지고 있고 그 성과들이 가시적으로 드러나고 있다는 점이다. 이러한 성과들은 중국 내적으로는 '문화민족주의(cultural nationalism)' 로, 대외적으로는 '글로벌 차이나(global China)'

로 요약할 수 있다. 우리는 베이징올림픽과 상하이엑스포를 '문화민족주의의' 의 토대 위에 '글로벌 차이나' 의 성과들을 집약적으로 드러낸 장치로 읽을 수 있다.

한국이 1988년 서울올림픽과 1993년 대전엑스포를 계기로 세계무대로 도약했듯이, 2008년 베이징올림픽에 이어 2010년 상하이엑스포가 '글로벌 차이나' 를 위한 또 하나의 매듭이 될 것이라는 사실은 불을 보듯 명확하다. '아름다운 도시, 행복한 생활(城市, 讓生活更美好, Better City Better Life)' 이라는 구호 아래 금년 5월 1일부터 10월 31일까지 거행될 상하이엑스포는 베이징올림픽의 3.5배라는 경제효과를 예상하고 있을 뿐만 아니라 "그린 엑스포(Green Expo)' 에도 역점을 두고 있다. 최대와 최고의 수치로 장식된 공식적인 보도 외에 상하이엑스포를 계기로 위안(圓)화를 세계 기축통화로 격상시키려는 중국 정부의 물밑 노력도 또 다른 화제가 되고 있다. 마틴 자크의 예언대로 베이징이 새로운 세계의 수도(the new global capital)를 자처하는 날 상하이는 명실상부한 경제와 문화의 중심임을 자랑할 것이다.

근현대 동서교류의 관점에서 볼 때, 중국 측 창구는 1840년 이전의 광저우(廣州), 1843년 개항 이후 중화인민공화국 건국 직전까지의 상하이, 1950년대 이후의 홍콩(香港), 1980년대 개혁개방 이후의 광저우와 선전(深圳), 1990년대 이후 상하이가 중심 역할을 했음을 알 수 있다. 크게 보면 주장(珠江) 삼각주와 창장(長江) 삼각주 사이를 오간 셈이다. 중국 근현대 장기 지속(longue durée)의 관점에서 볼 때, 상하이는 가장 오랜 시간 동안 중국의 대외 창구 노릇을 했다. 외국인 조계와 국내외 이주를 통해 중국의 새로운 중심으로 부상한 모던 상하이는 1930~40년대 이미 세계적인 국제도시로 이름을 날렸다. 그러나 1949년 공산화된 이후, 그 영광을 홍콩에게 넘겨주었다. 식민지였으면서도 20세기 자본주의 정점의 하나를 구축했던 홍콩의 발전은 상하이의 후견 아래 이루어졌던 셈이다. 1930년대 서양인들에게 '동양의 파리' 또는 '모험가들의 낙원'으로 일컬어졌던 상하이가 왕년의 영광 회복을 선언하고 나선 것은 1990년대 들어서였다. 푸둥(浦東) 지구 개발로 뒤늦게 개혁개방에 뛰어든 상하이는 10여년 만에 중국 최고 수준의 발전을 이루는 저력을 과시하고 있다. 상하이는 중국 근현대사의 진행과정을 압축적으로 구현하고 있다. 따라서 상하이와 상하이인의 정체성을 파악하는 것은 근현대 중국의 핵심을 이해하는 것이기도 하다.

이런 맥락에서 상하이의 역사와 문화 그리고 정체성에 대한 연구는 시의적절하다 할 수 있다. 우리 출판계에 상하이는 낯설지 않은 아이템이다. 최근 인터넷서점 '알라딘'에서 '상하이'로 검색해본 결과 70여 종을 찾을 수 있었는데, 여행안내서와 여행기가 주종을 이루고 『장한가』(왕안이 2009) 등 상하이 관련 소설이 뒤를 잇고 있다. 그 가운데 상하이 영화황제 진옌(金焰)에 관한 전기 세 권—『상하이에 핀 꽃-1930년대 영화황제 김염』(조복례 2004), 『상하이 올드 데이스』(박규원 2003), 『상해의 조선인 영화황제』(鈴木常勝 1996)—이 눈길을 끄는데, 이는 중국영화에 대한 관심이라기보다, 정작 본인은 조선적 정체성을 그다지 강조하지 않았음에도 불구하고, 동포라는 사실에 방점이 찍혀 있다. 그리 많지 않은 학술적인 접근에서 『상하이 모던』(리어우판 2007) 등의 번역서를 빼고 나면 우리 학계의 성과는 한 손으로 꼽을 수 있을 정도다.

'전통과 근(현)대의 중층적 관계'라는 관점에서 '지연망'과 '생활문화'를 통해 상하이의 '근(현)대성'을 조망한 『20세기 전반기 상해사회의 지역주의와 노동자』(전인갑 2002), 국민혁명 시기 상하이의 학생운동을 다룬 『중국의 국민혁명과 상해학생운동』(정문상 2004), 1920~30년대 상하이의 민간단체와 국가단체의 관계를 통해 중화민국 민중의 단체 결성과 정치활동 참여의 메커니즘을 고찰한 『근대 상해의 민간단체와 국가』(이병인 2006), 그리고 '근(현)대성의 다양한 양상에 대한 구체적인 접근' 이라는 취지에서 도시화, 상공업, 문화, 공공성 등의 영역으로 나누어, 교통, 공공사업, 위생, 어음 결산 관행, 상권, 생활문화, 영화산업, 기독교여청년회, 대학, 외국어, 자선, 유민습근소 등의 다양한 방면에 걸쳐 근현대성의 양면성 내지 중층성을 구체적으로 분석한 『20세기초 상해인의 생활과 근대성』(배경한 엮음 2006) 등이 대표적이다. 이들은 주로 역사학의 관점에서 중화민국 시기 상하이에 초점을 맞추고 있다. 이와 달리 『현대 도시 상하이의 발전과 상하이인의 삶』(이일영 엮음 2006)은 각 영역의 중국학자들이 개혁개방 이후 상하이를 대상으로 역사와 경제, 권력구조와 인민대표대회, 노동관계와 호구제도, 탈식민성과 페미니즘의 관점에서 학제 간 연구를 시도했다. 중문학 전공자들의 공동연구 결과물인 『중국 근대의 풍경』(문정진 · 민정기 외 2008)은 상하이에서 1884년부터 14년간 발행된 『점석재화보』를 중심으로 화보와 사진 속의 일상 풍경들을 다양한 주제의식으로 '절합(articulation)' 시킴으로써 '텍스트와 콘텍스트의 소통' 이라는 연구영역을 확장시켰다. 이들 선행연구는 우리 연구에 직간접적인 도움을 주었다.

1843년 개항 이후 오늘의 상하이가 있기까지의 역사적 · 문화적 과정에 대한 연구 가운데 상하이영화를 통해 상하이와 상하이인을 고찰하는 것은 중요한 의미를 가지고 있다. 1949년 이전까지 중국영화와 원주가 거의 비슷한 동심원이었던 상하이영화는 사회주의 30년 동안 베이징과 시안(西安) 및 창춘(長春) 등에게 경쟁을 허용했지만, 개혁개방 이후 상하이영화그룹 결성과 상하이국제영화제 등을 통해 예전의 영광을 회복하고 있다. 상하이에 붙는 최초의 근현대도시, 이민도시, 국제도시, 상공업도시, 소비도시 등의 표현은 영화산업 발전의 요건을 설명해주는 명칭이기도 하다. 중국영화는 상하이로 인해 입지를 확보하고 영역을 넓힐 수 있었고, 상하이는 영화로 인해 근현대화를 가속화할 수 있었다. 그러므로 상하이영화는 상하이 나아가 중국 근현대화의 요체라 할 수 있다.

우리들이 '상하이영화를 통한 상하이와 상하이인의 정체성'이라는 주제로 연구를 시작한 것은 2004년 9월이었다. 6개월 정도의 사전 준비기간 동안 주제와 연구방법에 대해 토론을 거쳤다. 연구자들은 중문학 전공자를 중심으로 영화학자와 문화인류학자로 구성되었고, 영화연구와 문화연구, 그리고 동아시아 항구도시문화 등에 관심을 가지고 있었다. 연구의 원만한 진행을 위해 우리는 개별 연구 외에 심포지엄과 현지조사의 방식을 취했다. 심포지엄 첫해에는 주로 연구주제와 직접적인 관계가 있는 주제발표와 토론을 진행했고 이듬해에는 국내 상하이 전문가를 초빙해 발표를 듣고 질의 토론하는 형식의 〈상하이 포럼〉으로 진행했다. 2005년 2월과 2006년 2월, 두 차례에 걸친 현지조사를 통해 영상자료 및 문헌자료를 수집하고 상하이 전문가들 및 중국영화학자들과 학술토론회 및 소규모 간담회 등을 통해 상하이와 중국영화를 중심으로 한 연구 주제에 대한 이해를 심화시켰다.

이 책은 3부로 나뉘어 있다. 제1부 '상하이영화와 영화 상하이'에서는 먼저 중국영화에 재현된 상하이와 상하이인의 정체성을 살펴보고, 상하이와 영화 연구를 위해 도시와 영화의 관계, 상하이영화의 명명 등에 관한 개념 규정을 명확히 했다. 아울러 상하이영화의 형성이 어떻게 중국영화의 형성과 길항(拮抗) 관계를 맺고 있는지 그 내부의 복잡한 논리들을 고찰했으며 20세기 상하이영화 가운데 상하이를 배경으로 하고 있는 영화 141편을 대상으로 당시 영화제작사의 경향성과 영화와 시대, 사회와의 관계 및 영화의 역할과 위상 등을 고찰했다.

제2부 '상하이영화와 재현의 정치학'에서는 먼저 중국영화가 상하이를 어떻게 그려내고 있는가, 나아가 어떻게 해석하고 표현해내고 있는가에 초점을 맞추어, 1930년대 상하이 재현과 상하이영화의 장르적 특징인 '멜로 드라마적 이야기 방식'에 주목했다. 아울러 사회주의 시기와 포스트사회주의 시기의 상하이 재현 영화들을 분석했다. 또한 1930년대 중국 좌익계열 영화에 대해 영화의 형식과 미학적 특징에 대한 분석을 통해서 이데올로기, 미학, 산업 등 영화를 둘러싼 다양한 기제들이 영화의 형식 구성에 어떻게 개입하는지를 살펴보았다. 이어서 1930년대 올드 상하이를 배경으로 제작된 영화의 영상 서사미학을 분석함으로써 올드 상하이 영화의 정체성을 판별했다. 한편 '기억'과 '역사들'을 키워드로 삼아 상하이인의 정체성 고찰의 일환으로 펑샤오롄(彭小蓮) 감독의 '상하이 삼부곡'을 분석했다. 그리고 페미니즘적 관점에서 상하이영화의 남성텍스트적 혐의와 여성형상에 나타난 동화와 할리우드의 영향을 고찰했다.

제3부 '이민도시 상하이의 도시문화'에서는 급변하는 전지구적 변환이라는 광범위한 문화적 과정에서 상하이와 상하이인의 정체성의 지속과 변화를 상하이 도시문화의 형성과 변화라는 측면에서 다루었고, 근현대도시 상하이의 핵심을 이민으로 파악하고 이민 정체성을 국족 정체성의 구체적 표현으로 설정해 상하이와 상하이인의 정체성을 고찰했다. 또한 1930년대 상하이인의 도시경험과 영화경험의 관계에 대한 고찰을 통해 상하이인의 식민 근대에 대한 대응방식과 근대적 자아정체성 형성에 어떠한 역할을 했는지를 고찰했다. 마지막으로 개혁개방 이후 급속하게 변화하기 시작한 상하이를 대상으로 중국 사회의 시민사회 또는 시민문화의 특징과 의미를 문화인류학적 관점에서 상하이 도시문화의 형성과 변모를 추적했다.

2년의 연구기간과 이어진 추가 집필기간 동안 현지 조사와 자료 수집, 심포지엄과 포럼을 거치고 내부 발표와 국내외 학술대회에서 발표를 하는 과정에서 여러 기관과 학자들의 도움을 받았다. 이 연구는 목포대학교 아시아문화연구소의 주관으로 한국연구재단(구 학술진흥재단)의 지원을 받아 진행되었다. 연구에 기본 동력을 제공해준 두 기관에 감사를 드린다. 연구 수행에 도움을 준 상하이대학 중국당대문화연구센터와 영상기술대학, 상하이영화제작그룹, 베이징 필름아카데미, 베이징 영화자료관, 연구 결과를 발표할 자리를 마련해준 한국 중국현대문학학회와 상하이대학 등에 감사를 드린다. 그동안 〈상하이 심포지엄〉과 〈상하이 포럼〉에 참석해 귀중한 발표를 해주신 여러 전문가들—전인갑, 김수연, 박자영, 김태승, 송도영, 정문상, 이병인 교수 등—에게 감사의 말씀을 드린다. 우리 주제에 관심을 가지고 귀중한 의견을 주었을 뿐만 아니라 상하이대학 영상기술대학의 영화학자들을 소개해준 상하이대학의 왕샤오밍(王曉明) 교수, 현지조사 초기에 상하이 문화답사를 안배해준 푸단대학 천쓰허(陳思和) 교수, 상하이 전문가들과 함께 발표하고 토론할 자리를 마련해준 상하이대학 왕광둥(王光東) 교수, 상하이영화 컨퍼런스에 참여해 귀중한 의견을 준 천시허(陳犀禾), 스촨(石川), 녜웨이(聶偉) 교수에게 고마움을 전한다. 중국 영화와 상하이에 대해 유익한 도움을 준 진관쥔(金冠軍), 취춘징(曲春景), 린샤오숭(林少雄), 류하이보(劉海波) 교수 등에게도 감사를 드린다. 그리고 공동연구에 참여한 조병환 박사, 현지조사에 동행해준 신정호 교수와 김정구 선생에게도 감사를 드린다. 아울러 연구 수행을 보조해준 목포대학교 중어중문학과 학생들에게도 함께 한 시간이 각자의 지적 · 사회적 성장에 도움이 되었기를 바란다. 마지막으로 중국과 상하이에 대한 지극한 관심을 가지고 흔쾌히 출판을 수락해준 산지니 강수걸 대표께 감사의 말씀을 드린다. 아울러 꼼꼼하게 문장을 다듬어주고 편집해준 박지영 님과 마무리 작업을 맡아준 권경옥 님에게도 고마움을 전한다.

학문간 통섭(consilience)과 학제간 융합 · 복합 · 통합이 사회 아젠다로 제기되고 있는 시점에 우리의 공동 연구가 그것을 얼마나 구현했는가를 자문해본다. '지금 여기' 에서 '동-서-고-금' 과 만나는 공부의 길은 여전히 멀고 읽어야 할 자료는 첩첩이 쌓여간다. 강호 제현의 질정을 바란다.

2010년 3월

글쓴이를 대표해 임춘성 · 곽수경 씀

차례

제2부 이민도시 상하이의 도시문화

제1부

상하이영화와 영화 상하이

중국영화를 통해 본 상하이와 상하이인의 정체성

임 춘 성

이 글에서는 모던 상하이의 역사적 부침을 고찰한 후, 영화를 텍스트로 삼아 상하이 사회와 문화를 이해하고자 했다. 근현대 중국을 대표하는 상하이에 대한 관심과 그 도시문화의 핵심을 구성하는 영상문화를 탐구하려는 시도에서 출발하여 두 영역의 결합을 통해 전통과 근현대 혹은 중국과 서양이 혼성 교차하면서 오늘날 가장 근현대적임과 동시에 가장 중국적인 문화를 형성해온 상하이와 상하이인의 정체성을 고찰하는 것은 중요한 과제이다. 이러한 문제의식에 근거해 연구영역에 대한 전반적인 윤곽을 제시하고 있다.

1_ 중서 교류와 모던 상하이의 부침

1840년 아편전쟁이 일어나고 1842년 난징(南京)조약이 체결된 다음 해 상하이는 개항을 맞이하면서 중국의 새로운 중심으로 부상했다. 1843년 개항 이전부터 상하이는 인근 도시의 기능을 흡수[1)]하고 있었고, 그보다 훨씬 이전인 1685년 청 강희제가 개방했던 네 곳의 항구 가운데 하나인 강해관(江海關)이 상하이 인근인 쑹장(松江)에 자리하고 있었다. 그리고 명나라 정화(鄭和)의 대항해(大航海)도 이곳에서 시작했다. 이렇듯 상하이의 지정학적 가치는 일찌감치 주목을 받아왔었고 1843년의 개항을 계기로 집약적인 발전을 하게 된 것이다.

그럼에도 불구하고 중서 교역의 관점에서 아편전쟁 이전의 광둥(廣東)에 주목할 필요가 있다. 1840년 이전 광저우(廣州)는 국가의 공인을 받은 특허상인인 '13공행(公行)'을 대표로 하는 광둥무역체계의 중심이었다. 이들은 서양과의 무역뿐만 아니라 외교업무도 관장했다. 서유럽의 중상주의와 중국의 중화주의가 동상이몽하는 현장으로서 광

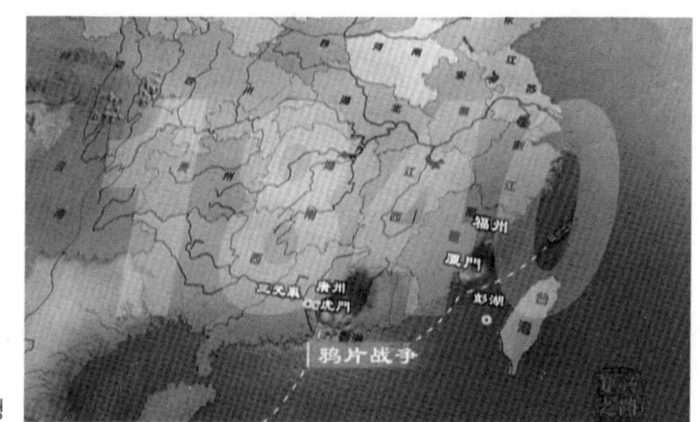

아편전쟁

1) 상하이는 개항 이전부터 난징(南京), 양저우(揚州), 닝보(寧波), 항저우(杭州), 쑤저우(蘇州) 등 인근 도시들의 기능을 서서히 수용하면서 1930년대에 국제적인 도시 '대(大)상하이'가 되었고 1950년대 이후 공화국의 장자(長子)가 되었다.

등무역체계를 고찰한 리궈룽(李國榮)에 의하면, 명 · 청에 걸친 300년의 봉쇄 이후 강희제(康熙帝)가 네 곳의 항구를 개방[2)]한 지 70여 년 만에, 방비가 통상보다 중요하다고 생각했던 건륭제(乾隆帝)는 한 곳만 남기고 문을 닫아버렸다. 그러나 정작 중요한 사실은, 이때까지 서양 선박은 주로 월해관으로 입항했다는 것이다.[3)] 이는 각 항구의 역할에 차이가 있었고[4)] 광저우의 성숙한 양행(洋行) 제도와 해안 방위 등의 조건이 어우러진 결과였다.

아편전쟁 이전 월해관은 중서 해상 교통의 중요한 교차로이자, 나라의 재화와 부가 모이는 곳이었다. 또 대외무역의 전통과 해안 방어에서 특수한 지위를 가진 곳이었다. 때문에 쇄국 정책을 실시하던 때에도 매우 특별한 공간으로 취급받아, 아편전쟁 이전 중국 대륙의 유일한 개방 항구가 될 수 있었다. 이를 통해 광저우는 중서 무역의 중심이 될 수 있었고 그 중심에 광저우 13행이 자리하고 있었다. 이들은 "월해관 대신 세금을 징수하는 등 관청의 승인을 받은 유일한 대외무역 대리상이었다. 그들이 광주항의 모든 대외무역을 담당했으므로, 내륙의 화물들은 반드시 그들에게 수속비를 낸 뒤 그 이름을 해관에 보고해야만 수출할 수 있었다. 행상은 많은 이익을 남겼지만, 책임 또한 무거웠다."(리궈룽 2008, 48쪽)

---

2) 1685년 청나라 정부는 동남 연해에 월해관(粵海關), 민해관(閩海關), 절해관(浙海關), 강해관 등 4개의 세관을 설치하고, 외국 상선이 입항해 무역할 수 있도록 허용했다.(리궈룽 2008, 11쪽)

3) 모스의 『동인도회사 대중국무역 편년사』에 따르면, 1685년부터 1753년까지, 중국에 온 영국 동인도회사의 상선 189척 가운데 157척(83%)이 월해관으로 왔고, 민해관에 17척(9%), 절해관에 15척(8%), 강해관에는 아예 없는 것으로 나타났다. (馬士, 區宗華 譯, 『東印度公司對華貿易編年史』, 中山大學出版社, 1991. 여기에서는 리궈룽 2008, 36쪽에서 요약 재인용)

4) 강해관은 주로 국내 연해의 각 항구 사이의 무역을 담당했고, 절해관은 일본 무역을, 민해관은 남양 각국과의 무역을 담당했다. 그리고 월해관은 서양 각국과의 무역을 독점했다.(리궈룽2008, 36쪽)

미국의 《아시아 월스트리트 저널》은 2001년 지난 천 년 동안 세계에서 가장 부유한 50명을 선정, 발표했다. 그 가운데 미국의 록펠러와 빌 게이츠가 있었고 중국에서는 칭기스칸과 쿠빌라이 그리고 근대의 쑹쯔원(宋子文)과 함께 오병감(伍秉鑒)이라는 생소한 이름이 포함되었는데, 이는 반진승(潘振承)의 동문행(同文行, 1744)에 이어 이화행(怡和行, 1783)을 연 오국영(伍國瑩)의 아들이다. 그는 1801년 가업을 계승한 후 1807년 광저우 총상(總商) 자리를 이어받아 행상의 지도자로서 매우 중요한 역할을 수행했다.(같은 책 104쪽) 그러나 광저우는 마치 양날의 검처럼 새로운 문화를 수입하는 동시에 엄청난 재앙을 불러들이고 있었다. 17~18세기 중서 무역을 총괄했던 13행은 19세기 중엽 국가 위기의 희생양이 되었다. 이는 주로 아편전쟁의 배상금 부담과 5구 통상으로 인한 독점적 지위의 상실로 표현되었다. 13행은 상업 무대에서 완전히 사라졌고, 행상들도 파산하거나 외국 상인들에게 매판으로 고용되는 등 저마다 다른 길을 걷게 되었다. 일부 영리하고 모험심 강한 상인들은 새로운 개항 항구인 상하이로 가서 신흥 부자가 되기도 했다. 1850년대 상하이는 광저우를 대신해 중국 최대의 무역항이 되었다. 과거 작은 어촌이던 상하이가 전국 최대의 무역항이 된 것은 광둥 상인들 덕분이었다.[5]

---

5) 다른 기록에 의하면, 상하이는 난징조약 이전부터 번성하기 시작했다. 아편전쟁이 일어나기 8년 전인 1832년 6월 21일 영국 상선 아머스트(Amherst)호가 청나라의 금령을 깨고 상하이에 들어와 18일간 머문 적이 있었다. 그 배의 선장이었던 린제이는 중국 해안 경비태세를 자세히 정찰했고 훗날 영국정부에 중국 침략을 진언하기도 했다. 그가 동인도회사에 제출했던 보고서에 따르면, 아머스트 호가 입항하고 일주일 동안 상하이에 들어온 상선이 400척을 넘었는데, 배의 크기가 100톤에서 400톤까지였고 선적도 톈진(天津), 푸젠(福建), 광둥(廣東)뿐만 아니라 타이완(臺灣), 류추(琉球), 안남(安南), 타이 등 다양했다. 개항 이전부터 상하이는 동남아시아와 교역이 이루어졌던 곳이다.(이상 진순신 2000, 206~207쪽 참조) 이로 미루어보면 상하이는 1830년대 초에 이미 국내외 해상무역의 중심지 역할을 했음을 알 수 있다.

난징조약 직후 개항된 상하이에 가장 먼저 온 사람들은 서양인들[6)]과 무역에 종사했던 광둥인이었고, 뒤를 이어 오랜 도시 경영의 경험을 가지고 있던 인근의 닝보(寧波)인들이 몰려왔다. 전자가 상하이의 대외무역을 주도했다면 후자는 주로 금융업에 뛰어들었다. 모던 상하이는 광둥 무역과 닝보 금융의 경험을 받아들인 기초 위에 '몸소 서양을 시험(以身試西)' 해 자신의 독특한 정체성을 창안했다. 이들 상하이 금융인들은 마오쩌둥(毛澤東)뿐만 아니라 장제스(蔣介石)의 손아귀에서 벗어나기 위해 홍콩을 선택했다. 이들은 서유럽식 금융업과 상업 실무를 습득한 최초의 중국인으로, 서양의 규칙에 따라 국제적인 금융게임에 참가했다. 그리고 금융산업이 세계경제를 주도하기 시작한 1960년대부터 형성된 전 세계 화교들의 국경 없는 네트워크 형성에 주도적인 역할을 했고 1980년대 개혁개방에 지대한 공헌을

난징조약

6) 경제지리학자 후자오량(胡兆量)은 서양인들의 이주에 대해 다음과 같이 묘사했다; 1843년 개항 이래로 상하이에는 세계 각지에서 오는 이민의 행렬이 끊이지 않았다. 나라 안팎에서 전쟁의 포화가 그치지 않는 가운데, 상하이는 정치적 이민의 '세외도원(世外桃園)'이 되었다. 1917년 러시아 10월 혁명이 발발하자, 수만 명의 러시아 귀족과 부르주아들이 상하이로 이민했고, 제2차 세계 대전 기간에 히틀러가 유대인을 박해하자 상하이는 유대인들의 피풍항이 되어, 유럽을 탈출한 1만 8,000명에 달하는 유대인들이 대거 상하이로 이주해 들어왔다. 이들이 기존의 5,000여 유대인들과 합류하면서 상하이는 세계적인 유대인 집결지 가운데 하나가 되었다. 당시 상하이 이민자의 수는 10만 명에 달했다. (…) 상하이는 '전 세계 모험가들의 낙원' 이라는 명성을 얻게 되었다. 때문에 외국 상인들의 상하이 쇄도가 상하이 상공업 발달을 크게 촉진했다는 객관적인 평가도 가능하다.(후자오량 2005, 489~490쪽)

했다.

중서교류의 관점에서 볼 때, 중국 측 창구는 1840년 이전의 광저우, 1843년 개항 이후 중화인민공화국 건국 직전까지의 상하이, 1950년대 이후의 홍콩, 1980년대 개혁개방 이후의 광저우와 선전(深圳), 1990년대 이후 상하이가 중심 역할을 했음을 알 수 있다. 크게 보면 주장(珠江) 삼각주[7]와 창장(長江) 삼각주 사이를 오간 셈이다. 중국 근현대 장기 지속(longue durée)의 관점(임춘성 · 왕샤오밍 2009, 22~24쪽)에서 볼 때, 상하이는 가장 오랜 시간 동안 중국의 대외 창구 노릇을 했다. 외국인 조계와 국내외 이주를 통해 중국의 새로운 중심으로 부상한 모던 상하이는 1930~40년대 이미 세계적인 국제도시로 이름을 날렸다. 그러나 1949년 공산화된 이후, 그 영광을 홍콩에게 넘겨주었다. 식민지였으면서도 20세기 자본주의 정점의 하나를 구축했던 홍콩의 발전은 상하이의 후견 아래 이루어졌던 셈이다. 1930년대 서양인들에게 '동양의 파리' 또는 '모험가들의 낙원'으로 일컬어졌던 상하이가 왕년의 영광 회복을 선언하고 나선 것은 1990년대 들어와서였다. 푸둥(浦東) 지구 개발로 뒤늦게 개혁개방을 실시한 상하이는 10여 년 만에 중국 최고 수준의 발전을 이루는 저력을 과시하고 있다. 상하이는 중국 근현대사의 진행과정을 압축적으로 구현하고 있다. 따라서 상하이와 상하이인의 정체성을 파악하는 것은 근현대 중국의 핵심을 이해하는 것이기도 하다.

---

7) 최근 발표된 광저우-선전-홍콩을 잇는 광선강(廣深港) 고속철과 홍콩과 주하이(珠海) 및 마카오를 잇는 대교 건설은 주장(珠江) 삼각주 일대를 하나의 경제권으로 합해서 '진주 바다'로 만들려는 야심찬 계획이다. 허민, 〈홍콩-마카오-광둥 '亞최대 경제 클러스터'〉, 《문화일보》, 2009.1.8 참조. 이는 분명 수도권 지역과 창장(長江) 삼각주 지역에 못지않은 문화 · 경제 구역임에 틀림없다.

2_ '상하이영화' 와 '영화 상하이'

중국영화는 오래된 제왕의 도시 베이징에서 탄생했지만 결국 조계시대의 상하이를 자신의 성장지로 선택했다. 영화 성장에 적합한 토지였던 상하이는 중국영화의 발상지가 되었다. 모두 알다시피 중국영화에서 '상하이영화' 의 비중은 매우 크다. 상하이영화 발전에 몇 개의 전환점을 찾아볼 수 있는데, 조계, 최초의 영화 상영, 항전, 신중국, 개혁개방 등이 그 주요한 지점이다. 영화와 자본주의 시장의 긴밀한 관계를 고려할 때 신중국 건설은 상하이영화 발전의 주요한 분기점이었다. 중화인민공화국 건국 이전까지 중국영화사는 상하이영화사라 해도 과언이 아니었다. 중국영화는 상하이영화와 '원주가 비슷한 동심원' 이었던 셈이다. 근현대도시, 이민도시, 국제도시, 상공업도시, 소비도시 등의 표현은 영화산업 발전의 요건을 설명해주는 명칭이기도 하다. 영화가 상하이로 인해 입지를 확보하고 영역을 넓힐 수 있었다면, 상하이는 영화로 인해 근현대화를 가속화할 수 있었다. 그러므로 상하이의 영화산업은 상하이 나아가 중국 근현대화의 핵심이라 할 수 있다. 특히 영화의 유통과 소비는 상하이의 경제와 문화의 중요한 부분을 차지했다. 참고로, 중국 근현대문학의 비조 루쉰(魯迅)도 상하이 시절 택시를 대절해서 영화감상[8]을 즐겼다고 한다.

상하이영화에 대해 통시적 · 공시적 고찰을 시도한 임대근(2006)의 논의에 의하면, 적어도 2000년대 초반까지는 '상하이영화' 라는 명명이 쓰이지 않았거나 쓰였다 하더라도 적극적인 의도를 갖고 있지는 않은 것으로 보인다. 그는 상하이영화를 도시와 영화의 관계라는 측

8) 반제 · 반봉건의 기수이자 엄숙문학과 진보문화의 상징이었던 그가 즐겨본 영화는 아이러니컬하게도 제국주의의 대명사 할리우드의 '타잔' 영화였다고 한다. 대중문화에 대한 이성적 차원의 비판과 정서적 차원의 향유라는 중층적 수용을 루쉰에게서도 발견할 수 있다.

면에서 접근하면서 우선 '도시 속의 영화'와 '영화 속의 도시'로 구분하고 후자를 다시 제작과 상영으로 나누고 있다. 다시 말해, 상하이 영화는 '상하이(를 재현한) 영화(films on Shanghai), 상하이(에서 제작된) 영화(films in Shanghai), 상하이(에서 상영된) 영화(cinema culture in Shanghai)[9]로 나눌 수 있다는 것이다. 그리고 이 세 가지에 대한 연구를 '도시연구', '영화연구', '문화연구'로 나누고 상하이영화 연구는 이 세 축이 상호 뒤얽혀 들어 있는 방식으로 진행될 것으로 예측하면서 논의를 마무리하고 있다. '상하이영화'에 대한 임대근[10]의 진지한 고찰은 통시성과 공시성을 겸했기에 설득력이 있다. 그러나 '상하이영화'의 하위범주로서 '상하이 영화문화'의 범위를 어떻게 설정할 것인지는 미결의 과제로 남겨두고 있다.

이 글에서 관심을 가지는 '영화 상하이'는 '영화 속의 도시'이고 '상하이를 재현한 영화'[11]이다. 그러나 '영화 상하이'에는 '상하이영화'로 포괄할 수 없는 부분이 존재한다. 즉 상하이에서 제작되지도 않고 상영되지도 않았지만, 상하이를 재현한 영화가 그것이다. 이를테면 〈인디아나 존스2—마궁의 사원〉(1984)이라든가 〈미션 임파

---

9) 이 부분의 영문 번역은 비약이 있다. '상하이에서 상영된 영화'와 '상하이 영화문화'는 일치하지 않는다.

10) 「상하이영화 연구 입론立論」의 영문 제목 'A Speculative Argument on Shanghai Cinema Studies'는 또 다른 논의의 여지가 있다. '상하이영화에 대한 연구'(Study on Shanghai Cinema)가 아니라 '상하이영화 연구'(Shanghai Cinema Studies)에 대한 입론이라는 의미는 '상하이영화 연구'를 '문화 연구'(Cultural Studies) 등의 수준으로 끌어올리겠다는 의도로 읽을 수 있는데, 「상하이영화 연구 입론立論」이 그 폭과 깊이를 담보해냈는지가 문제적이고, 그와 별도로 그 성립 가능성에 대해서도 심화된 논의가 필요하다.

11) 노정은에 의하면, '영화를 통해 상하이를 읽는 것'은 중국영화의 선택과 배제의 전략을 밝히는 것이다. 다시 말해, 1930년대 상하이인의 모더니티 경험을 재현, 중재하는 역할을 수행했던 중국영화들은 프레임 안에 선택된 것과 프레임 밖으로 배제된 것에 대한 공감화된 담론으로 작동하면서 상하이의 지정학을 그려내었고, 상하이라는 특수한 공간을 페티쉬화하면서 부분으로 전체를 보여주었다.(노정은 2004, 130쪽) 이에 따르면, 상하이 재현 영화는 결국 상하이 상상(imagination) 또는 발명(invention)의 일환인 것이다.

서블3〉(2006) 등의 외국영화와 〈아나키스트〉(2000) 등의 한국영화에서 재현된 상하이는 임대근이 고찰한 '상하이영화'의 범주에 귀속되지 않는다. 나아가 중국 내의 다른 지역, 특히 홍콩에서 제작된 상하이 재현 영화[12]의 비중은 상하이 연구에 무시할 수 없는 비중을 차지하고 있지만 '상하이영화'에 포함되지 않는다.[13]

왕더웨이(王德威)는 『소설 중국』(2001)의 서문에서 "소설이 중국 현대화 역정을 기록"한다는 의미와 "역사와 정치 논술 속의 중국에 비해 소설이 반영한 중국이 더 진실하고 실재적일 수도 있다"는 맥락에서 '소설 중국'이라는 개념을 제출했다. 자오시팡(趙稀方 2003)도 이에 근거해 '소설 홍콩'이라는 용어를 사용했다. 또한 천쓰허(陳思和

영화 〈아나키스트〉, 1930년대 상하이 뒷골목 장면

12) 관진펑(關錦鵬; Stanley Kwan)의 상하이 재현 영화 〈레드 로즈 화이트 로즈紅玫瑰與白玫瑰〉, 〈완령옥阮玲玉〉, 〈장한가長恨歌〉, 쉬안화(許鞍華; Ann Hui)의 〈반생연半生緣〉 등이 대표적이다.

13) 박자영(2004)은 글의 서두에서 웡카와이(王家衛)의 〈화양연화花樣年華〉에 대한 분석으로 '상하이 노스탤지어'를 풀어나가고 있다. 그에 의하면 〈화양연화〉에 묘사된 1960년대 홍콩의 주택가와 사무실, 치파오 등에 상하이의 자취가 넘실댄다.

2003)도 왕안이(王安憶)의 『장한가』를 분석하면서 '문학 상하이'라는 표현을 사용하고 있다. 이들과 불모이합(不謀而合)으로 필자도 일찍이 『소설로 보는 현대중국』에서 "중국의 근현대소설은 중국 근현대사를 이해하는 데에 있어서 가장 풍부하고도 재미있는 사료적 성격을 가진다"(임춘성 1995, 6쪽)는 점에 착안해 '지안문(地安門)을 통해 보는 천안문(天安門)'으로 유비한 바 있다.

왕안이의 『장한가』 번역본 표지

'영화 상하이'는 이상의 맥락과 궤를 같이 한다. 이는 우선적으로 영화를 통한 상하이 연구이고, 영화 연구와 도시 연구의 유기적 결합, 텍스트 연구와 콘텍스트 연구의 상호작용에 대한 연구이기도 하다.

3_ 상하이인의 역사적 형성

'영화 상하이'라는 문제의식은 당연하게도 상하이인에 대한 관심으로 연결되기 마련이다. 역사적으로 볼 때 상하이인의 정체성 형성에 몇 가지 중요한 계기[14)]가 있었다. 그중에서도 인구의 유동이 많았던 상하이에서 그 정체성 형성에 결정적인 역할을 한 것은 '신중국' 건설 이후 시행된 '호구제도'였다. 이강원에 의하면, 신중국의 호구제도는 1951년 도시에서 먼저 시행되었고, 1955년 농촌에 확대 적용되었다. 1958년 호구등기조례(戶口登記條例)가 국가주석령으로 공포되면서, 전국적인 범위에서 엄격하게 실시되기 시작했다고 한다.(이강

14) 1853~1855년의 소도회(小刀會) 사건과 1870년의 쓰밍공소(四明公所) 사건 등이 대표적이다.

원 2006, 155쪽) 중국의 호구제도는 일반적인 의미에서의 한국의 '호적제도(戶籍制度)와 유사하지만, 단순한 인구등록제도나 인구통계제도를 넘어선 성격을 지니고 있다. 국가는 호구등기와 호구관리를 통해 직·간접적으로 인구이동의 양과 방향에 개입한다. 중국의 호구제도는 호구의 분류상 상주 지역과 양식의 조달 경로라는 이중의 범주를 사용하고, 호구의 천이(遷移)와 관련해 '정책(政策)'과 '지표(指標)'라는 이중의 통제를 사용한다.[15] 그 목적은 국가가 가능한 한 최대한으로 농촌에서 도시로의 자발적인 인구이동을 제한하려는 것이다.(같은 글, 184쪽) 1993년 이래 상하이의 호구인구는 자연증가를 멈춘 것으로 알려지고 있다. 따라서 상하이와 같은 대도시의 인구 증가는 외래 '유동인구'에 의한 것으로 파악된다. 이 '유동인구'의 대부분을 차지하고 있는 것은 '농민공'[16]이라 불리는 비정규직 노동자다.

---

15) 호구제도는 공민이 상주 지역에 따라 등기를 행하는 이외에, 식량을 어떻게 해결하느냐에 따라, 농업호구와 비농업호구로 나뉘어진다. 호구제도 하에서, 공민이 농촌에서 도시로 이주할 때에는 상주 지역 등기(農村戶口, 城鎭戶口)의 변경뿐만 아니라 '농업호구를 비농업호구로 전환'(약칭으로 農轉非 혹은 戶口農轉非라 불림)시켜야 한다. 농업호구를 비농업 호구로 전환시키는 것은 하나의 행정적 과정이지만, 국가의 '정책'과 '지표'의 이중적인 속박을 받는 것으로써 정부의 간섭이 매우 강한 절차이기도 하다. 많은 연구들은 이것을 도-농간 인구이동의 장애물로 간주하고 있다.(이강원 2006, 161쪽)

16) 개혁개방 이후 대도시로 몰려드는 '농민공'들의 경우, 대도시의 호구를 얻지 못하면 임금을 1/3 수준으로 받게 된다. 약 2억 명에 달하는 농민 호구의 도시 노동자인 '농민공'은 도시-농촌 차별, 노동자-농민 차별, 육체노동의 차별을 한 몸에 가지고 있다.(황희경 2007, 131~132쪽) 최근 중국 경제의 비약적 발전 이면에는 '농민공'의 희생이 존재하고 있다. 또한 왕샤오밍은 시장경제개혁은 30년간 지속된 사회주의 계층 구조를 뒤흔들었고 그로 인해 새로운 네 계층이 등장했다고 분석했다. 수천만(위안) 혹은 그 이상의 개인 자산을 소유하고 있는 '신부유층', 깨끗하나 좁고 표준화된 사무실에서 힘들게 일하는 화이트칼라, '면직(下崗)', '휴직', '퇴직 대기' 등의 이름으로 존재하는 실직 노동자, 그리고 대부분 상하이의 비기술적 육체노동에 종사하는, 농촌에서 온 농민공(民工). 그중 농민공은 상하이에서 200만 명이 넘지만 도시 호구가 없기 때문에 상하이인으로 취급되지 않고 항상 존재하지 않는 것처럼 무시된다. 그들은 이미 상하이 노래방과 영화관의 열렬한 관중이고 무협·애정 등 염가 통속잡지의 주요한 독자층이 되었으며 그들의 문화 취향은 점차 노래방과 영화관, 출판사와 통속잡지에 영향을 주고 있다. (임춘성·왕샤오밍 2009, 59~60쪽 참조)

호구제도는 근현대도시 상하이 발전의 기본 동력이랄 수 있는 이주민의 전입을 근본적으로 봉쇄했다.[17] 그리하여 한편으로는 '새로운 상하이다움(new Shanghai-ness)' 의 수혈을 저해했지만, 다른 한편으로는 이주가 금지되었던 약 30년의 시간 동안 형성된 상하이다움을 돌아보고 다듬을 수 있게 되었다. 다시 말해 이주의 각도에서 볼 때 이 30년의 공백은 그 전과 후를 나눌 수 있는 분기점이 되었고, 이전의 상하이와 상하이인의 정체성을 돌아보고 다듬을 수 있는 시간이 되었던 것이다. 이 30년의 공백기 이전을 '라오상하이(老上海)' 라 하고 그 이후를 '신상하이(新上海)' 라 한다.

상하이시(市)는 베이징성(城)과 자주 대비되곤 했고 많은 사람들이 경파(京派)-해파(海派) 논쟁 구도에서 두 도시와 사람에 대해 언급했다. 루쉰(魯迅)과 린위탕(林語堂), 저우쭤런(周作人)이 대표적이고, 최근 작가로 왕안이(王安憶), 이중톈(易中天), 룽잉타이(龍應臺) 등도 두 도시의 우열을 논했다. 그 가운데 양둥핑(楊東平 2008)은 베이징성과 상하이시의 문화정신을 비교하면서 '근대', '혁명', '사람', '시장경제' 를 키워드로 삼아 역사적으로 고찰했다. 그에 의하면, 아편전쟁 이후 불어 닥친 서세동점(西勢東漸)이 첫 번째 계절풍이었고, 쑨원(孫文)이 이끌었던 국민혁명과 마오쩌둥(毛澤東)이 지도했던 신민주주의 혁명은 두 번째 계절풍이었으며, 마지막은 전지구적 자본주의의 계절풍이다.[18] 그는 전지구화에 직면한 베이징성과 상하이시의 변화를 기술하면서 그 속에 사는 사람을 놓치지 않았다. '사람' 은 도시의 영혼이자 도시문화의 주역이다. 호방하고 정치를 좋아하며 유머를 즐기는 베이징인과 실용적이고 개방적이며 규칙을 잘 지키는 상하이인이라

---

17) 이런 도시를 '빗장도시(gated city)' 라 한다.

18) 양둥핑(2008)의 원제는 『城市季風-北京和上海的文化精神』(修訂本. 新星出版社, 北京: 2006)이다.

는 대조는 '일반화의 오류'를 경계한다면 적용 가능한 특성이라 할 수 있다. 특히 상하이인에 대한 이야기는 전국적인 화제가 되고 있다. 최근 '마다싸오(馬大嫂)', 즉 장보기(마이차이買菜), 청소하기(다싸오打掃), 요리하기(사오차이燒菜)를 상하이 남성의 특징으로 거론하고, '소극적이고 완화된' 이라는 사전적 의미를 가진 디댜오(低調)라는 용어로 '침착하고 세련된' 상하이인을 지칭하기도 한다. '마다싸오'와 '디댜오'의 심층에는 상하이 여성의 정명(精明)함이 자리하고 있다. 대부분의 근현대적 대도시가 그렇듯이 베이징성과 상하이시에도 전국 각지에서 수많은 이민이 몰려들었다. 그러나 두 도시에 온 이민들의 정향(定向)은 각기 달랐다. 이전의 과거(科擧) 응시로 대변되던 입신양명(立身揚名)을 추구한 사람들이 베이징으로 몰렸다면, 상하이 이민들은 돈을 벌기 위해 몰려왔다. 베이징의 경우, 수많은 베이징 토박이(老北京)가 존재했기에 새로 온 이민이 기존의 베이징문화에 동화된 측면이 강했다면, 신천지 상하이는 '온갖 하천이 바다로 모여(海納百川)' 새로운 근현대적 도시문화를 형성해갔다.

4_ 정체성의 정치학

상하이인의 정체성이 작동하는 기제를 고찰하려면 '정체성의 정치학(politics of identity)'에 대한 이론적 접근이 필요하다. '정체성의 정치학'에서 중요한 부분을 차지하는 것은 '차이의 정치(politics of difference)'이다. 이는 인류의 불평등이 시작된 이래 끊임없이 작동해 온 기제인 '구별 짓기(distinction)' 또는 '타자화(othernization)'를 극복하기 위한 것이다. 정치학자 이남석은 21세기를 '차이의 시대'이자 '차이가 정치의 주체로 나서기 시작한 시대'로 규정하면서, 대의제

민주주의에 의해서 배제된 모든 집단은 차이의 정치의 주체가 될 수 있음을 주장했다.(이남석 2001, 147쪽) 자유주의 정치 원리가 차이를 인식하지 못했고, 차이의 정치가 공동선을 추구하는 데 실패했다면, 정치 사회를 유지하기 위해서 공동선을 부정해서도 안 되며, 공동선을 추구하기 위해서 차이를 배제하지 말아야 한다면, 양자의 적절한 결합만이 요구된다(같은 책 142~143쪽)는 것이 이남석의 새로운 대안이다. 새로운 대안은 타자성을 수용하는 동시에 '구성적 공공선'을 만들 것을 제안하고 있다.(같은 책 146쪽)

인류학자 장정아는 홍콩인이 중국본토(內地)에서 낳은 자녀들의 홍콩거류권 분쟁에 대한 참여관찰을 통해 그 속에 관류하고 있는 '정체성의 정치(학)'를 고찰했다. 그에 의하면, '정체성의 정치(학)'는 "홍콩인이 내지인을 타자화하면서 자기 정체성을 형성하는 과정에서 작동할 뿐 아니라" "거꾸로 내지인들의 의미부여와 실천이 이러한 '홍콩인' 정체성의 모순을 드러내는 과정에서도 작동하고 있다."(장정아 2003, 1쪽) 1997년 반환과 함께 홍콩은 '탈' 식민화되었지만, 식민과거는 지금도 홍콩을 크게 규정하고 있다. 홍콩인들은 심지어 '영국이 있는 영국식 지배'의 존속을 원했고 이에 대해 하등의 수치도 느끼지 않았으며, 식민역사 속에서 만들어진 정체성—대륙에 대한 철저한 부정을 기반으로 하는—을 지금도 자랑스럽게 유지하며 대륙(인)을 타자화하고 있다.(같은 책 257쪽) 영국인-홍콩인-대륙인의 관계는 마치 독일인-유태인-팔레스타인인의 관계[19]와 같이 끊임없는 타자화의 사슬

19) 서경식(2009)은 2차 대전 홀로코스트의 생존자인 사라 로이 교수의 '홀로코스트와 더불어 살아간다'라는 글에서 언급한 일화를 소개하며 폭력(고난)이 반복되고 있음을 지적한다. "칫솔로 사람 다니는 길을 닦도록 강제당한 일, 대중의 면전에서 턱수염을 깎인 일 등 1930년대 유대인들이 나치한테서 당한 수모들이었다. '그 늙은 팔레스타인 사람한테 일어난 일은 그 원리나 의도, 충격에서 그런 수모들과 다를 게 하나도 없었다'는 걸 로이 교수는 깨달았다."

에 얽매여 있음을 알 수 있다. 이는 자신의 경험을 역사화하지 못하는 한계에서 기인하기도 하지만 '타자에 대한 둔감성' (서경식 2008) 또는 '차이에 대한 무관심(indifference to difference)' [20]에서 비롯되는 것이기도 하다.

중국의 일본학자 쑨거(孫歌)는 최근 일본을 관찰하는 중국(인)의 시각에 대해 언급하면서 오키나와의 문제를 거론했다. 그녀는 우선 시각의 복수성(複數性)을 전제하면서 일본이 중국 침략시 자행했던 여러 가지 사건들—난징(南京) 대학살, 세균전, 위안부 문제 등—과 일본 각료들의 야스쿠니(靖國) 신사 참배를 언급했다. 쑨거는 상징성에 의해 매몰되기 쉬운 역사성의 문제를 언급하면서 그 예로 오키나와 전투와 집단자결에 대한 일본 내부의 시각들을 소개하고는 다음과 같이 말한다. 오에 겐자부로(大江健三郎)와 사카모토 요시카즈(坂本義和) 등의 비판적 지식인들이 "자성적인 자세로 그들의 문제를 밀고 나갔을 때 태평양 전쟁 말기 오키나와의 무고한 백성들의 집단자살 문제와 일본 사회의 여타 문제 사이에 연관성이 드러났다. 위안부 문제와 세균전 문제 그리고 교과서 문제 등이 오키나와의 시각에서 새로운 형태를 획득했을 뿐만 아니라 난징 대학살과 야스쿠니 신사 참배라는 두 가지 상징적인 사건 이면에 은폐된 일본 사회 정치 구조의 문제도 오키나와 사건으로 인해 무대 앞으로 끌려 나왔다." (쑨거 2008, 431쪽) 쑨거가 쓴 글의 궁극적 목적은 "중국인들이 피해국가의 국민으로서 오키나와 민중의 저항운동에 어떻게 반응해야 하며 나아가 우리는 도대체 '일본' 을 어떻게 보아야 할 것인가" 였지만, 그가 일본을 관찰하는 주요 고리로 선택한 오키나와는 일본 내 차별화의 첨예한 표현이었고

20) Morag Pattrick, Noel O' Sullivan(ed), "Identity, diversity and the politics of recognition", *Political Theory in Transition* , London and New York, Routledge, 2000, 38쪽 ; 이남석2001, 18쪽에서 재인용.

그것은 주류의 국가를 위해 주변인들을 '옥쇄(玉碎)' 라는 미명하에 집단자살로 내몰 수 있음을 보여주고 있다.

'정체성의 정치학' 을 이론화한 학자는 네오 마르크스주의의 입장에서 문화연구를 수행하는 스튜어트 홀(Stuart Hall)이다. 홀 연구자인 제임스 프록터(James Proctor)의 요약에 의하면, 홀의 '정체성의 정치학' 은 '차이의 정치학' , '자기 반영성의 정치학' , '맥락[상황]에 따라 달라지지만 끊임없이 작동 가능한 정치학'[21] 그리고 '절합(切合, articulation)의 정치학'[22]으로 구성되어 있다. 차이, 자기 반영성, 맥락 의존성, 절합을 핵심어로 삼는 홀의 정체성 이론은, "모든 타자들의 배제를 통해 공동 전선을 취하는 특정 공동체에 대한 절대적이고 완전한 헌신 및 그것과의 동일시로 규정"(프록터 2006, 218쪽)되고 "내적 차이를 억압하고, 차이들을 모두 타자화하는 암묵적 전제를 강요"(같은 책 219쪽)하는 '정체성 정치'[23]와는 변별된다. 그것은 전통적인 정체성 정치로부터 "차이에 입각한 정치학으로의 변화"를 드러내고(같은 책 229쪽) "차이 안의 '통일성들' "[24]을 지향한다.

---

21) 차이의 정치학은 '하나' 안에 있는 '많은 것[多]' 을 인식하는 것, (…) 명쾌한 이항 대립을 거부하는 것과 관련이 있다. 차이들은 결코 (그룹이나 '개인' 의) 정체성에서 외재적인 것이 아니라 내재적인 것이다. 자기 반영성은 발화 입장의 특수성을 부각시키는 것을 뜻한다. 맥락 의존성은 다른 사건이나 맥락에 기댄다는 관념, 혹은 우리가 취하는 정치적 입장이 고정불변의 것이 아니라는 인식, 따라서 우리 자신을 시간에 따라 그리고 상이한 환경에 따라 재위치시켜야 한다는 인식이다. (앞에서 언급했듯) 예컨대 어떤 상황에서는 여성해방 운동이 진보적이지만, 또 다른 조건 속에서는 퇴영적 운동이 되기도 한다.(프록터 2006, 221쪽)

22) 개별적인 것들을 연결시키거나 함께 묶어 새로운 연합을 형성. 홀의 정체성 이론은 데리다의 해체, 그람시의 헤게모니, 라클라우와 무페의 작업을 아우르고 있다.(프록터 2006, 224쪽)

23) 옮긴이 손유경은 전통적인 것은 '정체성 정치' 로, 대안적인 것은 '정체성의 정치학' 으로 번역한 것으로 보인다.

24) "모든 정체성은 어떤 문화, 언어, 역사 안에 자리잡고 위치지어진다. (…) 그것은 국면적 특수성을 요구한다. 그러나 그 정체성이 반드시 다른 정체성들을 향해 무장을 갖추고 맞서고 있지는 않다. 그것은 고정적이고 영원한 불변의 대립 관계를 형성하지 않는다.

'정체성의 정치' 가 가장 잘 드러나고 있는 지점이 상하이의 동향 네트워크이다. 특히 장난(江南)인들이 쑤베이(蘇北)인들을 주변화시키고 타자화시킨 과정에 대해서는 이 책의 3부 2장 3절을 참고할 수 있다.

5_ 중국영화를 통해 본 상하이와 상하이인의 정체성 연구를 위한 연구영역

이 연구는 이런 인식을 토대로 삼아, 도시 연구와 영화 연구를 유기적으로 결합시켜 상하이와 상하이인의 정체성의 지도를 그려보고자 한다. 이를 위해선 중국 소장 영상자료들을 토대로 삼아 '상하이 영상문화와 도시 정체성' 과 '상하이인의 정체성' 이라는 두 영역을 설정할 수 있다. 전자는 다시 '상하이의 영상문화' 와 '상하이의 도시 정체성' 으로, 후자는 '이주민 정체성', '성별 정체성', '문화적 정체성' 등의 모두 다섯 가지 세부주제로 나눌 수 있다.[25)]

첫째, 20세기 상하이 영상문화의 형성 기제를 고찰하는 것이다. 근현대 이행기에 놓여 있는 새로운 도시 공간 출현에 영상문화가 어떠한 영향을 미치게 되었는가 하는 점을 밝히고자 한다. 이 연구를 통해 20세기 전반에 걸친 근현대적 도시 공간(근현대와 전근대, 서유럽과 동양의 교량)으로서의 정체성을 갖게 될 수밖에 없었던 필연적 원인과 그에 따라 직조된 구체적인 현상들, 그리고 그러한 현상들이 엮어내는 역사 · 문화 · 사회적 의미망을 통해 근대 이후 형성된 동아시아

즉 전적으로 배제만으로 규정되는 것이 아니다." Stuart Hall, "Minimal selves" (1987), p.46 (프록터 2006, 224쪽에서 재인용)

25) 연구영역 부분은 연구계획서를 참조했다. 임춘성 외(2005), 『20세기 상하이와 상하이인의 정체성 모색을 위한 중국 소장 영상자료의 수집과 해석』, 목포대학교 아시아문화연구소(내부자료), 무안, 4~8쪽.

적 인간과 세계의 면모를 재구성하고 이를 통해 우리의 근대와 비교·참조할 수 있는 체계를 구성해 볼 수 있다.

둘째, 공간문화적 영상 알레고리(allegory)를 통해 상하이의 도시 정체성을 고찰하는 것이다. 영화에 재현된 상하이의 공간 문화적 영상 알레고리를 분석해 상하이의 도시 정체성을 파악한다. 영화는 문자와 달리 사실의 재현과 생활화라는 영상 미학적인 서사 특징이 있다. 그리고 영상은 문학 작품이나 회화, 기사 등과는 매체로서의 차원을 달리하며 구체적인 영상을 통해 생활 현장이 가감 없이 재현된다. 상하이는 극영화에 자주 등장하는 '문제 공간'이다. 또한 1920~30년대 중국영화 창작의 메카라면 역시 상하이를 꼽지 않을 수 없다. 이런 지역적 특성은 연구 대상으로 상하이 영화를 주목했던 동기로 작용하였다. 상하이인의 정체성 모색을 위해 문제 영화에 대한 영상 공간의 분석과 정리가 연구 내용을 채우는 중심 대상이 될 것이다. 이는 공간 문화적 영상 알레고리를 통해 상하이의 도시 정체성을 이해하기 위한 시도이다. 공간 문화적 영상 알레고리는 영상 공간의 분석을 바탕으로 한 상하이 도시공간과 도시문화에 대한 접근을 통해 정체성의 유동성이 사회문화적 현실의 변화와 맞물려 있으며, 이것이 영상에 투영되어 있다는 전제를 바탕으로 한다. 이러한 전제를 바탕으로 영상 알레고리를 통한 상하이 도시 정체성의 이해는 상하이 문화의 독특하면서도 고유한 특성과 의미를 포착하는 작업으로서 매우 중요한 의미를 담고 있다고 하겠다.

셋째, 상하이 이주민의 정체성을 다룰 것이다. 타 지역 출신이 대부분인 '이주민의 도시' 상하이에서 이주민의 정체성은 주요한 관심사일 수밖에 없다. 광둥과 닝보 지역에서 온 이주민이 주종을 이루는데, 이들은 상하이로 진입하면서 동향인 조직의 강한 연대를 바탕으로 커다란 영향력을 행사하게 된다. 이들은 고향의 언어와 문화를 유지하면서도 기존 상하이의 언어 및 문화와 혼합되면서 독특한 새로운 상하이인의 정체성을 형성시킨다. 이 부분에서는 바로 이들 이주민의 정체성에 초점을 맞추어 이주와 정착, 동향인 간의 네트워크 구성 및 토착민과의 갈등 등의 양상을 영상자료를 통해 분석할 수 있다.

넷째, 성별 정체성을 다룰 것이다. 전통사상과 서유럽에서 건너온 신사상의 충돌로 인해 자유연애를 주창하고 여성의 사회적 역할에 주목하면서 생물학적 의미의 '성(性)'이 서서히 도전을 받고 있었을 뿐 아니라 봉건사회에서 자본주의적 요소의 유입으로 인한 사회의 변화는 많은 여성을 가정에서 방직공장이나 수공업공장으로 불러냈으며 뒤이어 사회에 확산된 좌익운동이나 항전 등의 중국의 현실 여건은 보다 큰 여성의 역할을 요구했다. 이와 같은 사회 역사적 현실 속에서 상하이라는 도시의 복잡한 성격은 중국 내의 타 지역에 비해 개성과 자립심이 강한 상하이 여성을 길러냈으며, 높은 사회적 성취도를 가지고 강도 높은 업무를 감당케 함으로써 여성의 사회적 역할이 보다 중시되었으며 그럼으로써 오늘날 상하이는 중국 내의 타 지역에 비해 남녀평등, 혹은 양성평등을 잘 구현하는 사회의 모습을 띠게 된 것으로 평가된다.

다섯째, 상하이인의 문화적 정체성과 시민문화를 다룰 것이다. 상하이의 문화적 정체성은 혼합문화(mixed culture) 속에서 배양되고 성장하여 세계로 퍼져나간다. 여기에는 혼종 또는 잡종(hybrid)의 특성이 내포되어 있다. 이민사회로서 각지로부터 이주해 온 사람들의 충돌과 결합, 조화, 갈등을 통해 형성된 혼합문화는 상하이 정체성을 대표하는 주요 주제라고 할 수 있으며, 이러한 상하이 문화의 형성 배경에서 조계지로서의 역할을 무시할 수 없다.

그 외에도 미적 정체성, 좌익 영화, 상하이인의 시민문화 등을 연구

지평에 놓을 수 있다.

이 글은 기본적으로 근현대 중국을 대표하는 상하이라는 도시에 대한 관심과 그 도시 문화의 핵심을 구성한다고 판단되는 영상문화를 탐구하려는 시도에서 출발했다. 두 영역의 결합을 통해, 전통과 근현대 혹은 중국과 서양이 혼성 교차하면서 오늘날 가장 근현대적임과 동시에 가장 중국적인 문화를 형성해 온 상하이와 상하이인의 정체성을 고찰하는 것은 중요한 과제이다. 이 연구는 영화를 텍스트로 삼아 상하이 사회와 문화에 대한 이해에 접근하고 있다는 점에서 상하이 지역연구에 포함된다. 중국영화를 영화 미학적 측면에서만 접근할 경우 충분한 성과를 기대하기 어렵다. 중국의 역사와 문화를 포함한 사회현실과 사회주의 중국의 영화 정책을 올바로 이해하지 못한 상태에서는 중국영화를 제대로 읽어낼 수 없기 때문이다. 중국영화에 반영된 중국 현실은 적나라하고 때론 국가의 정책적 감시를 피한 영상 알레고리를 통해 표현되어 있다. 이런 영화의 특수한 현상을 충분히 감안해 영상을 통한 상하이와 상하이인의 정체성을 연구하는 것은 포스트모던, 정보화, 디지털 시대에 걸맞은 이론적·방법론적 시도로서 인문학 연구의 새로운 경지를 개척할 수 있을 것이다.

참고문헌

곽수경(2006), 「상하이영화의 수집을 통해 살펴본 상하이 영화의 특징과 변화」, 『중국문학연구』 제32집, 한국중문학회

김정구(2004), 「1930년대 상하이 영화의 근대성 연구—여성의 재현 양상을 중

심으로」, 한국예술종합학교 예술전문사과정, 영상원 영상이론과 한국및동아시아영화연구 전공, 서울
노정은(2004), 「1930년대 상하이인의 도시 경험과 영화 경험」, 『중국학보』 제50집, 한국중국학회, 서울
리궈룽 지음, 이화승 옮김(2008), 『제국의 상점—중화주의와 중상주의가 함께 꾼 동상이몽: 광주 13행』, 소나무, 서울
박자영(2004), 「上海 노스텔지어: 중국 대도시문화현상 사례와 관련 담론 분석」, 『중국현대문학』 제30호, 한국중국현대문학학회, 서울
서경식(2008), 「올림픽과 국가주의의 '잘못된 만남'」, 『한겨레신문』 2008.8.9.
서경식(2009), 「홀로코스트, 팔레스타인 그리고 조선」, 『한겨레신문』 2009.3.6.
쑨거 지음, 임춘성 옮김(2008), 「일본을 관찰하는 시각」, 『문화과학』 56호, 2008년 겨울
아르준 아파두라이 지음, 차원현 · 채호석 · 배개화 옮김(2004), 『고삐 풀린 현대성』, 현실문화연구, 서울
아리프 딜릭 지음, 황동연 옮김(2005), 『포스트모더니티의 역사들—유산과 프로젝트로서의 과거』, 창비, 서울
양둥핑 지음, 장영권 옮김(2008), 『중국의 두 얼굴—영원한 라이벌 베이징 VS 상하이 두 도시 이야기』, 펜타그램, 서울
이강원(2006), 「중국의 도시 기준과 대도시 진입장벽: 호구제도와 상하이」, 『현대도시 상하이의 발전과 상하이인의 삶』, 한신대학교 출판부, 오산
이남석(2001), 『차이의 정치—이제 소수를 위하여』, 책세상, 서울
임대근(2006), 「상하이 영화 연구 입론立論」, 『중국현대문학』 제38호, 한국중국현대문학학회, 서울
임춘성(1995), 『소설로 보는 현대중국』, 종로서적, 서울
임춘성(2006), 「이민과 타자화: 상하이 영화를 통해 본 상하이인의 정체성」, 『중국현대문학』 제37호, 한국중국현대문학학회, 서울
임춘성(2009a), 「중국 근현대문학사 담론과 타자화의 정치학」, 『중국현대문학』, 한국 중국현대문학학회
임춘성 · 왕샤오밍(2009) 엮음, 『포스트사회주의 중국의 문화연구』, 현실문화연구, 서울
임춘성 · 홍석준 외(2006), 『홍콩과 홍콩인의 정체성』, 학연문화사, 서울

장정아(2003),『'홍콩인' 정체성의 정치 : 반환 후 본토자녀의 거류권 분쟁을 중심으로』, 서울대학교 대학원 박사학위논문, 서울
제임스 프록터, 손유경 옮김(2006),『지금 스튜어트 홀』, 앨피, 서울
황희경(2007),『중국 이유 있는 '뻥'의 나라?』, 삼성출판사, 서울
후자오량 지음, 김태성 옮김(2005),『중국의 문화지리를 읽는다』, 휴머니스트, 서울
康燕(2001),『解讀上海1990~2000』, 上海人民出版社, 上海
上海證大硏究所 編(2002),『上海人』, 學林出版社, 上海
楊金福 編著(2006),『上海電影百年圖史(1905~2005)』, 文匯出版社, 上海
楊東平(1994),『城市季風-北京和上海的文化精神』, 東方出版社, 北京
王德峰(2002),「"新上海人"與當代中國的文化生命」,『上海人』, 學林出版社, 上海
王德威(2001),『小說中國-晚晴到當代的中文小說』, 麥田出版, 臺北:3刷
王曉明(2003),『半張臉的神話』, 廣西師範大學出版社, 桂林
熊月之(2002),「上海人的過去・現在與未來」,『上海人』, 學林出版社, 上海
林春城(2005),「作爲近現代傳統之復活的金庸武俠小說」,『中語中文學』第36輯, 韓國中語中文學會, 首爾
趙稀方(2003),『小說香港』, 三聯書店, 香港
陳思和(2003),「懷舊傳奇與左翼敍事:『長恨歌』」,『中國現當代文學名篇十五講』, 北京大學出版社, 北京
崔辰(2005),「"上海"與電影」,『都市文化硏究(第一輯)-都市文化史: 回顧與展望』, 上海三聯書店, 上海
Emily Honig, 盧明華 譯(2004),『蘇北人在上海, 1850~1980』(中文), 上海古籍出版社, 上海
Leo Ou-fan Lee(1999), *Shanghai modern: the flowering of a new urban culture in China, 1930~1945*, Harvard University Press, Cambridge

상하이영화 연구 입론(立論)

임 대 근

이 글에서는 상하이와 영화 연구를 위해 도시와 영화의 관계, 상하이영화의 명명 등에 관한 개념 규정을 명확히 했다. 먼저 도시와 영화의 관계에 관한 일반적 특성을 토대로 상하이영화에 대한 개념을 정의하고 상하이영화와 중국영화라는 명명의 구체적인 용례를 통해 서술했다. 1930년대 후반까지 중국영화라는 개념과 명명이 상하이영화와 동일시되었지만, 사회주의 중국 이후에는 상하이영화가 이렇다 할 영화적 전통을 전승하지 못했고 오늘날에 와서 상하이영화라는 명명이 부상하고 있다는 점을 밝혔다. 이는 중국의 근현대사와 그로 인해 빚어진 영화사적 변화 및 굴곡의 흐름과 궤를 같이 하고 있는 것이다. 할리우드영화와 홍콩영화 등과 비교를 통해 상하이영화를, 상하이(를 재현한) 영화, 상하이(에서 제작된) 영화, 상하이(에서 상영된) 영화로 분류하고, 상하이영화에 관한 연구는 도시연구, 영화연구, 문화연구라는 세 축이 상호 뒤얽혀 들어 있는 방식으로 진행되어야 함을 밝혔다.

1_ 도시와 영화

도시와 영화의 친연성에 관한 발견은 이미 1910년대로 거슬러 올라간다. 발터 벤야민(Walter Benjamin)의 이론을 메트로폴리스와 연결하여 정리해 준 영국의 사회학자 그램 질로크(Graeme Gilloch)는 베르너 풀트(Werner Fuld)가 "1910년의 영화에 대한 토론에서 영화의 구조가 대도시의 경험에 기초해 있다는 사실이 인정되었다. 영화적 승리의 심리학은 대도시의 심리학이었다. 대도시는 모든 사회적 삶을 방사하는 자연적 초점이었을 뿐만 아니라 대도시의 영혼은 호기심이 강하고, 심오하며, 추적하면서 하나의 유동적 인상으로부터 다른 인상으로 황홀하게 움직이는 영화적 영혼이었다."라고 한 발언을 빌려와 벤야민이 『일방통행로Einbahnstraβe』에서 언급했던, "영화만이 도시의 본질에 시각적으로 접근할 수 있는 유리한 위치를 차지한다"라는 대목을 설명하고 있다.(그램 질로크 2005, 42~43쪽)

이와 같은 시간의 소급, 즉 초기 영화(early cinema) 시대에 이미 양자 사이의 관계를 정립하기 시작했다는 설명은 그러한 발견이 환경적 요인에 기대고 있다기보다는 유전적 요인에 덧대고 있음을 방증하는 매우 유력한 사실(史實)이다. 사실 도시와 영화의 관계에 관한 거시적 발견은 그들 사이에 부여된 당위성을 염두에 둔다면, 발견 그 자체 또한 당위적일 수밖에 없을 것이다(물론 이들 관계의 미시적 특성들에 대한 구체적 함의들을 밝혀내는 작업은 더 섬세한 증명을 필요로 하는 일임에 틀림없겠지만). 예를 들어 도시와 영화에 관한 다음과 같은 인식은 이러한 사정에 맞닿아 있다.

비유하자면 도시는 영화의 어머니이며, 영화는 도시의 아들이다.

> 도시는 영화를 배태했고 낳았으며 길러냈다. 그에 보답이라도 하듯, 영화는 꾸준히 도시를 자신의 젖줄로 삼아 그 면면들을 보여주었다. 그러므로 도시와 영화의 관계를 탐색하는 일은 적어도 두 갈래 길을 거쳐야 가능할 것으로 보인다. 그 하나는 영화의 어머니인 도시가 어떻게 영화를 배태하고 낳고 길러내었는가 하는 과정을 살펴보는 일일 테고, 다른 하나는 도시의 아들인 영화가 어떻게 자신의 어머니를 비추었는가 하는 점을 살펴보는 일이 될 것이다. (임대근 2002, 89쪽)

리어우판이 『상하이 모던*Shanghai Modern*』이라는 저서에서 '상하이영화의 도시 환경'에 관해 언급하면서 '도시와 영화'라는 출발점을 전제로 삼고—비록 '도시와 영화'라는 제목 자체는 언급한 장을 마무리하는 소절의 제목으로 쓰였지만—1930년대 상하이의 영화관, 영화잡지, 영화에 관한 글쓰기, 유행의 취미(관객성), 할리우드영화의 영향과 본토 미학 등을 서술하는 과정(Leo Ou-Fan Lee 2001, 82~119쪽; 毛尖, 97~135쪽)은 영화에 대한 도시의 모성(母性)을 증명하는 작업에 해당할 것이고, 다이진화(戴錦華)가 『무중풍경霧中風景』이라는 저서에서 '고요한 소란: 도시의 표상 아래에서(寂靜的喧囂: 在都市的表象下)'라는 장을 설정하고 '도시'와 '시골'을 상대적 맥락에 자리매김한 상태에서 수많은 영화 텍스트들을 끌어들여 1980년대와 1990년대 중국 사회의 문화 담론을 분석하는 과정(戴錦華 2000, 190~222쪽)은 도시에 대한 영화의 재현을 문제 삼는 작업일 것이다.

도시와 영화의 관계를 해명함에 있어 이와 같은 두 가지 방법론의 유형을 채택하거나 적어도 염두에 두는 태도는 양자 사이의 적절한 긴장 관계를 유지시킴으로써 도시와 영화 모두를 중심으로 인식함과 동시에 양자를 상대적 위치에 배치함으로써 탈중심화(decentralization)하는 전략을 꾀한다. 그것은 '도시 속의 영화' 혹은 '영화 속의 도시' 라는 다른 표현으로 기술될 수 있다. 전자의 경우가 영화의 유통과정에 주목하면서 이를 둘러싼 도시적 맥락(context)을 탐구하는 입장이라면, 후자의 경우는 개체 텍스트 내부에 대한 관찰을 우선적인 목표로 삼는 입장이라 할 것이다. 물론 이와 같은 입장들은 자체적 완결성을 확보하고 있지 않으므로 언제나 경계를 넘나들 수 있는 준비를 갖추고 있다. 그러나 이와 같은 인식은 도시와 영화의 관계를 해명하는 데 있어 매우 구체적인 방법들과 실례들을 설명하기 위한 길목의 층위에 서 있다고 할 수 있다. 그것은 또 도시와 영화 각각의 경계들을 방법적 편의를 위하여 구별하는 행위라고도 말할 수 있다. 이러한 층위는 방법적 편의를 제공하는 일면, 자칫 도시와 영화 사이의 관계를 각각에 대한 필요조건쯤으로 인식하게 함으로써 양자 사이의 거리를 지나치게 이격시킬 개연성이 잠재되어 있다.

벤야민에 관한 전기를 쓴 바 있는[1] 독일의 문학평론가이자 작가인 풀트의 언급은 이러한 심려에 대한 반론으로도 읽힐 수 있다. 그의 발언에서는 도시의 본질을 설명하기 위하여 영화를 어떤 메타포(metaphor)로 활용하고 있는 혐의가 포착된다. 그러나 다시 생각해 보면, 거기에는 메타포를 뛰어넘어 양자의 관계를 좀 더 포괄적인 층위에서, 혹은 필요충분조건의 동치(同値)적 관계, 혹은 모종의 숙명적 관계로서 간주하려는 인식이 깃들어 있음을 알게 된다. 예컨대 마이크 새비지(Mike Savage)와 알랜 와드(Alan Warde)가 이전의 연구를 정리하여 소개한 도시의 속성들에 관한 다양한 설명, 특히 도시문화에 관한 짐멜(Simmel)의 논의를 소개하는 과정에서[2] 정리한 내용을 참조하

1) Werner Fuld(1981) ; 이기식 · 김영옥 옮김(1985). 우리에게 소개된 벤야민의 전기는 이 밖에도 Bernd Witte, 안소현 · 이영희 옮김(1994)과 동일한 저서의 재번역인 윤미애 옮김(2001)이 있다.

고 그와 병치하거나 다시 하속(下屬)시킬 수 있는 몇 가지 어휘들을 열거한 뒤에 도시문화의 숱한 장르들 가운데 이를 충족시킬 수 있는 경우의 수를 꼽아보면, 앞서 언급한 도시와 영화 사이의 동치적 관계에 관한 증명의 과정을 뒤밟아볼 수 있다. 자본성, 근대성, 성성(sexuality), 시각성, 대중성, 오락성, 소비성, 공간성, 익명성, 공존성 등을 필요충분하게 만족시키고 있는 경우는 (적어도 지금까지는) 영화의 경우가 유일하다. 전근대적 엘리트성으로부터 근대적 접점을 찾으려 노력하는 회화의 경우는 그런 점에서 거론할 만한 여지가 없을 뿐더러, 시각적 영상들을 제공하는 현대 광고의 경우 지극히 짧게 지속되는 시간적 한계로 말미암아 이들 특성을 온전하게 보진치 못하고 소비성 등의 정점(頂點)에 이르는 거리만을 극대화하고 있으며, 텔레비전 드라마나 전자게임 등의 경우 공간성이나 익명성, 공존성 등을 용납하지 못하고 있는 상황이기 때문이다. 그러므로 이 지점에서 "영화만이 도시의 본질에 시각적으로 접근할 수 있는 유리한 위치를 차지한다"는 벤야민의 발언은 타당성을 확보하게 된다. 따라서 다시금 벤야민으로부터 풀트의 발언으로 들어가는 길을 택할 경우 영화는 도시에 대한 메타포[暗喩]일 뿐 아니라 명유(明喩) 혹은 직설이기도 하며 도시는 영화의 디제시스(diegesis)일 뿐 아니라 미메시스(mimesis)이기도 하다. 그것은 영화와 도시 양자가 존재하는 방식을 상호 반영을 통해 확인하는 과정이라고 말할 수도 있다.

---

2) 마이크 새비지와 알랜 와드는 도시사회학자 워스(Wirth)가 제시한 도시의 특성, 즉 크기와 밀도, 이질성이라는 독립 변수를 전제로 많은 수(크기)에 따라 개인적 다양성, 익명성, 인간관계의 분절화 등이 조성되고 밀도는 다양화와 전문화 등의 속성을 포괄하며 이질성은 견고한 사회구조를 붕괴시키며 이동성, 불안정성을 야기한다는 주장과 이에 대한 비판의 과정을 서술한다. 또 이어서 짐멜과 대도시 문화에 대한 설명에서 짐멜이 주장하는 근대성의 문화를 시각적인 것, 모더니스트 미학, 성적 정체성, 거리생활의 본질 등으로 서술한다. (마이크 새비지 · 알랜 와드 1996, 125~155쪽)

도시와 영화의 관계에 관한 이러한 일반적 특성을 인정한다면, 우리가 어떤 특정한 도시의 이름을 거명하며 영화를 논의하고자 할 때, 그 도시는 여타의 도시들과는 다른 특수한 무엇을 대표할 수 있어야만 한다. 그런 까닭에 지금까지 영화에는 대체로 '국적' 이 부여될 뿐, '시적(市籍)' 이 부여되지는 않았다. 중국의 경우, 구체적 도시와 영화의 관계를 검토하다 보면 최소한 넷 이상 되는 도시의 이름들이 떠오른다. 중국영화의 도시 전통을 설명할 수도 있으리라고 가정되는 도시의 이름들에는 베이징과 상하이, 홍콩이 거명될 것이며 거기에 두엇 더 끼워 넣자면 옌안(延安), 타이베이, 그리고 하얼빈(만주) 등이 또 다른 반열을 형성하게 될 것이다. 중국영화의 전통을 이 도시들과 연관 짓는다면, 상하이 전통과 홍콩 전통이라는 명백한 두 축과 1949년 이후의 옌안/베이징 전통, 타이완 전통 등으로 구분해 볼 수 있을 것이다. 그중 상하이는 1913년 이후 아세아영화사(亞細亞影戲公司)나 상무인서관 활동사진부(商務印書館活動影戲部) 등이 주도권을 확보하면서 외국의 자본을 끌어들여 1930년대까지 이른바 황금기를 구가하며 중국영화를 길러낸 도시였다.[3] 바로 이 지점에서 우리는 '시적' 을 획득하지 못하는 일반적인 영화들과 달리 어떻게 '상하이영화' 라는 명명이 등장하게 되는가를 문제 삼을 수 있게 된다. 지금까지의 논리, 즉 "중국영화를 길러낸 도시" 라는 지위를 얻은 상하이의 지분을 인정할 때 자신의 이름을 영화에 부여한 명명의 방식은 일정한 타당성을 확

3) "옌안/베이징 전통이 강한 정치적 입김으로 인한 리얼리즘 전통이었다면, 상하이 전통은 1930년대 가장 활활 타오르다가 1940년대 이후 옌안-베이징 전통에 의해 타격을 입은 뒤 개혁개방 이전까지 내리 계승되지 못하더니 1980년대 이후 서서히 새롭게 부활하고 있는 다원주의적 전통이다. 홍콩 전통은 서구와 중국 사이에서 정체성에 관해 고민하며 진지한 미학적 · 서사적 고민보다는 오락적 고민을 더 끌어안았던 오락적이며 자본주의적 전통이다. 타이완 전통은 사실 구축된 지 그리 얼마 되지 않을 정도로 그 세월이 일천하지만, 미학적이며 역사적이자 현실적인 다양한 측면에서 그 전통을 자리매김하고 있다." (임대근 2002, 89~90쪽)

보하는 듯이 보인다. 그러나 문제를 그렇게 서둘러 종결짓기에는 좀 더 고려해 보아야 할 인과(因果)들이 잠복해 있다.

2_ '상하이영화' 라는 명명

1) 역사적 쓰임

'상하이영화' 라는 명명은 모종의 친숙함으로 우리에게 다가온다. 2005년 중국영화 탄생 100주년을 기념하여 수많은 출판 '이벤트' 들이 펼쳐지면서 양진푸(楊金福 2006)와 같은 이가 충분한 설명 없이 '상하이영화' 라는 말을 자신의 저서의 제목으로 삼을 때, 천퉁이(陳同藝 1999)나 디자이(狄翟 1996), 천시허 · 류위칭(陳犀禾 · 劉宇淸 2005) 등이 '상하이영화' 라는 말을 스스럼없이 사용할 때, 김정구(2004)가 「1930년대 상하이영화의 근대성 연구」라는 논문을 들고 나왔을 때, 혹은 미리엄 한센(Miriam Hansen 2001)이 직접적으로 '상하이영화' 를 지칭하지는 않았지만 '상하이 무성영화(Shanghai Silent Film)' 라는 개념을 자신의 단편 논문 제목 속에 삽입했을 때 우리가 만일 스스로의 촉수로 예민하게 그것들을 감지하려고 노력하지 않는다면, 그것은 때로 무의식적인 동의하에 수용된다. 그러나 무의식적 동의에 의한 수용, 즉 모종의 관습 혹은 관습화에 대한 일말의 회의는 플래시 효과와 더불어 문득 어떤 의식적 각성을 가져다 준다. 그 의식적 각성이란 근본주의적 물음과 맞닿아 있다. 도대체 '상하이영화' 란 무엇인가?

일종의 표본조사 성격을 갖추면서 근거를 확보하기 위하여 영화가 유입된 이후 중국에서 이뤄져 왔던 주요한 이론적 논의들을 집대성하고 있는 딩야핑(丁亞平 2002)과 뤄이쥔(羅藝軍 1991; 2003)의 편저들과 중국 무성영화 시기의 관련 문서와 이론 · 비평, 사료 등을 폭넓게 수집 · 정리해 놓은 자료집(中國電影資料館編 1996)을 조사해 본 결과, 적어도 2000년대 초반까지는 '상하이영화' 와 같은 명명이 쓰이지 않았거나 위에서 언급한 디자이의 경우와 같이 쓰였다 하더라도 적극적인 의도를 갖고 있지는 않은 것으로 보인다. 이와 같은 명명의 보편적 쓰임은 우선 개혁개방 정책 이후 전방위적 발전의 토대를 마련한 상하이시가 2001년 제10차 5개년 계획을 맞이하면서 본격적으로 전시(全市)의 발전에 관한 청사진을 제시하고[4] 학술계에서 이에 호응하면서 상하이 연구에 대한 관심이 고조된 상황과 무관치 않을 것이다. 예컨대 2001년 상하이 정다연구소(證大研究所)에서 '신상하이인' 에 관한 국제학술대회를 개최한 것이나[5] 같은 해 상하이시 기록보존소[檔案館]에서 『상하이조계지上海租界志』를 출판하여 본격적으로 조계 시기의 상하이 연구를 가능케 하고 국제학술대회를 개최한 것[6] 등은 학술계의 반향을 잘 보여주는 예들이다. 이후 상하이에 대한 관심은 이른바 '라오상하이(老上海)' 열풍으로 이어지면서 역사·문화적 차원으로 나아가면서 유사 이래 최고의 황금기를 누렸던 1930년대에 대한 착목으로까지 연결되었다. 한편 영화계에서는, 앞서 말한 바와 같이 2005년 중국영화 탄생 100주년을 기념하는 일련의 작업 속에서 1930년대 영화를 재고하게 되었고 이러한 과정 속에서 '상하이영화' 라는 명명은

4) 2001년 2월 열린 상하이시 11차 인민대표대회 4차 회의에서 「상하이 국민경제와 사회 발전 제10차 5개년 계획 요강(關於上海市國民經濟和社會發展第十個五年計劃綱要)」을 통과시킨 바 있다. 전문은 상하이시 정부(http:// www.shanghai.gov.cn)에서 제공하는 '상하이 연감(2002)' 을 참고.

5) 2001년 9월 정다연구소가 주최하고 철학 · 경제학 · 사회학 · 역사학 · 문학 등 각 분야 전문가들이 참여한 대규모 학술대회가 개최된 바 있다.(上海證大研究所 2002, 1쪽)

6) 이와 더불어 상하이시 기록보존소는 2001년 12월 18~19일 "조계와 근대 상하이"라는 주제로 국제학술대회를 열어 조계 시기 상하이의 경제 · 문화 · 사회 · 조계 관리 등에 관해 토론의 장을 마련했다.(馬長林 2003, 1~3쪽)

자연스럽게 자리를 잡게 된 것으로 판단된다.

'상하이영화' 라는 명명이 쓰이기 이전의 상황은 어떠한가. 거기에는 단지 '중국영화(中國電影)' 라는 명명만이 있었다. 특정한 명명의 방식은 어떤 범주화를 전제로 하기 마련인데, 이 점에서 '중국영화' 라는 명명은 영화에 국적을 부여하는 일반적인 방식을 취하고 있을 뿐 아니라 역사적으로는 (적어도 중국 안에서는) 서양영화에 대한 상대적인 개념으로 이해되어 왔다. 그 단적인 예로 1930년대 상하이에서 《영화電影》, 《영희잡지影戲雜誌》 등 주요 영화 관련 잡지를 편집했던 루멍주(盧夢珠)의 「민족주의와 중국영화民族主義與中國電影」라는 글을 들 수 있겠다. 그는 중국(인)의 개인주의를 비판하는 전제 위에서 서양영화 속에 표현된 참된 민족주의의 정신을 배워야 한다고 강조했다.[7] 이와 같은 용례는 이후에도 지속된다. 1930년대에는 펑우(鳳吾), 천우(塵無), 류나어우(劉吶鷗), 천리푸(陳立夫), 수옌(舒湮) 등이,[8] 1940년대에는 구중이(顧仲彝), 어우양위첸(歐陽予倩), 이췬(以群) 등이, 1978년 이후에는 천시허(陳犀禾), 궈샤오루(郭小櫓), 사오무쥔(邵牧君), 리쑤위안(酈蘇元), 장이우(張頤武), 딩야핑(丁亞平) 등이 '중국영화' 라는 개

7) "쓸데없는 일. 세상 어디에 쓸데없는 일이 있단 말인가? 하지만 중국 사람들, 우리 중국 사람들은 참으로 우스울 뿐이다. 지혜로운 자라 하는 이들도 성현(聖賢)들의 독을 마시고 자신이 누구인지조차 알지 못할 만큼 취해서 자신의 일이 아니면 모두 쓸데없는 일이라고만 생각한다. (…) 우리 중국영화는 묘사나 표현에 있어서 그 어디에 올바름을 취하고 있는가? 아! 부끄럽다. 심히 부끄럽다. 그것들(중국의 영화들: 인용자)은 뜻밖에도 쓸데없는 일(?)에는 관여하지 않는다. 뜻밖에 단지 부패를 선양하고 나쁜 사상을 제창할 뿐이다. (…) 이 민족주의의 참된 정신은 곧 서양영화 속에 표현된 서양문화이며 특히 서양영화가 진심으로 해결하기 위하여 모두에게 제기한 연애 문제이며, 서양영화가 특별히 천명하고 있는 남성미와 여성미이다. 결론적으로 우리는 민족주의 운동을 해나가야 한다. 우리가 운동해야 하는 민족주의는 민족의 자결을 구하고 진정한 민족의 국가를 구하고 모든 침략과 억압에 저항하며 모든 나쁜 사상과 부패한 관습을 제거하며 건전한 남성미와 여성미를 추구하는 것이다." (盧夢珠 1930 ; 丁亞平 2002, 94~98쪽)

8) 이들 중 일부 논의에 대해서는 임대근(2001)을 참고할 수 있다.

념을 사용하고 있다.[9] 흥미로운 사실들 가운데 하나는 사회주의 중국이 수립된 1950년대 이후 개혁개방 시기 이전까지는 '중국영화' 라는 명명이 등장하지 않고 단지 '영화' 라는 일반적 명명만이 쓰였다는 점이다. 이는 사회주의 실험기, 즉 영화의 국적이 불려야 할 필요성이 상대적으로 약화되었던 상황에서 그 독자성과 내적 완결성을 강조하려는 의도로 읽을 수 있다. 1980년대 이후에 이르러서는 오히려 중국영화라는 명명이 '신중국영화', '중국현대영화', '중국도시영화', '중국무협영화' 등으로 분화하는 경향을 보인다. 이러한 경향은 중국영화라는 명명을 확고히 확립한 상황에서 역사적 · 문화적 · 이념적 · 장르적으로 각각의 경우를 새롭게 규정해야 할 필요성이 대두했음을 의미한다. 우리의 논의와 관련하여 더욱 흥미로운 사실은, 상하이를 중심으로 중국영화사에서 가장 뛰어난 성취를 이루었다고 공인되는 1930년대에도 '상하이영화' 라는 명명은 쓰이지 않았으며 오히려 '중국영화' 라는 명명만이 발견된다는 점이다.

실제로 상하이 도서관에서 제공하는[10] 1920~40년대 중국에서 발간된 영화 잡지 91종의 서지와 목록을 조사해 본 결과[11] '상하이영화' 라는 개념은 쓰이지 않은 것으로 확인되었다. 영화 잡지의 명칭만 보더라도 '상하이' 라는 표현이 들어간 경우는 1940년대 이후에 등장한다. 1941년 7월에 창간된 《상하이영화 소식上海影訊》, 1944년 2월에 창간

---

9) 이들이 쓴 글에 대해서는 羅藝軍(1991; 2003) 및 丁亞平(2002)을 참조.

10) 상하이도서관(http://www.library.sh.cn)은 2005년 '상하이연화(上海年華)' 라는 부속 웹사이트(http://memoire.digilib.sh.cn/SHNH)를 열고 여기에 '영화기억(電影記憶)' 이라는 이름으로 '중국영화스타록(中國電影明星錄)' 과 '중국현대영화 정기간행물 목록 서지(中國現代電影期刊全目書誌)' 를 제공하고 있다.

11) 리어우판이 장웨이(張偉)의 정리를 인용한 바에 따르면, 1921년부터 1949년까지 중국에서 출판된 영화 잡지는 월간, 주간, 특별간행물 등을 모두 포함하여 206종이라 한다. 따라서 91종은 약 45%에 해당한다. (張偉1992~1993 ; 여기서는 Leo Ou-Fan Lee 2001, 85~86쪽을 참조.)

上海影訊

上海影訊

《상하이영화 소식》

《상하이영화와 연극》

된 《상하이영화와 연극上海影劇》, 1947년 3월에 창간된 《상하이영화 소식上海影訊》 등이 그러한 예들인데 그나마도 '상하이'와 '영화(電影)'를 직접적으로 연결 짓고 있지는 않다. 1944년 발간된 《대중영화大衆電影》 제1기에는 「상하이영화관 일별上海電影院一瞥」이라는 글이 실려 있는 것으로 확인되는데, 이 또한 상하이 소재 극장들에 대한 정보로서 상하이에 단순한 지명 이상의 의미가 부여되고 있지는 않는 것으로 판단된다. 그럼에도 불구하고 1940년대에 들어서면서 광범위하게 영화를 지칭하는 표현 앞에 '상하이'라는 관형어가 등장하는 까닭은 다음과 같이 유추해 볼 수 있을 것이다. 1910년대 이후 줄곧 중국에서 영화에 관한 한 독점적인 지위를 확보하고 있던 상하이로서는 1930년대 후반까지 특별히 상하이영화라는 개념을 부각시킬 필요성을 갖지 못했을 것이다. 중국영화가 곧 상하이영화이고 상하이영화가 곧 중국영화인 상황에서 '상하이영화'라는 명명은 오히려 자신의 입지를 축소하는 의미를 내포하게 될 가능성마저 있었으므로 곧 중국영화라는 개념과 명명이 상하이영화와 동일시되었던 것이다. 그러나 1937년 중일전쟁이 발발하고 많은 영화인들이 상하이를 떠나 홍콩을 비롯한 새로운 도시들에 안착하면서 중국 내부에서 영화의 지역 분화 현상이 일어나게 된 이후 상하이는 그 독점적 지위를 상실하게 되는 국면에 놓이게 된다. 그런 까닭에 상하이라는 관형어는 특정 지역의 경우로 그 입지를 조정하는 과정을 거치게 되었다고 할 수 있을 것이다. 그렇다면 오늘날 다시 상하이영화라는 명명이 부상하는 까닭은 무엇인가. 그것은 사회주의 중국 이후 이렇다 할

영화적 전통을 전승하지 못한 상하이의 운명과 관련 있다. 1949년 이후 중국의 영화는 앞서 말한 대로 옌안의 전통을 계승하면서 정치를 위해 복무하는 길을 걷게 되었던 바, 베이징으로 그 주도권이 이양된다. 이 같은 상황에서 상하이로서는 다시 이전의 지위를 회복하고자 하는 욕망을 갖게 되었을 것이다. 다시 정리하자면, '상하이영화' 라는 명명의 등장은 상하이가 중국영화에서 절대적 지위를 상실하기 시작한 1937년 이후에 그 추형(雛形)을 보인 뒤, 1949년 이후에는 중국영화사에서 완벽하게 사라졌으며 1990년대 이후에는 상하이라는 도시를 '재건' 하기 위한 일련의 지역적(local) 시도 속에서 재부상하게 되었다고 할 것이다. 이와 같이 상하이영화라는 명명은 중국의 근 · 현대사와 그로 인해 빚어진 영화사적 변화 및 굴곡의 흐름과 궤를 같이 한다 할 만큼 밀접한 관계를 맺고 있다.

2) 유사한 사례들

정색을 하고 다시 '상하이영화' 라는 기표 앞에 선다면 어떤 낯섦을 경험하게 될 수도 있다. 그 낯섦이란, 다시 반복하면, '영화' 를 수식하는 기표가 도시의 이름이라는 점에서 비롯된다. 대체로 '영화' 를 수식하는 말이 어떤 '국가의 이름' 일 경우 그것은 매우 보편적 명명의 방식이다. 즉 한국영화, 중국영화, 일본영화, 미국영화, 프랑스영화……라는 명명 앞에서 우리는 치열한 논란거리가 될 수도 있는 영화의 '국적주의' 에 관한 문제를 대체로 유보한 채 고개를 끄덕이고 만다. 그만큼 영화의 국적을 보여주는 명명들이, 합작영화 등으로 인하여, 혹은 중국과도 같은 경우에는 그 지역 분화 현상으로 인하여 내부적인 진통을 겪고 있음에도 불구하고 대체적으로는 어떤 보편적 관습으로 자리 잡았기 때문일 것이다. 그러나 도시의 이름과 '영화' 를 연결시키는 시도는 더욱 많은 경우에 있어서 낯선 경험일 뿐이다. 예컨대 서울영화, 베이징영화, 도쿄영화, 뉴욕영화, 파리영화…… 등의 명명을 가정해 보라. 그런 개념들은 애초 제기되지도 않았고 성립될 수도 없으며, 통용될 필요 또한 느끼지 못한다. 다만 어떤 도시의 이름과 '영화'를 연결시키는 관습이 보편적으로 자리 잡는 경우는 '영화'가 '영화제'의 방식으로 존재하는 경우 그에 대한 총칭으로서 이를 채택하는 경우와 (그러나 그때 도시의 이름은 '영화제'의 종속변수로 혹은 종종 그 의미망이 단순화된 수식어일 뿐이다. 그런 자신의 처지를 보상받기 위하여 때때로 도시의 이름 자체는 '영화제'를 포함하는 방식으로 대유되기도 한다. 물론 거기까지 나아가다 보면 도시의 이름이 규정하는 의미망의 재해석이 필요할 터이기도 하지만.) '영화제'가 아닌 경우 (지금까지 발견한 바로는) 두 가지 경우의 사례, 즉 '할리우드영화'와 '홍콩영화'가 있을 뿐이다.

그러나 이 두 가지 사례는 약간 다른 맥락에 서 있는 듯이 보인다. '할리우드영화'에서 '할리우드'는 '미국'을 일컫는 제유적 표현으로 사용되었다. 이는 미국영화 산업 중 그 제작시스템이 대부분 할리우드에서 이루어져 왔던 데서 연유한 것이다. 로스앤젤레스 할리우드의 교외에서 탄생한 영화 제작시스템은 1920년대 이후 화려한 황금기를 구가했으나 1940년대 디즈니를 시작으로 오늘날 대부분의 영화들이 버뱅크(Burbank)의 스튜디오에서 촬영되고 있다. 그럼에도 불구하고[12] 여전히 '할리우드'는 관습적으로 미국영화를 대표한다. 미국영화를 명명하는 관습적 방식으로 '할리우드영화'라는 개념이 통용되는 것은 달리 생각하면, 그들의 패권적 전략과도 맞닿아 있을 수도 있다. '영화'를 국적으로 규정함에 따라 '영화'가 '미국'이라는 한정어에

12) 할리우드 스튜디오 시스템에 대해서는 수잔 헤이워드 1997, 192~205쪽 참조.

구속됨으로써, 그러한 기표가 유발할 수 있는 국가적 둘레의 설정과 그에 따른 불필요한 대립항을 무화시키고자 하는 논리를 읽어낼 수도 있을 것이다. 자신들의 '전지구화' 를 실현하는 데 방해가 될 '국적' 이라는 장애물을 걷어내기 위하여.

'홍콩' 의 경우는 영국령으로서 존재했던 1997년 7월 이전까지 (혹은 그 이후에도 여전히 일부분은 그렇다고 인정하지 않을 수 없지만, 2003년 '내지와 홍콩이 더욱 긴밀한 경제무역관계를 수립하는 데 관한 계획[內地與香港關于建立更緊密經貿關係的安排: CEPA]' 을 체결하고 이듬해 '계획' 을 발표한 이후 홍콩영화는 '공식적으로' 는 '중국영화' 의 하위 범주로 돌아갔다)는 도시 자체가 일면 '국가적(national)' 기능을 담당하고 있었으며 그것은 '영화' 의 측면에서 자신만의 독특한 전통과 관습, 그리고 산업과 정책을 구비하고 있었다는 점에서 '홍콩영화' 그 자체로 독자적인 외연과 내함을 지니고 있는 개념이다.

그렇다면 '상하이영화' 는 이 두 가지 용례 중 어느 경우로 수렴될 수 있을 것인가. 우선 '상하이영화' 는 '1949년 이후 1997년까지의 홍콩영화' 와 동급으로 취급될 수는 없다. 그것은 홍콩이라는 도시적 특성이 상하이라는 도시적 특성과는 질적으로 구별되기 때문이다. 홍콩을 일종의 유사국가(sub-nation)로 볼 수 있다면,[13] 상하이는 지역(local)적 특징을 갖고 있다고 할 수 있다. 혹 우리가 다시 중국영화의 도시 전통을 거론해야 한다면 (앞서 말한 대로 그것은 중국영화의 전통을 이해하는 데 매우 중요한 방법론일 수 있다.) 그때는 '홍콩영화' 와 '상하이영화' 가 동급으로 이해될 수 있을 것이다. 물론 그것은 1949년 이전부터, 다시 말하면 1896년 이래로 역사를 공유해 온 포괄

13) 홍콩, 홍콩인, 홍콩 문화의 정체성에 관해 논한 글로는 장정아 2003 참조.

적 '중국영화'의 한 지류로서 홍콩과 상하이를 이해한다고 했을 때 가능한 일이지 1949년 이후 1979년 사이의 홍콩만을 발언한다고 했을 때 가능한 일은 아니라고 판단된다. 특히 동시적 차원에서 보더라도 1949년 이후 1979년까지 상하이영화는 홍콩영화와 함께 거론할 만한 그 무엇조차 없는 상황이었음에 더욱 그러하다.

그렇다면, '상하이영화'는 '할리우드영화'의 경우로 수렴될 수 있는가. 그것은 '할리우드영화'의 쓰임과 마찬가지로 '상하이영화'가 '중국영화'를 제유적으로 뒷받침할 수 있을 것인가 하는 문제와 연관된다. 이 지점에서 시간의 분절을 떠올리게 되는바, 1949년 이후 중국영화는 베이징에 의하여 주도되었다고 해도 과언이 아니다. 아울러 공간의 분절 또한 떠올리게 되는바, 1949년 이후 중국영화는 대륙(베이징)과 홍콩, 타이베이라는, 적어도 세 지역으로 분화되는 것이다. 그러므로 누군가 '상하이'를 '할리우드'와 같은 경우처럼 '중국영화'에 대한 제유로서 사용하려 한다면 그것은 1949년 이전, 좀 더 축약하면 1930년대라는 시간성을 염두에 두어야 할 것임에 틀림없다. 즉 '상하이영화'라는 개념이 '중국영화'로서의 개념적 정합성을 얻어내려면 최소한 김정구의 표현대로 '1930년대'가 전제되어야 한다는 것이다. 즉, 1949년 이전의, 혹은 오늘날 그 시대를 염두에 두는 상하이영화라는 명명은 중국영화에 대한 제유라고 할 수 있을 것이며, 1949년 이후 문화대혁명 종식 이전까지는 거의 소멸/잠복해 있었다. 1976년 이후 상하이에서 벌어진 현상으로서 영화에서 '상하이'라는 기표가 품고 있는 기의가 일물일어(一物一語)로 고착되면서 지역(local)적 의미를 벗어날 수 없게 되었기 때문이다.

3) 기억의 소환

새로운 명명이나 개념을 제기함에 있어 우리는 대체로 다음과 같은 두 가지 목적을 상정하게 된다. 어떤 결여에 대한 충족 혹은 기왕의 권력에 대한 해체와 재구. 회의하지 않으면, 손쉽게 관습화라는 노정을 거쳐 가게 될 '상하이영화' 라는 명명은 기왕의 권력에 대한 해체라는 측면에서 일정한 의미를 담보하는 것처럼 보인다. 그것은 영화를 상하이로 한정함으로써 그에 대한 다른 대립항들을 의식적이든 무의식적이든 설정하게 되는 것인데, 예컨대 '중국' 이라는 지역적 공간(local/national)으로 논의의 둘레를 좁혔을 경우 상하이영화의 노스탤지어를 자극하여 옛 '영화(榮華/映畵)' 를 되찾음으로써 자국 내 영화 질서와 권력을 재편하자는 하위지역(sub-local) 혹은 하위국가(sub-national)적 의도와 맞닿을 수밖에 없다. 그러나 노스탤지어는 언제나 기억과 망각이라는 씨줄과 날줄이 빚어내는 원경(遠景)일 뿐이므로, 현금(現今)의 실존적 욕망을 해결해주지 못하는 의사(擬似; pseudo) 충족일 뿐이다. 그러므로 이 지점에서 상하이영화의 내함은 노스탤지어에서 복원으로, 나아가 '부흥과 재건' (復興/再建/reconstruction)으로 이어진다. 예컨대 앞서 제기한 천퉁이나 디자이, 천시허 · 류위칭 등이 '상하이영화' 라는 개념어를 끌고 들어올 때 그들의 의도는 모두 '회복(恢復)' 과 '재창조(再創)' (이상 천퉁이), '개혁(改革)'(천퉁이 · 디자이), '부흥(復興)'(천시허 · 류위칭) 등과 같은 노스탤지어의 현재화와 '해파문화'(천시허 · 류위칭)라는 지역성과 맞닿는 핵심어들과 더불어 등장한다. 그러므로 '상하이영화' 는 기왕의 실현태로서, 그러나 현재로서는 어떤 잠재태로서 존재한다. 다만 그 '실현' 이 지역 내부에서 제유적 대표성을 승인받았으며, 그 '잠재' 역시 지역 내부에서 그것을 회복하기 위한 노력을 보유하고 있음은 인정되는 바이지만, 과연 그것이 전지구적(global) 상황에서 또 다른 대립항과 맞설 수 있는, 요컨대 할리우드영화의 전지구화 담론에 대응하는 개념으로서 자신만의 내용을 채우고 있는가 하는 점에는 의문의 여지가 없지 않다. 자신만의 내용을 채우는 바로 그것이야말로 상하이영화라는 새로운 개념과 명명의 욕망이 합리적 근거를 확보하게 될 지점, 즉 어떤 결여를 충족시켜야 할 지점으로 연결될 것이다. 그렇지 않고서야 이 새로운 명명은 원경의 노스탤지어를 맴돌거나 근경의 욕망을 충족시키지 못한 채, 지속적으로 자신의 기의를 그 기표로부터 미끄러뜨리게 되고 말 것이다. 그러나 70년 전의 상하이가 21세기의 오늘을 선취했으리라는 믿음은 (뒤에 다시 말하겠지만) 상하이영화에 관한 논의를 영화문화에 관한 논의로 확장하게 되면 더욱 회의에 빠지게 될 수도 있다.

사실 '상하이영화' 에 관한 고민을 가장 본격적으로 시도한 경우는 황즈웨이(黃志偉)와 라이콴 팡(Laikwan Pang)이라 할 수 있다. 황즈웨이는 『올드 상하이영화老上海電影』라는 책을 펴낸 바 있는데(黃志偉 1998), 그는 1909년 아이서(Isher; 依什爾)라는 미국인이 상하이에서 무대극을 찍은 흑백 무성 단편영화 〈서태후西太后〉를 효시로 보고 1949년 이전까지 상하이에서 제작된 영화들의 개봉 일시와 장소, 스태프, 간략한 시놉시스 등을 정리하여 수록하고 있다. 그는 1909년부터 1949년까지 상하이영화를 '탄생(1909~1919)', '발전(1920~1929)', '번영(1930~1939)', '침묵(1940~1945)', '부흥(1946~1949)' 등과 같이 다섯 시기로 나누어 서술하면서 '상하이영화', '옛(올드) 상하이영화(老上海電影)', '상하이 옛 영화(上海老電影)' 등의 개념을 자유자재로 끌어들이고 있다. 그가 명시적으로 '상하이영화' 의 명명이나 개념에 대하여 고민하고 있음을 밝히지는 않았으나 적어도 선집(選集)한 자료의 면면을 보면, 앞서 말한 대로 "상하이에서 제작된 영화"를 '상하이영화' 로 간주하고 있음을 알 수 있다. 1998년에 이뤄진 이 같은 성취에도 불구하고 학계에서 오늘날까지 더욱 깊은 고민으로 전승하지 못한 아쉬움은 여전히 남는다. 이러한 발언은 그의 작업이 자각적이면서 동시에 적극적으로 '상하이영화' 를 고민하지는 못했으리라는 반성과 맞물려 있다. 그런 점에서 라이콴 팡은 좀 더 나아간 경우인데, 그는 자신의 저서 중 한 장을 나눠 "상하이영화 혹은 중국영화" 에 관한 물음을 던지면서(Laikwan Pang 2002) 그 둘, 즉 국가와 도시 사이에 분명한 갈등(나의 표현대로 하자면 국가의 욕망과 도시의 욕망의 갈등)이 있었으나 '1930년대 상하이영화' (라이콴 팡의 표현대로 하자면 이른바 '좌익영화')는 그 둘의 정체성을 동시에 재현하는 방식으로 그와 같은 갈등을 해결하고 있다고 보았다. 그러나 그의 이 같은 논의는 결국 어떤 상징과도 같은 문화적 공간으로서의 상하이가 당대 영화 속에 어떻게 재현되고 있는가를 분석하기 위한 시도로 이어지기 때문에 그 또한 '상하이영화' 라는 명명 자체에 대한 고민의 본령을 제시하지는 못했다.

잠시 길을 돌아가면서 앞서 논의하지 못했던 몇 가지 측면들에 대하여 보완하자면, 이 지점에서 상하이영화는 예컨대 한국의 영화들이 '코리언 뉴웨이브 시네마' 라고 불리거나 '충무로영화' 라는 명명으로 언급되는 경우와도 갈라선다. 전자의 경우는 어떤 역사적 의미를 내포하고 있다는 점 자체로는 동일한 맥락에서 설명될 수 있으나, 상하이영화가 그 역사를 관통하면서 기억을 소환하는 작업에 무게를 두고 있음에 비하여 '뉴웨이브' 는 과거와의 단절에 무게중심을 두고 있기 때문이다. 또한 충무로영화 역시 특정한 지명을 수식어로 삼는 경우임은 분명하나 그것이 상하이와 같이 도시의 이름이 아니고 겨우 어떤 길의 이름일 뿐이기 때문이다. 그러므로 도시로서 영화를 명명하는 이와 같은 시도는 단순히 특정 국가의 영화들에 대한―독일영화에 대한 '뉴저먼 시네마New German Cinema' , 일본영화에 대한 '쇼치쿠

누벨바그Shochicu Nouvelle Vague', 타이완 영화에 대한 '신랑차오新浪潮', 홍콩영화에 대한 '뉴웨이브New Wave' 등—별명 붙이기와는 결을 달리한다. 이들은 대부분 외부의 시선에 의하여 명명되고 규정된 경우들로 자신들의 정체성을 확인한다. 그러나 외부의 시선이 자신에 대하여 규정하는 명명들이 빚어내는 오류들은 수없이 반복된다. 예컨대 모호한 명명의 스펙트럼으로 인하여 허우샤오셴(侯孝賢) 이후 지금까지의 타이완 영화가 '신랑차오'로 여겨지거나 임권택 이후 박찬욱에 이르기까지 여전히 '코리안 뉴웨이브'라 불리고 있는 경우들을 생각해 보라. 그러므로 '상하이영화'는 내부의 명명으로부터 시작되어 외부의 시선까지도 포획해 버린 특별한 예라고 볼 수 있다. 이는 바로 '상하이영화'가 가지고 있는 역사(문화)성 · 도시성으로부터 기인하는 현상이라 할 것이다.

3_ 방법의 지평들 : 도시 · 영화 · 문화

그러므로 이 지점에서 다시 물어야 한다. '상하이영화'란 도대체 무엇인가? 앞당겨 말하면, 사실 그 대답은 '상하이'와 '영화' 사이에 어떤 말들이, 어떤 허사들이, 어떤 관형어들이 축약된 채 생략당했는가 하는 점을 뒤쫓는 작업에서 시작된다. 상하이와 영화를 분절하고 나면, 둘 사이에 생략된 많은 관형어들이 복원될 가능성이 열린다. 다시 그것들을 복원해 낼 때, 그리하여 상하이와 영화를 좀 더 부드러운 방식으로 관계 맺어 줄 때 그 함의는 비교적 분명해질 수도 있다. 그러므로 지금 이 논의는 단지 상하이영화의 개념을 둘레 짓는 일, 그 이상의 것이다. 그것은 상하이와 영화가 관계 맺는 방식에 대한 탐구이다.

상하이와 영화를 연결하는 관형어들은 이렇게 정리될 수 있다. 첫

째, 상하이(를 재현한) 영화. 둘째, 상하이(에서 제작된) 영화. 셋째, 상하이(에서 상영된) 영화. 즉 films on Shanghai, 또는 Shanghai in films/films in Shanghai, 혹은 Cinema culture in Shanghai. 오해를 불식시키기 위하여 부언하면, 이와 같은 영어 표현이 앞서 말한 세 가지 우리말 표현과 정확히 일대일 대응 관계를 이루는 것은 아니다. 예컨대 "films in Shanghai"라는 표현은 둘째와 셋째 경우를 아우른다. 또 "Cinema culture in Shanghai"라는 표현은 "상하이(에서 상영된) 영화"라는 말을 폭넓게 확장하는 경향이 있지만, 그것은 결국 이미 필름으로 만들어진 영화가 상하이에서 '흘러 다니는' 방식을 문제 삼겠다는 말이다. 다시 전적으로 우리말 표현으로만 돌아가 본다면, 이와 같은 인식의 분화는 상하이영화 연구의 목적과 방법, 그리고 주체에 대한 문제들과 긴밀한 상관성을 구축한다. 첫째 방식은 영화를 통해서 상하이를 보겠다는 뜻이며 둘째 방식은 상하이에서의 영화를 보겠다는 뜻에 다름 아니다. 셋째 방식은 상하이에서의 영화문화 자체를 보겠다는 뜻이다. 예컨대 첫째 방식에 관하여는, 앞서 다이진화를 거례하기도 했지만, 그 밖에도 중국 출신 학자 류원빙(劉文兵 2004)이 일본에서『영화 속의 상하이映畵の中の上海』라는 저서를 내고 그 부제를 '표상으로서의 도시 · 여성 · 프로파간다表象としての都市 · 女性 · プロパガンダ' 라고 붙이고는 20세기를 종횡무진하며 '상하이영화' 속에 재현된 상하이와 그 여성의 이미지들을 소환할 때 구체적인 실천적 증좌를 획득한다. 둘째 방식에 관해서는 이미 수많은 영화학자들이 해오고 있는 바와 같이(비록 그들 대부분이 중국영화의 하위 범주로서 상하이영화를 다루어오고는 있지만), 그리고 최근 앞서 말한 바와 같은 일련의 학자들이 그들 나름의 방식대로 '상하이영화사'를 기술하는 실천으로서 존재감을 획득한다. (물론 상하이영화사가 기술 가능한 것인지, 그리고 상하이영화사에는 상하이에서 제작된 영화들의 목록만이

등재될 수 있는지 등에 대해서는 여전히 논의해야 할 과제이다.) 셋째 방식은 왕차오광(汪朝光) 등이 상하이에서 상영된 미국영화 기록들을 통해 당시 상하이 문화와 영화 환경, 그리고 중 · 미 영화교류의 역사까지도 언급할 수 있을 정도의 구체적 실천으로 담보된다.[14] 앞서 말한 리어우판의 작업 같은 경우는 두 번째와 세 번째 방식에 걸쳐 있다고 하겠다.

따라서 이 세 범주는 이론적으로는 일견 상호 대립하는 것처럼 보이나 궁극적으로는 서로가 서로를 보족하는 기능을 담당하게 될 것이다. 연역적 추론으로부터 착오가 발생할 가능성이 있음은, 상하이에서 제작된 영화는 상하이를 재현하는 경우가—그것이 디제시스적인지 미메시스적인지에 대해서는 차후에 논의하기로 하고—대다수일 것이기 때문이다. 그럼에도 불구하고, 상하이영화를 위의 세 가지 방식으로만 규정지었을 때 그것은 수많은 영화의 개별적 집합으로서의 의미만을 가질 뿐(影片; films) 총체적 의미로서의 영화(電影; film; cinema)에 관한 의미는 사장될 가능성이 크다. 그러므로 상하이영화를 살핀다고 할 때 영화가 존재하는 방식, 즉 주로는 텍스트 안팎의 미학과 산업, 이데올로기라는 세 축, 즉 영화가 유통되는 방식, 그에 더하여 역사와 교육, 이론, 비평 사조, 운동 등의 다양한 기제들, 그리고 그 기제들을 형성했던 이(異; inter-)분야들을 함께 살펴보지 않을 수 없을 것이다.

그러므로 상하이영화에 관한 연구는 도시연구와 영화연구, 문화연구라는 세 축이 상호 뒤얽혀 들어 있는 방식으로 진행될 수밖에 없을

---

14) 瑪麗 · 坎珀(1999), 汪朝光(2001) 등 그의 일련의 작업을 참고할 수 있다. 물론 셋째 방식에 관하여는 비단 미국영화가 상하이에서 소통된 방식만을 문제 삼자는 것은 아니다. 거기에는 분명 한-중의 영화, 중-일 영화 등의 트랜스 내셔널한 방식으로 존재했던 영화가 있었을 것이며, 또 다른 한편으로는 상하이인이 영화를 관람하는 방식, 혹은 소비하는 방식으로 존재했던 영화도 있었을 것이다.

텐데, 이 지점에서 무엇을 우위에 놓는가 하는 연구 주체의 선택은 상하이영화 연구의 궁극적 목적을 어떻게 설정할 것인가 하는 문제와도 맞닿아 있다. 그것은 상하이영화 연구가 궁극적으로 어느 영역을 위하여 복무할 것인가, 즉 도시연구를 위해 복무할 것인가, 영화연구 그 자체를 위해 복무할 것인가, 그렇지 않으면 문화연구를 위해 복무할 것인가 하는 문제와도 연관된다. 이는 곧 연구 방법의 문제 혹은 연구의 제재를 설정하는 문제 등과도 긴밀하게 연관되므로 총체성을 담보해낼 수 없는 개별 주체들에게 있어서는 어느 정도는 현실적인 문제로 다가오게 된다. 그렇다고 하여 도시연구와 영화연구, 문화연구라는 세 영역이 분명한 경계선으로 획분되면서, 삼자가 동등한 위계와 범주를 지니고 있다고 말하려는 것은 아니다. 삼자는 오히려 좀 더 분명한 위계와 영역적 삼투로 배열된다. 예컨대 문화연구는 궁극적으로 영화연구와 도시연구의 다양한 층위들을 포괄하게 되며 도시연구와 영화연구 또한 여러 층위에서 교직된다.

1930년대 상하이라는 도시의 욕망은 난징과 홍콩 그 사이 어디쯤 있었던 것으로 보인다. 상하이에서 가장 중심에 놓인 길의 이름이 '난징로' 로 명명된 까닭은 우연이 아니었을 것이다.[15] 장아이링(張愛玲)의 원작 소설을 영화화 한 쉬안화(許鞍華; Ann HUI)의 〈반생연半生緣〉(1997)에서 상하이에서 온 소녀에 대한 난징 사람들의 폄하와 왕안이(王安憶) 원작의 동명소설을 영화화한 관진펑(關錦鵬; Stanley Kwan)의 〈장한가長恨歌〉(2005)에서 홍콩으로 건너가기를 꺼려하는 상하이 사

15) '난징로' 는 영국 조계에 편입된 이후 서양인들에 의해 '파크룽(派克弄; Park Lane)' 으로 불렸다. '라오상하이 사람' 들은 이를 '화위안룽(花園弄)' 또는 '파크룽' 으로 불렀다. 그 이후 1864년 상하이 조계 행정 사무를 관리하던 공부국(工部局)에서는 상하이의 도로 명칭에 대한 규범의 필요성을 인식하고 조계 내부에서 동서로 뻗은 도로는 중국의 다른 도시들의 이름을 빌려오고, 남북으로 뻗은 도로는 다른 성(省)의 이름을 빌려오기로 결정했다. 그 결과 동서로 뻗은 파크룽이 난징로라는 이름을 얻게 되었다.

〈반생연〉

〈장한가〉

람들의 모습을 담은 장면에서 상하이는 오히려 난징이라는 도시 권력('난징 레짐 regime'을 생각하면 혹은 국가권력)을 뛰어넘어야 한다는 절박감을 가지고 있었을지도 모른다. 그들은 '조계'라는 '특권'을 이용하여 그 욕망을 실현하고자 했으며, '영화'라는 가장 서유럽적인 문화 소비 방식을 이용하여 스스로를 초(超)국가적 존재로 욕망했다고 가설을 설정해 볼 수도 있을 것이다. 또한 이러한 교착적(交錯的) 상호관계를 보편적 방식인 제도와 이념, 관습과 정서 등으로 분화하여 살펴 볼 수도 있을 것이다.

그러나 무엇보다도 영화 연구를 제외하고는, 상하이영화 연구가 도시연구나 문화연구를 위하여 복무한다고 가정했을 때 우려되는 점은 그 순간 '영화'가 소재로 전락할 가능성이 있지 않을까 하는 점이다. 그렇게 소재로 전락해 버린 영화 앞에 서게 되면, 우리는 "왜 영화여야 하는가?"라는 또 다른 근본적 물음에 맞닥뜨리게 될 것이다. 그 점에 대하여 답변하는 길은 얼핏 보기에는 두 갈래로 뻗어 있다. 그 하나

1945년 이후 중일 전쟁 이후 당시 시 정부는 난징로를 난징둥로(南京東路)로, 징안쓰로(靜安寺路)를 난징시로(南京西路)로 명명했고 오늘날에는 이를 통칭하여 난징로라 한다. 난징로에는 1908년 3월에 이미 전차가 들어올 정도였고 그 폭이 10여 미터나 돼서 속칭 '한길'이라는 뜻의 '다마로(大馬路)'로도 불렸다. 그것은 이 길이 당시 현대 물질문명을 대표하는 소리와 빛, 그리고 전기 등이 모두 이 난징로에서 유래했기 때문이다. 이에 관해서는 惜珍 2004, 3쪽 참조.

는 담담하게 영화가 소재임을 긍정하는 것이다. 그렇게 되면, 주체는 영화와 영화 아닌 무수히 많은 그 무엇들을 병렬하게 될 것이며, 도시와 문화의 목적을 위하여 자신의 소재와 텍스트들을 선택하는 일에 집중하면 될 것이다. 그것은 영화가 단순한 오락이 아니라 인간과 세계의 모순을 소우주화하여 보여준다는 전제하에 그 속의 풍경들을 분석하고 설명하는 데 도움을 주리라는 인문학적 요구에 부응하는 일이겠지만, 동시에 "세상을 구별 짓는 방식에 관한 존재론적 고민"이라고 일컬을 수 있는 문화연구의 입장에서 역시 인간과 세계를 위해 복무하는 일이 되기도 하겠지만, (세계 혹은 중국) 영화사가 가꾸고 길러온 예술에 대한 새로운 발견과 그 내재적 역사 등에 관해서는 소홀하게 될 수밖에 없을 것이다. 그러므로 결단해야 한다. 상하이영화 연구를 고정된 어떤 형식적 틀로 묶으려는 시도는 답변 불가능한 질문들을 환원적으로 소환하는 일만을 반복하게 될 것이다. 모든 개념은 유동한다는 전제와 더불어 상하이영화에 관한 연구 또한 유동하는 세 개념 사이에 유동하는 주체, 유동하는 방법들이 얽혀 있다고 보는 것이 타당할 것이다. 그러므로 모두에서 말한 바와 같이 도시와 영화 사이의 상호 반영성을 확장하여 이해할 필요가 있으며 아울러 문화연구가 지향하는 가치들을 영화 연구 내부로 끌어들일 필요가 강하게 제기된다. 그 과정에서 중간자적 존재로서의 주체는 언제나 구체적인 실천을 통해 결단하고, 자신만의 정치적(political) 입장을 확고히 하지 않을 수 없을 것이다.

지금까지의 가혹할 만큼의 논의들은 시각에 따라서 상하이영화 연구의 담론을 오히려 빈곤케 하는 근거가 될 수도 있으며 역으로 풍요롭게 하는 작업이 될 수도 있다. 그러나 방법론에 대한 고민이 박약한 상태에서 텍스트 내부에 안주함으로써 얻어지는 기형적 풍요로움에 대해서는 늘 경계를 늦추지 말아야 할 것이다.

참고문헌

그램 질로크 지음, 노명우 옮김(2005), 『발터 벤야민과 메트로폴리스』, 효형출판, 서울

김정구(2004), 「1930년대 상하이영화의 근대성 연구」, 한국예술종합학교 예술전문사 논문, 서울

마이크 새비지 · 알랜 와드 지음, 김왕배 · 박세훈 옮김(1996), 『자본주의 도시와 근대성』, 한울, 서울

베른트 비테 지음, 안소현 · 이영희 옮김(1994), 『발터 벤야민』, 역사비평사, 서울

베른트 비테 지음, 윤미애 옮김(2001), 『발터 벤야민』, 한길사, 서울

수잔 헤이워드 지음, 이영기 옮김(1997), 『영화사전: 이론과 비평』, 한나래, 서울

임대근(2001), 「1930년대 중국의 영화론」, 『문학과영상』 제2권 2호, 문학과영상학회, 서울

임대근(2002), 「초기 중국영화의 문예전통 계승 연구(1896~1931)」, 한국외대 박사학위논문, 서울

장정아(2003), 「타자의 의미: '홍콩인' 정체성을 둘러싼 싸움」, 『한국문화인류학』 36권 1호, 한국문화인류학회, 서울

陳同藝(1999), 「上海電影在改革中奮進」, 『上海藝術家』, 第4期, 上海藝術研究所, 上海

陳犀禾 · 劉宇淸(2005), 「海派文化與上海電影: 重生或者寂滅」, 『社會觀察』, 第6期, 上海社會科學院, 上海

狄翟(1996), 「"九五一○": 上海電影精品戰略計劃」, 『大衆電影』, 第7期, 大衆電影雜志社, 北京

瑪麗 · 坎珀, 汪朝光 譯(1999), 「上海繁華: 1949年前中國最大城市中的美國電影」, 『電影藝術』, 第2期, 電影藝術雜志社, 北京

汪朝光(2001), 「戰後上海美國電影市場研究」, 『近代史研究』, 中國社會科學出版社, 北京

戴錦華(2000), 『霧中風景: 中國電影文化 1978~1998』, 北京大學出版社, 北京

丁亞平(2002), 『1897~2001百年中國電影理論文選』(上下), 文化藝術出版社, 北京

黃志偉(1998), 『老上海電影』, 文匯出版社, 上海

羅藝軍(1991), 『1920~1989中國電影理論文選』(上下), 文化藝術出版社 , 北京

羅藝軍(2003),『20世紀中國電影理論文選』(上下), 中國電影出版社, 北京
馬長林(2003),『租界裏的上海』, 上海社會科學院出版社, 上海
上海證大研究所(2002),『上海人』, 學林出版社, 上海
惜珍(2004),『上海的馬路』, 上海畵報出版社, 上海
楊金福(2006),『上海電影百年圖史』, 上海: 文匯出版社
中國電影資料館 編(1996),『中國無聲電影』, 中國電影出版社, 北京
Leo Ou-Fan Lee, 毛尖 譯(2001),『上海摩登: 一種新都市文化在中國1930~1945』, 北京大學出版社, 北京
劉文兵(2004),『映畵の中の上海: 表象としての都市・女性・プロパガンダ』, 慶應義塾大學出版會, 東京
Miriam Bratu Hansen(2001), "Fallen Woman, Rising Stars, New Horizons: Shanghai Silent Film As Vernacular Modernism", *Film Quarterly, no.54*, issue no.1, University of California Press, Berkeley
Laikwan Pang(2002), *Building a New China in Cinema: The Chinese Left-wing Cinema Movement 1932~1937*, Rowman & Littlefield Publishers, Lanham
Leo Ou-Fan Lee(1999), *Shanghai Modern: the flowering of a new urban culture in China, 1930~1945*, Harvard University Press, 1999; Second Printing, Cambridge

中國現代電影期刊全目書誌, 電影記憶, 上海年華, 上海圖書館 [http://memoire.digilib.sh.cn/SHNH]
上海年鑑(2002年) 上海市政府 [http://www.shanghai.gov.cn]

상하이영화와 중국영화의 형성

임 대 근 · 노 정 은

이 글에서는 상하이영화의 형성이 어떻게 중국영화의 형성과 길항(拮抗) 관계를 맺고 있는지 그 내부의 복잡한 논리들을 고찰했다. 상하이영화의 탐구는 다중적인 네트워크가 복잡하게 결합된 담론 형성의 과정으로 읽어내야 한다고 했다. 이러한 사실을 뒷받침하기 위해 상하이영화라는 개념이 근본적으로 존재했던 것이 아니라 오늘날 재구성된 것임을 전제로 하여, 상하이영화라는 명명의 문화정치학, 중국영화 기술과의 상관성, 노스탤지어 기획과의 상관성 및 그 사례, 탈식민적 경계들에 관한 다중 네트워크로서의 사례들을 제시하고 있다.

1_ '상하이영화'의 형성

이 글의 의도는 상하이영화와 중국영화의 형성을 본질적인 상동(相同) 혹은 대립 관계로 설정하려는 것이 아니라, 상하이영화의 형성이 어떻게 중국영화의 형성과 길항 관계를 맺고 있는지 그 내부의 조금은 복잡한 논리들을 살펴보고자 하는 데 있다. '상하이영화의 형성'이라는 테제 아래서 우리는 다음과 같은 질문들을 던질 수 있다. "왜 상하이인가?" 혹은 "상하이영화는 어떻게 형성되었나?" 이들 물음은 상하이영화를 중국영화의 기원적 형태로 간주하고, 중국 내 다른 도시들에 대한 상대적 명명으로서 상하이 (영화)의 독립성을 탐구하려 한다. 즉, 그것은 중국영화의 형성이 상하이를 중심으로 진행될 수밖에 없었던 필연적 인과 관계에 관한 물음이다. 이 물음에 대한 우리의 대답은 우선 다음 경로를 따르게 된다. 아편전쟁 이후 근대 도시로 성장한 상하이는 이를 바탕으로 영화의 제작-유통이 가능한 물적 토대를 갖추고 있었으며, 서유럽 각국의 조계가 설치된 뒤 반식민지 상태에서 이뤄진 도시의 형성은 영화의 형성에 필요조건을 제공했다. 예를 들어, 왕차오광(汪朝光)의 논리를 따라가 보자. 그는 「초기 상하이의 영화업과 상하이의 근대화 과정早期上海電影業與上海的現代化進程」이라는 글(汪朝光 2003)에서 상하이에 영화가 유입된 이래 그 소비와 제작 과정을 살핀 뒤, 이러한 일련의 과정이 상하이의 '근대화' 과정과 관련된다고 설명한다.

이와 같은 역사학적 방법론, 즉 다시 말해 역사적 인과론에 의해 '상하이영화'가 형성되었음을 설명하려는 시도가 아무 의미 없는 작업은 아니지만, 사료의 발굴과 그에 대한 조밀한 검토 등을 통해 '상하이영화'의 형성 경로를 밝히려는 그 노선 자체가 흥미로운 것은 아니다. 역사적 인과론에 의거하여 우리는 '상하이영화' 가 어떻게 형성되어 왔는지 설명할 수 있을 것이다. 도시가 탄생했고, 더불어 관객이 탄생했으며, 자본이 유입되었고, 극장과 감독, 배우가 탄생했을 것이다. 이러한 '탄생' 과정을 통해서 '상하이영화' 의 구체성을 확보하는 작업은 그에 대한 역사적 이해를 더욱 풍부하게 할 수 있을 것이다. 즉 신흥 미디어로서의 중국영화가 신흥 도시로서의 상하이와 관계 맺어가는 과정을 추적하여, 한적한 어촌에서 메트로폴리스로 변모되어가던 상하이라는 도시에 출현한 영화가 어떠한 방식으로 자신의 물적 기반을 토대로 삼았던가에 관한 문제를 살펴보는 일을 수행할 수 있을 것이다. 그것은 영화가 어떠한 방식으로 그 물적 기반에 다시 영향을 주었는가에 관한 문제를 의도적으로 소홀히 하려는 입장일 수도 있다(왕차오광은 더 나아가 "영화가 상하이 근대화 과정에서 언제나 '진보' 적 역할을 담당했던 것만은 아니" 지만, "중요한 역할을 수행했음은 의심의 여지가 없다" 라고도 말하고 있다). 한 걸음 물러서서 생각해보면, 사실 후자, 즉 영화가 어떻게 상하이의 '근대화' 에 영향을 주었는가에 관한 연구가 상하이영화 연구에서 대체적인 경향을 보여온 데 비하여 전자에 관한 연구는 상하이영화 연구에 있어 모종의 기반을 다지는 일임에도 불구하고 제대로 수행되어 오지 못한 데 대한 성찰적 태도와 입장이 필요할 수도 있다. 이런 방식의 연구는 '상하이영화' 연구를 수행함에 있어 일종의 도시 연구(urban studies)의 성격을 가지면서 방법론적으로는 역사적 연구를 채택하게 될 수밖에 없을 것이다.[1]

1) 다른 방식으로 말하면, 그것은 상하이영화라는 텍스트를 둘러싼 맥락에 관한 탐구가 될 것이다. 그렇게 되면 이러한 방법론적 태도는 텍스트를 대하는 방식을 문제 삼게 될 것인데, 텍스트 내부의 풍경을 들여다보기 보다는 텍스트를 통째로 그것이 떠다니는 일련의 흐름(context) 위에 위치시키는 작업을 수행하게 될 것이다.

실제로 이러한 작업을 위해서 한동안 애쓴 바가 없지 않다. 사료들을 찾고 재배치하는 과정에서 상하이가 어떤 방식으로 '도시'가 되었으며, 어떻게 '상하이인'들이 형성되었고, 그 과정에서 인구의 증가는 '상하이영화'의 형성과 어떠한 관계가 있었는지, 그러니까 앞서 제기했던 상하이영화의 형성과 관련한 두 가지 물음, "왜 다른 도시들이 아니고 상하이여야 했나?"에 관한 물음과 기왕에 그렇다면 "상하이에서 영화는 어떤 경로로 형성되었나?"라는 물음을 전후로 배치하면서 그 결과를 통해 상하이영화 형성의 특수한 과정을 설명해 보려는 노력을 기울인 바 있다.[2] 이런 노력을 통해 수확이 전혀 없었던 것만은 아니다. 예를 들면, 당시 상하이 '업계'는 거의 대부분의 업종이 이민도시로서의 상하이의 특성을 그대로 반영하여 '동향' 네트워크에 기반을 두고 작동되고 있었다. 많은 이들이 지목하고 있는 바, '동향' 네트워크는 상하이라는 신흥 도시를 키워가는 매우 중요한 기반으로 작용했다.[3] 그렇다면 과연 영화업에서도 이와 같은 동향 네트워크가 작용하고 있었을까? 이는 영화업의 발전 동인을 탐구하는 데 중요한 실마리를 제공할 수 있다는 점에서 의미 있는 관찰이라 생각되는데, 그 표본 조사에 따르면[4] (물론 더욱 많은 구체적인 실례를 조사할 필요가 있겠지만) 당시 영화업계 내부에서 동향 네트워크는 크게 작동하

2) 임대근은 "1930년대 상하이(중국) 영화의 형성 기제들"이라는 제목으로 구상된 연구의 중간 결과를 중국학연구회 제83차 정기학술발표회(2007년 6월 2일, 영남대학교)에서 발표한 바 있다.

3) 이에 관해서는 김승욱(2005), 전인갑(2002) 등을 참조할 수 있다.

4) 당시 가장 활발한 활동을 보인 영화사 중 하나였던 밍싱영화사(明星影片公司)를 표본 조사한 결과, 예컨대 밍싱영화사를 설립했던 이들, 즉 장스촨(張石川, 1890~1954: 浙江寧波人), 정정추(鄭正秋, 1889~1935 ; 廣東潮陽人, 상하이 출생), 저우젠윈(周劍雲, 1883~? ; 安徽合肥人), 정저구(鄭鷓鴣, 1880~1925 ; 安徽歙縣人, 난징 출생), 런친핑(任矜苹, ?~? ; 浙江鄞縣人) 등과 같았다. 이들은 각각 1880~1890년대에 태어나 자랐기에 일종의 동년배 의식은 있었으리라고 판단된다. 그러나 이들이 영화업에 뛰어든 것은 단지 누군가와의 동향이기 때문이 아니라 자신의 성향과 지향 혹은 목표하는 바가 일치했기 때문이었을 것이다.

지 않은 것으로 보인다. 이는 당시 다른 상인 네트워크에 비하여 영화업이 강한 전문성을 갖고 운영되었음을 보여주는 증빙이다. 당시 상하이 사회에서 '동향' 네트워크만이 중국인들을 움직이는 기제가 아니었으며, 이러한 기제는 상하이라는 도시가 전통적 가치에 근거한 도시가 아닌, 새로운 가치의 발현을 내재하고 있음을 보여주는 실례라 할 것이다. 이러한 잠정적 결론은 1925년을 중심으로 이미 상하이에서 '시민'이 형성되었고 5·30운동 그 자체가 동향 네트워크를 뛰어넘는 현상이었음과도 무관치 않을 것이다.

이러한 성과를 부정할 수 없음에도 불구하고 이 글은 '상하이영화'가 역사적으로 '형성'된 것이라는 전제 자체에서 벗어나 이후 '재구성'된 것으로 간주하고자 한다(그러므로, 이 글을 쓰기 위해 먼 길을 돌아온 셈이 되었다). 더불어 이 글은 그러한 '재구성'의 이면에 덮여 있는 여러 정치학의 논리들이 어떤 방식으로 길항하는가를 탐구해 보고자 한다.

2_ '상하이영화'의 문화 정치학

1) '상하이영화'라는 명명

다시, 분명히 해둘 점이 하나 있다. 앞서도 언급했을 뿐더러, 다른 글에서도 이미 밝힌 바와 같이(임대근 2006), '상하이영화'라는 명명은 2000년대 이후 재구성된 것이다. 문제는, 의도적이든 그렇지 않든 이러한 재구성이 차폐(遮蔽)하고 있는 정치학적 맥락이 무엇인가에 있다. 이러한 재구성은 우리가 오늘날 '상하이영화'라는 명명을 상정하면서 자연스럽게 전제하는 '1930년대 황금기로서의 중국영화'라는 맥락과 긴밀히 연관되어 있다. 그리고 그것이 마치 중국영화의 기원인 듯 간주하는 태도와도 관련되어 있다. 1930년대 상하이는 굳이 자신의 도시 이름을 '영화'와 조합할 필요도 없을 만큼 곧 중국영화 그 자체로 간주되었다. 21세기 이후 '상하이영화'라는 명명이 재구성될 때, 그것은 무엇보다 1949년 이후 사회주의 중국의 실험기부터 개혁개방 시기까지 반세기를 거치면서 상실했던 '영화적' 지위를 보상하겠다는 의도를 갖고 있음이 분명하다. 이와 같은 상하이의 전략은, 그러나 또 다른 층위에서 여러 문제들을 노출시키고 있다. 즉 '상하이영화'라는 명명이 채택되는 순간, 우리는 그것이 '1930년대 황금기로서의 중국영화'라는 소박한(naive) 맥락으로 즉각 되돌아갈 수 있는 것이 아님을 깨닫게 된다. 이미 반세기 이상의 경험을 축적해 온 '중국영화'로서 상하이영화가 곧 중국영화임을 주장할 수만은 없게 되는 것이다. 상하이영화의 '귀환'은 이렇듯 곤란에 직면한다. 다시 말해, '상하이영화'라는 명명의 상정은 (자각성 여부를 떠나) 1949년 이후 중국영화를 이끌어 왔던 '베이징'을 대립항으로 설정하고 그에 대한 주도권을 되찾으려는 시도였음이 분명한데, 그런 까닭에 우리는 다시 '상하이영화'라는 명명이 가져다주는 결과론적 논의, 즉 미처 예기치 못했던 여러 논의들에 직면하게 된다. 그것은 '상하이영화'가 전체가 아닌 하나의 상대항일 수도 있음을 일깨움과 동시에 중국영화에 여러 도시들이 존재했음을 뒤늦게 각성시킨다. 그러므로 상하이영화에 관한 전략들이 노출된 뒤, 중국영화를 지역적으로 분화해서 설명하려는 일련의 시도들이 잇달아 나타나고 있는 것은 우연이 아니다. 그것은 국적영화(national cinema)로서의 중국영화를 대륙영화와 홍콩영화, 타이완영화 등의 지역적 전통으로 나누거나 합하는 과정을 통해서 설명하려는 시도와는 또 다른 방식으로 문제를 제기한다. 대륙 중국 내부 지역(도시)들은 이제 저마다의 위치에서 자신만의 영화를 설명하고자 시도한다. 상하이영화에 관한 다수의 저서들이 출판되자 보란 듯이 각 지역들을 기반으로 하는 영화에 관한 논의가 등장한 것은 이를 반증한다. 예컨대, 황즈웨이(黃志偉 1998)의 『옛 상하이영화老上海電影』 등 일련의 '상하이영화'에 관한 간헐적 논의들에 뒤이어 양진푸(楊金福 2006)의 『그림으로 보는 상하이영화 백년사上海電影百年圖史』, 천원핑 · 차이지푸(陳文平 · 蔡繼福 2007)의 『상하이영화 100년上海電影100年』 등의 출간에 더하여, 『베이징 영화 100년北京電影百年』(孟固 2008), 『샤먼 영화 100년廈門電影百年』(洪卜仁 2007), 『백년 영화와 장쑤百年電影與江蘇』(陳國富 2005) 등이 기다렸다는 듯 출판됐다(흥미로운 점은 이들 각 지역을 중심으로 한 영화사 서술은 모두 '중국영화 100년'을 전제로 삼고 있으며 이는 상하이에서 최초로 영화가 상영되었음을 강조하는 '상하이영화'의 서술을 포위하고 있는 형국을 보인다는 사실이다). 더불어 오늘날 중국영화는 각 소수민족 영화들을 저마다의 입장에서 설명하려는 시도까지 하고 있다.[5] 그런 계획들이 순조롭게 완성된다면 우리는 최소한 55개 이상의 새로운 '중국' 영화사를 갖게 될 것이다. '상하이영화'라는 명명은 그렇게 '중국영화'를 새로운 방식으로 '분화'시키고 있다.

2) '상하이영화'와 중국영화사 기술

물론 '상하이영화'라는 명명은 앞서 말한 바와 같이 1949년 이후 베이징에 주도권을 빼앗겼던 상하이로서는 불가피한 선택일 수밖에

---

5) 소수민족 영화에 대한 관심이 비록 이전에도 없었던 것은 아니지만, 최근 〈커커시리可可西里: 陸川〉(2004) 등을 필두로 소수민족을 재현한 영화들이 호평을 받으면서 이에 대한 관심이 더욱 늘어나고 있는 것으로 보인다. 실례로 2008년 9월 충칭(重慶)의 한 학술회의에서 만난 네이멍구대학(內蒙古大學)의 웨이펑(韋鵬) 교수는 지금 '네이멍구 영화사'를 집필 중이라고 알려주었다.

없었을 것이다. 그러나 동시에 이런 전략은 오늘날 중국영화의 기원을 설명함에 있어 몇 가지 다른 입장들이 존재함을 노출하고 있다.

'상하이영화' 라는 명명에 대한 전략은 때로 상하이영화를 중국영화의 실제적 기원으로 간주하려는 태도와도 연결된다. 예컨대 황즈웨이는 『옛 상하이영화』에서 1909년 미국인 아이서(Isher, 依什爾)가 상하이에서 무대극을 찍은 흑백 무성 단편 〈서태후西太后〉를 '상하이영화' 의 효시로 본다.(黃志偉 1998, 1~2쪽) 더 나아가 이런 태도는 상하이가 중국에서 최초로 영화를 상영했던 도시임을 상기하게 한다. 주지하다시피 뤼미에르 형제가 영화를 '발명' 한 이듬해, 즉 1896년 8월 11일(광서光緖 22년) 중추절, 상하이 시위안(西園)의 오락장에서 '서양 그림자극(西洋影戱)' 으로서의 프랑스 영화 상영이 최초로 중국에서 영화가 상영된 기록이다.(鐘大豊 · 舒曉鳴 1995, 6쪽)

이러한 일련의 사례에서 나타나는 입장은 중국영화의 기원을 설명하려는 기존의 입장과 부딪친다. 무엇보다도 1905년부터 1909년까지 베이징에서 진행됐던 중국영화의 역사들을 어떻게 볼 것인가의 문제에서 미묘한 입장 차이를 보인다. 안타깝게도 1909년까지 이뤄진 중국영화의 역사적 증빙들로서의 필름들은 모두 사라진(혹은 발굴을 기다리고 있는) 상태다(1909년 베이징 '펑타이사진관豊泰照相館' 에서 화재가 발생했을 때 모두 소실된 것으로 추정된다). 그럼에도 지금까지 중국영화의 기원을 설명하려는 노력은 〈딩쥔산定軍山〉(1905)의 '발견' 으로 거슬러 올라간다. 청지화(程季華)는 이를 두고 "이 단편은 중국에서 가장 이른 연극영화이자 중국인이 촬영한 첫 번째 영화"(程季華 1963, 14쪽)라고 규정한 바 있는데, 그에 관한 일부 구체적 사실(史實)의 고증에 관한 문제를 제외하고는[6] 그 역사적 지위 자체가 회

6) 예컨대 루훙스(陸弘石 1992)는 청지화가 〈딩쥔산〉의 제작 시기를 1905년 가을이라고 한 데 대해 이를 봄에서 여름으로 넘어가는 계절이라고 반박한다.

의된 바는 없다. 이후 〈딩쥔산〉은 중국영화의 유일무이한 기원으로 설정되어 왔다. 필름조차 남아 있지 않은 상황에서 관련 문헌들이 그 역사적 존재를 보증(補證)한다는 이유에서였다. '사라진' 역사를 인정할 수 있을 것인가? 1905년은 중국영화사의 '원년' 으로 공인될 수 있는가? 이런 방식의 역사 서술은 〈딩쥔산〉 자체의 역사적 지위를 보장하지만, 동시에 그 '이전' 에 대한 가능성마저 봉쇄한다.

펑타이사진관 주인 런진펑

예컨대 리쑤위안(酈蘇元)과 후쥐빈(胡菊彬)은 중국영화사를 서술하면서 1905년 〈딩쥔산〉 이전을 '전사(前史)' 로 보고 본격적인 중국영화의 '역사' 에서 삭제한다.(酈蘇元 · 胡菊彬 1996) 이는 외국인에 의한 상영과 촬영 등만이 이어지던 〈딩쥔산〉 이전의 역사가 '중국' 에 속한 것이 아니었으며, 따라서 '국적(national)' 영화 내부에 편입될 수 없다고 보는 태도에 다름 아니다. 즉 외부 시선의 개입은 중국영화사의 기원을 설정함에 있어 불필요한 문제를 야기할 수 있다. 그런 점에서 중국 전통 경극의 일단을 중국인의 손으로 직접 찍은 〈딩쥔산〉은 국적 내부 주체에 의한 최초의 행위로서 수용되기에 더없이 훌륭한 작인(灼印)이 되었을 것이다. 중국영화의 기원을 설명함에 있어 본격적인 문제 제기마저 조심스러울 정도로 확고부동한 역사적 지위를 확보한 〈딩쥔산〉에 관한 문제는, 그러나 앞서 말한 바와 같이 〈딩쥔산〉 자신이 필름으로 확증되지 못하고 있는 사실, 더불어 〈딩쥔산〉 '이전' 에 관한 논의를 봉쇄한다는 사실 때문에 재검토가 필요하다.

〈딩쥔산〉 '이전' 에 관한 재검토가 필요하다는 말은, 다시 말하면

영화의 역사를 어떻게 기술할 것인가의 문제와도 긴밀히 연관된다. 영화의 역사를 생산의 역사 혹은 작가(감독)의 역사, 작품의 역사로만 환원하는 태도는 오늘날까지도 거의 회의할 수 없는 확고한 믿음처럼 여겨지고 있다.[7] 그러나 우리 모두 인정하는 바와 같이, 영화란 생산에만 머무르는 어떤 고착된 객체가 아니라 유동(유통)하는 운동체이다. 생산의 역사만을 영화의 역사라고 고집하는 것은 영화가 유통하면서 엮어내는 간단치 않은 현상들을 모두 무시하는 결과를 가져올 것이다. 예컨대 영화를 소비, 수용하는 관객성 문제는 역사로 편입되기 어려워지고 만다. 나아가 이런 입장은 부지불식간에 영화의 역사를 국적 영화 내부의 폐쇄적인 것으로 간주하게 할 가능성도 있다. 오늘날 활발하게 벌어지고 있는 영화의 초국적 현상에 대해 기술할 도리 또한 없어지는 것이다. 만일 우리가 분명한 생산자 중심의 사료들만의 역사로 중국영화사를 기술할 경우, 1922년 이후(오늘날 우리가 볼 수 있는 가장 이른 영화는 〈과일장수의 사랑勞工之愛情〉이다)로 귀결될 것이며, 관객성의 문제까지 고려한다면 1896년까지 소급하게 될 것이다. 결국 중국영화사 기술에 있어서 우리는 생산으로서의 영화뿐 아니라 관객으로서의 영화, 나아가 사료

〈과일장수의 사랑〉

7) 이런 태도는 한국(조선) 영화의 역사를 기술함에 있어서도 반복된다. 백문임(2007)에 의하면 임화는 「조선영화 발달사」(《삼천리》 1941. 8)라는 글에서 "'상영만의 역사'를 '창조의 역사'와 구별하면서 후자만을 '조선영화사'에 포함시킨다. 즉 '예술의 역사라는 것은 창조의 역사'라는 관점에서 활동사진 시대 20여 년을 영화의 '전사'라 호명하며 역사에서 삭제하고" 있다는 것이다.

의 문제 등 다양한 인자들을 고려하지 않을 수 없는 것이다. 물론 최근에는 기존의 영화사 기술에 대한 성찰을 담보한 기획들도 선보이고 있다. 예를 들어, 이른바 '중국영화 100년' 을 맞이했던 2005년에는 중국영화사 서술이 통사 중심이었음을 반성하고 각 영역별, 장르별 역사를 출판, 기획하기도 했다.[8] 그러나 이런 기획 또한 앞서 말한 문제들을 완전히 해결하고 있지는 못하다. 영화사의 서술이 과연 그러한 양적 종합에 의해서 이뤄질 수 있는가의 문제 역시 회의적이다. 물론 이렇게 되면, 영화의 역사가 과연 기술 가능한 것인가에 대한 근본적인 의문마저 제기된다. 그러나 이런 근본적인 의문 자체를 제기하지 않은 채, 관련 논의를 진행할 경우 그것은 이미 정해진 환원적 입장을 따를 수밖에 없을 것이다.

〈딩쥔산〉을 중국영화의 유일무이한 기원으로 인정할 것인가의 여부는 지속적인 토론이 필요한 문제다. 부언할 점은, 이런 문제 제기가 중국영화의 기원을 곧바로 상하이에서의 상영으로 설정하자는 것은 아니다. 앞서 말한 바와 같이 상하이영화를 중국영화의 기원으로 설정할 경우 발생하는 또 다른 문제들, 즉 상하이와 상대적 지위들을 갖는 여러 병렬적 지역(도시)들이 중국영화를 구성하는 각각의 원소들로 정위될 가능성이 있기 때문이다.

중국영화의 기원이 상하이임을 밝히려는 입장은 1949년 이후의 중

---

8) 실례로 '중국영화 100년' 의 해였던 2005년, 중국영화출판사(中國電影出版社)와 문화예술출판사(文化藝術出版社)는 각각 '백년 중국영화 연구 시리즈' 와 '영화총서' 를 기획, 출판했다. 전자의 경우, 『중국무협영화사』, 『중국희극영화사』, 『중국전쟁영화사』, 『중국 애니메이션의 역사』, 『중국 다큐멘터리의 역사』, 『중국 과학교육영화사』, 『중국영화 연기 100년 사화』, 『영화 작가와 문화의 재현: 중국영화감독 계보 탐구』, 『중국영화이론사』, 『중국영화산업사』, 『중국 소년아동영화사』 등을 포함했으며, 후자의 경우, 『중국영화사 1905~1949』, 『중국무협영화사』, 『중국 연극영화사』, 『중국 근대 영화이론사』, 『중국 현대 영화발전사』, 『영화 기억』, 『영화수사학』, 『영화 수상隨想』, 『영화음악 감상』, 『영화와 문학의 전환』, 『미국 영화의 형식과 관념』 등을 포함하고 있다.

국영화사를 보는 태도와도 관련된다. 앞서 말한 바와 같이 1949년 사회주의 중국 수립의 중국영화는 사회주의 영화의 실험기였다. 그러나 이 시기는 동시에 상하이 영화인들의 홍콩 이주와 더불어 홍콩영화가 부흥의 길로 접어든 시기이기도 했다. 이후 홍콩영화의 중흥은 실제 상하이영화의 유산에 빚진 바 크다 아니할 수 없다. 예컨대 오늘날까지 중국영화의 얼굴과도 같은 역할을 하는 장르로서 '무협' 은 1928년 〈불타는 홍련사火燒紅蓮寺〉를 필두로 상하이에서 맹위를 떨치다 중일전쟁 이후 홍콩으로 이주한 영화인들에 의해 계승되었다. 사회주의 중국에서는 전면 금지된 환상과 허구의 서사들이 홍콩에서 맥을 이어갔던 것이다. 이로써 실상 이 시기 (특히 외부에서 본) '중국영화' 는 홍콩영화가 전부였다 해도 과언이 아닌데, 상하이영화의 입장에서는 '전사(前史)' 로서의 중국영화의 기원을 회복한 데 이어 '후사(後史)' 로서의 홍콩영화를 확보하면서 오늘날 홍콩영화가 '중국영화' 로 편입됨과 더불어 자신의 역사적 맥락을 구성하려는 것이다.

3) '상하이영화' : 노스탤지어와 재현의 기획

'상하이영화' 라는 명명은 1930년대 황금기 중국영화를 상정하게 되고, 이것은 최근 노스탤지어로서의 상하이를 재현하는 기획에도 부화(附和)한다. 1930년대 상하이의 영화적 재현이 겨냥하는 바는 노스탤지어다. 예컨대 리안(Lee Ang)의 〈색/계色/戒〉는 그런 기획의 일단을 보여준다.

물론 우리는 1930년대 상하이를 재현한 영화들을 자주 보아왔다. 장이머우(張藝謀)가 〈상하이 트라이어드搖啊搖, 搖到外婆橋〉(1995)를 들고 나타나 상하이 뒷골목의 암울함과 평화로운 자연의 일상을 대비시켰을 때, 허우샤오셴(侯孝賢)이 〈해상화海上花〉(1998)를 들고 나타나

〈상하이 트라이어드〉

〈색/계〉

〈해상화〉

〈완령옥〉

〈자줏빛 나비〉

상하이 유곽의 모호한 공기를 이전과는 색다른 카메라의 움직임으로 잡아낼 때, 관진펑(關錦鵬)이 〈완령옥阮玲玉〉(1992)과 〈장한가長恨歌〉(2005)로 상하이영화의 현실과 재현을 넘나들거나 역사의 순간을 살다가 사라지는 한 인간을 그릴 때, 러우예(婁燁)가 〈자줏빛 나비紫蝴蝶〉(2003)를 들고 나타나 상하이를 재현한 이전의 영화들을 부정하면서 자신만의 공간 속에서 상하이의 혁명을 이야기하는 듯하지만 여전히 1930년대 상하이라는 분위기를 자아낼 때, 우리는 1930년대 절정에 달했던 '상하이영화'의 세계를 다시 만난다.

그러나 '상하이영화'의 기획에서 드러나는 노스탤지어 전략과 관련하여 여기서 언급하고 싶은 영화는 〈색/계〉다. 다른 글을 통해 좀 더 상세히 언급했지만(임대근 2008) 두루 아는 바와 같이 〈색/계〉는 타이완 출신의 감독이 미국의 자본을 위주로 제작한 영화다. 영화는 오늘과 다른 과거를 현시하는 향수의 정치학으로서 시대(노스탤지어)와 성에 관한 문제를 제기하여 중국영화를 문제화하려는 멜로(섹슈얼리티), 보편적 인성의 전략으로서 모방과 은폐의 전략을 드러내는 예술/연극(리얼리티/휴머니티)의 문제를 다룬다. 이 영화는 미국의 자본을 중심으로 제작됐지만 잠재적 관객들로서 중국 관객들을 상정하는데, 이로써 노스탤지어의 전략은 좀 더 분명해졌다. 상하이영화를 통해 노스탤지어 붐을 일으키며 생산하는 자들이 겨누고 있는 모종의 정치학은 이를 수용하는 이들의 감정샘을 자극함으로써 오늘날의 특정한 목표를 염두에 두고 있기 때문이다. 그것은 아파두라이(A. Appadurai)가 적절하게 지적하고 있는 대로 "돈의 관리자들이 국가적인 경계와는 상관없이 투자를 위한 가장 좋은 시장을 찾고 있"는(Arjun Appadurai 1996; 차원현 외 옮김 2004, 91쪽) 매우 적절한 사례로 언급될 수 있다. 즉, '상하이영화'라는 기획은 자신의 의지와는 상관없이 오늘날 전지구화 시대에 거대 자본의 순조로운 운용에 복무하고 있는 것이다. 자본은 노스탤지어와 국적(nationality)으로 자신을 위장하여 그것이 불러일으킬 수도 있는 국가적 경계 내/외부의 새로운 갈등(예컨대, 중국의 노스탤지어를 미국의 자본이 상품화하는 일에 대한 중국인들의 염려)을 미연에 방지하면서 관련 논의를 특정한 구조로 속박하거나 또는 우회케 하는 전략을 택하고 있다.(임대근 2008, 350쪽)

'상하이영화' 의 전략은 그런 방식으로 자신의 당초 의도와는 다른 복병을 만나고 말았다.

3_ '상하이영화' 와 (탈)식민의 경계들

다른 측면에서, 우리는 앞서 말한 역사적 방법론이 단지 인과론적 설명에 그치지 않는 방식을 찾아볼 수도 있다. 그것은 우리가 오늘날 상정하는 '상하이영화' 가 과연 '중국영화' 인가의 문제를 다시 제기할 수 있다는 뜻이다. 이는 관객의 문제를 상정해 보자는 문제제기인데, 다시 말하면, 베네딕트 앤더슨을 따라, 당시 상하이영화가 '중국인' 을 만들어냈는가의 문제이다. 즉, '중국영화' 라는 개념을 '생산으로서의' 국적영화(national cinema) 안에 가두지 않고 이를 운동하는 실체로 보았을 때('중국영화' 라는 개념은 다른 경로를 통해 사고할 길이 열리게 된다) 소비, 수용의 주체로서 당시 관객들은 상하이의 영화들을 보면서 중국인으로 동일시되었던가의 문제를 검토할 필요가 있다고 여겨진다. 이런 물음 앞에서 우리는 즉각적으로 1930년대 이른바 '좌익영화' 라고 불리는 많은 영화들을 떠올리게 된다. 이들 영화는 특히 침략자 일본을 대립항으로 설정한 상태에서 그에 대항해야 할 주체로서 민족성(nationality)을 주장한다. 이 영화들은 당시 반식민 상태에 놓인 상하이가, 일본이 만주를 침략하고(1931) 전면전을 개시한(1937) 시기 일본의 영향력의 증대에 직면한 상황에서 집중적으로 제작되었다. 〈들장미野玫瑰〉(1932), 〈민족생존民族生存〉(1933) 〈세 명의 모던 여성三個摩登女性〉(1933), 〈장난감小玩意〉(1933) 〈대로大路〉(1935) 〈고난 속이 아이들風雲兒女〉(1935) 등이 이에 해당한다. 이른바 식민의 경계들이 재편되려는 시점이라 할 수 있을 텐데, 다시 생각하면 당시 상하이는 이른바 또 다른 의미에서 (반)식민의 안정적 경계들이 편재되어 있던 상황이기도 했다. 즉 미국과 영국의 공공조계, 프랑스 조계가 안정적 경계로서 위치되어 있는 상황에서 우리가 주목해야 할 점은, 당시 영화 제작과 상영이 대부분 조계 내부에서 이뤄졌다는 사실이다. 그런데 당시 조계의 내/외부를 가르는 경계는 매우 엄격한 것이었다. 리어우판(Leo Ou-fan Lee)의 서술에 의하면, 당시 조계에는 "중국인과 개는 출입 금지"라는 팻말이 세워져 있다는 자조 섞인 말들이 오갈 정도였다. 리어우판은 1930년대 상하이의 공적 공간을 언급하면서 "영국의 식민지 산물임이 분명한 공원과 경마장"을 예로 든다. 그에 따르면 "서구 제국주의의 존재를 굴욕적으로 보여주는 표상은, '중국인과 개는 들어갈 수 없다' 라고 쓰여 조계지의 공원 입구에

〈세 명의 모던 여성〉

〈대로〉

〈장난감〉

〈고난 속의 아이들〉

세워졌던 악명 높은 간판" 인데, "사실, 진짜 간판에는 그렇게까지 쓰여 있지는 않았지만", "1916년에 반포, 게시된 다섯 개의 규정" 중 "제2조에는 '개와 자전거는 들어올 수 없다' 고 쓰여 있었으며, 연이은 3조에는 '백인을 시중드는 중국 고용인' 을 제외한 '중국인은 들어올 수 없다' 고 쓰여 있었" 고, "4조와 5조에서는 인도인(고급스런 복장을 한 자는 제외)과 일본인(양복을 입은 자는 제외)까지 배제시킨다." (Leo Ou-fan Lee 1999 ; 장동천 외 옮김 2007, 74~75쪽) 그러나 영화의 제작과 상영이 주로 조계 내부에서 이뤄졌다는 사실은 중국인 내부 또한 영화의 생산자와 소비자, 그리고 영화 문화에 대한 접근권이 허락되지 않은 그룹(예를 들면 자베이구閘北區를 중심으로 한 빈민들)들로 경계 지워져 있었음을 의미한다. 즉 '화양잡거(華洋雜居)' 라는 말로 상징화되었던 당시 상하이가 단순히 그들이 함께 혼재한(雜) 삶으로서가 아니라, 조계와 비조계, 즉 서양인 거주 지역과 중국인 거주 지역으로 분명하게 획분되어 있었음을 고려할 필요가 있다는 것이다. 실제로 상하이의 영화관 현황을 살펴보면, 1908년 스페인 사람 레이마스가 홍커우(虹口) 지역에 영화관을 설립한 이래 1917년까지 상하이 영화관 중 7/10 이상이 홍커우 지역에 집중되어 있었으나(陳文平·蔡繼福 2007, 332~342쪽) 이런 현상은 1930년대 이후 변화하기 시작한다. 즉, "1936년 상하이에는 41개 영화관이 공식 영업을 하고 있었는데 그 중 공공조계 안에 26개, 프랑스조계 안에 11개, 중국인 거주 지역 안에 4개 영화관이 있었다." (編纂委員會 2001) 이 통계에 따르면 중국인 거주 지역은 실제로 조계보다 영화를 향유할 권리를 상대적으로 덜 누릴 수밖에 없었던 것이다. 이것은 상하이의 조계와 화계의 인구 대비 비율을 보았을 때 매우 불평등한 조건일 수밖에 없다. 당시 상하이의 인구 통계의 일단을 인용하면 다음과 같다.(「舊上海人口變遷的研究」; 高橋孝助 · 古廐忠夫 1995, 재인용)

〈상하이 인구 통계〉

년도	1852	1865	1910	1915	1927	1930	1935	1937
화계	544,413	543,110	671,886	1,173,653	1,503,922	1,702,130	2,044,014	2,155,217
공동 조계		92,884	501,541	683,920	840,226	107,868	1,159,775	1,218,630
프랑스 조계		55,925	115,946	149,000	297,072	434,807	498,193	477,629
총인구	544,413	691,919	1,289,353	2,006,573	2,641,220	3,144,805	3,701,982	3,851,976

이 통계에 따르면 1935년의 화계:공동 조계:프랑스 조계의 인구 비율은 56:31:13인데, 앞서 인용한 1936년 당시 영화관 수의 비율은 10:63:27로 극심한 불균형을 보여주고 있다.

이러한 식민/탈식민의 경계 설정은 전문가들을 중심으로 한 중국의 일부 계급이 생산자로서 영화를 만들고, 이는 영국, 미국, 프랑스 제국주의와 공모하는 방식으로, 당시 중국의 하층민을 배제한 채 '상하이영화'가 형성되었던 것일 수 있음을 웅변하는 것이다. 실제로 위의 사례들처럼 당시 많은 텍스트들이 중국의 하층민을 그렸음에도 이를 공유/향유하는 그룹은 사실상 일부 중국인들에 지나지 않았으리라는 혐의를 갖고 있는 것은 '상하이영화'가 어떤 논리에 의해 형성되었는지를 보여준다. 요컨대, 조계 내부에서 영화 문화를 누린 엘리트들의 경우, '상하이'라는 이 코스모폴리탄화하는 거대 국제 도시 속에서 '중국'과 '중국인'이라는 동일시 전략을 명의(名義)상의 기반으로 삼고 실제로는 '탈중입구(脫中入歐)'를 꿈꾸는 '서양인' 혹은 '모던인'에 대한 동일시 전략을 추구했을 가능성이 농후한 것이다.

이것은 리어우판이 '상하이 코스모폴리타니즘'을 언급하면서 당시 상하이에서의 중국 문학을 사례로 삼아 "중국 작가들 자신의 근대적 상상의 과정 속에서, 그들의 서구 이국풍에 대한 열렬한 수용은 오히려 서구 문화 자체를 타자로 치환했다." 며 "그들이 보기에 근대성은 민족주의를 위해 봉사하는 것이었다." (Leo Ou-fan Lee 1999 ; 장동천 외 옮김, 487~488쪽)라고 주장하는 바와는 조금은 다른 맥락에서 논의되어야 할지도 모른다. 실제로 1920년대 이후 상하이영화들을 표본 조사하면 단지 '좌익영화' 들만 존재했던 것은 아니고, 단순한 오락영화들도 자주 눈에 띄기 때문이다. 물론 비비안 선(Vivian Shen 2005, 6쪽) 등을 비롯한 여러 학자들이 말하는 대로, 이것은 '좌익영화' 대 '우익영화' 의 대립 구조로 설명할 수도 있을 것이다. 그러나 비비안 선조차도 (물론 그녀가 좌익영화가 국가적 위기 상황에 주로 제작됐으며, 문화적 · 역사적 · 정치적 맥락 속에서 생산된 것임을 강조하고 있기는 하지만) 당시 상하이의 '좌익영화' 를 설명하면서 "좌익영화는 무엇보다도 다른 상품들과 마찬가지의 상품으로 생산됐다. 그것의 성공은 상업성 또는 '만원사례' 의 가능성에 기반하고 있었다. 누구도 그런 상품이 상업적 고려 없이 생산됐다고 말할 수 없을 것이다." 라고 말하고 있다. 이런 언급은 상하이영화의 형성과 관련하여 예리한 관찰을 보여주고 있다. 그것은 중국영화로서 상하이영화의 생산과 소비의 환절(環節)이 갖고 있는 식민성의 일단을 보여주는 것이다. 상하이영화는 '민족' 을 주요한 표면적 구호로 상정하고 그 과정에서 '좌익' 을 내면적으로 기동케 하는 과정을 통해 형성됐다고 설명될 수 있지만, 그 내면의 또 다른 층위에는 하층민에 대한 타자화가 작동되고 있었다. 그런 의미에서 상하이영화가 진정한 의미의 '중국영화' 로 수렴되지는 못했던 것이다. 그것은 '재구성' 된 역사일 뿐이다.

4_ 맺음말

상하이영화의 형성을 탐구하기 위한 작업을 시작하면서 이 글은 역사적 인과론이라는 단조로운 방식에 대한 비판과 더불어 출발했다. '상하이영화' 라는 명명의 이면에 숨겨진 정치학적 맥락은 오랜 역사 동안 축적, 기획되고 재구성되어 온 것이었다. 물론 그러한 명명은 단일한 경로로 접근할 경우 우리의 이해의 폭은 줄어들고 말 것이다. 상하이영화는 중국영화의 지역성은 물론이고 국적성과도 긴밀히 연관돼 있다. 또한, 중국영화사의 기술 문제도 뒤얽혀 있다. 오늘날 상하이의 거대 프로젝트인 '노스탤지어' 전략도 매개돼 있다. 무엇보다 역사적으로 '상하이영화' 의 탐구는 탈식민주의적 논의를 필요로 하는 층위까지도 노정하고 있다. 즉, '상하이영화' 에 대한 우리의 탐구는 단지 그것을 특정한 도시를 기반으로 한 영화 현상이라거나, 혹은 제재적인 층위에서 접근할 수 없는, 다중적인 네트워크가 복잡하게 결합된 담론 형성의 과정으로 읽어내야 한다는 것이 이 글의 전체적인 주장이다. 이러한 사실을 뒷받침하기 위하여, '상하이영화' 라는 개념이 근본적으로 존재했던 것이 아니라 오늘날 재구성된 것임을 전제로 하여 '상하이영화' 라는 명명의 문화정치학, 중국영화 기술과의 상관성, 노스탤지어 기획과의 상관성 및 그 사례, 탈식민적 경계들에 관한 다중 네트워크로서의 사례들을 제시하고자 했다. 따라서 이 글은 이들이 보유하고 있는 다중성에 관한 세밀한 고찰과 증명 과정을 도출하기에는 모자라는 측면이 없지 않았다. 예컨대 '상하이영화' 와 탈식민의 문제는 앞서 제시한 몇 가지 사안들로만 충분히 논의될 수 있는 것이 아님은 분명하다. 다만, 더 정치한 논의들을 기다리면서 지금으로서는 이러한 문제제기에 우선 만족하고자 한다.

오늘날 중국영화는 '다피엔(大片)' , 즉 중국식 블록버스터를 중심으로 새롭게 부상하고 있다. '다피엔' 의 부상은 '중국영화' 의 꿈이 무엇인지 분명히 보여준다. 중국영화의 서유럽화, 민족화, 세계화라는 전략이 맞물려 있는 이 기획들은 불가피하게 '상하이영화' 를 역사적 원류로 끌어들이는 전략을 취할 것이다. 물론 그 내부에는 중국영화의 '지역성' 이라는 또 다른 문제가 도사리고는 있지만, 지역들 간의 경합은 민족 혹은 국가라는 명명을 통해 미봉될 가능성이 크다. 이러한 전략을 통합적으로 실현하고 있는 해외의 여러 '화인(華人)' 영화인들과 내부에서 이에 호응하는 일군의 상업영화 감독들이 당분간 그 역할을 충실히 수행할 것이다. 이런 상황에서 우리의 '상하이영화' 에 관한 독해는 소박한(naive) 방식을 경계하고 상정할 수 있는 가능한 경로들을 통해 편집적(偏執的)인 방식으로 그 내면의 정치학을 캐물을 필요가 있을 것이다.

참고문헌

김승욱(2005), 「상해 상인사회 동향 네트워크의 근대 이행」, 『중국사연구』 제37권, 중국사학회, 대구

백문임(2007), 「침범된 고향: 초기 영화와 식민주의 그리고 테크놀로지」, 『민족문학사연구』 제35호, 민족문학사연구소, 서울

임대근(2006), 「상하이영화 연구 입론」, 『중국현대문학』 제38호, 한국중국현대문학학회, 서울

임대근(2008), 「영화 〈색/계〉의 문화정치학」, 『중국학연구』 제46집, 중국학연구회, 서울

전인갑(2002), 『20세기 전반기 상해 사회의 지역주의와 노동자』, 서울대출판부,

서울
陸弘石(1992),「任慶泰與首批國産片考評」,『電影藝術, 電影藝術雜誌社, 北京
汪朝光(2003),「早期上海電影業與上海的現代化進程」,『檔案與史學』 第3期, 上海市 · 案館, 上海
編纂委員會(2001),『上海租界志』, 上海社會科學出版社, 上海
陳國富(2005),『百年電影與江蘇』, 中國電影出版社, 北京
陳文平 · 蔡繼福(2007),『上海電影100年』, 上海文化出版社, 上海
程季華(1963),『中國電影發展史』 第1卷, 中國電影出版社, 北京
洪卜仁(2007),『廈門電影百年』, 廈門大學出版社, 廈門
黃志偉(1998),『老上海電影』, 文匯出版社, 上海
酈蘇元 · 胡菊彬(1996),『中國無聲電影史』, 中國電影出版社, 北京
孟固(2008),『北京電影百年』, 中國檔案出版社, 北京
楊金福(2006),『上海電影百年圖史』, 文匯出版社, 上海
鐘大豊 · 舒曉鳴(1995),『中國電影史』, 中國廣播電視出版社, 北京
高橋孝助 · 古厩忠夫(1995),『上海史』, 東方書店, 東京
Arjun Appadurai(1996), *Modernity at Large : Cultural Dimensions of Globalization*, the Regents of the University of Minnesota ; 차원현 외 옮김(2004),『고삐 풀린 현대성』, 현실문화연구, 서울
Leo Ou-fan Lee(1999), *Shanghai Modern: The flowering of a new urban culture in China, 1930~1945*, Harvard University ; 장동천 외 옮김(2007),『상하이 모던: 새로운 중국 도시 문화의 만개 1930~1945』, 고려대출판부, 서울
Vivian Shen(2005), *The Origins of Left-Wing Cinema in China*, 1932~37, Rotledge, London

■ ■ ■

상하이 영화산업의 특징과 변화

곽 수 경

이 글에서는 20세기의 상하이영화 중에서도 상하이를 배경으로 하고 있는 중국영화 270편의 목록을 확인한 후, 1949년 이전과 1980년대 이후에 제작된 141편의 상하이영화를 대상으로 내용적 측면과 형식적 측면으로 나누어 살펴보았다. 내용적 측면에서는 주로 영화제작사와 그들이 주력했던 영화 장르를 분석하고, 형식적 측면에서는 상하이영화와 할리우드영화 및 홍콩영화와의 관계를 분석함으로써 영화제작사의 경향성과 영화와 시대, 사회와의 관계 및 영화의 역할과 위상 등을 고찰했다.

1_ 들어가는 말

영화는 1895년 12월 프랑스에서 처음으로 유료로 상영된 후 중국에서는 약 8개월이라는 짧은 시간 만에 상하이에 소개되었고 이후 중국의 영화산업은 상하이를 중심으로 활발하게 전개되었다. 당시 영화를 제작하고 배급할 수 있는 국내외 자본과 인력, 그리고 영화라는 외래문화를 수용하고 소비할 수 있는 사회계층과 조건이 골고루 구비되어 있었던 상하이가 중국에서 가장 빨리, 그리고 가장 왕성하게 독특한 신흥오락이자 외래산업이었던 영화와 결합한 것은 당연한 현상이었다고 할 것이다. 상하이사변, 항일전쟁 등과 같은 역사적 혼란을 겪으면서도 양적, 질적 발전을 거듭한 결과 '상하이영화' 라는 보기 드문 개념이 창출되기에 이르렀던 것이다.

일반적으로 미국영화를 의미하는 '할리우드' 나 특수한 역사상황으로 인해 국가 개념으로 사용되었다고 할 수 있는 '홍콩' 을 제외한 경우, 한 국가의 일개 지역의 명칭과 영화라는 명사를 결합하여 사용하는 경우를 찾아보기는 힘들다.[1] 중국에서는 통상 상하이에 있는 영화사가 제작한 영화를 가리키는 의미로 이 용어를 사용하고 있는데[2] 1950년대 이전까지 상하이가 중국영화 산업을 주도하고 중국영화를 대표했다는 점에서[3] 할리우드영화의 경우와 마찬가지로 중국영화를

1) 이 부분에 대한 보다 상세한 내용은 (임대근 2006)을 참고할 것

2) 중국에서 많은 논문과 저서가 상하이영화라는 용어를 뚜렷한 정의가 없이 관습적으로 사용하고 있다. 이들 논문과 저서의 내용을 근거해서 보면 상하이영화란 곧 상하이에 있는 영화사가 제작한 영화를 의미한다는 것을 알 수 있다. 대표적인 예로 『그림으로 보는 상하이영화백년사上海電影百年圖史』(楊金福 2006)를 보면 이러한 사정을 잘 알 수 있을 것이다. 류하이보의 경우에는 상하이영화란 일반적으로 "상하이의 영화제작기구에서 출품한 영화를 가리킨다" 라고 했다.(劉海波 2005, 94쪽)

대표하는 의미로 이 시기에 한해서 '상하이영화'라는 용어를 사용할 수 있을 것이다. 하지만 그 후로 상하이영화는 사회주의 중국의 문예 방침에 따라 이전과는 성격을 달리하기 시작했으며 특히 1980년대 후반에 이르러서는 상업영화의 물결 속에 상하이영화만의 독특한 문화적 분위기를 상실하고 말았다. 또한 중국영화의 중심도 상하이에서 비껴갔기 때문에 더 이상 중국영화를 대표한다고 볼 수 없다. 일부 논자는 2004년 상하이 영화시장이 전체 중국영화 수입 중 1/5을 차지하는 3억 위안의 흥행기록을 달성하여 첫 번째 시장으로 손꼽힌다(閆凱蕾 2005, 44쪽)는 점을 내세워 상하이영화의 부활을 이야기하지만, 이는 경제중심으로서의 상하이의 소비, 오락적 경향을 나타내는 지표가 될 수 있을지언정 영화 자체와는 별개의 문제라고 할 수 있다. 그럼에

---

3) 여기에 대해서는 류하이보의 주장과 『중국영화산업연감中華影業年監』의 통계를 보면 보다 명확해질 것이다. 류하이보는 "비록 중국영화는 1905년 베이징에서 탄생되었으나 상하이가 오히려 공인된 중국영화의 발상지이자 영화의 도시이다. 1896년 8월 11일 상하이 쉬위안(徐園)의 "유이춘(又一村)"에서 첫 선을 보였고 1908년 상하이 홍커우(虹口)에 중국 첫 번째 영화관이 세워졌다. 1912년에는 미국이 출자를 하고 장스촨(張石川)과 정정추(鄭正秋)가 책임을 지고 중국 최초의 영화사인 '아세아영화사(亞細亞影戲公司)'를 설립하여 중국 최초의 단편 극영화인 〈힘겨운 부부難夫難妻〉를 제작했다. 1920년 상하이에 있는 중국영희연구사(中國影戲硏究社)가 중국 최초의 장편 극영화 〈옌루이성閻瑞生〉을 제작했다. 1920년대 중국영화의 초창기에 전국에 170여 곳의 영화사 중 140곳이 상하이에 있었고, 항전기간에는 위만(僞滿)을 제외하고는 상하이 고도(孤島)가 여전히 중국영화의 주요 생산지였다. 1940년대 구중국영화의 최후의 찬란한 빛은 여전히 상하이에서 빛났는데, 쿤룬(崑崙), 원화(文華), 궈타이(國泰)와 좌익의 중뎬(中電) 계열의 영화기구가 관객들에게 주요한 영상소비품을 제공했다. 따라서 영화 발전의 전반 50년간 상하이는 중국 최대의 영화 생산기지였을 뿐 아니라 최대의 소비기지였으며, 1950년대 이전까지 중국영화가 곧 상하이영화이며 상하이영화는 손색이 없는 중국영화의 주류라고 할 수 있다."(劉海波 2005, 94쪽)라고 했다. 그리고 1927년 『중국영화산업연감』의 통계에 의하면, 당시 전국의 영화사는 모두 179곳이 있었는데 상하이에만 142곳이 있어 상하이의 영화기업이 전국의 79%를 차지했고, 그중 영화를 출품한 영화사 54곳 중 상하이에 49곳이 있어 91%를 차지했다고 한다. 또한 이들 영화사가 출품한 작품 수에 있어서도 전국적으로 178편이었으며 상하이는 172편으로 97%를 차지할 정도로 비율이 높다. 1934년 통계에도 전국의 영화사 55곳 중 상하이가 48곳으로 여전히 87%에 달하는 높은 비율을 보이고 있다.(龍錦 2005, 31쪽)

도 불구하고 여전히 상하이영화라는 용어를 사용하는 가운데 그 지위를 되찾고자 하는 것은 그만큼 상하이영화가 중국영화사에서 차지하는 의미와 위상이 얼마나 크고 중요한가를 말해주는 것이기도 하다.

이 글은 20세기의 상하이영화 중에서도 상하이를 배경으로 하고 있는 영화를 연구대상으로 삼고 있다.[4] 이를 1950년대 이전과 개혁개방 이후의 두 시기로 나누어 내용적인 측면에서 영화제작사와 그들이 주력했던 영화 장르를 분석하고 형식적 측면에서 상하이영화와 할리우드, 홍콩영화와의 관계를 분석함으로써 영화사의 경향성과 영화와 시대, 사회와의 관계 및 영화의 역할과 위상 등을 고찰하고자 한다.

2_ 주요 영화제작사와 경향성

중국영화사는 크게 1949년 이전의 초창기, 1950~1970년대의 사회주의 시기, 그리고 1978년을 기점으로 하는 개혁개방 이후의 세 시기로 구분할 수 있다. 1949년 이전 시기는 초창기라고는 하지만 자유 경쟁체제하에서 초기 중국영화의 황금기라고 불릴 정도로 우수한 영화가 많이 제작되었으며, 1980년대 이후는 개혁개방의 물결 속에서 세계적으로는 5, 6세대를 중심으로 새로운 중국영화의 탄생을 알리고 국내적으로는 시대적 변화에 따라 대표적인 문화오락산업으로서 다양한 형태로 변화를 거듭하고 있다. 이들의 중간 단계에 속하는 1950~1970년대는 영화는 국가의 문예방침에 따라 통일된 관리체제

4) 상하이를 배경으로 하고 있는 영화를 문헌과 영상자료를 통해 확인한 결과 2006년 4월 현재 총 270편을 수집할 수 있었으며, 그중 상하이에 소재한 영화사가 제작한 작품 중에서 이 글의 연구시기에 해당하는 작품은 모두 141편이었다. 수집은 1차적으로 각종 영화사전과 영화연감 및 영화사 등을 참고로 했으며 이를 근거로 최대한 영상자료를 수집했다.

하에서 존재했기 때문에 이 글에서는 제외할 것이다. 여기에서는 시장경제 체제와 외래문화에 대한 개방성 등 사회적 조건에 있어서 유사한 1950년대 이전과 개혁개방 이후의 두 시기로 나누고 영화제작사와 장르[5]의 관계를 통해 주요 영화사의 경향성과 영화의 역할 및 사회와의 관계 등을 살펴보기로 한다.

1) 1950년대 이전

중국에서 영화산업이 안정적으로 정착되기 이전인 1920년대에는 상업적 목적에 기반을 둔 작은 영화사들이 혼재해 있었다. 1926년 전국 각지에 100곳이 넘는 영화사가 있었고 1927년 32곳, 1928년 23곳으로 줄었으며 1929년에는 다시 31곳으로 늘어났다가 1930년 26곳, 1931년 20곳으로 정리되었는데 그중에서 밍싱영화사(明星影業公司)와 톈이영화사(天一影業公司)의 규모가 가장 컸다. 1930년대에는 롄화영

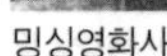
밍싱영화사

톈이영화사

5) 이 글에서는 주로 내용적 측면에서 장르를 구분한 것이므로 제재 구분으로 이해해도 무방하며 편의상 비슷한 장르는 함께 취급했다. 사회극은 사회비판뿐만 아니라 단순히 사회생활을 다룬 것도 포함했으며 정탐, 수사, 액션 등을, 전쟁, 혁명, 전투 등을 동일 범주로 묶었다.

화사(聯華影業公司)가 등장하여 영화산업이 새로이 발전하는 돌파적인 계기를 만듦으로써 많은 자금이 영화산업에 투자되었고 민영영화산업이 최고로 발전한 시기로서, 밍싱, 톈이, 롄화가 3대 영화사가 되었다.(劉輝 2005, 123쪽) 1940년대에는 1946년에 쿤룬영화사(崑崙影業公司)가 창립되었고 이듬해 롄화와 합병하여 영화사에 길이 남는 명작들을 제작했다.

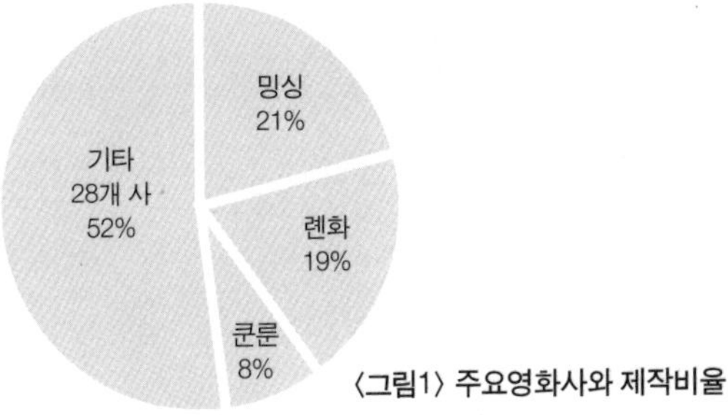

〈그림1〉 주요영화사와 제작비율

상하이영화의 수집 결과에서도 이들 영화사의 작품이 가장 많아 이상의 상황을 확인할 수 있었는데, 총 31개 영화사의 작품 93편 중 밍싱영화사 21편(21%), 롄화영화사 18편(19%), 쿤룬영화사 7편(8%)으로, 46편이 수집되어 절반에 가까운 수치를 보여주었다. 톈이영화사의 작품이 수집되지 않은 이유는 작품의 경향 때문으로 보인다. 즉 톈이는 1925년 6월 사오씨(邵氏) 형제가 설립한 전형적인 가족민영영화사로서 영화를 제작함에 있어서 "구도덕과 구윤리를 중시하고 중화문화를 널리 알리며 유럽화를 최대한 피한다"는 주장과 함께 중국전통문화의 민간전설과 통속소설 중에서 사람들이 잘 아는 이야기와 인물을 제재로 삼아 '야사(稗史)영화'를 대량으로 제작했다.(楊金福 2006, 36쪽) 중국적 전통을 기반으로 한 이들 영화는 중국인들에게 많은 인기를 끌었고 1930년대의 대표적인 영화사로 군림하게 되었지만 또한 이런 이유로 인해 상하이를 비롯한 특정지역을 배경으로 한 작품은 거의 없는 것으로 추정된다.

〈표1〉 주요 영화사와 장르

	영화제작사	연대	사회	멜로	혁명 전쟁	액션 정탐	전기	합계
1	亞細亞影戲公司	1910	1					1
2	國光影片公司	1920	2	2				4
3	大中國影片公司	1920		1				1
4	大中華影片公司	1920	2					2
5	百合影片公司	1920	1					1
6	大中華百合影片公司	1920		3				3
7	民新影片公司	1920	1					1
8	商務印書館活動影片部	1920		2				2
9	新人影片公司	1920	1					1
10	神舟影片公司	1920	1					1
11	長城畵片公司	1920	1					1
12	中國影戲硏究社	1920	1					1
13	江影滬業公司	1920	1					1
14	**明星影業公司**	**1920**	**4**	**1**				**20**
		1930	**13**	**2**				
15	白虹影片公司	1930	1					1
16	新華影業公司	1930	1					1
17	**聯華影業公司**	**1930**	**17**		**1**			**18**
18	藝華影業有限公司	1930	3					3
19	電通影片公司	1930	2	1				3
20	天一影片公司	1930	1					1
21	**崑崙影業公司**	**1940**	**7**					**7**
22	國泰影業公司	1940	1		1			2
23	郡力影藝社	1940		1				1
24	金星影業股份有限公司	1940	2					2
25	大同電影企業公司	1940	2					2
26	大風影片, 民華營業公司	1940	1					1
27	東方影業公司	1940	1					1
28	文華影業公司	1940	1	2				3
29	中央電影企業股份有限公司	1940	5					5
30	海燕電影制片廠	1940	1					1
31	華成影業公司	1940		1				1
계			75	15	3	0	0	93

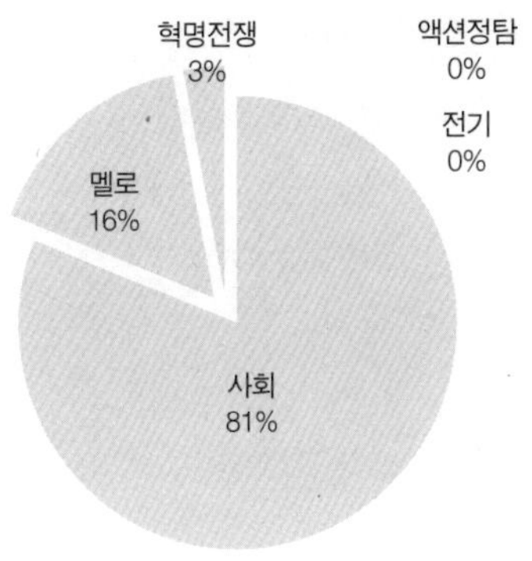

〈그림2〉 각 장르가 차지하는 비율

〈표1〉을 중심으로 보면, 1949년 이전까지 상하이에서 상하이를 배경으로 영화를 제작한 영화사는 이상 3사를 포함하여 모두 31곳이 조사되었다. 장르에 있어서 두드러진 특징은 전체 작품 수 93편 중 사회극이 75편(81%)으로 압도적인 우위를 차지하고 있다는 것이다. 또한 이 시기의 멜로는 대부분 사회적 문제에 애정 문제를 결합한 사회멜로이기 때문에 이 두 장르를 합친다면 90편으로, 97%를 차지하게 되는데, 여기에서 당시 영화와 사회의 관계, 영화의 사회적 역할을 엿볼 수 있다.

이상의 내용은 앞에서 언급한 3사를 통해서도 잘 나타나는데, 밍싱영화사의 경우 전체 20편 중에서 17편이 사회극이다. 1920년대의 5편 중 4편이 사회극이고 1편이 멜로이다. 1930년대에는 15편 중 13편이 사회극이고 2편이 멜로이며, 이중 2편의 멜로 역시 사회멜로이다. 밍싱영화사는 설립 초기에는 다른 영화사들과 마찬가지로 영화를 이용하여 경제적 이윤을 얻을 생각만 했기 때문에 단순히 사회를 소재거리로 한 사회극을 제작했다. 하지만 이들 영화는 관객으로부터 외면당함으로써 자금난에 허덕이다가 파산 직전 〈고아가 할아버지를 구하다孤兒救祖記〉(1923)라는 가정윤리극을 선택하여 사업적, 예술적 성공을 거두게 되었다. 그로 인해 밍싱영화사는 사회 현실에 대해 비판적으로 인식하고 교육

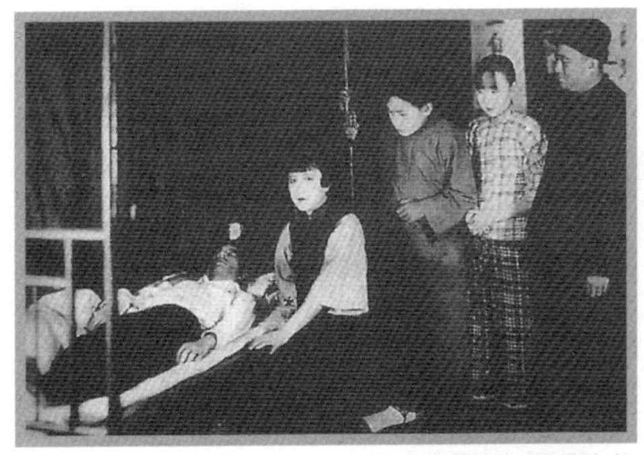
〈고아가 할아버지를 구하다〉

〈자매〉

〈교차로〉

적 도구로서의 영화의 역할에 주목하게 되었고, 이후 상업적 오락과 사회교육을 병행할 것을 주장하며 당시 주류 영화의식을 대표하는 영화사로 거듭나게 되었다. 밍싱영화사는 1922년부터 1937년까지 활동하는 동안 198편의 영화를 제작했는데, 대표작 〈상하이 24시上海二十四時〉(1933), 〈자매姊妹花〉(1933), 〈신구 상하이新舊上海〉(1936), 〈거리의 천사馬路天使〉(1937), 〈교차로十字街頭〉(1937) 등에서 확인할 수 있듯이 1920~30년대 중국영화시장의 85%가 할리우드로 대표되는 외국영화에 점유된 상태에서 예술성과 상업성이라는 굴곡을 거치며 중국영화의 위상을 확고히 했다.(孫蕾 2004, 44쪽)

다음으로 롄화영화사는 1930년 8월 뤄밍유(羅明佑) 등에 의해 설립되었다. 뤄밍유는 재력가 출신답게 정계와 제계의 협조를 통해 제작, 배급, 상영, 교육 등에 걸친 종합적인 영화산업 체계를 구축함으로써 중국영화산업의 새로운 돌파구를 열었다. 이들은 '국산영화의 부흥'을 외치며 '예술을 제창하고 문화를 고취시키며 사람들의 의식을 깨치게 하고 영화산업을 구제한다'는 제작취지를 명확하게 밝혔다.(陸弘石 2005, 55쪽) 이런 취지하에 롼링위(阮玲玉)와 진옌(金焰)을 중용하여 〈길가의 들꽃野草閑花〉(1930), 〈여인의 피눈물桃花泣血記〉(1931), 〈세 명의 모던 여성三個摩登女性〉(1933), 〈신여성新女性〉(1934), 〈신녀神女〉(1934)

〈길가의 들꽃〉

〈여인의 피눈물〉

등을 제작했다. 수집된 롄화영화사의 작품 18편 중 17편이 사회극이고 1편은 전쟁을 다룬 것으로 역시 사회현실을 반영하거나 비판한 작품들이었으며, 영화사의 취지에 부합하는 수준 높은 사실주의 작품을 제작했음을 알 수 있다. 롄화가 제창했던 국산영화부흥운동은 뒤이어 일어난 신흥영화운동을 위한 일종의 준비단계였으며, 신흥영화운동은 중국영화예술을 총체적으로 도약시켰다고 평가된다.[6)]

한편 쿤룬영화사는 좌익영화인들이 조직했으며 사회파 영화를 제작한 대표적인 영화사로서, 1947년부터 1949년에 해당하는 기간 동안 8편이라는 적지 않은 작품을 제작했다. 〈팔천 리 길의 구름과 달八千里路雲和月〉(1947), 〈봄 강물은 동쪽으로 흐른다一江春水向東流〉(1947), 〈집들의 등萬家燈火〉(1948), 〈싼마오의 유랑기三毛流浪記〉(1949) 등과 같이

6) 루홍스(陸弘石)는 흔히 좌익영화라고 알려진 용어를 다음의 세 가지 관점에 의거하여 신흥영화라는 용어로 사용하는 것이 타당하다고 주장하고 있다. 첫째, 신흥영화라는 용어는 1931년 9월 「좌익희극가연맹최근행동강령」에서 한 차례 사용한 것 외에는 더 이상 출현한 적이 없으며 당시 사용되었던 '새로운 영화운동', '중국영화문화운동', '신생영화', '신흥영화' 라는 용어 중에서 '신흥영화' 라는 용어가 가장 많이 사용되었다. 둘째, 좌익영화라는 개념은 다소 좁은데, 실지로 당시 영화운동에 참여한 사람은 좌익문화계의 인사뿐만 아니라 상당수의 사회 각 계층의 진보인사는 물론이고 심지어 국민당원도 있었기 때문이다. 셋째, 이 운동은 영화계의 정치적 현상뿐만 아니라 창작실천에서 이론비평에 이르는 혁신운동이었기 때문에 신흥영화운동이라고 하는 것이 훨씬 정확할 것이다.(陸弘石 2005, 61쪽)

이들은 모두 영화사에 길이 남는 중요한 작품들로 이 시기 상하이영화의 흐름을 주도했다. 이들 영화는 항전시기 기층민들의 고난을 통해 개인의 삶과 역사, 사회를 반영하여 관객들로부터 크게 호응을 얻었다. 〈봄 강물은 동쪽으로 흐른다〉의 경우 3개월이 넘는 기간 동안 연속 상영하여 관객이 70여만 명에 달하는 공전의 흥행기록을 세우는 기염을 토하기도 했다.(陸弘石 2005, 131쪽) 수집결과 총 8편 중 7편이 확인되었으며 이들 또한 모두 사회극 장르에 속하여 이상의 내용을 확인할 수 있다.

〈봄 강물은 동쪽으로 흐른다〉

이상의 결과에서 주목할 것은 1920년대 후반부터 1949년 이전까지 사회극이 강세를 보였다는 점으로, 그 이유는 당시 사회에서 영화가 차지하는 위상과 그것이 가진 역할과의 관계에서 찾을 수 있을 것이다. 즉, 1896년 처음으로 상하이에서 상영되었을 당시 영화는 상층계급의 오락이었지만 1920년대를 지나면서 점차 관객층이 중하층계급으로까지 하향 보급되어 폭넓은 관객을 확보하게 되었다. 더군다나 1910년대에 대대적인 인기를 끌던 문명극의 인기도 쇠퇴해버리자 별달리 영화를 위협할 만한 경쟁매체가 없는 가운데 영화는 새로운 오락거리로 부상했으며, 가장 보편적인 대중오락으로 자리 잡았다고 할 수 있다. 게다가 1930년대에 이르면 영화계와 좌익의 관련이 밀접해졌는데, 이러한 이유들로 인해 이 시기 영화는 사회와 무관할 수 없었던 것으로 보인다. 그리하여 오로지 오락거리로만 영화를 제작했던 군소영화사들은 모두 문을 닫고 밍싱, 롄화, 쿤룬과 같은 영화사들이 사회극, 국산영화 위주의 수준 높은 영화를 제작하면서 중국영화는 본격적으로 자리를 잡기 시작했다. 이들은 영화가 가진 오락과 교육적 기능을 중시하고 사회에 대한 관심과 연계를 재현해냄으로써 관객들로부터 호응을 얻을 수 있었다.

2) 개혁개방 이후

상하이영화사

2004년 상하이영화그룹(上海電影集團公司)으로 체제를 개편하고 상하이의 영화산업을 주도하고 있는 상하이영화사(上海電影制片廠)의 창립은 멀리 중화인민공화국 성립 시기까지 거슬러 올라간다. 상하이영화사는 1949년 11월 16일 창립되었으며 1950년 초에 대형 국영영화사로 재편되어 둥베이영화사(東北電影制片廠, 지금의 長春電影制片廠), 베이징영화사(北京電影制片廠)와 함께 신중국 3대 영화생산 기지로 자리를 잡는다. 상하이영화사는 17년 시기(1949~1965)에도 전국의 극영화 총생산량 603편 중 1/5에 해당하는 136편을 생산하는 등의 위력을 보여주었지만 상하이영화는 점차 "주변화되는 과정에서 중심적 지위를 상실했을 뿐 아니라 철저하게 상하이영화 중의 지역적 특색을 상실했고 사회주의 홍색영화로 개조되었다."(陳犀禾 · 劉宇淸 2005, 39쪽) 게다가 그 이후 반우파투쟁과 문화대혁명 등과 같은 역사적 과정으로 인해 전면적 부정과 비판을 당하는 등의 굴곡을 겪으며 상하이영화는 그 전통과 지위를 상실하게 되었다. 물론 개혁개방과 더불어 상하이영화사는 다시 부활을 위해 노력했고, 그 결과 1977~1987년의 10년간 연 평균 극영화 16편을 생산함으로

〈말 키우는 사람〉

〈마을 남쪽의 옛이야기〉

써 전국의 제작량 100여 편 중 1/6을 차지하기에 이르렀다. 질적인 면에 있어서도 1981년 〈바산의 밤비巴山夜雨〉, 〈톈윈산 전기天雲山傳奇〉 〈루산의 사랑廬山戀〉이, 1982년 〈기쁨 가득한 문喜盈門〉, 1983년 〈마을 남쪽의 옛이야기城南舊事〉와 〈말 키우는 사람牧馬人〉, 1984년 〈우리 소는 백 살咱們的牛百歲〉과 〈대교 아래大橋下面〉, 1985년 〈높은 산 아래의 화환高山下的花環〉, 1986년 〈일출日出〉과 〈우리의 퇴역병사咱們的退伍兵〉, 1987년 〈부용진芙蓉鎭〉이 각각 해당연도에 금계상(金鷄獎)과 백화상(百花獎)을 수상함으로써 작품의 수준을 과시했다.(劉海波 2005) 하지만 1980년대 중반 이후 매체환경과 생활 형태의 변화, 영화산업 구도의 변화 등은 또 한 번 상하이영화가 설 자리를 빼앗아버렸다. 특히 1980년대 장이머우(張藝謀)와 천카이거(陳凱歌)를 선두로 한 5세대가 세계무대로 나아가 새로운 중국영화의 탄생을 알리면서 더욱 상하이는 영화예술의 중심에서 밀려나게 되었으며 뒤이어 거세게 일어난 상업영화로 인해 현재로서는 원래의 맥을 완전히 상실한 것으로 보인다.

영화의 수집결과를 보면 이 글의 대상에서 제외되기는 했지만 이 시기에 창춘영화사나 베이징영화사 외에도 시안영화사(西安電影制片廠), 광시영화사(廣西電影制片廠), 네이멍구영화사(內蒙古電影制片廠),

어메이영화사(峨眉電影制片廠) 등 타 지역의 주요 영화사들도 상하이를 배경으로 한 영화를 제작했는데 작품 수는 모두 합해서 상하이영화사의 절반 정도에 해당했으며 전체적인 경향은 상하이영화사와 비슷했다. 이 시기 상하이영화사와 해당 영화의 장르를 중심으로 1980년대 이후 상하이의 영화산업 및 영화의 특징 등에 대해 고찰하면 다음과 같다.

〈표2〉 개혁개방 이후 주요 영화제작사와 장르

	영화사	연대	사회	멜로	혁명 전쟁	액션 정탐	전기	합계
1	上海電影制片廠	1980~90	5	11	10	13	1	40
	합작	1980~90	1	2		5		8
계			6	13	10	18	1	48

〈표2〉에서 볼 때, 두드러지는 특징 중의 하나는 1980년대로 들어서면 국내 영화사 간의 합작이나 해외영화사와의 합작이 현저히 늘어났다는 점이다. 수집결과에 의하면 상하이영화사의 작품 총 48편 중 8편이 국내외 자본의 합작으로 이루어져 약 17%에 달하는 높은 비율을 보이고 있다. 해외합작의 주체는 주로 홍콩이나 타이완이었고, 장르에 있어서는 상업영화의 성격이 짙은 액션이나 정탐영화가 총 8편의 합작영화 중 5편으로 상당한 비중을 차지하고 있다.

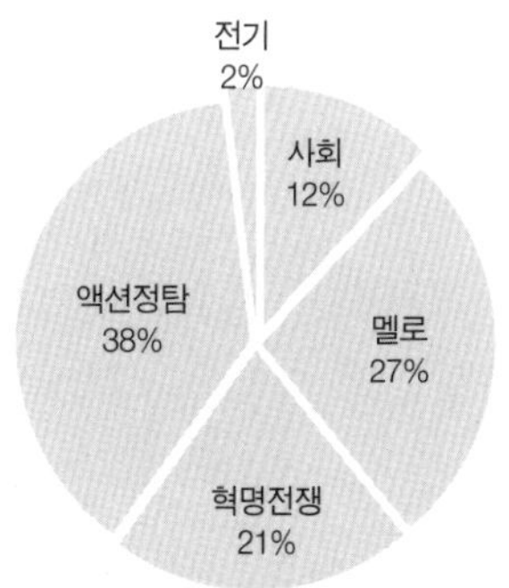

〈그림3〉 각 장르가 차지하는 비율

다음으로, 전체 장르에 있어서 선호도를 보면 액션과 정탐류가 18편(38%)으로 가장 많고 멜로가 13편(27%), 혁명과 전쟁이 10편(21%), 사회극이 6편(12%), 전기류가 1편(2%)의 순으로 나타났다. 여기에서 주목할 점은 이전 시기에 압도적인 비율을 차지하던 사회극이 이 시기에는 매우 낮은 비율을 보이고 있을 뿐만 아니라 사회극과 혁명, 전쟁극의 경우에도 해당 주제를 통해 진지하게 사회와 역사를 조명하고 반영한 것이 아니라 단순히 작품의 배경이나 소재로 삼고자 하는 경향이 농후하다는 점이다. 이러한 경향은 1980년대 후반으로 갈수록 점점 심해진다. 1980년대 초기의 사회극인 〈새벽이 오는 깊은 밤子夜〉(1981)이나 전기류인 〈천이 시장陳毅市長〉(1981) 같은 경우에는 역사에 대한 진지한 자세가 엿보인다. 하지만 1980년대 중반 이후의 대부분의 작품들, 가령 〈잔혹한 욕망殘酷的慾望〉(1988)의 사생아, 〈삶과 죽음의 갈림길生死之間〉(1989)의 도굴꾼과 마피아의 암거래, 그리고 경찰의 추격, 〈어둠 속의 포르노 유령夜幕下的黃色幽靈〉(1989)의 음란비디오와 자살, 〈섹스 스캔들桃色新聞〉(1993)의 보스와 살인, 〈도시의 로망스都市情話〉(1993)의 불륜, 〈나의 피 나의 사랑我血我情〉(1997)의 킬러와 형제간의 살육, 그리고 우리나라에서도 개봉되었던 〈상하이 트라이어드搖啊搖, 搖到外婆橋〉(1995)의 마피아 간의 암투와 화려한 무도장의 무희(舞姬), 밀회, 살인 등을 떠올려보면 영화 속에서 상하이와 역사가 단지 오락거리로 이용되거나 흥미를 끌기 위한 배경이나 소재로 이용되었다는 점을 쉽게 이해할 수 있다.

이처럼 이 시기가 이전과는 확연히 다른 경향성을 보이고 있는 것은 이전 시기에 영화가 거의 유일한 오락이었으며 사회에 관심을 가지지 않을 수 없는 시대적 상황 속에서 영화가 가진 오락적 역할과 더불어 교육적 역할이 중시되었던 것과는 달리 1980년대 이후로 접어들면 TV나 유선방송, 비디오, 노래방, 컴퓨터, 게임 등 다양한 오락매체의 출현으로 인해 영화의 오락적 기능이 보다 중시되었으며 할리우드나 홍콩영화와의 경쟁 관계 속에서 생존을 모색해야 했기 때문이었다고 볼 수 있다.

3_ 할리우드와 홍콩영화의 영향과 모방

영화 탄생 초기에 주로 유럽인에 의해 주도되었던 중국영화산업은 1차 세계대전으로 인해 유럽이 주춤하는 사이 미국이 그 틈새를 비집고 들어오면서 미국의 영향력 하에 놓이게 되었다. 그리하여 초기 중국영화에 있어서 배급이나 상영에서뿐만 아니라 작품 속에서도 할리우드의 그림자를 발견하기란 어렵지 않다.[7] 또한 개혁개방 이후에는 할리우드 외에도 과거 상하이영화의 자양분을 토대로 성장한 홍콩영화가 강력한 영향력을 행사하며 상하이영화 속에 그 모습을 드러내었다. 하지만 1949년 이전과 개혁개방 이후의 두 시기가 할리우드나 홍콩으로 대표되는 외래문화를 수용하는 형태는 확연히 다르며 그에 따라 예술적 성과에도 차이가 있다. 즉 초창기 상하이영화는 일련의 과정을 거쳐 할리우드영화의 영향을 중국화함으로써 혹자는 상하이영화의 특징 중의 하나로 할리우드식 '오락미학'과의 연계를 거론하기도 한다.(陳犀禾·劉宇清 2005, 39쪽) 반면 1980년대 이후 그것은 외래요소를 미처 체화하지 못하고 표면적인 모방에 그쳐 작품의 완성도를 떨어뜨리고 관객들로부터 외면당하는 요인이 되었다고 할 수 있다. 다음에서 이러한 원인을 살펴본 후, 영화 속에서 그것이 어떤 식으로 재현되고 있는지를 살펴보기로 하겠다.

1) 원인

7) 샤오즈웨이와 인훙은 중국 본토 영화의 서사책략, 영상풍격 및 주제의 경향 등이 모두 일정 정도에 있어서 할리우드의 영향을 받았거나 할리우드의 강세에 대응하면서 발전해왔기 때문에 중국영화를 이해하려면 반드시 할리우드의 중국에서의 전파와 영향을 이해해야 한다고 했다.(蕭知緯 · 尹鴻 2005, 65쪽)

아세아영화사 노천촬영장

미국영화가 중국에 처음으로 소개된 것은 1897년 7월이다. 제임스 리칼튼(James Ricalton)이라는 미국인이 상하이 톈화찻집(天華茶園)을 비롯하여 몇몇 공원에서 에디슨의 영화를 상영했는데 중국인들의 호응이 좋아 톈화찻집에서는 열흘간이나 이어졌다고 한다. 영화 탄생 초기에 미국은 배급이나 방영에 있어서는 프랑스를 비롯한 유럽국가들보다 늦게 활동을 시작했지만 제작에 있어서는 그들을 앞질러 1909년에 중국 최초의 영화사인 아세아영화사(亞細亞影戲公司)를 설립하기에 이른다. 또한 1차 대전으로 인해 유럽영화가 주춤하는 것을 틈타 미국은 배급과 상영에 있어서도 승기를 잡고 독보적인 지위를 차지하게 되었다. 1926년 중국에서 상영된 450편의 외국영화 중에서 90%, 즉 400편 가량이 미국영화였다. 1930년 중국에서 배급된 미국영화는 540편이 넘었으며 1934년 상영된 외국영화 412편 중 미국영화가 364편으로 88%를 차지했다. 또한 항일전쟁 기간 동안에는 상영을 하지 못하다가 전쟁이 끝나자 한꺼번에 상영됨으로 인해 1946년에는 881편이, 1947년에는 393편이 상영되었고, 1948년에는 252편으로 추정되며, 1949년에는 142편이 상영되었다. 그리하여 20세기 상반기에 미국은 중국에서 연평균 350편 이상을 배급했다.(蕭知緯·尹鴻 2005, 69쪽) 그 중 상하이의 경우만 본다면 단적인 예로 1946년 상하이에 있는 서우룬영화관(首輪影院)에서 상영된 극영화 383편 중에서 352편이 미국영화였으며 중국영화는 13편에 불과했다고 하니(楊金福 2006, 161쪽) 미국영화가 어느 정도의 영향력을 행사했으며 그것이 얼마나 자연스럽게 중국영화 속에 스며들었을지 짐작할 수 있다.

이후 1980년대로 접어들면 할리우드는 다시 중국에 상륙하여 맹렬한 기세를 뽐내었을 뿐만 아니라 오락성이 강한 홍콩의 무협영화, 느와르영화가 유입되면서 중국영화계에 크게 작용하게 되었다. 사회적 상황 역시 이전 시기와는 확연히 달라져 1980년대 중반 이후로 텔레비전과 비디오 대여업의 신속한 발전, 노래방과 같은 새로운 오락방식의 보급으로 인한 매체환경의 변화는 영화산업 자체에 상당한 위협을 가했다. 그리하여 전국 관객이 1979년 293억 명에서 1989년에는 168.5억 명으로 하락했으며 상하이의 하락 폭은 훨씬 컸다.(楊金福 2006, 282쪽) 게다가 1994년에 들어서면 외국의 블록버스터에 대해 문호를 개방하면서 할리우드의 상업영화들이 중국에서 대규모로 상영되기 시작했다. 이들 "미국의 블록버스터들이 수입된 이후로 많은 관객들이 중국영화를 외면하게 되었으며 이러한 상황은 일찍이 할리우드 콤플렉스를 가지고 있었던 상하이인들에게서 특히 선명하게 나타났다."(陳犀禾 · 劉宇淸 2005, 40쪽) 스크린 속의 화려하고 현란한 할리우드의 블록버스터, 홍콩의 오락영화들과 브라운관을 가득 채운 홍콩의 액션드라마 등은 중국영화를 크게 위협했고, 여기에 컬러텔레비전의 보급과 유선방송의 개통 등은 중국영화의 입지를 더욱 좁혔던 것이다.

이와 같은 위기 상황에 직면하게 되자 중국영화는 생존 방법을 모색하지 않을 수 없었다. 미국의 경우에도 1920~50년대에는 영화가 거의 독보적인 위치를 차지하면서 대중들을 영화관으로 끌어들였지만 텔레비전이 가정에 보급되기 시작한 1950년대 이후로는 존재의 위협을 느끼게 되었다. 이에 새로운 방법을 모색하여 기존의 스타시스템에서 탈피, 작가주의 영화나 텔레비전과는 차별화되는 영상기법 등을 통해 고유성을 확보하고 존재할 수 있었다. 미국의 경우와 마찬가지로, 영화관으로 향하던 발길을 끊었거나 이미 할리우드나 홍콩영화가 주는 자극과 재미에 길들여진 중국관객들을 대상으로 1980년대 중국영화가 생존할 수 있고 흥행을 보상받을 수 있는 방법은 텔레비전에서는 보기 힘든 스케일이 크고 웅장한 전투 장면이나 자극적인 이야기구조 등이었고 그것은 곧 정탐, 스릴러, 수사, 전쟁, 전투 등의 장르였을 것이다. 이는 자연스레 할리우드와 홍콩영화를 모방하는 형태로 나타나게 되었다. 앞의 영화 수집 결과에서 살펴본 것처럼 상하이영화사의 전체 48편의 영화 중에서 31편이 액션, 정탐, 멜로에 속하며 혁명, 전쟁류에 속하는 10편도 주제를 표현하기보다는 블록버스터를 만들기 위한 장치로 선택되었다는 점에서 이러한 논리를 확인할 수 있다.

2) 표현 형태

1920년대 중국에서 할리우드의 영향력은 가히 상상을 초월하는데, 중국 관객들은 할리우드영화가 보여주는 살인, 강간, 강도 등을 모방하여 범죄를 저지름으로써 사회적 혼란을 불러일으키기도 했으며 이런 사건들은 다시 영화로 제작되기도 했다. 그 예로 1921년에 제작된 최초의 장편 극영화 〈옌루이성閻瑞生〉은 실제로 할리우드영화를 보고 그것을 모방하여 상하이에서 발

〈옌루이성〉

생했던 살인사건을 중국영희연구사가 영화로 제작한 것이었다.(顔純鈞 2000, 88쪽) 이 영화는 사회적으로 나쁜 영향력을 일으킬 수 있다는 이유로 상영 직후 당국의 금지조치로 금방 막을 내리기는 했지만 흥행에 크게 성공하여 예상 밖의 수익을 가져다주었다. 이에 밍싱영화사도 장신성(張欣生)이라는 사람이 재산을 가로채기 위해 부친을 살해한 실제 사건을 〈인과응보報應昭彰〉(1923)라는 영화로 제작했다. 제작 취지는 '상속제의 해악을 폭로한다'는 것이었지만 영화는 '독을 먹여 참혹하게 죽이고 무덤을 파헤치며 시체를 부검하는' 등 잔인한 장면을 생생하게 보여줌으로써 여론의 비난을 받고 당국으로부터도 상영금지를 당하게 되었다. 이 영화가 흥행에 실패한 이유는 내용과 묘사에 있어 할리우드 상업영화의 공식을 답습하여 단순한 감각적 자극만을 제공했으며 이러한 것이 여러 번 반복되자 관객들도 식상함을 느끼게 되었기 때문이다.(孫蕾 2004, 49쪽) 이로 인해 파산 직전까지 도달했던 밍싱영화사는 오히려 전통적인 중국가정의 문제를 다룬 〈고아가 할아버지를 구하다〉를 통해 기사회생하게 되었는데, 이 영화는 당시 국산영화 중 최고의 흥행기록을 세우게 됨으로써 이후 국산영화운동의 분위기를 조성하게 되었다. 이 시기에는 영화가 보급된 지 일정 기간이 흘러 외국의 것이 무조건적으로 선호되는 시기가 지났으며 관객층이 상류계층에서 중하층계급까지 확대되고 있었기 때문에 할리우드에 대한 무조건적인 모방보다는 문화적, 정서적으로 익숙한 중국적인 것이 환영받았던 것으로 보인다.

물론 할리우드가 서사에 있어서 중국영화의 발전에 끼친 긍정적인 역할을 거론하지 않을 수 없다. 즉 단순하고 밋밋한 서사구조를 가지고 있던 중국영화가 할리우드의 영향을 받아 짜임새 있고 생각할 여지를 남겨두며 갈등을 배치하는 등 영화언어의 기교를 보다 풍부하게 활용함으로써 관객의 눈길을 끌 수 있었던 것이다. 가령 밍싱영화사의 〈교차로〉(1937)는 남녀 주인공들의 실업과 실직, 그리고 로맨스에 오해와 갈등을 적절히 엮어 짜임새 있게 전개함으로써 이야기와 갈등 구조를 보다 풍부하게 하고 있다. 물론 여주인공 양쯔잉(楊子英)이 라오자오(老趙)에게 구애를 받는 것을 상상하는 장면에서 양쯔잉은 서양식 드레스를 입고 서양식 머리모양을 하고 꽃 그네를 타고 있다. 라오자오도 나비넥타이의 양복 차림을 하고 있는데, 이러한 것들은 할리우드식 환상과 낭만을 좇도록 하는 부정적 역할의 단면을 엿볼 수 있는 예다. 하지만 1940년대에 이르면 이와 같은 할리우드가 끼친 폐단을 극복하고 할리우드의 서사가 가진 장점을 중국 민족문화와 민족정신과 잘 결합하는 형태로 나아가고 있다. 쿤룬영화사의 〈봄 강물은 동쪽으로 흐른다〉나 〈싼마오의 유랑기〉에서 종종 보이는 서양식 복장과 파티 장면은 서유럽지향적이지만 이들은 당시 상하이 사회의 모습을 반영하는 장치로서 매우 자연스럽게 표현되고 있다.

〈싼마오의 유랑기〉

하지만 초창기의 이러한 교훈에도 불구하고 1980년대로 접어들면 할리우드와 홍콩은 중국영화 속에 녹아들지 못하고 작품의 질적 수준을 끌어내리게 된다. 이 시기 할리우드적 요소는 관객의 말초적 감각을 자극하거나 관심을 끄는 역할에 지나지 않으며, 홍콩영화를 모방한 중국영화의 경우 표면적으로는 느와르의 형태를 취하고 있지만 단순한 선악의 대비를 통해 권선징악을 구가하고 단조로운 기법을 사용하거나 혹은 지나치게 많은 인물을 등장시켜 영화의 완성도를 떨어뜨린다. 이러한 이유는 무엇보다도 장르의 선택에서 기인했다고 할 수 있다. 즉, 이 시기 중국영화는 앞에서도 살펴본 것처럼 주로 정탐, 전쟁과 같은 장르를 택함으로써 할리우드의 블록버스터나 홍콩의 느와르를 모방하고 있다. 하지만 1950년대 이후 오랜 정체기를 지나 막 다시 소생한 중국영화로서는 인력과 자본, 그리고 기술력 등 많은 부문에 있어서 낙후되어 있는 상태였기 때문에 새로운 장르를 예술적으로 완성시키기에는 역부족이었다. 이런 상태에서 시장의 요구에 부응하려는 성급함은 당연하게도 표면적인 모방, 혹은 추종에 지나지 않는 결과를 초래했고 과거 영화의 우수한 전통을 사장시키고 영화의 수준을 떨어뜨리게 되었던 것이다.

이 시기 이들 영화는 우선 〈카라얀 납치사건 綁架卡拉揚〉(1988), 〈잔혹한 욕망〉, 〈어둠 속의 포르노 유령〉, 〈잠입臥底〉(1992), 〈함정 속의 결혼陷穽裏的婚姻〉(1993), 〈비정한 저격수悲情槍手〉(1994), 〈나의 피 나의 사랑〉과 같이 자극적인 제목을 통해 관객의 호기심을 자극하려고 하고 있다. 또한 영화에 일본 특무, 공산당 지하당원, 국민당 요원, 비밀결사대, 미군, 보스, 암살, 총격, 폭력, 납치, 암거래, 카바레, 불륜 등의 장치들을 즐겨 사용함으로써 관객의 시각적, 청각적 말초신경을 자극하고 흥미를 유도하고 있다. 이러한 표면적 장치가 일부 관객을 영화관으로 끌어들이는 효과를 가져오긴 했지만 장르가 가지는 스케일을 뒷받침해주지 못하는 기술적인 낙후나 예술적 미완성도는 관객에게 불만과 실망감만을 안겨주게 되었다. 거액의 자금과 선진적인 기술력과 특수효과가 뒷받침해주는 할리우드의 블록버스터에 길들여진 관객들에게 마치 폭죽이나 화약을 터뜨리는 것과 같은 총탄소리와 총격 장면 등은 관객들이 중국영화를 외면하도록 하는 요소가 될 수밖에 없었던 것이다.

4_ 나가는 말

20세기 중국에서 상하이를 배경으로 하여 제작한 영화를 수집한 결과 2006년 4월 현재 총 270편을 수집할 수 있었다. 이 글은 그중에서 1949년 이전과 1980년대 이후 시기에 해당하는 상하이영화 141편을 연구대상으로 했다. 이들을 대상으로 내용적으로는 주요영화사와 장르의 관계를, 형식적으로는 할리우드와 홍콩영화의 영향관계를 통해 이들 영화의 특징과 변화를 살폈으며 영화와 사회와의 관계, 영화의 역할과 위상 등을 고찰했다.

먼저, 영화의 수집결과를 통해 상하이에 소재한 영화사 중에서 상하이를 배경으로 작품을 제작한 주요 영화사로는 1920~30년대의 밍싱, 1930년대 롄화, 1940년대 쿤룬이 초창기 대표적인 3대 영화사이며 개혁개방 이후는 상하이영화사를 들 수 있다는 점을 알 수 있었다. 1949년 이전까지의 초창기에 영화는 중국에서 새로운 오락수단으로 독보적인 자리를 차지했고 시대적 상황으로 인하여 오락적 역할과 더불어 교육적 역할이 중시되면서 사회와의 연계가 중시되었다. 그리하여 초창기 영화에서 사회극이 가장 주요한 장르를 이루었다. 이 시기에 해당하는 전체 작품 수 93편 중 사회극이 75편으로 압도적인 우위를 차지하고 있으며, 이 시기의 멜로가 대부분 사회적 문제에 애정 문제를 결합한 사회멜로라는 점에서 이 두 장르를 합친다면 90편으로, 거의 97%를 차지했다.

하지만 개혁개방 이후에는 매체환경에 있어서 TV나 유선방송, 컴퓨터, 게임 등 다양한 오락수단이 출현했을 뿐 아니라 할리우드의 블록버스터나 홍콩의 느와르영화 등이 중국영화의 입지를 좁혀옴으로 인해 이 시기 중국영화는 오락적 역할을 대폭 강화함으로써 주로 액션, 혁명, 멜로 등의 장르를 선호했고 사회극은 상당히 줄었다. 수집 결과에 의하면 액션과 정탐이 18편으로 가장 많고 멜로가 13편, 혁명과 전쟁이 10편, 사회극이 6편, 전기류가 1편의 순으로 나타났다.

한편 형식적 특징에 있어서 중국영화는 줄곧 할리우드영화의 영향을 받았으며 개혁개방 이후에는 이와 더불어 홍콩영화의 영향도 적지 않게 받았다. 초창기 중국영화는 할리우드가 가져다준 꿈과 환상의 세계에서 헤매기도 했지만 서사의 구조를 풍부하게 해주었다는 점에서 긍정적인 역할을 하기도 했다. 또한 사실주의, 사회적 경향과 더불어 중국적인 것을 탐색함으로써 할리우드를 모방하거나 차용함에 있어서도 중국화시키거나 적절하게 이용했다. 하지만 개혁개방 이후에는 현실적 조건이 갖추어지지 않은 상태에서 관객의 기호를 쫓아 선불리 할리우드의 블록버스터나 홍콩의 느와르를 모방함으로 인해 작품의 질적 저하를 초래했고, 역사나 혁명, 전쟁 등은 단순한 소재나 홍밋거리로 전락하게 되었다. 따라서 소박하지만 민족적 내용과 방법을 모색했던 초창기의 중국영화에서 1980년대 이후 중국영화의 실패 원인을 찾을 수 있으며 아울러 상하이 영화의 전통을 회복하는 방향성도 찾을 수 있을 것이다.

참고문헌

목포대학교 아시아문화연구소 상하이영화연구팀 내부자료(2006), 『20세기 상하이와 상하이인의 정체성 모색을 위한 중국 소장 영상자료의 수집과 해석(해제)』

임대근(2006), 「상하이 영화 연구 입론」, 『중국현대문학』 제38호, 서울

龍錦(2005), 「早期中國電影企業類型及經營模式」, 『電影藝術』第4期, 北京

閆凱蕾(2005),「上海電影産業化策略進行時」,『北京電影學院學報』第6期, 北京
趙實(2006),「弘揚傳統展望未來開倉中國電影的新紀元-在記念中國電影100周年國際論壇上的講和」,『當代電影』第1期, 北京
劉輝(2005),「民營電影的歷程：從上海到香港的雙城變遷」,『當代電影』第6期, 北京
孫蕾(2004),「機制與風格：明星影片公司早期運作策略初探」,『當代電影』第3期, 北京
劉海波(2005),「論上海電影的傳統品格及其消長」,『電影藝術』第6期, 北京
蕭知緯・尹鴻(2005),「好萊塢在中國：1897~1950年」,『當代電影』第6期, 北京
陳犀禾・劉宇清(2005),「海波文化與上海電影:重生或者寂滅?」,『社會觀察』第6期, 上海
汪天雲(2006),「海派影業,重鑄輝煌」,『上海大學學報』第13卷 第1期, 上海
楊金福 編著(2006),『上海電影百年圖史』, 文匯出版社, 上海
周星(2005),『中國電影藝術發展史教程』, 北京師範大學出版社, 北京
胡辛主 編(2004),『百年回眸:名導名片管窺』, 江西教育出版社, 南昌
陸紹陽(2004),『中國當代電影史:1977年以來』, 北京大學出版社, 北京
韓煒・陳曉雲(2003),『新中國電影史話 1949』, 浙江大學出版社, 杭州
尹鴻・凌燕(2002),『新中國電影:1949~2000』湖南美術出版社, 長沙
孟犁野(2002),『新中國電影藝術史稿 1949~1959』, 中國電影出版社, 北京
陸弘石(2005),『中國電影史1905~1949早期中國電影的敍述與記憶』, 文化藝術出版社, 北京
丁亞平 主編(2002), 『百年中國電影理論文選1897~2001(上・下)』, 文化藝術出版社, 北京
封敏(1992),『中國電影藝術史綱』, 南開大學出版社, 天津
程季華(1963),『中國電影發展史(上・下)』, 中國電影出版社, 北京
張駿祥・程季華 主編(1995),『中國電影大辭典』, 上海辭書出版社, 上海
中國電影家協會, 廣播電影電視部電影事業管理局 編纂(1982),『中國電影年監(1982~)』, 中國電影出版社, 北京

제2부

상하이영화와 재현의 정치학

중국영화의 상하이 재현과 해석

유 경 철

이 글에서는 '중국영화에서 상하이는 무엇인가' 라는 질문에서 이미 많이 밝혀진 중국영화의 물적, 인적 토대의 형성과 제공에 있어서의 상하이라는 도시의 역할과 기여라는 측면보다, 중국영화는 상하이라는 도시를 어떻게 그려내고 있는가, 즉 어떻게 해석하고 표현해내고 있는가에 초점을 맞추고 있다. 1930년대 상하이를 〈거리의 천사〉, 〈체육황후〉, 〈고도 천당〉을 통해 살피고 여기에 상하이영화의 장르적 구성을 뒷받침하는 것으로서 '멜로 드라마적 이야기 방식' 에 주목했는데, 이 시기 상하이에 대한 재현과 해석이 계속 멜로 드라마적 방식을 벗어나지 못했다고 단정 지었다. 사회주의 시대의 상하이 재현으로서 〈봄날이여 영원히〉, 〈젊은 친구들〉, 〈붉은 치마의 유행〉을, 포스트사회주의 시대의 상하이 재현으로 〈상하이 트라이어드〉, 〈풍월〉, 〈수쥬〉를 통해 분석하고 상투적인 상하이 재현과 일상의 상하이의 발견이라는 측면에서 펑샤오렌의 〈상하이 룸바〉와 〈상하이 여인들〉을 분석했다.

1_ 들어가기

중국영화에 있어서 상하이가 갖는 위치는 특별하다. 중국에서 최초로 영상물이 상영된 곳이 상하이이며, 중국에서 영화라는 매체가 정착, 발전하여 결국 그 정점에 이르렀던 곳도 바로 상하이였다. 상하이는 중국에서 영화가 발전할 수 있는 산업적, 정치적, 문화적 환경을 제공했다. '상하이영화' 라는 다소 모호하고 애매한 명명이 출현하여 1930~40년대 전성기 중국영화를 지칭하는 말로 쓰이는 것[1)]은 중국영화에 있어서 상하이가 차지하는 독점적 지위를 주목하고 강조하기 위한 것이다.[2)] 물론 중국영화와 상하이라는 도시가 절대적이고 긴밀한 관계를 가지고 있기는 하지만, 이 양자의 관계가 고정적이거나 제한적인 것은 아니다. 특히 상하이라는 도시에 대한 영화의 반응은 경우에 따라서는 이율배반적이기도 하고 냉담하기도 하며 허황하기도 하

1) 앞의 글 「상하이영화 연구 입론」에서의 임대근의 주장과는 달리, 본 논문에서 '상하이영화' 라는 개념은 주로 두 가지 의미로 사용될 것이다. 하나는 1920년대부터 시작하여 1930년대, 그리고 1940년대까지 중국영화의 중심지 상하이에서 제작된 일군의 영화, 다시 말해서 '올드 상하이(老上海)의 영화' 를 포괄적으로 지칭하는 것이고, 다른 하나는 전자의 영화 중 주로 대도시 상하이를 배경으로 한 중국의 암울한 사회 현실을 살아가는 사람들의 이야기를 담은 영화들이 가지는 공통적 특징에 주목하고 이를 일종의 장르영화로 볼 수 있겠다는 의미에서 사용하는, 장르로서의 '상하이영화' 이다.

2) 최근 중국영화 연구의 일각에서는, 상하이가 초기 중국영화의 제작, 배급, 상영의 중심지였던 것은 의심의 여지가 없지만 상하이를 중심으로 초기 중국영화의 확산 과정과 소비과정을 설명하는 것은 중국영화와 중국 문화의 독특한 관계를 해명해내는 데 불리하며, 중국영화가 전국 각지로 확산되고 소비되는 상황을 고찰해낼 수 없다는 주장이 제기되고 있다.(李道新 2006, 11~13쪽) 이것은 중국영화 연구에서 결코 소홀히 할 수 없는 베이징, 톈진, 난징, 광저우 등의 영화 활동이 '초기 중국영화' = '상하이영화' 라는 인식에 의해서 그 연구 대상에서 누락되고 있다는 비판이다. 하지만 Leo Ou-Fan Lee의 『上海摩登: 一種新都市文化在中國 1930~1945』와 Yingjin Zhang의 『Cinema and Urban Culture in Shanghai 1922~1943』을 보면 알 수 있듯이, 중국영화와 상하이의 관계는 영화가 상하이라고 하는 도시의 근대성을 드러내주는 중요한 요소로 거론될 정도로 긴밀하다.

다. 이 글이 주목하고자 하는 것이 바로 이러한 것이다. 중국영화에서 상하이는 무엇인가, 라는 질문에서 이미 많이 밝혀진 중국영화의 물적 · 인적 토대의 형성과 제공에 있어서의 상하이라는 도시의 역할과 기여라는 측면이 아니라, 중국영화는 상하이라는 도시를 어떻게 그려내고 있는가, 즉 어떻게 해석하고 표현해내고 있는가에 관해 집중할 것이다. 이것은 단지 영화라는 매체와 한 도시와의 관계를 조명하고 분석하는 차원만이 아니다. 이것은 역사적 · 정치적으로 많은 곡절을 겪은 상하이, 중국의 자랑이기도 하고 부끄러움이기도 했던 상하이라고 하는 도시에 대해서 중국인들이 영화로 풀어놓는 견해라는 점에서 상하이라는 구체적인 도시에 대한 담론이기도 하다. 하지만 미리 염두에 두어야 할 것은, 이 한 도시에 대한 구체적인 담론일 수도 있는 견해들이 실은 공허하고 도식적이라는 점이다. 즉, 영화 속에서 상하이는 실제 상하이에 대한 '영화적' 재현이자 영화적 '해석' 인데, 영화라는 매체가 갖는 특유의 속성[3]과 상하이라는 도시가 갖는 역사적 · 문화적 경험 등의 영향으로 인하여 그것의 재현 모습이 동어반복을 지속하는 경우가 많고, 이런 이유로 영화 속의 상하이가 어떤 부분에서는 상하이라고 하는 삶의 공간을 축소시키거나 배제하는 역할을 하기도 한다.

3) 상하이에 관한 영화들이 화면에 드러내 보이는 상하이의 풍경이 서로 비슷한 것은 일단 그 풍경이 가지는 대표성 때문이다. 상하이의 모던함, 이국성, 낭만 등을 역설하는 와이탄, 나이트클럽, 질주하는 자동차, 말쑥하게 차려 입은 신사와 숙녀 등 '올드 상하이' 의 풍경이 주로 이에 해당되는데, 이것은 일단 '올드 상하이' 라는 시공간의 특수성이 상하이라는 도시를 표상하는 가장 중심적 테마이기 때문이다. 또 다른 이유는 영화라고 하는 매체가 가지는 물질성 또한 이에 적지 않은 영향을 미친 것으로 보인다. 약 100분 정도의 제한된 시간에 그것도 주로 '시각' 에 의존해야 하는 영화의 경우, 피사체 혹은 보여지는 대상의 본질적이고 대표적인 표상에 집중해야 하는 것이 효과적이고 필연적이기 때문이다.

2_ 상하이에 관한 해석과 재현으로서의 '상하이영화'

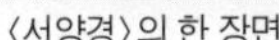
〈서양경〉의 한 장면

초기 영화제작 현장 — 영화 〈서양경〉 중에서

영화 〈서양경西洋鏡〉(1997)은 영화라는 새로운 매체가 중국에 뿌리를 내리게 되는 과정을 재미있게 그려내고 있다. 이 영화에서 영화(정확하게 말하자면 영상물이다)는 서유럽 과학과 문명에 근거한 낯선 문물로, 전통의 오락거리를 대체할 새로운 오락거리로, 돈벌이를 가능케 하는 새로운 산업으로, 자아와 세계에 대한 발견과 재인식을 가능케 하는 표현도구로 그려진다. 이 영화는 중국의 영화 수용 원인을 네 번째 기능에 대한 인식에 부여하고, 중국 최초의 영상물 〈딩쥔산定軍山〉(1905)의 탄생을 서유럽 문물의 수용, 전통의 예술 혹은 오락과 서유럽의 그것과의 조화로운 결합으로 그려낸다. 하지만 이 영화에서 잘 드러나듯이, 영화라고 하는 오락거리 혹은 과학 문명의 산물은 탄생 초기부터 자본과 산업의 영향권 안에 있었다. 영화라는 매체가 20세기에 막강하고 위력적인 대중매체로 성장할 수 있었던 것은 새로운 오락거리로서의 영화가 그것의 산업으로서의 가능성을 간파한 자본에 의해 뒷받침되었기 때문이다. 이에 따라 영화는 자본과 도시의 언저리에서 발전하게 된다.

그러니 중국영화가 상하이에서 발전할 수밖에 없었던 것은 당연해 보인다. 1920년대 상하이는 영화라는 매체를 소비, 향유할 수 있는 조

〈불타는 홍련사〉의 한 장면

건을 갖추기 시작했고, 영화 제작의 조건 또한 충분히 성숙되기 시작했다. 이러한 시장과 역량은 1920년대 말쯤은 완전히 갖추어진 것으로 보이는데, 〈불타는 홍련사火燒紅蓮寺〉(1928) 이후 무협영화 제작 붐이 일었던 것에서 충분히 확인할 수 있다. 상하이의 경제적 규모와 발전은 영화산업 전반의 발전은 물론이고, 자국 영화산업의 획기적인 발전에도 긍정적인 역할을 수행했던 것이다. 한마디로 영화와 상하이는 밀월관계를 유지하고 있었다고 해도 과언이 아닌데, 상하이가 영화의 발전에 필요한 각종 여건을 마련해준 것처럼 영화는 상하이가 세련되고 모던한 국제도시의 면모를 선보일 수 있도록 기여했다. 물론, 영화라는 매체가 하나의 산업으로서 상하이라는 도시와 밀착 관계를 유지한 것은 분명했지만, 영화가 현실 사회에 대한 파수꾼, 발언자로서의 책임을 자임하면서부터 영화와 상하이의 관계는 좀 더 복잡해진다. 중국영화가 자신을 배태해낸 도시 상하이를 비판하기 시작한 것이다. 이는 1933년 '국산영화 부흥(復興國片)' 운동이 제기되면서 본격화된다.

국산영화 부흥운동은 크게 세 가지 측면에서 의미부여가 가능한데, 하나는 무협영화와 고전극영화(古裝片) 등으로 대변되는 상업주의적인 오락영화를 현실주의적이고 계몽주의적인 영화로 대체하기 위한 노력이라는 점, 다른 하나는 당시 영화 시장을 거의 장악하다시피 한 할리우드영화에 대항하여 자국의 영화 시장을 지켜내기 위한 적응적 모색이라는 점, 그리고 세 번째는 영화라는 매체를 가지고 계몽과 구망(救亡)이라는 당시 중국에 제기된 이중의 과제를 수행하려 했다는 점 등이다.(루훙스 · 슈샤오밍 2005, 69~85쪽) 일본의 중국 침략의 가시화 등으로 민족적 자각과 사회적, 계급적 각성이 확산될 무렵 국산영화 부흥 운동은 민족주의적이고 사회 비판적인 내용의 영화를 가지고 사회적 조류에 동참했던 것인데, 이 영화들이 주로 상하이를 주목했던 것은 매우 당연해 보인다. 상하이는 중국 사회의 모순이 중층화된 곳이며, 게다가 영화가 만들어지는 바로 그 자리였던 이유로 1930년대 중국영화의 주된 배경으로 등장한다. 이제 상하이, 즉 상하이영화의 발전적 모태가 된 상하이의 번영과 막대한 경제 규모 등이 상하이영화의 비판의 초점이 되었던 것이다. 이는 영화 〈거리의 천사馬路天使〉(1937)를 통해 확인할 수 있다.

〈거리의 천사〉의 도입부에는 상하이의 풍경이 장시간 전시된다. 이 풍경은 상하이 번화가의 모습이다. 높고 화려한 서유럽식 건물들이 즐비하고, 큰 도로가 반듯반듯 잘 닦여 있으며, 그 위를 자동차가 질주하고 사람들이 분주하게 오간다. 이 장면은 당시 상하이의 도시 풍경에 대한 기록 화면으로서 손색이 없어 보이며, 당시 상하이의 역동성과 화려함, 국제적 면모 등을 확인할 수 있게 해준다. 또한 이 장면은 막대한

〈거리의 천사〉 속 상하이 풍경

〈거리의 천사〉 중 젊은 주인공들의 만찬 장면

자본에 의존할 수밖에 없는 영화라는 매체와 그것을 가능케 해주는 상하이라는 도시의 상관성을 암시하는 것처럼 보이기도 한다. 하지만 이것은 이 장면이 장면 그 자체로서만 보일 때 가능한 생각이다. 오프닝 타이틀의 종료와 함께 마감되는 이 장면의 의미는 뒤따르는 장면에 의해 새롭게 해석될 수밖에 없다. 상하이의 지하층(말 그대로 地下層이다)에서 살아가는 젊은이들과 그들의 누추한 삶의 모습이 이어지면서부터 앞 장면의 의미가 새롭게 해석될 수밖에 없게 되는 것이다. 앞 장면의 상하이의 번영과 역동성, 그리고 국제성 등은 상하이 하층민의 누추한 삶과 연결되면서 갑자기 그 긍정적 의미를 잃고 만다. 이제 상하이는 빈부의 격차와 서유럽 제국주의의 침탈 등의 모순이 존재하는 공간으로 탈바꿈한다. 즉, 1930년대 상하이는 그 긍정성을 바탕으로 영화 혹은 영화산업과 결합하지 않고, 그 부정적 면모를 통해 영화와 영화산업에 이바지하게 된다.

영화 〈체육황후體育皇后〉(1934)에서 주인공 린잉(林瓔)의 대사는 당시 상하이에 대한 부정적 인식의 단면을 그대로 보여준다.

> "상하이는 이상한 곳인 것 같아요. 어떤 집들은 궁궐처럼 훌륭하고, 어떤 집들은 개집같이 더러워요."

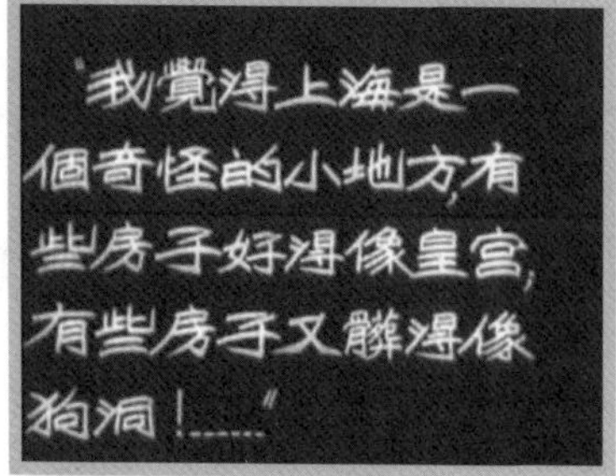

〈체육황후〉 속 린잉의 실제 대사

〈체육황후〉의 한 장면
- 상하이에 대한 감상을 말하는 주인공 린잉

상하이에 막 도착한 린잉의 눈에 비친 상하이는 빈부의 격차가 극심한 '이상한 도시' 인데, 상하이가 '사치와 극도의 향락, 고통과 비인간적인 노동이 집약된'(馬逢洋 1996, 81쪽) 도시라는 인식은 당시 상하이에 대한 인식으로는 대단히 보편적이다.[4] 이때 눈여겨봐야 할 것은 상하이의 번영과 화려함 등이 사치나 향락 등으로 해석된다는 점이다. 그런데 이러한 인식은 일반적으로 사회성 짙은 발언을 담는 영화들이 그려내는 대도시에 관한 묘사와 그다지 다르지 않다. 하지만 '상하이영화'[5] 속의 상하이는 뉴욕이나 파리 등 대도시와는 달리 규정될 수밖에 없었는데, 그것은 상하이가 계급모순과 더불어 민족모순이 존재하는 공간으로 그려진다는 점에서 드러난다.

당시 여타의 사정상 중국과 서유럽 제국주의의 적대적 관계는 '상

---

4) 장광츠(蔣光慈)의 소설 〈형제의 야담弟兄夜談〉과 류나어우(劉吶鷗)의 소설 〈두 명의 시간 불감증자兩個時間的不感症者〉는 각각 당시 상하이에 대한 대조적 인식을 보여주고 있다. 이 작품들은 모두 1920년대 후반에 당시의 상하이를 배경으로 창작되었다(장광츠와 류나어우는 각각 1931년과 1929년에 31세와 30세의 젊은 나이에 세상을 떠났다). 장광츠가 그려내는 상하이는 러시아의 모스크바에 못지않게 번성한 도시지만 혁명의 기운이 하나도 느껴지지 않는다는 이유로 주인공 장샤(江霞)에 의해 비난받는다. 특히, 장광츠는 전철 안에서 무례하게 구는 외국인을 등장시킴으로써 당시 상하이에 대한 부정적인 인식 또는 상하이의 치욕이 바로 민족적 모순과 관련이 있음을 드러낸다. 장광츠가 상하이를 굴욕과 치욕의 공간으로 그려낸 것에 비해, 류나어우는 바로 그 공간에서 삶의 쾌감을 즐긴다. 즉, 장광츠에 의해 치욕과 절망의 원천으로 지목된 도시 공간 자체, 말하자면, 경마장, 카페, 무도회장, 술집 등은 아무런 거리낌 없이 류나어우의 작품의 배경으로 등장하는데, 류나어우는 이러한 공간을 무대로 삶의 향락과 쾌감을 즐기려는 젊은이들의 모습을 도덕적 또는 정치적 비판을 배제한 채 그려낸다. 동일한 상하이가 어떤 이들에게는 치욕과 절망의 공간으로, 또 어떤 이들에게는 향락과 쾌감의 공간으로 그려지는 것이다. 이것은 상하이가 상하이라는 그대로 사람들에게 인식된다기보다는 그것을 바라보는 사람들의 성향에 따라 달리 평가되고 있음을 말한다. 즉, 장광츠같이 좌익계열 문인에게 있어서 당시 상하이가 비관적으로 그려지는 것이 당연하듯이, 어린 시절을 일본에서 비교적 부유하게 자란 류나어우가 상하이의 정치적이고 민족적 현실을 보지 못하는 것 또한 당연해 보인다.

5) 필자는 각주 1)에서 상하이영화가 두 가지 의미로 쓰임을 밝혔다. 상하이영화는 20년대부터 40년대까지 상하이에서 제작된 영화들을 지칭하며, '상하이영화' 는 이들 영화 중에서 그것들의 장르성에 입각하여 분류해내는 영화들을 지칭할 것이다.

하이영화' 의 주된 제재로 다루어지지는 않았지만[6], '상하이영화' 속에서 계급모순에 대한 질타가 이루어지는 순간, 민족모순에 대한 지적 또한 동시적으로 이루어졌다. 빈부 격차로 대변되는 사회적 부조리의 대상으로 지목되는 사회 상층부 인사들의 삶의 모습, 문화적 향유 방식이 서유럽 부르주아 계급의 그것이기 때문이다. 영화 〈고도천당孤島天堂〉은 이를 잘 보여준다. 이 영화는 도입부에서 영화의 주제를 직접 드러내주는 주제가를 배경으로 상하이의 사회적 부조리를 보여주고 있는데, 말 그대로 사회적 상층부의 사치스럽고 퇴폐적인 모습과 사회 하층민들의 빈한하고 힘겨운 삶을 교차적으로 보여주는 것으로 이루어진다. 나이트클럽이나 사교장에서 서양음악을 듣거나 서양의 춤을 추면서 노는 이들의 모습은 그대로 비난의 대상이 된다. 서유럽적인 놀이문화와 이에 탐닉하는 소수 중국인들이 그 자체로 중국의 계급모순과 민족모순을 드러내는 장치로 기능하는 것이다. '상하이영화' 에서 자주 등장하는 이러한 장면들 혹은 장치들은 상하이의 부조리한 삶을 보여줌으로써 중국의 계급적 현실과 민족적 현실을 환기시키는 기능을 수행한다. 그리고 이 영화들이 말하고자 하는 것은 상하이라고 하는 특수한 공간에 대한 언급을 넘어서는, 중국 전체에 관한 견해의 표출이자 각성의 촉구로 해석될 수 있다.

또 한 가지 여기서 언급해야 할 중요한 문제는 상하이라는 공간과 이 공간에 대한 서사 방식에 관한 것이다. 이것은 위에서 언급한 영화

---

6) 당시 상하이영화인들은 난징정부의 검열 제도 때문에 영화에 '九一八', '一二八' 등의 글자는 물론, 전체 중국 지도를 보이는 것마저 불가능하다고 토로했다. 中國電影藝術研究中心 編, 「上海電影界救國會宣言」, 『中國左翼電影運動 上』, 北京電影出版社, 1993, 北京, 33쪽을 참조할 수 있다. 당시 난징정부의 영화 검열에 관해서는 Zhiwei Xiao, Yingjin Zhang(ed), "Constructing a New National Culture: Film Censorship and the Issues of Cantonese Dialect, Superstition, and Sex in the Nanjing Decade", *Cinema and Urban Culture in Shanghai, 1922~1943*, Standford University Press, Stanford, California, 1999를 참조할 수 있다.

〈고도천당〉 오프닝의 한 장면
– 난장판으로 노는 사회 상층부 사람들의 모습

〈고도천당〉의 오프닝의 한 장면
– 가난과 굶주림에 눈물 짓는 하층민의 모습

들, 〈거리의 천사〉나 〈고도천당〉 등은 물론이거니와 상하이를 배경으로 삼는 영화들 대부분에 해당하는 것으로서, 영화에서 보이는 상하이의 풍경 자체가 필연적으로 계급모순이나 민족모순의 표출로 해석될 수밖에 없는 지경에 귀결되는 것과 관련된다. '상하이영화' 속의 상하이의 도시 풍경은 이미 내려진 상하이에 대한 평가와 해석 하에서 현시된다. 즉, '상하이영화' 속의 상하이는 실제 상하이의 영화적 재현이면서 동시에 이미 규정된 상하이에 관한 인식과 관념의 영화적 표출, 즉 상하이에 대한 영화적 해석인 것이다. 영화 속의 상하이가 사치스럽고 부도덕한 사회 상층부 사람들의 공간과 가난하고 곤경에 처한 하층부 사람들의 공간으로 양분되고, 영화 속의 이야기가 이 두 계층의 상호 대립과 대비를 중심으로 이루어지는 이유는 바로 이 때문이다. 이 영화들은 실제 상하이에 대한 재현이지만 그것은 '영화적' 재현이며, 이 재현 역시 상하이에 대한 해석을 영상화한 것에 불과하다. 이것은 당시의 상하이에 관한 영화들을 '상하이영화'라고 하는 하나의 장르로 개괄할 수 있는 근거를 제공한다. 1930~40년대 상하이를 배경으로 한, 상하이의 제반 사회 문제에 의해서 파생되거나 그에 관련된 인간들의 다양한 이야기쯤으로 거칠게 '상하이영화'라는 개념을 규정하자면, '상하이영화'의 장르적 구성을 뒷받침하는 것이 바로 멜로드라마적 이야기 방식이다.

중국영화와 멜로드라마의 관계에 대한 가장 분명하고 간결한 지적은 폴 피코위츠에 의해 행해졌다.[7] 피코위츠는 중국 초기 영화가 멜로드라마의 형식과 결합하면서 5·4(五四)사상의 복잡성을 표현해내는데 실패했다고 주장했다. 즉, 선악과 시비의 극단적 대립, 상황에 대한 과장된 묘사 등을 주된 표현 방식으로 하는 멜로드라마의 특성 때문에 쑨위(孫瑜), 차이추성(蔡楚生), 우융강(吳永剛), 선시링(沈西苓), 샤옌(夏衍) 등 영화감독들이 5·4의 사상과 의식을 표현하고 싶었음에도 불구하고 결국 5·4의 사상과 의식을 단순화, 대중화해버릴 수밖에 없었다는 주장이다.(Pickowicz 2003, 24~27쪽) 그는 멜로드라마 형식이 1920~1930년대 중국영화에서만 나타나지 않고 이후 80년대 셰진(謝晉)의 영화에서도 차용되고 있음을 보여줌으로써 중국영화의 한계를 드러내고 이를 비판한다. 멜로드라마 형식의 차용과 중국영화의 단순화에 대한 그의 지적은 상당한 설득력을 지닌다. 필자가 '상하이영화'를 하나의 장르 영화로 이해하고자 타진하는 것은 피코위츠가 지적하고 있는 내용에 대한 어느 정도의 동의에서 비롯된다. '상하이영화'에서 상하이를 보여주는 방식과 내용은 실제 상하이를 표상하는 것들에 빠짐없이 의존하고 있지만 오히려 이 때문에 상하이에 대한 새로운 해석과 형상화의 가능성은 갈수록 적어진다. 피코위츠가 지적하고 있는 단순화, 대중화란 바로 이러한 것을 가리키며, 그것은 '속

7) 한국에서는 박자영이 좌익영화의 멜로드라마 정치에 대해서 논의했다. 그녀는 멜로드라마를 저급한 형식으로 보고 멜로드라마에 심취한 아시아 국가에 대해 비판적인 견해를 보이는 기존의 관점에 동의하지 않고, 그와 달리 중국 좌익영화와 결합한 멜로드라마 형식이 갖는 차별성 등에 주목했다. 즉, 좌익영화의 멜로드라마는 '탈가정의 서사와 가정의 서사'를 결합해 리얼리즘적 서사와 멜로드라마 서사를 접합시키고, 선악의 이분법에 의한 권선징악의 추구에 안주하지 않고 비극의 종점까지 내달려 비극적 현실을 드러내주고 있으며, 멜로드라마 구도 안에 로맨스와 내셔널리즘을 결합시키고 있음을 강조했다.(박자영 2005, 203~212쪽)

화(俗化)' 라는 말로 부연될 수 있다.

한편, 피코위츠의 견해에는 한 가지 중요한 오류가 존재하는데, 그것은 바로 그가 현상의 원인과 결과를 뒤바꿔 인식하고 있다는 점이다. 중국의 초기 영화가 멜로드라마 형식을 차용했기 때문에 단순화, 속화 등의 오류와 한계가 발생했다고 생각하기보다는 초기 중국영화와 멜로드라마 형식의 결합은 그 자체로 하나의 결과라는 점을 인식해야 한다. 초기 중국영화들, 좀 더 구체적으로 말하자면 당대 사회 현실에 대해 주목하고자 했던 영화들이 멜로드라마 형식을 주된 이야기 방식으로 선택한 것은 어쩌면 필연적이라고 볼 수 있는데, 그것은 이 영화들의 상하이에 관한 인식과 해석이 이미 고정되어 있었기 때문이다. 당시 중국 현실에 대한 환유적 치환물이라고 할 수 있는 상하이에 관한 관점은 이미 부정적이고 비관적이었다. 이것은 당시 영화들에 도저한 비애감에서 확인할 수 있다. 중국 현실의 암울함에서 기인하는 비애감은 당시 영화들의 기본 정조를 이루고 있다. 물론 이 말은 당시 영화에 희극적인 요소가 결여되어 있었다는 것을 의미하지 않는다. 이 말이 의미하는 것은, 아무리 희극적인 요소를 담고 있는 영화라고 할지라도 비극적이고 암울한 현실에 대한 강박에서 벗어날 수 없었음을 말한다. 〈대로大路〉나 〈거리의 천사〉와 같이 전반적으로 희극적 요소가 강한 영화들조차도 대부분 인물들의 비극적 귀결로 끝을 맺는데, 이것은 일상화된 비극과 좌절에 따른 당연한 귀결로 해석될 수도 있고, 또 경우에 따라서는 마치 영화의 안전판 같은 것으로 해석될 수도 있다. 비극적 결말이란 당시 현실에 대한 진단이자 현실에 대한 비관적 예측을 드러내주는 것이면서 동시에 경우에 따라서는 영화들의 정치적 올바름에 대한 표시이기도 했던 것이다. 상황이 어떻게 되었건 분명한 것은, 현실에 대한 인식과 해석이 이미 비관적이고 부정적이라는 것이다. 그리고 이러한 인식과 해석은 상하이에 관한 그

것으로 그대로 이어진다.

상하이는 당시 현실에 대한 비관적이고 부정적인 인식에 그 타당성을 제공해줄 수많은 요소를 가진 도시임이 분명하다. 조계와 서유럽인의 존재는 민족의 현실을 지속적으로 상기시키고, 각종의 서유럽적 문물과 이를 향유하는 계층은 대다수 빈곤층의 상대적 박탈감을 가중시키기에 충분했다. 상하이에 대한 부정적인 인식은 천당과 지옥으로 대변할 수 있는 양극의 극단적 대비를 통해 표출되는데, 그것은 상하이가 태생적으로 극단(極端) 자체를 만들어낼 수밖에 없는 여건을 가지고 있었기 때문이기도 하다.[8] 이러한 여건 속에서 극단과 극단의 대비는 선과 악, 시와 비로 전화되면서 상하이에 대한 부정적 인식을 가속화했다. 그래서 시비와 선악의 극명한 대비를 통해 메시지를 전달하는 멜로드라마 형식이 상하이를 재현하는(혹은 중국 현실을 재현하는) 영화의 이야기 방식으로 사용되는 것은 매우 자연스러운 일이다. 멜로드라마 형식이 당시에 주된 이야기 방식이 되었다기보다는 오히려 당시 현실을 파악하는 방식이 그 자체로 '멜로드라마적' 이었던 것이다.

문제는 상하이에 대한 재현과 해석이 계속 멜로드라마적 방식을 벗어나지 못한 데 있다. 극단적 이원대립을 통해 상하이의 도시성을 재현해 내려는 시도는 거듭될수록 신선함을 상실하고, 이에 따라 재현되는 상하이의 모습은 갈수록 도식적이 된다. 상하이에 관한 영화는 상하이의 표상으로 고정된 것들, 와이탄(外灘)의 풍경, 마천루와 나이트클럽, 모던 보이와 여성, 이들의 향락, 그리고 이것들과 대비되는 가

8) 상하이의 발전과 번영은 중국의 주체적인 필요와 계획에 의해서 이루어진 것이 아니라 서유럽 제국주의의 압력과 침탈로부터 시작되었다는 것을 기억할 필요가 있다. 그래서 그것은 항상 민족적 자괴감을 자극하고 상기시킬 수밖에 없는데, 그 발전과 번영 등이 부각되는 순간 다른 극단에서는 빈부의 격차나 민족적 치욕 등과 같은 것들에 대한 인식이 같이 생성된다.

난하고 어렵게 살아가는 이들의 모습 등을 관습적으로 이용함으로써 상하이에 대한 이야기를 반복한다. 필자가 말하는 '상하이영화' 라는 장르적 특성, 혹은 규칙성은 이러한 반복 속에서 나온다. 하지만 문제가 되는 것은 과연 (그것이 장르로서 인정된다고 한다면) '상하이영화' 라고 하는 장르가 상하이에 관해서 무엇을 말하는가 하는 문제이다. 사실 이 문제는 답이 쉽게 도출될 수 있는 문제는 아니다. 왜냐하면, '상하이' 라는 도시 자체의 도시성을 확정해 내기가 쉽지 않기 때문이다. 다만 개략적으로만 그 관계를 살펴본다면, '상하이영화' 속의 상하이는 중국에 대한 환유적 치환물로 작용하는 경우가 많으며, '상하이영화' 는 상하이를 탐색하고, 그 도시성을 규명하고 있다기보다는 이미 존재하는 상하이에 대한 인식을 영화적으로 재현하며, 그를 통해 상하이에 대해 영화적으로 해석을 가할 뿐이다. 그래서 '상하이영화' 에서 상하이는 대부분 중국의 반식민(半植民)적 상황과 유리되지 않는다. 이것은 '상하이영화' 의 가치이자 딜레마이다. 즉, '상하이영화' 는 중국의 현실을 지속적으로 환기시키는 역할을 하지만, 동시에 그것이 도식화를 불러일으키는 일종의 강박으로 작용하기도 한다. 따라서 '상하이영화' 에서 상하이는 중국 역사에서 치욕으로 기록될 과정을 통해서 성장하고 존재하는 '상하이' 라고 하는 인식과 강박적으로 결합되어 있다. 그리고 이러한 강박은 형식을 달리해가면서 약간씩 변형될 뿐 완전히 사라지지는 않는다.

3_ 사회주의 시대의 상하이 재현 : 새로운 해석과 회귀의 가능성

사회주의 중국 성립 이후, '상하이영화' 에서와 같은 상하이의 모습은 중국영화에서 거의 자취를 감춘다. 물론, 상하이에서는 상하이영화제작소를 중심으로 여전히 많은 영화들이 제작되었고, 상하이를 배경으로 영화들도 적지 않게 만들어졌다. 하지만 당연하게도 이전 '상하이영화'에서 보이던 '사치와 향락, 빈곤과 비인간성'으로 대변되었던 상하이는 영화 속에서 사라지고 말았는데, 이것은 사회주의 중국의 성립과 직접적으로 관계가 있다. 사회주의 신중국의 성립과 더불어 '상하이영화'에서 재현되고 해석되던 상하이가 현실에서 사라져 버렸기 때문이다. 서유럽 제국주의 식민 침탈을 계기로 성장하고 발전했지만, 이 때문에 중국의 시련과 아픔을 고스란히 떠안을 수밖에 없었던 상하이가 중국의 해방과 더불어 영욕의 역사를 마감하고 새로운 도시로 재탄생한 것이다. 이것은 상하이가 영광으로서든 치욕으로서든 주목받던 국제도시에서 여타의 도시들과 다름없는, 해방된 사회주의 중국의 일개 도시로 지위 상승 혹은 하락했음을 의미한다.

하지만 '상하이영화'에서 그 자체로 상하이의 영욕을 그대로 드러내주었던 상하이의 상징물들과 도시 풍경은 상하이를 배경으로 하는, 사회주의 시대의 영화에서도 계속 등장한다. 그렇다 하여도 동일한 이 피사물들이 지시하는 것의 의미는 이전의 그것과는 완전히 다른데, 이유는 원래 '상하이영화'에서도 그랬듯이 상하이의 상징물들과 도시 풍경 등에 이어져 나오는 영화의 내용 때문이다.

1957년에 제작된 영화 〈봄날이여 영원히萬紫千紅總是春〉는 와이탄(外灘)의 풍경을 잠시 보여주는 것으로 시작된다. 이 영화는 대약진 시기 여성들이 각종의 어려움, 말하자면 여전히 가부장적이고 보수적인 관념에서 탈피하지 못하고 여성들의 사회적 생산 참여를 부정적으로 보는 가족 구성원들의 반대와 같은 어려움 등을 극복하고 사회주의 건설 사업에 참여하는 과정을 그려내고 있다. 이 영화에서 와이탄의 전시는 이 영화가 상하이를 배경으로 전개된다는 정보를 준다. 하지

〈봄날이여 영원히〉에서 연설을 하는 다이 아주머니의 모습

〈봄날이여 영원히〉에서 다이 아주머니의 연설 뒤에 이어지는 와이탄의 밤 풍경

〈젊은 친구들〉의 오프닝에 등장하는 와이탄의 풍경

만 이 영화는 사회주의 중국 건설과 의식의 사회주의화를 선전하는 데 주로 초점이 모아져 있다. 따라서 이 영화는 열정과 도취감 등으로 충만한 밝은 색채의 영화이며, 과거의 상하이가 남긴 치욕의 흔적에 얽매이지 않는다. 사회주의 건설에의 참여가 바로 자기 '해방' 임을 역설하는 주민위원회 주임 다이 아주머니(戴媽媽)의 짧은 연설 뒤에 이어지는 와이탄 등의 밤 풍경은 오히려 현재의 승리와 승리에 대한 자신감을 부각시키는 역할을 한다.[9)]

이 영화가 제작 시기의 특성[10)] 등과 어우러져 사회주의 건설을 역설하고 또 이를 위해 상하이의 풍경을 배치했다고 한다면, 또 다른 영화들 즉 문혁 종결 이후 이어진 신시기(新時期)에 제작된 영화들이 보여주는 상하이의 풍경은 또 다른 의미의 강조로 해석된다. 1979년에 제작된 〈젊은 친구들小字輩〉의 첫 장면은 〈거리의 천사〉의 그것에 비견될 만하다. 〈거리의 천사〉가 영화 제작 당시 상하이의 모습을 그려냈듯이, 〈젊은 친구들〉 역시 와이탄, 푸저우루(福州路) 등을 중심으로 영

9) 하지만 상하이에 관한 인식을 전체적으로 놓고 볼 때, 승리와 영광의 상하이에 대한 강조는 오히려 기존에 상하이가 가지고 있던 오명과 그것이 불러 일으키는 치욕스러운 기억을 두드러지게 하는 것이 사실이다.

10) 이 영화는 1959년에 제작되었고, 따라서 대약진운동의 선전을 위해 만들어졌다고 볼 수 있다.

화 제작 당시 상하이의 건축물과 거리 풍경을 오프닝 타이틀과 함께 보여준다. 이 영화가 상하이의 시내버스에서 일하는 젊은이들의 일과 사랑에 관한 이야기를 담고 있기 때문에 오프닝에서 상하이의 시내 풍경을 보여주는 것은 매우 적절한 것으로 보이는데, 이 영화의 상하이 거리 장면에서 인상적인 것은 와이탄 등 과거부터 존재했던 상하이의 모습이 아니라 막 지어진 듯 깔끔한 상하이의 서민 아파트 등 새로운 건물들의 모습이다. 이 영화에서 주인공들은 버스 안내원, 버스 운전수 등인데, 자기의 일에 충실하고 낡은 시스템을 자발적으로 개조해 내는 이들의 활기가 그들의 연애담과 결합되면서 영화에 역동성을 부여한다. 그리고 이 역동성은 상하이 시내의 역동성과 조우한다. 그런데 이 역동성은 와이탄이나 푸저우루 등에서 찾아진다기보다는 그 외의 새로운 상하이의 거리, 즉 자동차와 자전거가 물결을 이루고, 새 건물들로 단장된 상하이의 일상적 풍경에서 발견된다. 그리고 이것은 〈봄날이여 영원히〉의 역동성과도 다른 면이 있다. 〈봄날이여 영원히〉의 역동성은 사회주의 건설에서 나오는 비교적 정치적인 역동성이라고 한다면, 〈젊은 친구들〉의 그것은 보다 덜 정치적이며, 좀 더 일상적인 공간과 삶에서 새로운 가능성을 찾으려는 역동성이다. 이런 역동성은 상하이라는 도시의 재부상과 연결되는 측면이 있다.[11] 사회주의 성립 이후 상하이는 기존의 오욕을 벗은 것이 사실이지만 이와 동시에 영광과 자부심마저 내놓아야 했던 것 또한 사실이다. 과거의 역사를 상기시키는 장소가 아닌 새롭게 건설된 상하이를 강조하는 〈젊은 친구들〉에 와서 목격되는 것은 상하이가 더 이상 교정(矯正)의 대상이 아니라 새로운 출발의 전시장이라는 점이다. 이 영화의 역동성과 활기는 새롭게 출발하는 신시기의 그것이기도 한데, 상하이가 '소(小)'

11) 이것은 이 영화가 문화대혁명이 막 종결된 후, 중국 사회가 새로운 시작을 다짐하던 시기에 만들어진 것과 관계가 있어 보인다.

자에서 표현되는 젊음과 가능성, 역동성과 중국의 새로운 출발의 장소로 부상하는 것이다. 이것은 한편으로는 상하이가 옛 영광과 명성의 재연을 향해 움직이고 있음을 의미하는 것이기도 하다. 1984년에 제작된 〈붉은 치마의 유행街上流行紅裙子〉은 상하이의 새로운 도약과 부상을 보여준다.

〈붉은 치마의 유행〉의 한 장면 – 화려한 색채의 옷을 입은 여성의 모습을 강조하고 있다

이 영화에는 개혁개방 이후 새롭게 출발하고, 변화를 도모하는 중국의 모습이 잘 드러나 있다. 방직 공장에서 일하는 여성 노동자들의 이야기로 이루어진 이 영화가 새로운 것은, 더 이상 자신을 감추고 열심히 일만 하는 것, 말하자면 '사회주의적' 품성과 몰개성이 능사가 아님을 적극적으로 이야기한다는 점이다. 이 영화에서 여성들은 노동영웅이라는 틀을 속박으로 여기고 개성의 강조를 역설한다. 이것은 과거 사회주의 중국의 이데올로기에 대한 거부로까지 해석될 수 있을 정도이다. 이것은 주로 여성의 복장 문제를 중심으로 이루어지는데, 과감한 복장을 착용한 여자 주인공들의 모습이 그동안 중국영화에서 사라졌던 남성의 훔쳐보기식 시선에 의해 포착된다. 이러한 시선의 등장은 국가 주도의 사회주의 영화의 권위에 대한 도전 혹은 그것의 누수 현상으로 해석될 수 있다. 이 영화에서도 과거 상하이의 대표적

풍경은 그다지 중요하게 포착되지 않는다. 상하이는 그것들이 아닌 다른 모습으로 등장한다. 화려하고 과감한 복장을 입고서 개성을 뽐내며 거리를 활보하는 여성들, 공원 등지에서 여가를 즐기는 수많은 사람들 등이 상하이의 대표적 풍경인 것이다. 이런 대표적 풍경과 함께 상하이는 자유와 개성의 가치가 발견되고 숭배되는 도시로 이미지화된다. 이러한 이미지는 여성 노동자들이 일하는 공장 장면에서 느껴지는 압박감, 획일성 등과 대비되면서 더욱 강화된다. 이 영화에서는 중국 사회 가치 구조의 급격한 역전 현상이 목격되는데, 중요한 것은 이러한 현상 속에서 외부에서 들어온 서유럽 자본주의의 산물이 용인되는 차원을 넘어 숭배의 대상이 되고, 그것들이 자유와 개성의 상징물처럼 해석된다는 점이다. 상하이가 자유와 개성의 추구 공간으로 인정되는 까닭이 마치 상하이에 서유럽적인 것들, 자본주의적인 것들이 많이 들어와 있기 때문인 것처럼 보인다. 그런데 재미있는 것은 이 영화가 중국의 정상화에 대하여 이야기하고 있다는 것이다. 즉, 정치적 극좌 노선을 탈피하여 정상적인 삶이 회복되는 과정을 보여주는 이 영화에서 상하이가 서유럽적인 것, 상품 경제의 것들과 결합하는 것이다. 그래서 이 영화 속의 상하이에서는 과거 상하이의 모습이 언뜻 비친다. 비록 와이탄 등의 장소는 보이지 않지만 새로운 시대가 도래하면서 상하이는 과거의 상하이를 안에서부터 비춰내고 있는 것이다.

4_ 포스트 사회주의 시대의 상하이 재현: '올드 상하이'와 상하이의 현재

90년대 이후 중국영화의 폭은 이전에 비해서 상당히 넓어진다. 영화의 제작, 보급 및 상영 허가 등에 있어서 여전히 국가의 관리와 통제가 이루어졌지만, 5세대 감독 영화를 중심으로 국제 영화계의 중국영화에 대한 관심이 증대되면서 소재 및 이야기 방식, 그리고 제작 방식에 이르기까지 다양한 형태의 영화가 출현하게 되었다. 중국영화는 사회주의 시장경제의 도입과 더불어 열린 포스트 사회주의 시대, 서유럽의 자본과 문화가 점차 세력을 확장해가는 후식민 시대의 전개와 더불어 다변화되었고, 이러한 상황을 반영하거나 이에 반응하는 형태로 발전하게 된다.

포스트 사회주의 시대, 그리고 포스트식민 시대의 중국에서 상하이는 다시금 주목을 받게 되는데, 그것은 영화에서 상하이의 옛 명성을 부활시키고 회고하는 것으로, 혹은 새롭게 발전하는 대도시로서의 상하이 이면의 존재들에 대한 고찰로써 드러난다. 즉 영화 속에서 상하이는 두 가지로 모습을 드러내는 것인데, 하나는 '올드 상하이' 이고 다른 하나는 '당대의 상하이' 이다. 기존의 상하이에 관한 주목할 만한 영화들이 다루는 상하이가 대부분 영화 제작 당시의 상하이를 다루고 있음을 상기해 볼 때, 영화에서 '올드 상하이' 를 다룬다는 것은 상하이의 재현과 해석에 있어서 새로운 변화의 출현을 의미한다.

장이머우(張藝謀)의 〈상하이 트라이어드搖啊搖, 搖到外婆橋〉(1995)나 천카이거(陳凱歌)의 〈풍월風月〉(1997)은 각각 1930년대와 1920년대의 상하이를 배경으로 한 영화이다. 현실적으로 옛 상하이의 거리를 카메라에 담아내기 어려웠던 두 감독은 '올드 상하이(老上海)' 를 재현한 영화 세트장에서 상하이와 관련된 장면을 찍었다. 즉, 이 영화 속 상하이의 모습은 두 감독의 필요에 의해 만들어진 것이다. 두 감독뿐만 아니라 옛 상하이를 배경으로 하는 영화를 만들려는 다른 감독들도 마찬가지였겠지만, 이 영화들에서 상하이는 서양식 건물이 빼곡히 들어서 있는 가운데 궤도전차와 자동차, 인력거 등이 분주하게 오가는 거리, 'Rose, Rose I Love You' 등과 같은 서양 노래와 음악이 울려 퍼지

〈상하이 트라이어드〉
- 나이트클럽에서 공연하는
샤오진바오(궁리 분)

는 가운데 남성은 양복, 여성은 세련된 치파오를 입고 춤을 추거나 무희들의 공연을 감상하는 나이트클럽, 사교장 등의 풍경을 통해 재현되고 있다. 그리고 이것으로 옛 상하이의 모습은 충분히 재현된 것 같아 보인다. 이 모습들은 약간 더 세련되고 더 화려하다는 것만 빼고는 '상하이영화' 가 상하이를 그려낸 그대로이다. 하지만 이 영화들이 그려내는 상하이는 '상하이영화' 속 상하이와는 완전히 다르다. '상하이영화' 에서 상하이의 모습은 앞에서 말한 것처럼, 보이는 그대로 중국의 당면한 현실을 환기시키는 작용을 했지만 이 영화 속 상하이의 모습은 그렇지 않다. 이들의 상하이는 민족의 현실과 사회적 모순 등에서 완전히 자유롭다. 이것은 거의 동일한 시기의 동일한 상하이가 이제 완전히 다른 맥락에서 해석되어 재현되고 있음을 말한다. 즉, 이전의 상하이가 반식민적 인식에서 다루어지는 상하이라면, 이때 상하이는 후식민적 감각에 의해 구성되는 상하이라고 할 수 있다. 사실, 옛 상하이의 영화(榮華)와 자산에 대한 회구와 소비는 과거 역사에 대한 부정적 인식을 어느 정도 극복했거나 혹은 망각하는 가운데서 가능하며, 그리고 그것은 감각과 취향 방면에서 주로 이루어진다. 1990년대 중후반부터 일기 시작한 '올드 상하이' 에 대한 향수는 이런 측면에서 이해될 수 있다. 그런 면에서 장이머우와 천카이거 두 감독은 어느 정도 이런 추세를 읽었거나 그것을 선도했던 것으로 보인다. 특히 그것은 장이머우의 경우에 더욱 분명하다.[12]

〈상하이 트라이어드〉에서 장이머우는 상하이를 퇴폐적일 정도로 화려하고 사치스러운 공간으로 그려내기 위해 대단히 공을 들였다. 이국적 풍경의 거리는 말할 것이 없으며, 극도로 화려한 나이트클럽과 요염한 무희들의 공연, 탕(唐) 가의 대저택과 소품들은 상하이를 새롭게 재단장했다. 그런데 그가 상하이의 풍경, 특히 밤의 풍경을 이렇게 화려하게 그려낸 것은 이 영화가 암흑가의 이야기를 다루는 영화이기 때문이다. 상하이의 화려함과 사치는 암흑가의 냉혹함과 비정함을 더욱 강조한다. 그는 극도로 감각화된 상하이를 통해 상하이와 장르를 조우시켰다. 상하이판 갱스터무비(혹은 필름느와르)라고 할 수 있는 이 영화에서 상하이는 장르적으로 재구성되고 있는 것이다. 탕가의 어른이자 암흑가의 보스인 탕예(唐爺)의 정부(情婦) 샤오진바오(小金寶, 鞏利 분)의 시중을 들기 위해 시골에서 상하이로 온 어린 탕수이성(唐水生)에게 류수(六叔)는 상하이라는 곳과 자신들이 속한 조직의 규율을 교육하면서 상하이가 '대도시(大城市)'라는 점을 거듭 강조한다. 즉, 류수는 탕수이성에게 대도시의 생리에 대해서 일깨워주는데, 그것은 상하이가 대도시로서 엄청나게 풍요롭고 화려한 동시에 잠시라도 긴장의 끈을 놓거나 그곳의 규율을 망각하면 바로 곤란한 처지에 빠질 수 있는 곳임을 각성시키는 것이다. 결국 영화는 암흑가의 생리와 규율에 반기를 든 이들이 비참한 최후를 맞게 되는 것으로

12) 장이머우가 상하이를 보다 장르적으로 접근했다면, 천카이거는 갱스터무비에 한쪽 발을 걸치면서 동시에 근대와 전통의 미묘한 관계, 성적인 억압과 왜곡된 인간성 등을 다루는 등 보다 심리적인 방향에서 영화를 풀어나간다. 따라서 그의 상하이는 주인공 장궈룽(張國榮)의 왜곡된 성격의 현재를 보여주는 배경 정도로만 제시될 뿐이다.

끝이 난다. 1920~30년대 금주법 시대 시카고를 배경으로 한 갱스터무비라는 장르영화를 답습하는 듯한 이 영화에서 상하이는 중국판 시카고로, 암흑가의 힘과 규율이 지배하는 공간으로 탄생한다. 이러한 상하이의 모습은 장이머우가 원래부터 가지고 있던 상하이에 대한 인식이라기보다 1980~90년대 홍콩영화의 대표 장르였던 홍콩느와르를 장이머우가 다시 찍으면서 그 계열의 장르영화가 구성해내는 대도시의 모습을 빌려 온 것이라고 할 수 있다. 즉, 이 영화는 처음부터 '상하이 영화' 와는 다른 각도, 말하자면 상업적 장르영화의 각도와 맥락에서 상하이를 다룬 것이다. 그래서 장이머우가 와이탄 등 상하이를 대표하는 건축과 장소를 영화에 담지 않은 것은 현실적인 어려움 때문이기도 하겠지만, 어떤 면에서는 그 장면들이 보임으로써 탈정치적, 회구(懷舊)적으로 받아들여져야 할 상하이에 다른 맥락에서의 의미가 부여될 가능성이 있다는 우려 때문인 것으로도 해석될 수 있다. 그가 화려하고 사치스러운, 말하자면 이국적 풍취를 지닌 상하이의 재현에 공을 들인 것은 그러한 결락에 대한 보충 혹은 그 결락의 흔적 가리기라고 볼 수 있으며, 이렇게 해석되고 재현되는 상하이는 바로 포스트사회주의이자 포스트식민 시대가 주목하고, 보고 싶어 하는 상하이인 것처럼 보인다.

장이머우와 천카이거가 1920~30년대의 '올드 상하이' 를 구성해내는 것으로 상하이에 대해서 이야기했다면, 6세대 감독 러우예(婁燁)는 〈수쥬蘇州河〉(2000)에서 당대의 상하이를 해석하고 재현했다. 그런데 러우예가 다루는 상하이의 특이한 점은 이전까지 상하이에 관한 영화들이 주목했던 풍경이 아니라 상하이 변두리 서민들의 삶의 공간인 쑤저우허에 맞춰졌다는 점이다. 즉 "감독은 의도적으로 상하이의 번영을 피해 우리에게 가난하고 외진 도시의 다른 면을 드러내 보여준다."(유세종 2005, 159쪽) 쑤저우허의 주변에 카메라를 들이댐으로써

〈수쥬〉는 쑤저우허의 풍경을 스케치하듯 보여주는 것으로 시작된다. 저 너머 동방명주가 보인다.

드러나는 상하이의 모습은 '더러운 쓰레기의 혼탁한 물결이며, 반쯤 철거된 흉물스러운 고층 빌딩, 회색의 공장 굴뚝과 얼룩덜룩한 건물의 벽체, 노점상과 행인, 중년의 노동자 등등(같은 책 158쪽)' 이다. 이것들은 재도약하는 상하이, 번영을 되찾은 상하이의 이면의 것들이다. 와이탄을 스치고 지나가고 동방명주(東方明珠)를 멀리 배경으로 내몰아버림으로써 러우예는 이 영화가 새로운 시대의 도래와 함께 변두리가 되어버린 공간과 주변인들의 이야기임을 암시한다. 이후 러우예는 두 개의 사랑 이야기를 펼쳐낸다. 하나는 영화의 내레이터인 '나' 와 서양식 술집에서 인어(人魚) 연기를 펼치는 메이메이(美美)의 사랑 이야기이고, 다른 하나는 마다(馬達)라는 오토바이 택배원과 여고생 무단(牧丹)의 사랑 이야기이다. 이 두 사랑의 이야기는 메이메이와 무단을 저우쉰(周迅)이 1인 2역으로 연기함으로써 교묘하게 이어진다. 자신을 사랑한다고 생각했던 마다가 자신을 납치하여 그녀의 아버지로부터 돈을 갈취하려는 패거리와 손을 잡았다는 사실을 안 무단이 쑤저우허에 몸을 던지고, 늦게서야 무단을 사랑했음을 깨달은 마다가 우연찮게 술집에서 인어 연기를 펼치는 메이메이를 목격하고 그녀를 무단으로 확신하면서 두 개의 이야기가 하나로 연결된다. 존재의 분열과 이중성(하지만 둘 중 어떤 것도 확실하지 않은)을 암시하는 듯한 1인 2역의 사랑은, 쑤저우허에 투신했던 무단이 죽지 않고 마다를 다시 만나서 결국 무단과 마다가 쑤저우허에서 동반자살하는 것으로 결말이 남으로써 실상은 무단과 마다의 사랑 이야기가 실제일 수도 있지만 또 동시에 화자에 의해 만들어진 것(영화 도입부에 내레이터인 '나'가 쑤저우허에서 '여고생의 투신, 동반자살한 젊은 남녀의 시신을 목격한 적이 있다'라고 이야기했던 것을 염두에 둘 수 있다)일 수도 있다는 것으로 끝맺음된다.

모호하고 복잡한 스토리에도 불구하고 이 영화는, 이것이지만 저것을 열망하는, 그리고 이러한 열망 때문에 이것의 존재마저 불안하게 되는 상황에 대한 발언처럼 보인다. 인어 연기를 펼치는 메이메이는 (마다로부터 영원한 사랑을 얻은) 무단이 되기를 열망하게 되고 나중에는 결국 '나'를 떠나버린다. 쑤저우허 주변에서 벌어지는 이러한 사건들은 '쑤저우허'와 '와이탄 혹은 동방명주' 사이에서 배회하는 6세대적 주변인들에 관한 것이다. 이들은 화려한 도시의 중심으로 진출하지 못하고, 버려진 건물과 낡은 선상(船上), 기껏해야 서유럽식 싸구려 선술집을 배회할 뿐이다. 상하이는 옛날의 번영과 영광을 되찾았지만 이들은 그 뒤의 그늘진 구석을 어떻게 해도 벗어날 수가 없다. 어떤 면에서 이들은 '상하이영화' 속 핍박받던 주인공들의 후손이다. 그들이 중층화된 민족모순과 계급모순에 의해 가난과 실업, 성적 착취 등으로 핍박받았다면, 이들은 전지구적 자본의 확장과 발전에 의해 소외되고 주변화되는 욕망 때문에 고통받는다. 이들이 해석해내고 재현해내는 상하이는 쇠락해가는 변두리와 변두리 인물들의 부질없는 욕망으로 꾸며지는데, 이들에게 소외와 욕망의 좌절을 가져다주는 것은 화면에서는 모습을 보이지 않는, 급격한 발전 도상에 있는 상하이의 현재이다. 그런데 상하이에 대한 이러한 해석과 재현은 무단히 중국 전체에 대한 그것으로 확대된다. '상하이영화' 에서 상하이가 중국 현실에 대한 환유적 치환물이었던 것처럼 당대의 상하이도 여전히 그러한 역할을 하기에 충분하다. 그런데 여기서 중요한 것은 '상하이영화' 시대, 상하이라는 도시가 갖는 영화에서의 거의 독점적인 지위가 지금은 더 이상 보장되지 않는다는 점이다. 〈수쥬〉라는 영화에서 상하이라는 도시가 갖는 의미가 중요하기는 하지만, 이 영화에서 더 중요한 것은 감독 러우예가 갖는 6세대적 세계 인식과 자아 인식이다. 변두리인들의 소외와 좌절을 통해 당대 중국의 현실을 드러내 보여주는 6세대 감독의 영화적 발언의 맥락에 이 영화가 위치하고 있다는 말이다.[13] 이런 면에서 상하이라는 도시는 여타의 다른 도시로 치환 가능하다.

즉, 왕샤오솨이(王小帥)의 영화를 예로 들어볼 수 있는데, 왕샤오솨이가 우한(武漢) 창장(長江) 주변을 배경으로 찍은 〈짐꾼과 아가씨扁擔·姑娘〉(1998)는 우한의 변두리와 그 주변인들에 관한 이야기이며, 동시에 개발과 발전에서 뒷전으로 내몰린 젊은이들의 허망한 욕망과 그 좌절에 관한 이야기이다. 배경이 되는 도시가 다를 뿐 러우예가 그려내는 변두리 젊은 인

우한 창장변의 변두리 젊은이들의 삶을 그린 영화 〈짐꾼과 아가씨〉의 한 장면

13) 중국의 6세대 감독들이 변두리인, 주변인의 욕망과 소외, 그리고 좌절을 통해 당대 중국의 현실을 그려내고 있음에 대해서는 유경철(2005)을 참조할 수 있다.

생들의 모습이나 왕샤오솨이가 그려내는 그것은 너무도 닮아 있다. 이것은 상하이가 러우예의 영화에서 '상하이영화' 에서의 상하이처럼 중국 전체를 대변하는 그것으로 부상하기도 했지만, 한편으로는 상하이에 관한 이러한 해석과 재현이 너무도 보편적이어서 하나의 도시성에 대한 탐구로서는 그 의미가 희석될 수도 있음을 말해준다.

이것은 상하이와 관련된 영화가 '대도시' 라고 하는 고정된 인식 위에서 상하이를 다루고 있기 때문으로 보인다. 이러한 인식은 상하이를 보편적인 차원에서만 다루도록 하는 경향이 있다. 즉, 이 시기 상하이에 관한 영화들이 대부분 범법자들, 혹은 범법의 행위에 긴밀하게 연결되고 있다는 사실은 이에 대한 반증이다. 범법자 혹은 범법 행위를 중심으로 대도시를 조명하는 것은 대단히 관습적이다. 앞에서 살펴본 것처럼, 장이머우의 경우는 장르영화로 접근하여 이 둘을 결합시켰고, 상하이를 역사와 정치에서 떼어내어 장르 안으로 집어넣기 위하여 상하이의 이국적 풍경에 집착했던 것이다. 물론, 똑같이 범법자와 범법 행위를 영화 속에서 사용했다 할지라도 장이머우와 러우예의 차이는 마치 5세대와 6세대의 차이만큼이나 분명하다. 하지만 러우예가 주로 등장시키는 인물들과 그가 주로 다루는 사건이 그다지 일상적인 인물들이거나 일상적인 사건이 아닌, 대단히 6세대적인 장치이자 표식이라는 점은 장이머우가 경주한 노력과는 다른 것이지만 어떤 면에서는 그가 장이머우와 유사한 노력을 투여하고 있는 것이라는 생각이 들게 한다. 러우예 역시 관습적으로 대상을 파악하고 재현해내고 있다는 점을 지적하는 것이 가능하다는 말이다. '상하이영화' 시대에 상하이가 관습적 장치와 장면으로 재현되고 해석된 것과 비슷한 상황이 다시 재연되고 있는 것이다. 이것의 문제는 상하이가 관습화된 몇 개의 표상으로만 재현된다는 점이다. 물론, 이때 동원되는 표상들이 상하이의 모습을 왜곡시키는 것은 아니다. 다만 그렇게 재현된 상하이의 모습은 갈수록 협소화되고 도식화될 뿐이다. 어떤 면에서는 상하이답지 않은 상하이의 모습이 상하이다운 모습일 수도 있다. 그리고 재미있는 것은 상하이 재현에 있어서의 우려와 성취가 한 감독에게서 모두 발견된다는 점이다.

5_ 상투적인 상하이 재현과 일상의 상하이의 발견: 펑샤오롄(彭小蓮)의 경우

사실 수많은 상하이에 관한 영화들이 내놓는 상하이에 대한 해석과 재현은 그다지 다채롭지 않지만 대체로 선과 악이 공존하는 공간이라는 인식이 상하이에 관한 영화에 기본적으로 잠재되어 있다. '상하이 영화' 에서 보이는 상하이 인식은 말할 것도 없고, 장이머우, 천카이거의 영화와 러우예의 영화에서 그것 역시 상하이의 이중성에 대해서 말하고 있다. 사회주의 시기의 상하이에 관한 영화들은 사회주의 성립 이후 상하이의 새로운 변화에 대해서 강조함으로써 기존의 상하이에 대한 인식을 넘어선 것 같아 보이지만, 실상 상하이의 변모에 대한 강변은 지금의 시각으로 볼 때 기존 상하이 인식에 대한 역설적 강조로 보인다. 그리고 상하이에 대한 이러한 인식은 과거 상하이의 역사적, 정치적 경험으로부터 곧바로 도출된다. 반식민 상태의 중국의 상황이 상하이의 발전과 번영을 긍정적인 상태 그대로 받아들일 수 없게 만든 것이다.

상하이를 반식민의 상태 혹은 중국의 정치적 현실과 분리하여 표현하기 시작한 것은 1990년대 중반 '올드 상하이' 에 대한 회고의 붐이 불기 시작하면서부터이다. 이제는 상하이의 다국적성과 국제적 면모를 더 이상 부정적인 것이 아닌, 낭만적이고 이국적인 풍경으로 해석하는 것이 용인된 것이다. 이러한 '올드 상하이' 에 대한 기억과 감각은 상하이가 국제적 도시로 재부상하는 것의 필연성을 강변하는 듯이 보인다. 상하이에 유입된 서유럽적인 것들은 근대적이며, 매혹적인 것으로 재해석되어 상하이에 대한 노스탤지어를 자극하는 항목이 된다.[14] 당시에는 대체로 부정적인 의미로 해석되고 재현되었던 상하이의 모습이 이제 상하이를 표상하고 선전하는 것으로 부상한 것이다. 즉, 동일한 상하이가 한 번은 부정적으로, 한 번은 긍정적으로 해석되고 재현된 것이다. 그런데 화면에 노출되는 풍경, 말하자면 와이탄의 풍경, 화려하고 분주한 조계 밤거리 혹은 거리, 왁자지껄한 나이트클럽의 풍경, 말쑥하게 차려입은 신사와 무희, 모던 치파오로 치장한 여인 등은 그 자체로는 긍정이나 부정적 의미를 드러내지 않는다. 앞서도 말했듯이, 이런 풍경들이 어떤 장면과 맥락 사이에 놓이는가에 따라 그 의미가 달라지는 것이다. '올드 상하이' 를 재현해내는 영화들의(이미 지나간 상하이의 옛 정취들을 되살리는) 특징은 더 이상 계급모순 등에 관심을 기울이지도 빈부의 격차 문제 등을 진지하게 다루지도 않는다는 것이다. 즉, '상하이영화' 에서 당대적 사회 현실로서 재현되던 상하이가 이제 '올드 상하이' 로서의 상하이로 재해석되고 재현되는 것이다. 재현의 내용이나 방식이 달라지기는 했지만, 그 안에서 계속적으로 계승되는 것은 상하이라는 도시와 사회에 대한 깊이 있는 분석과 사유라기보다는 그것에 관한 인상과 기억, 혹은 감각과 관련된 것들이다. 물론 이러한 (위에서 예로 든 것들과 같은) 인상과 기억 등이 상하이라고 하는, 복잡한 역사와 다중적인 성격을 가진 도시의 특징을 정확하게 드러내주는 역할을 하는 것은 분명하다. 그런

14) 사실, '상하이영화' 에서도 서유럽적인 것들은 근대적이고 매혹적인 것으로 표현되었다. 그런데 이 근대적이고 매혹적인 것은 계급적인 측면, 도덕적인 측면에서 위협을 가져다주는 것이라는 인식과 더불어 존재한다.

데 그것들의 맹점은 그것들이 상하이를 장식화하고 도식화해버린다는 것이다. 게다가 이것들이 수없이 반복되는 것이라면, 그것들은 상하이라고 하는 삶의 공간에 대한 이해를 더 이상 넓혀주지 못한다.

평샤오롄(彭小蓮) 감독의 〈상하이 룸바上海倫巴〉(2006)는 상투적인 상하이의 모습으로 상하이를 표현한 대표적인 예이다. 이 영화에서 평샤오롄은 상하이에 관한 관습적 재현 장치 혹은 '상하이'라는 말과 동시에 떠오르는 것들을 거의 모두 동원했다. 〈까마귀와 참새烏鴉與麻雀〉(1949)라는 실제 영화의 제작 과정을 중심에 배치함으로써 영화라는 상하이에 관한 대표적 표상 중의 하나를 이용한 이 영화는 〈까마귀와 참새〉가 제작되는 과정에서 발생한 일들, 즉 배우들 간의 로맨스, 영화 검열 문제, 여배우의 스캔들 등의 영화계 사정을 비롯하여 상하이의 물가 폭등, 가난한 이들의 곤궁한 삶, 부유층의 향락적 오락 등 상하이에 관한 영화들이 즐겨 담아내었던 내용들을 답습한다. 이러한 내용들은 거의 '상하이영화'와 당시의 영화계에서 취재한 것 같아 보인다. 그래서 대부분이 낯익은 장면들과 내용들이다. 하지만 이 영화는 낯익기는 하지만 그리 진실해 보이지 않는데, 그것은 단지 이 영화가 크리스마스 전야의 흥분이나 낭만 같은, 시대적으로 어울리지 않는 사건과 정서를 차용했기 때문만은 아니다. 이 영화 속에 수많은 곤경과 어려움이 배치되어 있지만 이것들은 실상은 그다지 위협적인 것들이 아니다. 이는 단지 희

〈상하이 룸바〉 포스터

망과 낙관을 강조하기 위한 장치에 불과하고, 그것들이 장치로 배치되는 것과 동시에 상하이에 관한 재현물들도 모조리 장식적인 것이 되어 버린다. 즉, 이 영화는 상하이에 대해 그다지 관심이 없는 듯이 보인다. 상하이판 〈바람과 함께 사라지다〉라는 이 영화는 "2006년 발렌타인데이, 당신을 광란의 춤 '룸바'의 애정 세계로 인도합니다"라는 선전 문구에서 알 수 있듯이, 바로 '상하이'라는 이름이 가진 이국적 감각과 거기에서 나오는 상업적 효과를 노리고 있다. 즉, '상하이'라는 이름과 그에 결부된 감각들에 편승할 뿐이다. 하지만 실제로 상하이에 관한 영화들 중 적지 않은 영화들이 이런 효과를 노린다는 점은 쉽게 알 수 있다.

〈상하이 룸바〉가 어떠한 고민과 노력 없이 과거의 상하이를 상투적으로 가져다 썼다면, 같은 감독의 〈상하이 여인들假裝沒感覺〉(2001)은 기존의 영화들과는 완전히 다른 상하이에 관한 영화이다. 이 영화의 주인공은 상하이에 사는 중년 여성과 그녀의 딸이다. 이곳이 상하이라는 것은 등장인물들의 대사 속에 섞인 상하이 방언투, 그리고 약간은 독특한 가옥 구조 등을 통해서 짐작할 수 있다.[15] 주택 문제를 둘러싼 남성과 여성 간의 권력 문제와, 여성의 독립과 그 조건 등에 대해서 이야기하는 이 영화는 실상 상하이라는 도시만의 문제를 다루는 것은 아니다. 한편, 이 영화의 장점은

〈상하이 여인들〉 포스터

15) 펑샤오롄은 이 두 영화 이외에 〈상하이 기사上海紀事〉(1988), 〈아름다운 상하이美麗上海〉(2003) 등 상하이에 관한 영화를 만들었다. 〈아름다운 상하이〉와 여기서 다루는 두 편의 영화를 합하여 펑샤오롄의 '상하이 3부곡'이라 부르는데, 이 영화들은 상하이의 전형적인 주거공간인 석고문(石庫門), 화원양방(花園洋房), 서민아파트를 각각 배경으로 삼아 상하이 사람들의 삶을 그려내고 있다.(임춘성 2007)

'상하이' 라는 도시를 과장하지 않는다는 데 있다. 이 영화는 상하이라는 이름과 쉽게 결합하는 감정의 과잉 혹은 상황의 과잉 등과 거리가 멀다. 이 영화의 인물들은 대단히 사실적이고 일상적인 인물들이고, 이들의 고민 역시 그렇다. 이 영화에서는 장르적인 재현을 위해 조작되거나 하는 인물이나 사건 등은 보이지 않는다. 즉, '상하이' 에 누구나 기대하고 예상하는 어떤 특별함이 존재하지 않는다는 것만으로 이 영화는 상하이를 다룬 영화들이 갖고 있는 강박에서 벗어나 있으며, 또 이 영화들이 간과한 상하이의 또 다른 부분을 포착해내고 있다. 이것은 사회주의 성립 이후 영화에서 상하이의 특별함이 강조되기보다는 상하이가 여타의 다른 도시들과 마찬가지로 사회주의 국가의 한 도시로 동질화되는 것과 비슷하면서 또 다르다. 앞에서 잠시 언급한 것과 같이, 그 영화들은 상하이의 사회주의적 동질화에 강조를 둠으로써 상하이가 지닌 기존 이미지의 위력을 반면적으로 강조했고, 또 그 행위는 정치적인 권력에 의해 진행되었다. 〈상하이 여인들〉은 기존 상하이에 대한 관습적 해석 내용과 재현의 영향을 조금도 받지 않았다. 그런데 이것은 '상하이' 라고 하는 이름이 가진 위력과 영향력을 감안한다면 쉽지 않은 일이다. 이 영화는 이를 이루어냈기 때문에 상하이에 대한 다른 영화들이 감지하지 못했던 문제들을 포착했고, 그것을 과장하지 않고 진실하게 풀어낼 수 있었던 것이다. '상하이' 라고 하는 이름이 가진 특수성이 존재한다는 것은 분명하다. 하지만 상하이라는 도시가 언제나 그 특수성 안에서만 자신을 드러낼 경우 이 도시에 대한 오해가 발생할 수도 있다. 상하이를 담아낸 대다수의 영화들이 동어반복과 자기복제에 갇힘으로써 상하이에 대한 인식과 해석의 폭을 오히려 좁힌 것도 사실이다. 그런 면에서 〈상하이 여인들〉의 경우는 상하이에 대한 인식에 균형을 제공하고 그 폭과 깊이를 더하는 보기 드문 영화라 할 수 있을 것이다.

참고문헌

루홍스 · 슈샤오밍 지음, 김정욱 옮김(2005), 『차이나 시네마』, 도서출판 동인, 서울

박자영(2005), 「좌익영화의 멜로드라마 정치—1930년대 상하이 대중문화 형질」, 『中國現代文學』 33호, 서울

유경철(2005), 「지아장커(賈樟柯)의 〈샤오우(小武)〉 읽기-현실과 욕망의 '격차' 에 관하여」, 『中國學報』 52호, 서울

유세종(2005), 「식민지 상하이와 탈식민지 상하이의 비주류, 여성」, 『중국현대문학』 35집, 서울

임대근(2006), 「상하이영화 연구 입론」, 『中國現代文學』 제38호, 서울

임춘성(2007), 「彭小蓮의 '상하이 삼부곡' 을 통해본 노스탤지어와 기억 그리고 '역사들' 」, 『中國硏究』 제39권, 서울

李道新(2006), 『中國電影史硏究專題』, 北京大學出版社, 北京

李歐梵(2001), 『上海摩登: 一種新都市文化在中國 1930~1945』, 北京大學出版社, 北京

馬逢洋 編(1996), 『上海: 記憶與想像』, 文匯出版社, 上海

蔣光慈(2001), 『蔣光慈卷— 中國現代小說經典文庫』, 印刷工業出版社, 北京

劉吶鷗(2001), 『劉吶鷗 · 章衣萍卷—中國現代小說經典文庫』, 印刷工業出版社, 北京

中國電影藝術硏究中心 編(1993) 『中國左翼電影運動 上』, 北京電影出版社, 北京

Paul G. Pickowicz(2003), 「"通俗劇", 五四傳統與中國電影」, 鄭樹森 編, 『文化批評與華語電影』, 廣西師範大學出版社, 桂林

Yingjin Zhang(1999), *Cinema and Urban Culture in Shanghai, 1922~1943*, Standford University Press, Stanford, California

Zhiwei Xiao(1999), "Constructing a New National Culture: Film Censorship and the Issues of Cantonese Dialect, Superstition, and Sex in the Nanjing Decade", Yingjin Zhang, *Cinema and Urban Culture in Shabghai, 1922-1943*, Standford University Press, Stanford, California

상하이 좌익영화의 미적 허위성
–'선전' 과 '오락' 의 변주

노 정 은

이 글에서는 1930년대 중국 좌익계열의 영화를 리얼리즘 영화로 규범적으로 정의하거나 멜로 선전물로 파악하는 감상적 판단을 비판적으로 유보하면서, 영화의 형식과 미학적 특징에 대한 분석을 통해서 이데올로기, 미학, 산업 등 영화를 둘러싼 다양한 기제들이 영화의 형식 구성에 어떻게 개입하는지를 살펴보았다. 이를 위해 〈교차로〉, 〈대로〉, 〈장난감〉을 대상으로 분절화된 내러티브를, 〈세뱃돈〉, 〈거리의 천사〉, 〈도시풍광〉을 대상으로 사운드의 사용으로 구성되는 영화공간과 현실공간을 분석했다. 1930년대 좌익계열의 중국영화는 '선전' 과 '오락' 사이에 긴장과 갈등 속에서 선택되고 결정되었으며, 이러한 길항적 구도는 그들에게 미적 제약인 동시에 미적 동력이었다고 보았다.

1_ '선전'과 '오락'의 변주, 미적 허위성

1930년대 중국영화에 대한 평가를 내릴 때 우리는 관습적으로 리얼리즘을 비평의 준거로 삼는 데 쉽게 동의하게 된다. 이러한 태도를 취하는 중요한 이유는 중국영화사의 규범화된 평가기준에 대한 관습적 동의일 것이다. 그러나 아이러니하게도 당시 영화들을 감상하면서 우리는 객관성에 근거한 현실 재현으로서의 리얼리티보다는 현실정치의 급진성이나 사회비판적 메시지를 더 강하게 전달받는다. 나아가 이러한 메시지의 전달 방식에 있어서 촘촘한 서사 구조가 아니라 주관화된 감정의 과잉과 논리의 비약을 강요받기도 한다. 그렇다면 규범화된 리얼리즘이라는 이론과 실제 감상 사이에 발생하는 간극 혹은 모순을 어떻게 설명할 수 있을까.

리얼리스트 영화이론가 앙드레 바쟁은 리얼리즘 영화의 객관성이 단순한 현실의 기록이 아니라 현실에 침투하는 영화의 능력임을 강조하면서, 리얼리즘 영화의 근거는 기록뿐만 아니라 참여의 가능성으로부터 도출된다는 영화의 정치적 효과와 책임감에 주목했다.(앙드레 바쟁 1998) 그러나 1930년대 중국영화의 이론과 실제의 간극은 바쟁식의 리얼리즘으로 봉합되지 않는다. 그에 의하면 영화의 객관성은 영화의 기록적 가치와 해석적 가치 두 방면 모두에 있어서 재현을 관찰하고 사색하는 관객의 공평하고 무감동적인 위치에서 가능해진다. 이러한 위치에서 영화와 관객 간의 소통방식은 감정적이기보다는 인지적이라 할 수 있다. 그러나 1930년대 좌익계열 중국영화의 감성적 요소들은 너무나 명백하고 지배적이어서 많은 영화들이 리얼리즘 작품보다는 멜로드라마로 수용되기도 하였는데,[1] 예를 들어 영화제작자들이 이론적 · 관습적으로 리얼리즘 영화를 옹호하려고 노력한 데 반해, 관객과 학자들은 이 좌익계열 영화의 지배적인 모드를 멜로드라마로 간주했다.[2] 폴 피코위츠는 1930년대 진보적인 영화제작자들이 5 · 4혁명 정신을 중국 영화에 소개하는 데 실패했고 멜로드라마의 포로가 되었다고 선언했다.[3]

영화를 보는 데 있어 창작과 감상, 이론과 실제 사이에는 일정한 간극이 존재한다. 문제는 간극의 존재가 아니라 이들 사이에서 발생하는 기제와 그 기제들의 교섭과정이다. 1930년대 중국 좌익계열 영화에서 리얼리즘이라는 개념의 타당성을 문제 삼을 때 그 언표를 구성하는 선택과 조합의 과정, 즉 영화를 구성하는 문화적, 산업적, 제도적 조건들 사이에 경쟁과 갈등과정이 생략될 수 있다. 오히려 리얼리즘이 서로 다른 텍스트와 콘텍스트 속에서 일치되지 않는 아젠다로 사용되어 왔음을 전제로 한다면, 1930년대 영화를 둘레 짓는 리얼리즘이라는 언표가 어떠한 기제 속에서 작동되고 있는지, 또한 그것이 어떻게 재정의되고 실천되었는지를 설명하는 것이 이러한 간격을 밝히는 데 효과적일 수 있을 것이다.

---

1) 멜로드라마는 특수한 서사 논리나 주제적 논리로 규정되기보다는 서로 다른 다양한 텍스트들에서 반복적으로 나타날 수 있는 미학적 표현양식으로 규정된다. 피터 브룩스는 그 양식의 전형적 특징들을 다음과 같이 규정한다. "강렬한 주정주의에 대한 탐닉, 도덕적 양극화와 도식화, 존재와 상황, 행위의 극단적 상태, 공공연한 악행, 선한 사람들에 대한 박해, 덕행에 대한 최후의 보상, 야단스럽고 과장된 표현, 모호나 플롯 구성, 서스펜스, 숨 막히는 반전." 다시 말해서 멜로드라마의 수사학은 극단의 수사학, 즉 과장법과 선정성의 수사학이다.(리타 펠스키 1998, 192~200쪽)

2) 피코위츠는 좌익영화에 멜로드라마적인 요소가 어떻게 작용하는가를 본격적으로 논의한 대표적 학자로, 그는 좌익영화에서 멜로드라마라는 형식이 이념적 급진성을 표현하는 데 제약으로 작용했다고 지적했다. 피코위츠의 논의가 좌익문예를 검토함에 있어 고려되지 않았던 멜로드라마라는 장르에 과감하게 포커스를 맞추었다는 데 그 선구적인 의미가 있지만, 박자영의 지적처럼 그가 사용한 멜로드라마 개념이 좌익 이데올로기에 배치되는 요소로 해석되면서 상호간의 길항관계가 생산적으로 논의되지 못한 점도 있다. 이에 박자영은 탈근대적 문제의식에서 멜로드라마 개념을 '아시아'라는 지역사회적 층위에서 재정위할 것을 제안한다. Pual Pickowicz, Wang David Derwei and Ellen Widmer(ed), "Melodramatic Representation and the 'May Fourth' Tradition of Chinese Cinema", 1993, pp. 300~301 ; 박자영 2005 참조.

3) Pual Pickowicz 1993, 301~302쪽 참조.

먼저, 1930년대 중국 좌익계열 영화에서 리얼리즘 영화를 강조하는 입장은 일정 부분 1920~30년대 문학담론에 의거하고 있다. 1920년대 5·4 문학의 계몽주의 이래로 중국문학 내에서의 리얼리즘에 대한 경도는 '방법' 보다는 '태도' 로서 중시되었기 때문에, 특정한 태도를 암시하는 리얼리즘은 1930년대 좌익 진보진영에서 리얼리즘을 자신들의 정치적 관심에 적용하는 데 조금의 주저함도 갖지 않았다. 이러한 태도로서의 리얼리즘은 '신흥영화(新興電影)운동'[4]으로 계승되면서 영화의 스타일보다는 정치적 혹은 철학적 인식으로 접근되었다. 즉, 1930년대 중국 영화를 좌익영화 혹은 리얼리즘 영화로 규정하는 데는 문학-문자 중심의 문화 권력이 작동하고 있는 것이다. 예를 들어, 1930년대 연성영화(軟性電影)와 경성영화(硬性電影)의 논쟁에서 좌익 이론가들의 주장은 이러한 운동의 성격을 보여준다. 그들은 영화에서 형식과 내용을 조화시키는 것이 리얼리즘의 주요한 이론적 원칙이라고 주장하면서도, 사실주의적 재현은 영화감독의 창조성과 능력에 의해 결정된다고 말한다.[5] 여기에서 감독(작가)의 정치적 성향과 입장에 의해 리얼리즘이 확보된다는 언급의 배후에는 리얼리즘의 유효성이 강조되고 있을 뿐 리얼리즘 일반원리의 문제는 은폐되거나 거론되지 못한다. 이러한 문제는 당시 좌익문학 창작경향이나 문학논쟁에 있어

---

4) 1931년 9·18사변과 1932년 1·28사변을 거치면서 항일 열기 속에서 민족주의 정서의 영화를 요구하게 되자 재정적으로 곤란을 겪게 되는 밍싱(明星)영화사는 좌익계열 극작가인 샤옌(夏衍)을 영입하고, 샤옌은 좌련 내에 영화소조(電影小組)를 조직하여 좌익영화 방침을 제시한다. 영화소조의 작가들은 밍싱, 롄화(聯華), 이화(藝華)영화사를 중심으로 각본 작업에 참여하게 되는데, 이들이 참여한 영화가 나름대로의 상업성을 확보하면서 영향력을 갖게 된다. 국민당의 검열이 심화된 1934년 말까지 이들의 영화운동과 실천은 중국 영화산업 시스템 속에서 시도된 새로운 문화적 탐색으로 평가받는다.(程季華 1981, 183~185쪽)

5) 연성영화와 경성영화 사이의 논쟁에 대해서는 임대근(2001) 참조. 좌익 비평가 링허(凌鶴)는 리얼리즘적인 묘사만으로 미디어의 예술적 기능은 성취될 수 있다고 주장하면서 연성영화 비평가들의 주장을 반박한다.(〈現實主義及其他〉, ≪申報≫ 1934. 4. 17.)

서 동일한 메커니즘으로 지적될 수 있으며,[6] 좌익문학과 마찬가지로 좌익계열 영화에서도, 리얼리즘에 대한 초조함과 조급함은 패턴화된 한계를 내정하게 된다. 즉, 영화의 서사와 영화의 미학적 실천이 어떠한 변증법적 방식으로 리얼리즘의 원리를 획득하는지에 대해서 탐색하지 못한 채, 세계관의 우월성을 앞세운 '강박증' 은 사실적 기술 더하기 혁명적 낭만주의라는 도식으로 쉽게 변질될 수 있다는 것이다.

중국영화의 정치적 급진성은 할리우드 영화의 수용방식에서도 드러나는데, 당시 중국영화는 형식적 측면에서 할리우드 영화를 많은 부분 수용하고 있지만 그들의 현실감에 대한 접근방식은 할리우드와 다른 포맷을 지닌다. 예를 들어 할리우드의 경우 환상적 리얼리즘처럼 관객들을 일상의 리얼리티에서 탈출시키기 위해 스크린 위에서 창조된 리얼리티에 특권을 주는 반면, 중국영화는 정치적 목적을 희생시키면서까지 미디어의 진정성을 인정하지는 않는다는 점이다. 즉 좌익계열 영화들은 관객들에게 'on-screen reality' 를 믿도록 조장하기보다는 일상에서 'off-screen reality' 에 대응하도록 관객을 이끄는 데 주안점을 두었다고 하겠다.

그렇다고 1930년대 중국 좌익계열 영화운동 차원의 리얼리즘에 대한 중시나 정치적 급진성에 대한 강박이 그들의 영화적 실행으로 투명하게 옮겨졌다는 것을 의미하지는 않는다. 나아가 영화 미학적 차원에서 보자면 영화제작자들의 리얼리즘에 대한 수행은 그들의 주장

6) 후평(胡風)은 당시 좌익문학의 두 가지 창작 편향— '객관주의' 와 '주관주의' —을 반(反)리얼리즘이라고 비판하면서 그들에게 결여된 요소를 주관력, 주관정신, 주관전투정신 등의 개념으로 설명하며 작가의 창작태도 내지 창작정신을 문제 삼는다. 중국의 리얼리즘론 수준을 보여준다고 할 수 있는 후평의 논의를 포함하여, 1930년대 혁명문학논쟁이나 옌안의 사회주의 리얼리즘론을 막론하고 중국에서 전개된 리얼리즘 논쟁이 리얼리즘 일반에 대한 논의로 나아가지 못한 데에는 정도의 차이를 감안하더라도 사(士)적 세계관으로부터 계승된 '태도로서의' 세계인식에서 기인(起因)을 찾아 볼 수도 있겠다.(중국현대문학학회 2006, 319~333쪽)

에 미치지 못했다고도 할 수 있다. 그러나 그들의 영화가 리얼리즘을 미학적으로 정의하는 데는 실패했다 하더라도, 정치적 이데올로기 목표를 중국 관객들에게 효과적으로 전달하였다는 점에 주목할 필요가 있다. 진보적 이데올로기가 영화제작의 전제가 된 것만큼 중요하게, 관객의 동의를 구해야만 했던 영화제작자들에게 중국영화 관객의 시각 습관과 독서 습관은 보다 결정적인 변수로 작용하였다. 여기에서 1930년대 이러한 영화들이 상업적으로 성공했다는 점을 다시 한 번 상기할 필요가 있으며, 상업적인 성공이란 결국 관객성을 염두에 둔 영화제작의 결과라고 할 수 있을 것이다. 영화제작자들의 제작의도가 정치적 이데올로기에 치중되어 있다고 하더라도, 영화를 미적 선전행위로 접근하는 그들의 영화인식에 있어서 관객성, 관객의 심미적 취향은 중요한 고려 대상이 되었다. 또한 이는 보다 포괄적인 차원에서 접근할 때, 다른 문화 영역과 마찬가지로 영화의 이데올로기적 체계 또한 단일하게 작동되는 것이 아니라 미학, 산업 등 다양한 기제의 역학구조 속에서 결정되었다고 볼 수 있을 것이다.

따라서 중국영화에서 관객성을 확보하는 방식은 중요하게 논의될 필요가 있다. 이것은 이데올로기의 재현 방식일 뿐만 아니라 미적 정체성을 위치 지우기 때문이다. 알튀세르의 지적처럼, 이데올로기는 특정한 관념이나 견해의 주입을 통해 기능하는 것이 아니라 주체의 '호명'을 통해 작동한다는, 즉 텍스트가 호명이라는 양식을 통해 주체를 이데올로기 안에 위치 지운다는 것이다.(루이 알튀세르 1997, 40~47쪽)

산업이라는 역학구도 속에 있는 영화의 경우 호명작용을 설명하는 데에는 제법 다양한 요소들이 개입될 수 있지만, 통합된 시점을 제공하여 영화의 의미를 고정시킬 수 있다는 점에서 영화는 어느 장르보다 쉽게 호명양식을 이용할 수 있다. 예를 들어 고전적 리얼리즘 영화의 경우 관객에게 말을 걸도록 구조화되었기 때문에, 관객은 영화의 각기 다른 시점들이 모두 통합되어 의미를 알 수 있게 되는 위치에서 영화를 감상하게 되는 것이다.(조안 홀로우즈 · 마크 안코비치 외 1999, 196~202쪽) 나아가, 좌익계열 중국영화에서 활용되는 주체호명은 '개인의 주관성'에서 '사회적이고 집합적인 주관성'으로 확장되도록 전개되는데, 여기에는 종종 전통 중국 내러티브에 담지되어 있는 '도덕적 신비주의'라는 요소가 가미된다. 즉, 교육적 효과를 발휘하는 윤리적 요소에 반응하도록 충분히 훈련된 관객의 심미적 취향은 정치성을 주입해야 하는 영화제작자들에게는 포기하기 힘든, 이데올로기적 전략이 될 수 있다.

문제는 이들 영화의 관객성이 닫힌 방식으로 조작될 수 있다는 데 있다. 영화의 의미는 텍스트에 의해서 독자적으로 결정되는 것이 아니라 관객과의 소통관계에 의해 생산된다고 할 때, 중국영화의 형식적 속성들이 단일화된 방식으로 조직화되었다는 것은 미적 체험주체를 수동적이고 순응적인 존재로 작동시킬 수 있는 가능성을 제공한다. 주관화된 클로즈업, 감상적 동일시 등은 텍스트와 관객 사이에 심리적인 거리를 제공하지 않으며, 영화 자체가 즉자적인 해석과 반응을 강요한다. 관객과 텍스트 간의 심리적 거리가 제공되지 않으면 관객이 반성적 거리를 확보하거나 새로운 인식을 할 가능성이 차단된다. 여기에는 텍스트가 관객을 장악하고 있다는 관념과 텍스트를 사회적으로 형성된 해독 관습의 산물이라고 보는 영화 인식이 전제되어 있기 때문이다. 이러한 측면에서 본다면, 당시 영화가 보여주었던 형식적 장치들은 이미 훈육된 특정한 방식의 해독을 선호하도록 조직화하고, 이 선호된 해독은 지배적인 이데올로기 체계에 의해 생산되는 의미와 조화를 이루었다는 점에서, 중국 관객이 영화를 생산적으로 읽을 수 있는 거리는 일정 부분 차단되었다고 하겠다.

바로 이러한 닫힌 방식의 영화-관객의 관계는 우리에게 이들 영화를 키치적으로 파악할 수 있는 관점을 제공한다. 먼저 키치에 대한 오해의 소지를 피하기 위해서 키치에 대한 몇 가지 해명이 선행되어야 할 것이다. 급조된 값싼 예술작품을 부르는 용어로 1870년대 처음 만들어진 키치라는 단어는 대중문화의 타협적인 차원을 지칭하는 장르적 명칭으로 사용되어 왔다. 학적 대상으로서의 키치는 여전히 미완 혹은 진행형의 과제이며 포스트모더니즘과 연결되면서 미적 가치, 미적 인식의 문제, 이데올로기와 환상, 원본성의 문제 등 다양한 논쟁의 여지가 남아 있지만, 키치의 개념 주위에는 명확하게 모방이나 위조, 모조와 같은 문제들 혹은 우리가 기만 및 자기기만의 미학이라 부를 수 있는 것들이 분명히 존재한다. 키치를 미적 허위성 혹은 미적 기만의 견지에서 생각한다면 명백히 예술의 형적(形跡)을 오용하거나 가장할 가능성이 존재하는 만큼 많은 유형의 키치가 존재한다.[7] 우선 이를 문학이나 영화에 제한한다면 그것은 두 개의 아주 포괄적인 범주, 즉 선전을 위해 생산된 키치와 오락을 위해 생산된 키치로 범주화할 수 있을 것이다. 하지만 두 개의 범주 사이의 구분은 아주 모호해질 수 있다는 것을 인정해야 한다. 다시 말해서 '선전' 은 문화적 오락으로

7) 키치(Kitsch)는 원래 양식적으로 조야하며 통속적 이데올로기를 담고 있는 싸구려 물건들을 지칭하는 용어로 사용되었지만 산업 발달과 더불어 그 개념은 미적 대상의 문제에서 미적 태도 혹은 미적 체험의 문제로까지 의미가 확장되고 있다. 몰르는 이러한 문제의 복잡성에 대해 다음과 같이 정의한다. 그는 "인간과 사물과의 관계방식의 한 형태" 로 파악하면 "키치 현상들은 나쁜 취미의 대상들의 생산과 소비뿐만 아니라 사람들이 이 사물들로 향하는 태도와 의도, 그 속에서 추구하는 정서와 요구들을 모두 포괄" 하는 것으로 파악한다.(아브라함 몰르 1995, 9~21쪽) 이러한 키치 연구의 중층성을 전제로 하면서, 본고에서는 미적 체험의 문제에 주안점을 두고 파악하고자 한다. 이는 허위의식에 대한 문제로 구체화될 수 있는데, 키치적 미의식은 본래 사이비-초월적이다. 키치는 '가치의 데카당스 시대' 에 개인주의화와 진리와 현실 앞에서의 불안과 공허, 무력함을 그 집단성과 가상을 통해 은폐하거나 기피하는, 때로는 조작하는 방식인 것이다. 이는 키치가 "사람들 사이에서의 키치의 보상효과가 현실에 대한 일정한 꿈에 일치하는 특정한 종류의

가장할 수 있으며, 역으로 '오락'도 미묘하게 이데올로기적 목표를 지향할 수 있는 것이다. 그 둘 사이에 무수한 뉘앙스의 점들이 가로 놓여 있다고 한다면, 중국영화의 미적 스타일은 바로 '오락을 가장한 선전' 혹은 '선전을 가장한 오락' 사이의 긴장과 갈등에서 발생한다고 할 수 있다.

미적 관습의 익숙하고 진부한 기술적 방식으로 미학적 보수주의의 '낡은' 감정에 호소하거나, 미적 체험주체를 수동적이고 순응적인 존재로 작동시킬 수 있다는 점에서, 이들 영화가 보여주는 미학적 속성은 분명 전위적이지 않다. 이는 영화라는 양식 자체의 수용이라는 출발점에서부터 많은 부분 외래 영화양식에 빚질 수밖에 없었다는 점을 전제할 때 더욱 그러하다. 그럼에도 불구하고 당시의 문화 환경에서 이러한 미적 후위성(後位性)에 대한 적극적 평가는 필요할 듯하다. 1930년대 중국의 문화 환경 속에서 대중성에 기대야 하는 영화형식은 오히려 문학의 엘리트 서사나 정치적 관념의 폐쇄성을 상쇄시키고 강박증을 완화하는 계기를 제공했다고도 볼 수 있다. 특히 이들 영화가 중국좌익작가연맹(左聯)의 문예 대중화 방침을 영화라는 형식으로 실험하였던 이들에 의해 주도되었음을 상기할 때, 영화라는 형식은 그들에게 문학보다 자유로운 소통 방식을 창출하게 하였을지도 모른다. 설령 그것들이 대중으로부터 나온 것이 아니며 사회적 통제 권력을

커뮤니케이션 중 하나"이기 때문이다. 그 꿈이 현실에 반작용하지 않을 때 꿈은 환상이 되고 도피가 되고 퇴행이 되는 것이다. "파괴력이 없는 조화 가운데에서 주체와 객체 간의 긴장을 화해시키고자" 하는 키치 향수자가 재구성하는 상상적 통일성의 세계는 그렇게 유토피아가 된다. 이에 대해 슬라보예 지젝은 키치의 가능성을 민주적으로 판단한다. 현실과의 거리를 가능하게 하는 환상공간을 적극적으로 승인하는 것만이 타자의 진정한 존중, 환상의 민주주의로 나아가는 방법이라고까지 언명한다. (슬라보예 지젝 1995) 따라서 본고는 키치가 지닌 미의식의 긍정적 혹은 부정적 가능성을 열어두면서, 키치가 갖고 있는 미적 허위의식이 이데올로기의 확대재생산의 기제로 활용되는 방식과 그 과정에서 창조되는 민주적인 의미 생산에 대해 관심을 둔다.

가진 집단에 의해서 조종되었다 하더라도, 영화라는 형식이 부여하는 대중성은 대중이 원하는 문화적 생산품을 제공하는 기본적 메커니즘을 확립함으로써 대중들의 욕구를 반영하게 된다. 이데올로기와 대중성, 서유럽과 전통이 교섭하고 협상하는 과정에서 결정되는 형식적 구성이나 미학적 특징에 대중적 감각의 지평이라는 고리는 적극적으로 개입될 수밖에 없다. 따라서 이 글은 1930년대 중국 좌익계열의 영화를 리얼리즘 영화로 규범적으로 정의하거나 멜로 선전물로 파악하는 감상적 판단을 비판적으로 유보하면서, 영화의 형식과 미학적 특징에 대한 분석을 통해서 영화를 둘러싼 다양한 기제들—이데올로기, 미학, 산업 등—이 영화의 형식 구성에 어떻게 개입하는지를 살펴보고자 한다. 이러한 요소들이 어떠한 교섭과정을 통해서 형식적으로 재구성되는지를 살펴보는 것은 영화의 형식적 특징과 미학적 특성이 어떠한 생산적 의미—소통 방식—를 창출하는가의 문제와 직결된다. 이러한 입장이 고려될 때, 이들 영화의 정치적 이데올로기와 과잉된 감상주의의 '전략적 동거'에서 파생되는 특징, 즉 도덕적 극단성, 개연성 없는 플롯, 수사적 과장으로 특징되는 영화 양식이 드러내는 미적 허위성은 비로소 능동적인 판단과 해석의 여지를 갖게 된다. 이들 영화가 대중의 문화적 욕구를 착취하는 정치 선전물인가, 아니면 중국 혹은 상하이라는 지역담론의 필요와 미학적 수요에서 번역된 문화적 생산물인가는 이러한 수많은 연결고리를 통해서 해명되어야 할 것이다.

2_ 내러티브 구성, 그 비약과 갈등

1930년대 중국영화의 내러티브는 전통적인 이야기 구조가 영화라는 새로운 형식을 만나 해석되고 변용되는 과정을 통해서 재구성된 산물이라고 할 수 있다. 거칠게 이야기하자면, 사건 중심의 논리적 전개보다 캐릭터를 중심으로 한 전통적 서사구조,[8] 인물에 대한 세밀한 묘사, 에피소드 중심의 긴 플롯은 중국 독자들, 혹은 관중들에게는 익숙한 방식이었을 것이다. 초기 중국영화 중에 연작시리즈가 유행한 사실은 일정 부분 중국 관객들의 심미적 관습에 대한 추론을 가능하게 한다. 18부작으로 구성된 〈불타는 홍련사火燒紅蓮寺〉(1928~1931, 張石川) 시리즈물처럼 사적 특징을 반영한 영화가 흥행에 성공적이었다고 하더라도, 이러한 서사 구조가 두 시간 남짓한 영화의 시간으로 평행하게 구성되는 것은 어려웠다. 도시 모더니티의 산물인 영화를 향유하는 관객층은 이전과는 달리 빠른 생활 속도에 익숙해진 계층으로, 그들이 서유럽영화로부터 습득하고 체득한 속도감은 이미 전통소설 독자와 지방극을 즐기는 관객과 같을 수 없었다. 〈어이없는 결혼啼笑姻緣〉(1932, 張石川)의 흥행실패는 바로 이러한 관객성을 간접적으로 시사한다.[9]

그렇다고 해서 서유럽영화 형식의 표준과 서구식 생활 패턴으로의 변화가 전통적 서사구조에 기반한 심미적 관습을 쉽게 변화시키기는 어려웠다. 토니 레인스가 지적하듯이, "중국영화에서 몇 달 혹은 몇십 년의 시간을 소비하는 것은 보편적이었다."[10] 표준화된 두 시간의 러

---

8) Rolston, *Traditional Chinese Fiction and Fiction Commentary: Reading and Writing between the Lines*, Stanford University Press, 1997, Stanford, Calif. pp.197~208 참조, Laikwuan Pang, *The Chinese Left-wing Cinema Movement 1932~1937*, Rowman & Littlefield Publishers, Inc. (Lanham 2002, 204쪽 재인용)

9) 〈불타는 홍련사〉 같은 영화처럼 여러 개의 에피소드로 구성된 1920년대 연작 시리즈물 영화는 전통적 대중소설의 심미습관에 기대고 있으며, 당시 신문 연재소설을 원작으로 취한다는 점에서 대중의 미적 관습에 부응하는 형식이라고 하겠다. 그러나 1932년 밍싱의 6부작 〈어이없는 결혼〉의 박스 오피스 흥행실패와 그 이후의 연작물 부재는 이러한 장르적 특징이 더 이상 대중적 미적 요구에 부합하지 못했음을 설명한다.

닝타임은 사건 중심의 내러티브를 압축적으로 구성하는 데 적당한 형식이었음에도 불구하고, 1930년대 중국영화는 몇십 년 동안에 전개되는 내러티브를 많이 채택하였고, 이것은 중국영화가 여전히 전통적인 서사에 기대고 있음을 시사한다. 다시 말해서 서유럽영화의 기술적 요소는 중국영화에 접목되는 과정에서 중국 관객들에게 소구될 수 있는 방식으로 해석되고 변용되도록 요구받았다. 이러한 중재와 타협의 과정에서 더욱 적극적인 형식적 변용이 요구되었으며, 샤옌(夏衍)이 제기한 분절화된 내러티브 구조 역시 이러한 요구에 대한 수용이었다. 그는 영화의 스토리를 적당한 단위로 나누는 것이 필요하다고 주장하면서, 분절화된 구성은 중국 전통 소설에서도 채택되었던 형식적 장치이지만 이것이 영화에서도 충분히 가능하다는 것을 강조했다.[11]

1930년대 영화들은 이러한 분절화된 내러티브 구조를 선호하였다. 〈거리의 천사馬路天使〉(1937), 〈대로大路〉(1935), 〈장난감小玩意〉(1933) 등은 희극과 비극을 오가며 분절화된 내러티브 구조를 효과적으로 배치한 경우이다. 〈교차로十字街頭〉(1937) 역시 내러티브의 분절적 병치구조를 적절하게 영화적 기법으로 스타일화한다. 영화는 라오자오(老趙)와 즈잉(芝瑛) 사이의 로맨스 라인을 중심으로 구성된다. 학교를 졸업하고 직업을 구하지 못한 라오자오는 옆방으로 이사 온 즈잉의 존재를 알지 못한 채 신경전을 벌이게 된다. 상하이 빈민가의 낡은 목조 건물에서 방과 방 사이를 구분해주는 것은 구멍 나고 힘없는 나무 벽뿐이다. 그들은 벽에 못을 박거나 쓰레기를 버리면서 상대방에게 반감을 갖지만, 서로의 존재를 모른 채 이뤄지는 매일 아침 교차로에

---

10) Tony Rayns, "An Introduction to the Aesthetics and Politics of Chinese Cinema", *On Film* no.14, 1985, p. 28 참조

11) 夏衍(1985), 『電影論文集』, 中國電影, 北京, 137쪽 참조.

서의 짧은 조우는 비밀스런 로맨스로 발전된다. 영화 후반부에서 둘은 오해를 풀게 되고 로맨스는 성취된다. 영화는 이처럼 따뜻하고 가벼운 로맨스를 코믹하게 전개하는 동시에 주인공들의 비극적 에피소드를 평행하게 병행시킨다. 생활고로 인한 샤오쉬(小徐)의 자살과 류다거(劉大哥)의 귀농, 라오자오와 아탕(阿唐)의 실업으로 인한 생활고는 녹록하지 않은 거친 현실을 비극적으로 드러낸다. 흥미로운 것은, 이 영화에서 희극적인 에피소드와 비극적인 에피소드가 어떠한 부연설명 없이 병치된다는 점이다. 예를 들어 영화의 도입부에서 네 명의

〈교차로〉 포스터

졸업생이 구직에 실패하여 절망하는 장면에는 어두운 조명과 기타와 첼로의 솔로 연주곡이 배경음악으로 나온다. 이러한 절망적 분위기는 라오자오가 취업 통보를 받으면서 급하게 전환되는데, 조명은 갑자기 밝아지고 배경음악은 느린 현악곡에서 밝은 오케스트라 연주곡으로 대체된다. 극단적 내러티브 전환이 일어나는 과정에서 관객은 심리적인 전환을 준비할 수 있는 어떠한 장면이나 시간도 제공받지 못한다.

이러한 내러티브 병치구조에서 발생하는 논리상의 비약은 서사 구조상의 논리적 미흡함으로 지적될 수 있다. 그러나 중국영화에서 채용된 희극과 비극을 넘나드는 내러티브 구조는 이성적 의미 전달보다는 감성적으로 관객의 몰입을 이끌어낼 수 있었다. 이러한 구조는 공동체적이고 집단적인 경험과 정서를 떠올릴 수 있는 낯설지 않은 형식이었으며, 기존의 미적 경험을 통해 쉽고 편안하게 관객의 감정을 극대화하는 효과적인 장치로 활용될 수 있었다. 이러한 목적에서 발생할 수 있는 미학적 효과는 상투적인 쾌적함이다. 예측 가능한 방식으로 전통적인 향수와 정서를 유발시키며, 예측 가능한 반응을 얻기 위해 이미 설정된 수용가능성에 의존한다는 점에서 미학적으로 보수적이다. 또 관객의 자발적이고 창의적인 인식적 도전이나 윤리적 도전을 원하지 않는다는 점에서, 미학적 장치를 정치적 메시지의 전달 수단으로 이용한다는 점에서 역시 그러하다.

〈교차로〉의 분절화된 에피소드 배열은 전통적 미적 관습에 부합될 뿐만 아니라 영화의 이데올로기 메시지를 효과적으로 전달하는 데 활용되었다. 이 영화에서 희비극의 교차편집은 로맨스의 환상성과 현실의 비극성을 더욱 극적으로 대비시키는데, 주인공들이 지닌 청년정신의 발랄함이나 낭만적 로맨스에 대한 동일시가 극대화될수록, 이들의 꿈을 수용할 수 없는 매정한 현실의 비극 역시 극대화된다. 예를 들어 여주인공 즈잉이 『춘희』를 읽다가 잠시 꿈속에서 춘희가 되어 라오자오와 사랑을 나누는 장면은 쁘띠 부르주아적 취향을 가진 여주인공의 환상을 전시함으로써 로맨스 판타지를 강화시킨다. 또 이어지는 전차 속 에피소드를 통해 즈잉과 라오자오의 로맨스에 대한 환상이 곧 실현될 듯한 기대감을 갖게 한다. 그러나 바로 이어지는 화면은 라오자오가 노동자의 현실을 고발하는 공장 현장 르포를 '공장풍경선' 이라는 제목으로 특별 연재하는 과정을 비추면서 로맨스의 환상과 현실의 비극을 더욱 극명하게 대비시킨다. 이러한 대비효과는 관객이 그들의 로맨스에 대한 열망과 희구가 강렬할수록 현실의 비극을 더 참혹하게 느끼게 하여, 희비극의 교차편집에 의해 관객의 감정의 진폭을 확장시킴으로써 그 불안정함을 해소할 수 있는 이상적—이데올로기적—해답에 쉽게 안착하게 하는 구조를 마련한다. 영화에서 주인공들에 의해 묘사될 뿐 실제로 등장하지 않는 인물 류다거의 존재는 바로 이러한 간극을 봉합하기 위한 이데올로기적 장치로 삽입되었다고 하겠다. 라오자오나 아탕의 정신적 지원자이자 혁명적이고 진보적인 인물로 묘사되는 류다거는 실제 화면에 한 번도 등장하지 않은 채 이들의 대화 속에서 묘사될 뿐이지만, 그의 역할은 '낙관은 미덕이지만 우리는 현실을 직시하는 것이 필요하다' 라는 언급을 통해서 그 존재감을 충분히 드러내고 있으며, 오히려 보이지 않음으로 더욱 완벽하게 전달되는 그의 메시지는 관객과 주인공들의 감정적 낙차로 인한 불안감을 일순간에 봉합한다.

또한 영화에 삽입된 신문 사설과 다큐멘터리 필름 역시 정치적 메시지를 효과적으로 전달하는 중요한 장치이다. 신문 사설은 자살하는 청년, 밀수품으로 부도나는 공장, 일본의 침공, 그리고 여성 공장 노동자의 비참한 현실 등으로 구성된다. 이것은 식민지 전쟁과 식민 자본주의의 폐해에 직면해 있는 '영화 밖의 현실' 이다. 이것은 동시에 주인공들이 처한 '영화 속 현실' 이기도 하다. 일반적으로 문학에서 사용되는 이러한 콜라주 기법은 주인공들의 단절감과 소외를 부각시키는 기능을 하는데, 신문의 문맥과 작품의 문맥은 서로 소통이 불가능함을 보여주면서, 텍스트의 맥락과 잘린 자국을 지닌 콘텍스트의 충돌에 의해서 단절감이라는 미학적 효과를 드러낸다.[12] 그러나 이 기법은 이들 영화에서 단절감을 부각시키기보다는 영화 밖 현실을 영화 속 현실로 끌어들이는 역할을 하면서 안과 밖의 현실을 유기적으로 통합시킨다. 〈교차로〉는 이러한 삽입장면을 적절하게 운용하면서 주인공과 관객 사이에 형성되는 쇼트 - 리버스 쇼트 구조를 통해 관습적 인과관계를 파괴하고, 이는 즈잉이나 라오자오의 시선을 관객의 시선으로 확장시키고 이를 다시 중국 대중의 시선으로 확장시키는 효과를 이끌어낸다. 앞에서 거론한 삽입장면들과 마찬가지로 이들이 거둘 수 있는 미학적 효과 중의 하나는 대중의 것으로 동일시된 디제시스가 아주 용이하게 도덕적 초월의지로 치환되고 사회적 현실로 수용되는 대목이다. 네 주인공이 함께 어깨를 맞대고 도시를 향해 걸어 나가는 엔딩 장면에서 수렴되는 성취처럼, 중국영화에서 사용된 콜라주 기법은 대중에게 친숙하고도 명백한 고리들을 환기시킴으로써 솜씨 좋게 개인의 주관성을 사회적 주관성으로 연결시키고 있는 것이다. 영화의 말미에서 얻어지는 이러한 감성적 공감은 이들 영화들이 내러티브의 분절면을 관습적 심미방식에 기대어 처리함으로써 관객의 파토스를 사회적 현실에 가닿게 만드는 데 충분히 성공했음을 증명한다.

1930년대 좌익계열 리얼리즘 영화 중에 내러티브 라인의 긴장과 갈등이 매우 흥미롭게 작동하고 있는 작품은 쑨위(孫瑜)의 영화이다. 이러한 근거는 쑨위의 필모그라피에서도 드러나는데, 쑨위가 좌익 영화

12) 나병철, 『모더니즘과 포스트모더니즘을 넘어서』, 소명출판, 2001, 234~237쪽 참조. 졸고, 『무스잉 소설의 근대경험 양상 고찰』, 중국학연구회 33집, 2005. 9, 122쪽 참조.

운동에 참여하기 이전 그의 영화들은 대부분 로맨틱하고 환상적인 섹슈얼리티를 재현했다고 여겨지는데 반해,[13] 이후 그의 영화에서는 흥미로운 내러티브의 변화가 발생한다. 표면적으로 본다면 기존의 로맨틱한 서사 라인은 의도적으로 축소되거나 섹슈얼리티가 탈락된 모성애 혹은 우정 등으로 치환되고 있다. 그러나 쑨위 영화의 변화는 로맨스와 내셔널리즘이라는 단선적인 대립구도가 아니라 일종의 '딜레마 구도' 속에서 파악할 필요가 있다. 예를 들어, 그의 대표작인 〈대로〉에서 모리(茉莉)가 여섯 명의 남자들에 대한 애정을 딩샹(丁香)에게 고백하는 장면을 살펴보자. 이때 모리와 진거(金哥)의 로맨틱한 암시는 수면 아래로 감추어진 채 모리의 애정은 여섯 남성에 대한 모성애의 형태로 확장되는 것처럼 보인다. 이에 대해 크리스 베리는 "청중들에게서 리비도적 환기를 제거하고 이를 혁명의 대상을 향한 혁명적 열정으로 치환하려고 시도한"[14]것으로 해석한다. 그러나 결국 베리

〈대로〉

13) 쑨위는 해외에서 정식으로 영화 트레이닝을 받은 그 시기 중국의 유일한 감독이다. 그는 메디슨의 위스콘신 대학에서 문학으로 학사학위를 받았으며, 뉴욕 촬영 연구소와 콜롬비아 대학에서 영화제작과 촬영으로 대학원 과정을 이수한다. 쑨위는 직접 대본을 쓰고 체계적이고 세밀한 제작기획을 할 수 있는 중국에서 몇 안 되는 감독이지만, 그의 명성은 전문적인 지식이나 외국에서의 교육 때문이라기보다는 그의 영화에 보이는 민주적이고 평등한 세계와 영화적 열정과 관련하여 비롯된다. 그의 초기 영화들에 대해 많은 사람들—특히 좌익영화 측—이 환상적이라고 비판할지라도, '시인 감독'으로 불려졌을 만큼 그는 자신의 영화에 자신이 대중에게 제공하길 원하는 이상세계가 재현되었다고 믿었다.

가 영화의 엔딩장면에 대해서 의문을 제기하고 있듯,[15] 영화의 마지막에서 모리와 진거가 세상을 뜨기 전 그들이 손을 마주잡고 서로의 눈을 응시하며 입을 맞출 수 있도록 딩샹과 그녀의 아버지가 도와주는 장면이 등장한다. 서사적으로 볼 때 상당히 돌발적으로 등장하는 이 장면은 분명 내러티브의 일관성을 깨뜨리고 있지만, 이 장면이 충분히 관객에게 받아들여질 뿐만 아니라 오히려 로맨스에 대한 관객의 기대에 부응하는 측면, 즉 대중성을 만족시킨다는 면에서 감독의 연출력은 가히 '명불허전(名不虛傳)' 이라고 할 만하다. 그러나 이러한 측면은 어느 훌륭한 감독의 영화적 선택이나 능력으로 평가하기 이전에 당시 영화가 지닐 수밖에 없었던 딜레마적 환경에서 비롯된 것이라고 볼 수 있다. 시대정신을 입어야 할 영화의 '선전성' 과 산업으로서의 태생적 속성인 '오락성' 사이의 변주라는 과제는 당시 좌익 영화인들에게는 전제일 수밖에 없기 때문이다. 더욱이 할리우드에서 영화를 배우고 영향을 받았던 쑨위 같은 감독에게 대중성과 이데올로기는 간단하게 위계 지울 수 있는 것이 아니었을 것이다.

섹슈얼리티와 내셔널리즘 사이에서 발생하는 딜레마와 갈등은 쑨위의 다른 영화에서도 발견된다. 〈장난감〉에서 빈민층의 아름다운 유부녀 예다싸오(葉大嫂)와 멋진 외모를 지닌 부유한 청년 위안푸(袁璞) 사이의 로맨스는 계층적·관습적으로 실현되기 어려운 만큼 관객

---

14) Chris Berry, "The Sublimative Text: Sex and Revolution in Big Road", *East-West Film Journal 2*, no.2, 1988. 6, p. 79 참조.

15) 모리와 노동자들이 습격당하여 누워서 죽어가고 있을 때, 딩샹과 그녀의 아버지는 모리와 진거가 세상을 뜨기 전에 손을 마주잡고 서로의 눈을 응시하며 입을 맞출 수 있도록 도와주게 된다. 진거와 모리 사이에 어떤 애정관계의 암시도 없었으며 이 우발적인 사건에 대한 내러티브적인 유도도 없었다. 그렇다면 그것은 무엇을 의미하는 것일까? 승화과정의 역행을 위한 것일까, 아니면 승화과정이 성취된 후에 섹슈얼리티로의 귀환을 의미하는 것일까? 만약 그렇다면 이것은 결국 승화 그 자체로 충분하지 않은 것일까? 성공적인 승화를 위하여 어떠한 보충이 더 필요한 것일까. (Chris Berry 1988, 84쪽)

의 페티쉬적 환상을 자극한다. 즉 그들의 로맨스는 표층의 서사로 작동되지 않는다. 아니 작동될 수 없기에 '드러나지 않는 서사'로서 '표층의 서사'를 자극하고 밀어내며 개입하고 있다. 민족적 위기의 시대에 로맨스가 애국적인 우정으로 '승화'되는 것처럼 보이기 위해, 예다싸오가 청년에게 개인적인 애정에 얽매이지 말고 사회적 책임의 완수를 위하여 대학에 진학하라고 권유하는 장면이나, 국산 장난감을 개발하기 위해서 마을 주민과 투쟁하는 등의 주제의식이 전면에 드러나지만, 한편으로 감독은 관객의 기대를 놓치지 않고 작품 곳곳에 로맨스적 암시를 적절하게 숨겨놓는 데 적지 않은 심혈을 기울인다. 예를 들어, 여주인공이 가족을 위해 헌신하는 것처럼 보이지만 남편을 대하는 태도가 상당히 어색하게 그려지는 면이나 자신의 애국심의 원천으로 위안푸를 회상하는 장면에서 사랑하는 사람에 대한 그리움을 느끼는 장면은 바로 감독의 고민과 의도가 암시되는 대목이다. 마지막 장면에서 두 주인공의 우발적 만남 역시 애국적 감상으로 치환되도록 처리되지만, 실재로 이 장면이 관객의 공감을 얻는 근거는 '애국'이 아니라 '만남'이라는 데 있다. 시대적 과제에서 비롯된 이러한 대중예술의 딜레마는 많은 영화에서 한계로 작용했지만 대중성에 대한 감각이 탁월했던 어느 감독에게 있어서 이는 자신의 존재감을 부각시키는 계기였으며, 서사적 미흡함으로 평가되는 형식적 특징은 관객의 심미적 지평을 통해 효과 있는 선전물이 되기도 하였다.

3_ 사운드로 구성되는 영화공간/현실공간

초창기 무성영화에서 청각적인 사운드가 도입된 이유에 대해, 소음이나 관객의 웅성거림을 감추기 위해 혹은 소리 없는 영화 화면의 유령효과[16]에 대응하려는 데서 비롯되었다는 등의 여러 해석이 있다. 하지만 분명한 것은 영화에서 사운드의 활용이 예술적 동기보다는 실용적 동기에서 시작되었다는 것이다. 더욱이 무성영화의 쇠퇴로 인한 상업적 필요에서 유성영화가 보급되었다는 점은 사운드의 실용적 활용에 더욱 설득력을 갖게 한다.[17] 그렇다면 과연 사운드는 영화에 어떠한 질적 변화를 가져왔을까? 가장 큰 변화는 시나리오의 비중이 커졌다는 점이다. 포토제니와 몽타주를 이용하지 않고도 대사나 음향효과를 통해서 내적 심리 묘사가 가능해짐으로써 전체적인 극적 구성이 중요하게 되었다. 무성영화의 시대가 카메라의 시대라고 한다면 유성영화 시대는 드라마의 시대라고 할 수 있다. 유성영화는 사운드 덕분에 많은 이야기를 압축할 수 있기 때문에 관객이 원하는 다양한 스토리를 말할 수 있었다. 즉 사운드의 도입으로 내러티브는 현실의 진실성을 기록하는 데 있어 필수적이거나 긴요한 것으로 인식되었던 것이다. 대사가 등장함에 따라 내러티브 내에서 사회적 현실을 인식하게 하는 기능이 더욱 강화되기도 했다. 당시 비평가들은 사운드에 찬성하든 반대하든 간에 사운드가 개선되면 내러티브 혹은 디제시스의 경제성을 가져올 것이라는 점을 인정하였다.[18]

---

16) 초창기 무성영화 화면에서 소리 없이 움직이는 그림자가 주는 '유령효과'에 대응하기 위해 음악이 필요하였으며 음악은 무의식적인 두려움을 달래는 심리적 기능을 하였다고 설명한다. 이러한 영화음악의 효과에 대해 '마술적 기능'이라는 개념을 사용하기도 한다.(한상준 2000, 36쪽)

17) 노래와 대사가 삽입된 최초의 유성영화로 간주되는 〈재즈싱어〉(1927)의 대성공은 영화에서 사운드의 활용을 극대화한 결정적인 계기를 마련한다. 당시 라디오의 영향과 다른 여가활동의 등장으로 인해서 미국영화의 관객 수는 감소하고 있었다. 당시 관객 수와 대공황의 위기에서 유성영화의 출현은 영화산업을 존속시키는 결정적 계기가 되었고, 사운드의 활용은 초기 무성영화 관객들을 다시 극장으로 끌어들이기 위한 절박한 조치로 선택되었다. (수잔 헤이워드 1999, 144쪽)

18) 수잔 헤이워드 1999, 145쪽 참조.

중국영화에서 유성영화의 등장은[19] 이러한 음향요소들을 활용하여 부가적인 의미를 창조하거나 감각적 · 정서적 자극을 유발시킴으로써 관객의 현실 인식의 깊이를 증가시켰음은 물론이다. 그러나 초기 유성영화에서 현실 인식 기능을 위해 사용된 사운드는 대사보다는 노래였다. 이는 장르적으로 할리우드의 뮤지컬 영화의 영향을 받은 것으로, 위트가 넘치는 빠른 대사로 구성된 코미디와 결합되어 활용되었다. 흥미로운 점은 중국 좌익계열 영화에 있어서 현실 인식을 목적으로 채택된 사운드가 종종 내러티브 혹은 디제시스를 강화하기보다는 디제시스를 방해했다는 점이다. 특히 노래 삽입은 영화 속 리얼리티를 강화시키는 것으로 간주되었던 대사의 삽입과는 다르게 내러티브의 휴지를 허용하기도 했다. 이들 영화에서 노래 삽입은 '현실 재현'을 위하여 '영화 재현'의 희생을 허용하고 있는데, 일종의 영화 내적 사운드보다는 도시 사운드를 재현했다고 할 수 있다. 아이러니하게도 이러한 비(非)디제시스적인 음악 사용방식은 관객이나 감독에게 더욱 대중적으로 인식되었다. 그렇다면 노래의 삽입과 관련하여 '현실 재현'과 '영화 재현'에서 발

뮤지컬 장면

19) 중국에서 처음 유성영화가 상영된 것은 1929년 2월 4일 미국영화 〈비행장군〉이었다. 세계 최초의 유성영화인 〈재즈싱어〉 역시 1929년 비로소 중국에 소개되었다. 또한 최초의 중국 유성영화는 장스촨(張石川)의 〈여가수 홍모란歌女紅牡丹〉으로 1931년에 상영되었다.(程季華 · 李少白 外 1963, 156~164쪽)

생하는 간극은 어떻게 설명할 수 있는가. 여기에서 중국영화가 노래를 채택하는 방식 혹은 도시 대중음악을 포섭하는 방식은 의미 있게 고찰될 필요가 있다.

1920년대까지 상하이의 대중음악은 여전히 전통 연극, 특히 경극에 영향을 받고 있었다. 이는 음악의 유통과정과 직접적인 상관관계를 갖고 있는데, 경극이 도시 주변의 극장에서 쉽게 접할 수 있었던 것에 반해, 서유럽 노래들은 비중국인과 엘리트 문화로서 제한적으로 수용되었기 때문이다. 그러나 1930년대 들어와 상하이의 '소리' 들은 급속하게 변하는데, 서유럽 형식의 팝송과 새로운 서정시 스타일의 전통 민요들이 새로운 음악 문화의 주요 부분을 차지하기 시작했다. 새로운 음악은 라디오라는 대중적인 매체를 통해서 보다 광범위하게 유통되었으며 라디오 방송국의 급속한 증가를 가져왔다. 이러한 매체의 변화는 보다 넓고 다양한 음악에 대한 요구로 확대되었고, 다른 공연 산업에 있어 음악에 대한 의존도를 강화시켰다.

일례로 1930년대 중국에서 할리우드 뮤지컬의 대중적 성공은 바로 이러한 음악 산업과 환경의 다변화에 기인하였다고 하겠다. 영화사, 레코드 회사, 라디오 방송국 그리고 영화 노래집을 편찬하는 출판사 등의 산업 구조 속에서 영화음악은 새로운 음악상품의 전형적인 형태가 되었다.[20] 이러한 물질적 조건하에서, 영화와 영화음악의 결합은 거대한 도시 욕망을 재현하고 새로운 도시적 감각의 발생을 강화시켰다. 1930년대 중국영화에서 채택된 영화음악은 도시 음악에 대한 영

20) 1921년 《신보申報》가 영화, 연극 전문잡지인 《영희총보影戲叢報》를 발행한 것을 기점으로 1921년부터 1949년까지 상하이에는 월간, 주간, 전문잡지를 모두 포함하여 206종의 영화 관련 잡지가 출판되었다.(李歐梵 2001) 또한 기존 잡지와는 달리 시각성을 강화한 미디어로 화보, 여성지, 만화잡지 등이 대중적으로 수용되었는데, 《양우良友》, 《상하이만화上海漫畵》, 《시대만화時代漫畵》를 비롯하여 상하이 지역만 하더라도 약 20여 종의 만화 간행물이 출간되었다.(박자영 2005, 191~217쪽)

화적 전유였으며, 도시의 음악 환경은 영화 음악의 배경을 형성하였다. 이러한 변화 속에서, 새로운 대중음악에 대한 진보적 지식인들의 관심은 다분히 정치적이었다. 1930년대 그들이 채택한 음악 방식에는 영화에 대한 그들의 입장이 고스란히 담겨 있었다. 즉, 이미 유행하는 대중적인 곡조에 진보적이고 애국적인 가사를 결합시키는 '애국 음악' 이라는 방식은 그들의 이데올로기적 선전 장치를 대변하였고, 좌익영화들은 이데올로기 선전을 위해 상업적인 기회와 효과를 놓치지 않았다.

〈세뱃돈壓歲錢〉(1937)이라는 영화에서 이데올로기적 선전과 대중성 사이에서 빚어진 긴장과 타협의 과정은 영화음악을 통해서 분명하게 드러난다. 영화의 내러티브 구성은 몇 개의 분절적인 에피소드의 연결로 이루어지는데, 이들을 연결시키는 매개고리는 주인공 룽룽(蓉蓉)이 받은 세뱃돈으로, 이는 도시의 이면을 비추면서 사회 각 계층의 삶을 엮어준다. 흥미로운 것은, 이 영화의 일관성이 내러티브가 아니라 음악 담론에 의해 유지된다는 점이다. 영화는 서유럽음악, 대중가요, 전통노래를 포함하여 도시의 사운드를 다양하게 전시한다. 영화에서 '보여주는' 음악은 라디오에서 방송되는 노래, 댄스홀에 흐르는 배경음악, 노동자의 노동가, 행상인의 호객하는 소리 등으로 나타나는데, 이들은 단순한 배경음악이 아니라 영화 속 주인공들의 캐릭터를 보여주는 주된 축으로 전달된다. 이뿐만 아니라, 영화에는 도시의 온갖 소음들이 사운드로 진열되고 있다. 이는 내러티브를 위해 종사하는 사운드가 아니라 고정되어 있는 특정한 사회적 콘텍스트를 드러내주는 역할을 한다. 이는 수 투어히(Sue Thohy)가 지적했듯이, 중국영화에 있어서 음악의 사용이 문자적 사고에서 소리로 이동하는 과정을, 이것이 다시 영화적 이미지로 전환되는 과정을 보여주는 것이다.[21] 중국영화에서 사용된 사운드의 구성은 영화의 '안' 과 '밖' 을 넘나들며 도시를 재구성한다. 이와 같은 '소리의 월경(越境)' 을 통해서 관객들은 상하이의 도시를 감각적으로 '읽을 수 있게' 된 것이며, 사운드를 통해 구성되는 도시를 새롭게 체험하는 것이다.

〈세뱃돈〉은 이러한 사운드 구성의 과정을 매우 성공적으로 보여준다. 영화에서 도시 사운드의 다양성은 세 명의 여자 캐릭터와 연결된다. 먼저, 가장 핵심적 인물은 손녀 룽룽(蓉蓉)이다. 영화는 그녀로 시작해서 그녀로 마무리되며, 그녀의 공연은 다른 두 기성 여가수와 연결되어 있다. 우연한 기회에 룽룽의 사촌언니 장슈샤(江秀霞)는 룽룽을 무대공연에 끌어들이게 되는데, 이로써 룽룽은 상하이 도시의 욕망과 타락의 과정을 지켜보는 관찰자의 역할을 부여받게 된다. 상하이의 연예스타를 꿈꾸는 장슈샤는 결국 동료가수인 남자친구에게 배신당하고 창녀로 전락하여 밤무대를 전전하게 된다. 그녀보다 도시의 욕망을 좀 더 직접적으로 보여주는 인물은 상하이의 유명가수 양리쥐안(楊麗娟)이다. 그녀의 히트곡이며 도시민의 애창곡인 〈댄스홀의 노래〉가 불리는 맥락은 도시의 야경처럼 그녀의 허황된 화려함의 몰락을 암시한다. 그녀와 관련된 세 번의 노래 장면은 도시의 욕망과 타락을 고스란히 재현하는데, 처음에 라디오를 통해 흘러나오는 노래는 가수로서의 화려한 시간을 의미하며, 은행가 애인의 거실에서 부르는 노래는 사교계의 꽃으로 전락한 시간을, 애인에게 버림받은 후에 댄스홀에서 부르는 노래는 자본의 소모품으로 전락한 시간을 재현한다. 그러나 이 노래는 영화의 끝부분에서 반전 키워드로 사용되면서 강한 주제의식을 전달하는데, 도시의 타락과 오염을 상징하는 이 노래가 애국적 가사로 개사되어 어린이 합창으로 불리면서 민족의식에 의한

---

21) Sue Tuohy, Zhang Yingjin(ed), "Metropolitan Sound: Music in Chinese Films of the 1930s", *Cinema and Urban Cilture in Shanghai 1922~1943*, Standford University Press, 1999, Stanford

'세례'를 통해 거듭나게 되고 이러한 전치는 이 도시의 타락에 대한 정화의식으로 확장되어 해석된다. 바로 이 장면은 영화에서 노래가 혹은 음악이 이데올로기적 메타포임을 결정적으로 보여주고 있다. 여기에서 룽룽의 위치는 중요하다. 룽룽은 내러티브의 전개에서 양리쥐안과 연결되지 않지만 댄스홀에서 우연히 듣게 되는 〈댄스홀의 노래〉가 〈구망가救亡歌〉로 전환되고 그녀가 이를 따라 부르면서, 그녀에 의해 영화의 이데올로기적 치유과정이 완성되는 것이다.[22]

여기에는 상하이의 대중음악에 대한 좌익 문화의 이중적인 태도가 내포되어 있다. 룽룽과 장슈샤, 양리쥐안이 재현한 음악은 모두 상하이의 대중음악이다. 다만 상하이 대중음악에 대한 이데올로기적 순결성을 강조하기 위해 영화는 룽룽을 상하이의 기성가수와 단절시킴으로써 이데올로기적 정당성을 확보한다. 존귀한 정치적 목적을 위해, 대중음악은 도시의 타락을 상징하는 '장슈샤'나 '양리쥐안'의 것에서 이데올로기적으로 순수한 '룽룽'의 것으로 치환된다. 이로 인해 룽룽은 내러티브 속에서 줄곧 그녀들과 일정한 거리를 유지하며 평행하게 놓이지만 아이러니하게도, 룽룽의 노래와 춤, 용모는 분명히 할리우드 스타를 모방하고 있는 것이다. 이러한 점은, 영화가 이데올로기와 대중성 사이에 타협과 긴장관계를 매우 영민하게 경영하는 대목이라고 할 수 있다.

좌익계열 영화에서 노래 장면은 중요하게 활용된다. 물론 음악 자체만으로도 그것은 직접적인 감성적 효과와 유효성이라는 견지에서 훌륭한 선전 도구이지만, 이데올로기를 강조하는 영화가 대중음악과 위험한 동거를 선택한 것은 무엇보다도 그 상업적인 효과와 가치가

22) Laikwuan Pang은 이 영화를 분석하면서 좌익 이데올로기가 대중음악을 자본주의 문화 오염으로부터 구별짓기 위해 내러티브에서 두 개의 라인, 즉 장슈샤의 타락과 룽룽의 순수성이 평행하게 진행되고 있다고 설명한다. (Laikwuan Pang 2002, 215~216쪽)

필요하기 때문이다. 노래의 사용은 새로운 음악형식에 의해서 구체화된 서유럽적 감성에 매혹된 도시민들과, 유성 매체에 매력을 느끼고 있던 관객의 주의를 이끌어내는 데 상업적으로 유용하였다. 이러한 상업성을 기반으로, 영화는 정치적으로 사회 비평과 인식적 효과를 극대화시킬 수 있었다. 또한 앞에서도 언급하였듯이 영화에서 노래의 사용은 영화의 '안'과 '밖', 즉 영화 속 현실과 영화 밖 현실을 넘나들며 '제3의 공간'을 구성할 수 있었다.

〈대로〉에서 모리가 식당의 건설노동자를 상대로 부르는 '봉황가(鳳凰歌)'는 평화로운 한 마을에 재난이 닥쳐 사람들이 고통을 겪게 된다는 가사를 담고 있는데, 이 장면은 모리의 모습을 비추는 동시에 전쟁장면을 찍은 다큐멘터리 이미지들을 삽입시키면서 진행된다. 비록 노래 가사는 그들의 상황과 직접적으로 연결되지 않지만, 전쟁의 고통과 노동자를 규합해서 길을 건설해야 하는 식민지적 상황을 강조하고 있는 것으로 볼 수 있다. 이 장면에서 노래가 제공하는 효과는 가사에서 전달된다기보다는 영화 미학적 방식을 통해서 극대화된다. 즉 교차편집의 방식으로 연결되는 장면을 통해서 관객은 노래를 통해 전달받는 비극적 느낌을 전쟁의 현실 속에 투영시킴으로써, 영화 속 현실과 영화 밖 현실의 결합에서 생성되는 또 하나의 현실공간을 제공받게 된다.[23] 〈거리의 천사〉에서 샤오훙(小紅)이 '사계가四季歌'를 부르는 장면[24] 역시 전쟁장면의 다큐멘터리 이미지들이 삽입된다. 톈한(田漢)이 작사한 이 노래는 어느 소녀의 사랑에 대한 갈망과 실연의 슬픔에 관한 것인데, 서정적 노래가사와 참혹한 전쟁의 이미지가 제공하는 심미적 효과는 오히려 〈대로〉보다 더 극대화된다고 하겠다. 샤오

23) Chris Berry 1988, 73~74쪽.

24) 여주인공 저우쉬안(周璇)은 '사계가'를 직접 부르면서 당시 관객들에게 큰 인기를 끌었다.(陳墨 2000, 144쪽)

홍의 표정이나 서정적 가사와 멜로디는 단지 서글픈 감정만을 표현할 뿐이지만, 노래의 분위기와 동반된 전쟁 장면은 소녀의 비창(悲唱)과 일본의 침략을 교묘하게 연결시킨다. 사실 이 장면의 비극성은 창녀로 살아가면서 비극적 결말을 맞게 되는 언니 샤오윈(小雲)의 불행을 암시한다고도 볼 수 있는데, 이 장면이 제공하는 슬픈 잔영은 별다른 설명이 제공되지 않는 샤오윈의 불행에 대한 감성적 공감을 이끌어낸다. 비록 영화는 식민 권력에 대한 어떠한 비판도 직접적으로 전달하지 않지만 노래를 사용한 미학적 효과는 관객들의 감성적 반응을 유발하는 데 성공적이라고 하겠다.

〈거리의 천사〉 포스터

이러한 노래 장면의 구성방식은 무엇보다도 당시 정부의 검열제도와 관련이 있겠지만,[25] 중국영화의 이데올로기적 목적을 실행하는 미학적 전략으로서도 매우 효과적이었다고 볼 수 있다. 또한 이는 일정 부분 전통적 서사방식에 대한 계승이라고 볼 수 있는데, 전통 서사극

25) 국민당의 영화 검열은 1933년 좌익계열 작품 수가 크게 늘면서 더욱 강화되었다. 이에 국민당은 '각본심사위원회'와 '영화검열위원회'를 설치하여 엄격한 검열을 시행하였으며, 1933년 11월 급기야 이화영화사에 대한 테러를 감행하고 샤옌(夏衍), 톈한(田漢), 양한성(陽翰笙) 등을 영화계에서 축출하면서, 1934년 말 이후 좌익계열 영화는 급속하게 감소한다.(程季華 1981, 292~298쪽)

에서 분절된 서사구조가 서사의 연속성을 파괴하는 노래가사의 개입에서 비롯되었다고 할 때, 이러한 서사 습관은 관객들에게 친숙하게 다가갈 수 있는 대중적 장치가 된다.

정치 선전의 전략으로 사운드를 활용한 영화에서 알 수 있듯, 민족모순이나 계급갈등 등의 현실 비판적 영화들이 전략적으로 대중음악을 활용한 것은 현실적이고 대중적인 지평 위에서 이루어진다. 중국영화에서 사운드가 디제시스적 재현보다 비디제시스적으로 삽입되었던 근거 역시 심미적 관습 속에서 대중적으로 수용될 수 있었기 때문이다. 따라서 사운드가 영화 재현에 주안점을 두고 이데올로기와 오락성의 적절한 긴장과 타협에 실패한 경우, 오히려 중국영화에 있어서 이데올로기를 재현하고 전달하는 기능은 감소된다. 이런 맥락에서 위안무즈(袁牧之)의 〈도시풍광〉(1935)은 도시 사운드에 대한 실험이 무척 흥미롭게 진행되지만 결국 영화적 실험이 오락성을 압도함으로써 영화의 이데올로기 전달에 실패한 경우라고 하겠다.[26]

이 영화는 도시가 지닌 맹목적인 욕망의 허구성과 함께 물신주의를 비판한다. 영화의 도입 부분에서 전시하는 표현주의적 쇼트는 자본에 대한 감독의 비판적 의도를 상징적으로 드러낸다. 상하이로 가는 기차역에서 장사꾼의 몽롱한 애꾸눈을 클로즈업으로 보여주는 장면이나, 그의 호객행위에 이끌려 보게 되는 만화경 속의 장면들은 바로 상하이에 대한 동경의 허구성을 분명하게 전달한다. 이 만화경을 통해서 꿈꾸듯 진행되는 도시에 대한 상상은 바로 '가짜 꿈'의 전시라고 할 수 있다.[27] 꿈을 꾸듯 시작되는 화면들은 감독의 다음 작품인 〈거

26) 위안무즈(袁牧之)가 다음 작품인 〈거리의 천사〉에서 시도한 세미뮤지컬 방식은 음악 활용 면에서 훨씬 대중적으로 접근한다. 이에 대해서 마닝은 〈거리의 천사〉가 문자문화, 구술문화, 영화문화가 대중적인 취향의 차원에서 연계되었음을 보여주고 있다고 설명한다. Leo Ou-Fan Lee, "The Urban Milieu of Shanghai Cinema·1930~40." (Zhang Yingjin 1999, 90쪽 참조)

리의 천사〉에서 몽타주 기법으로 보여주는 도시의 전경보다 놀랍도록 화려하고 경이롭게 그려진다. 여배우 후뎨(蝴蝶)의 이름, 화이트 홀스(white horse), 도시 공원의 낭만, 빠르게 달리는 전차와 자동차, 조계지의 웅장한 시계탑과 건축물, 화려한 파티장과 무희들은 바로 상하이 전경 그 자체다.

후뎨

그러나 만약 영화가 계급모순을 드러내는 데 주안점을 두었다면, 〈도시풍광〉의 음악적 활용은 과도한 실험성으로 이러한 주제 전달에 오히려 실패하였다고 볼 수 있다. 감독은 영화에서 다양한 외재음[28]을 시도하는데, 이로써 영화의 화면은 강렬한 상징성을 지니게 된다. 현란한 몽타주 기법과 연계된 외재음, 예를 들어 증권거래소 장면이나 은행광고 장면에서 사용되는 동전 소리, 북소리, 콰

---

27) 영화는 전반에 걸쳐 도시 상하이의 물신화된 이미지들과 상품 논리에 예속된 도시인들의 욕망이 실재가 아닌 '시뮬라크르'라는 것을 보여줌으로써 물신과 자본의 권력을 '해체'한다. 영화 도입에서 몽타주로 빠르게 전개되는 상하이 네온사인의 화려한 전경은 그것이 이미지—시각적 환영—라는 것을 보여주는 데 무척 적절하게 배치되어 있으며, 물적 관계가 아니면 만남조차 불가능한 부르주아적 성적 욕망을 통해서 자본권력에 예속된 욕망의 속성을 잘 드러낸다.(자크 데리다 1996, 147쪽 / 보드리야르 1991, 216~225쪽 참조.)

28) 영화 사운드는 그 소리의 진원지가 어디냐에 따라 내재음(diegetic sound)과 외재음(non-diegetic sound)으로 나눈다. 여기서 내재음은 소리의 진원지가 영화가 진행되는 현재의 영상 안에 존재하는 것이고, 외재음은 영상 밖에 소리의 진원지가 존재하는 것을 말한다. 따라서 내재음은 사실주의적인 기능으로 사용되는 데 반해 외재음은 독립된 표현력을 지니게 됨으로써 상징적인 기능으로 사용된다. 일반적으로 내재음과 외재음은 디제시스적 사운드와 비디제시스적 사운드 혹은 가시적 소리와 불가시적 소리라고 명명되기도 한다.(정재형 2003, 192쪽)

이반(快板)[29]의 반복되는 리듬은 긴장감과 함께 자본의 속성을 보여주는 효과를 생산한다. 이러한 표현주의적 사운드의 활용이 물화된 갈등을 상징적으로 드러내긴 하지만 문제는 대중적 감각에서 이데올로기와 포개지지 못한다는 점이다. 화려한 무희들이 등장하는 할리우드 뮤지컬 댄스를 연상시키는 장면은 단순하게 상하이 도시 하층민으로 대치됨으로써 관객들의 페티시즘에 대한 욕구를 충족시키지 못하고, 어두운 조명과 물화된 인간관계의 단절을 표현하기 위해 대화 없이 중얼거리는 장면은 너무도 낯설게 다가온다. 그 결과 관객은 할리우드 뮤지컬을 모방한 음악에도, 도시 빈민층의 빈곤상에도 동의하기 어렵게 된다. 또한 앞서 언급한 영화들이 노래 장면을 통해 새로운 공간을 창조한 것과 달리 도시 사운드가 영화 밖 현실을 연결하는 데 실패한 사례이다. 〈도시풍광〉의 형식적 과잉과 메시지 전달의 실패는 이데올로기와 미학의 교섭이 부적절했음을 보여준다. 이것은 대중적 감각의 지평에서 수용되었던 형식 구성이 대중 선동적인 이데올로기의 강변이나 대중 추수적인 외래양식의 차용이 아니었음을 반증하는 동시에 이들 간의 치열한 교섭과정에서 창출된 지역담론의 능동적 산물임을 보여주는 것이라고 하겠다.

4_ 나가며

1930년대 리얼리즘 영화들이 상업적으로 성공했다는 점을 전제할 때, 영화제작자들의 의도가 정치적 이데올로기 선전에 치중되어 있다고 하더라도, 영화를 미적 선전행위로 접근하는 그들의 영화인식에

29) 중국 전통극에서 많이 사용되는 빠른 리듬의 음악을 통칭하며, 주반(竹板)이라는 대나무 조각을 마주치며 연주된다.

있어서 관객성, 관객의 심미적 취향은 중요한 고려 대상이 되었다고 볼 수 있다. 이들 영화에서 정치적 급진성과 오락성 간의 긴장과 타협에서 비롯된 미적 허위성은 좌익계열 중국영화의 주요한 미학적 특징으로 구성된다.

미적 허위성을 드러내는 영화적 구성방식은 다음과 같다. 먼저, 1930년대 좌익계열 영화에서 활용된 콜라주적 배치와 분절화된 내러티브 장치들은 이데올로기적 목적을 위해 조직화되었다는 점에서 미적으로 후위적이지만, 전통적인 서사관습을 대중적으로 활용함으로써 중국영화에서 상당한 예술적 조종력을 발휘한다. 이러한 장치들의 적절한 배치 속에서 대중의 것으로 동일시된 디제시스는 아주 용이하게 도덕적 초월의지로 치환되고 사회적 주관성으로 확장되는 것이다. 좌익계열 영화에서 활용된 노래 장면 역시, 대중적이고 상업적인 감성을 이데올로기의 선전성으로 치환하는 데 있어서 매우 성공적이었다고 하겠다. 대중음악의 상업적 기반과 감성적 대중 코드를 자극하며, 영화음악은 영화 속 현실과 영화 밖 현실을 넘나들며 사회 비평과 인식적 효과를 극대화시킬 수 있었던 것이다. 이데올로기의 선전수단으로 대중성을 이용해야 하는 영화적 구성은 미적 관습에 기대어 진부한 기술적 방식으로 미학적 보수주의의 '낡은' 감정에 호소하거나 그 체험 주체를 수동적이고 순응적인 존재로 작동시킬 수 있다는 점에서 전위적이지 않다. 실제로 그들의 영화적 수행은 많은 경우 대중적인 기호에 영합하여 단선적으로 이념을 주입함으로써 퇴행적인 미적 체험을 강권하기도 하였다. 그러나 그들의 영화 수행에 있어서 '선전'과 '오락' 사이의 긴장과 갈등은 때로는 또 다른 생산적 의미공간을 창출하였으며 영화공간을 확장시켰다. 이 경우 관객들은 퇴행적인 체험 주체의 위치를 넘어서 현실에 반작용을 일으킬 수 있는 능동적인 심미 주체로 위치할 수 있다. 결국, 1930년대 좌익계열의 중국영화는 이 양자 사이의 긴장과 갈등 속에서 선택되고 결정되었다고 할 수 있으며, 이러한 길항적(拮抗的) 구도는 그들에게 미적 제약인 동시에 미적 동력이었다고 하겠다.

당시 좌익영화에서 실효성을 거둔 형식 실험은 정치와 문학에서 그들이 열망했던 문예 대중화의 가능태가 아니었는지 모르겠다. 복제품의 제공을 통해 원본으로 향하는 길을 제시하는 것이 키치의 유용성이라면, 당시 이러한 영화들이 마련한 심미적 양식이 사회주의 정권 이후 문예 대중화 실천에 있어 좀 더 자발적이고 능동적인 단초로 계승되지 못한 점은 분명 아쉬운 대목이다.

참고문헌

구회영(1991), 『영화에 대하여 알고 싶은 두세 가지 것들』, 한울, 서울
그레엄 터너 지음, 임재철 외 옮김(1994), 『대중영화의 이해』 한나래, 서울
김정구(2004), 『1930년대 상하이 영화의 근대성 연구』, 한국예술종합학교 석사학위논문
나병철(2001), 『모더니즘과 포스트모더니즘을 넘어서』, 소명출판, 서울
루이 알튀세르 지음, 이진수 옮김(1997), 『레닌과 철학』, 백의, 서울
리타 펠스키 지음, 김영찬 · 심진경 옮김(1998), 『근대성과 페미니즘』, 거름, 서울
M. 칼리니스쿠 지음, 이영욱 · 백한울 · 오무석 · 백지숙 옮김(1993), 『모더니티의 다섯 얼굴』, 시각과 언어, 서울
미셸 시옹 지음, 지명혁 옮김(2000), 『영화와 소리』, 민음사, 서울
———— , 윤경진 옮김(2003), 『오디오-비전』, 한나래, 서울
미술비평연구회 대중시각매체연구분과 엮음(1993), 『상품미학과 문화이론』, 눈빛, 서울

박자영(2005), 「좌익영화의 멜로드라마 정치」, 『중국현대문학』 제33호, 한국중국현대문학학회, 서울
보드리야르 지음, 이상률 옮김(1991), 『소비의 사회』, 문예출판사, 서울
수잔 헤이워드 지음, 이영기 옮김(1999), 『영화사전』, 한나래, 서울
슈테판 크라머 지음, 황진자 옮김(2000), 『중국영화사』, 이산, 서울
슬라보예 지젝 지음, 김소연 외 옮김(1995), 『삐딱하게 보기』, 시각과 언어, 서울
아브라함 몰르 지음, 엄광현 옮김(1995), 『키치란 무엇인가』, 시각과 언어, 서울
앙드레 바쟁 지음, 박상규 옮김(1998), 『영화란 무엇인가』, 시각과 언어, 서울
임대근(2001), 「1930년대 중국의 영화론」, 『문학과 영상』 제2권 2호
임춘성(2006), 「이민과 타자화: 상하이 영화를 통해 본 상하이인의 정체성」, 『중국현대문학』 제37호, 한국중국현대문학학회, 서울
자크 데리다 지음, 김보현 옮김(1996), 『해체』, 문예출판사, 서울
정재형(2003), 『영화 이해의 길잡이』, 개마고원, 서울
조안 홀로우즈 · 마크 얀코비치 외 지음, 문재철 옮김(1999), 『왜 대중영화인가』, 한울, 서울
한상준(2000), 『영화음악의 이해』, 한나래, 서울
程季華 · 李少白 外著(1981), 『中國電影發展史』, 中國電影出版社, 北京
李歐梵, 毛尖 譯(2001), 『上海摩登 — 一種新都市文化在中國, 1930~1945』, 北京大學出版社, 北京
Chris Berry(1988. 6), *"The Sublimative Text: Sex and Revolution in Big Road"*, East-West Film Journal 2, no.2.
Laikwuan Pang(2002), *The Chinese Left-wing Cinema Movement 1932~1937*, Rowman & Littlefield Publishers, Inc., Lanham
Wang David Derwei and Ellen Widmer(ed)(1993), *From May Fourth to June Fourth: Fiction and Film in Twentieth-Century China*, Harvard University Press, Cambridge
Yingjin Zhang(ed)(1999), *Cinema and Urban Culture in Shanghai 1922~1943*, Stanford University Press, Stanford

■ ■ ■

올드 상하이영화의 영상서사 미학적 정체성

김 정 욱

이 글에서는 1930년대 올드 상하이를 배경으로 제작된 영화에 재현, 반영, 혹은 재구성된 올드 상하이는 각 시기별로 다르게 현상되어 있다고 보고, 이 점에 착안하여 그 차별상을 영상 서사 미학적 관점에서 분석하고 그 유형적 특징을 가려냄으로써 올드 상하이 영화의 정체성을 판별했다. 영화의 배경이었던 1930년대 상하이의 시공간적 상황 및 문화적 특성을 살핀 후, 〈신녀〉, 〈교차로〉, 〈거리의 천사〉, 〈제자의 범행〉 등에 나타난 올드 상하이적인 요소를 분석하고 상하이영화라고 명명할 만한 논거로서 제시할 수 있는 조명, 색채, 음향, 음악 등 다양한 요소가 결합하여 완성된 영화의 쇼트, 미장센 혹은 시퀀스에 현상된 것을 분석하여 상하이영화의 영상 서사 미학적 정체성을 파악하고자 했다.

중국에서 특정 공간을 지명하여 '영화사'를 저술한 지역은 '상하이' 뿐이며, 그 개념은 아직까지 학계, 출판 분야에서 일부 모호하게 통용되고 있다.[1] 그렇지만 상하이영화는, 이른바 할리우드의 '장르영화'처럼 세계영화사에서 공인되지는 않고 있을 뿐더러, 중국영화사 연구자들도 구체적 논거를 들어 설명하는 데 난색을 표하고 있다. 그래서 상하이영화의 영상 서사 미학적 특징을 유형화시키고 그 정체성을 분석 · 정리하여 '상하이영화'를 규정하는 논거로 삼는 문제는 그리 간단하지 않다. 일부 상하이 문화, 지역학 관련 저작에서 영화 항목을 다루고는 있지만, 일반적으로 영화의 주요 생산 · 소비 공간으로서 상하이 지역에서 이루어졌던 영화 활동과 작품을 중심으로 기술하는 정도이다.(陳伯海 2001, 1779~1858쪽;『上海電影志』編纂委員會 2002, 637~689쪽)

굳이 '상하이영화'라고 명명(命名)할 만한 영화적 시공간이라면, 아마도 1930년대 '올드 상하이(old Shanghai)'가 될 것이다. 이 시기에는 무성 · 유성 영화가 공존하면서 순조로운 창작 활동이 진행되었을 뿐만 아니라, 이 지역에 영화제작사가 편중되어 있었으며, 영화 제작 편수, 관객 등도 가장 많았다. 이런 점을 종합해 보면 1949년 중화인민공화국 성립 이전까지 중국영화의 메카가 상하이였다는 사실을 부인하기는 어려울 것이다. 이후, 중국영화사에서 구분한, 이른바 '17년 영화(1949~1965)' 시기부터는 둥베이영화제작소(東北電影制片廠)를 중심으로 베이징 등 여러 지역으로 나뉘어 영화 제작이 이루어졌다.[2] 이러면서 상하이 한 곳에 집중되었던 영화제작 거점은 분산되었고, 신시기에

---

1) 『上海電影志』, 『上海電影百年圖史 1905~2005』에서는 각각 상하이영화를 분류하여 명시하고 있다. 두 책의 분류 기준을 보면 영화제작사 소재 지역(상하이)을 분류 기준의 주요 근거로 삼고 있다.

2) 2001년을 기점으로 중국에는 국무원에서 비준한 16개의 영화제작소(制片廠), 6개의 전문 영화제작소, 성(省)에서 주관하는 16개의 영화제작소가 있다.

들어서는 지난날의 명성도 차츰 시들해졌지만, 1990년대에 진입하여 '올드 상하이'를 향수(nostalgia)하는 영화가 꾸준히 제작되고 있다.

20세기 초 와이탄

1930년대 '올드 상하이'를 배경으로 제작된 수많은 영화를 꼼꼼히 살펴보면 영상에 재현, 반영, 혹은 재구성된 '올드 상하이'는 각 시기별로 다르게 현상되어 있다는 점을 발견할 수 있다. 이 점에 착안하여 그 차별상을 영상 서사 미학적 관점에서 분석하고 그 유형적 특징을 가려낸다면 '올드 상하이' 영화의 '정체성'을 판별하는 요소가 될 수 있을 것이다. 여기서 '영상 서사 미학적 정체성'이라 함은 조명, 색채, 음향, 음악 등 다양한 요소가 결합하여 완성된 영화의 쇼트(shot), 미장센(mise-en-scéne) 혹은 시퀀스(sequence)에 현상된 '그 무엇(thing)'을 가리킨다.[3)]

이 연구는 영화 속에 나타난 '올드 상하이' 적인 요소를 분석하고 '상하이영화' 라고 명명할 만한 논거로서 제시할 수 있는 '그 무엇' 을 분석하여 '상하이영화' 의 영상 서사 미학적 정체성을 파악하는 작업이 될 것이다. 물론 당시 상하이 또는 중국 경내(境內)에서 제작된 수백 편의 영화를 모두 비교 분석하여 갈래를 지우고 유형별 특징을 정리하는 것도 연구 방법의 하나일 수 있다. 그러나 이 작업은 몹시 방대하여 중화권에서도 아직까지는 영화사 연구자들의 연구 성과를 기다리고 있는 실정이다.

본격적인 작품 분석에 앞서 영화의 배경이었던 1930년대 상하이의 시공간적 상황 및 문화적 특성을 살펴본다. 다음으로 중국 각 분야의 영상 · 문예 전문가들이 우수한 작품으로 선정한 극영화(feature film)[4]인 〈신녀神女〉(1934), 〈교차로十字街頭〉(1937), 〈거리의 천사馬路天使〉(1937), 〈제자의 범행桃李劫〉(1934)에 나타난 영상 서사 미학적 특징을 분석한다. 결국, 이 글은 차후에 시기 · 단계적으로 연구 · 분석하여 총결할 상하이영화에 대한 선행적 · 지표(指標)적 연구가 될 것이다.

---

3) 영화미학은 영화학 중 영화 예술의 기본 규율과 특성의 문제를 연구하는 분과이다. 일반적으로 영화미학의 연구 대상은 몇 가지 분야로 나누어진다. (1) 예술과 현실의 문제에서 본 영화 (2) 형상사유의 특징이라는 각도에서 본 영화사유 (3) 영화 중 예술 형식의 규율성 등이다. 이 글에서는 (1)을 영상미학적 분석의 이론 준거로 삼을 것이다.(『電影藝術詞典』編輯委員會編 1986, 45쪽)

4) 2005년 중국영화 탄생 100주년 기념 활동의 한 항목으로서 선정한 100편의 우수영화(中國電影百年100部名片) 중 30년대의 대표 영화로 꼽힌 10편 중에서 '도시' 상하이의 문제를 직접적으로 다룬 영화는 위의 4편이었다. 선정 과정을 보면 중국광전총국(國家廣電總局)의 비준을 얻고 중국영화평론학회(中國電影評論學會), 중국타이완홍콩영화연구회(中國臺港電影硏究會) 연합으로 주관하여 100명의 저명한 영화예술가, 영화평론가, 영화사학가, 문예평론가를 초빙하여 몇 달에 걸쳐 엄선하였다. 그 대상은 1905년부터 2005년까지 100년 동안 대륙, 홍콩, 마카오, 타이완에서 출품한 극영화, 희곡영화, 미술영화를 총망라하여 100편의 극영화와 3편의 미술영화를 선정하였다.(中國電影年鑒社編 2006, 16~34쪽)

1_ 뒤섞인 역사 문화의 시공간[5)]

중국 동남부 해안의 조그만 어촌이었던 상하이는 당대(唐代)에 교역기지였다. 송대(宋代) 이후, 정치 · 경제의 중심이 남쪽으로 이동하면서 강남(江南) 지역의 경제는 나날이 성장해 간다. 상하이는 원대(元代) 지원(至元) 29년(1292)에 진(鎭)에서 현(縣)으로 승격하면서 발전을 거듭해 갔다.(沙似鵬 2003, 1쪽) 이 시기부터 푸젠(福建)에서 전수된 수도작(水稻作)을 시작함으로써 식량의 소출이 늘고, 송말(宋末)에 목화씨를 들여와서 명대(明代) 만력년간(萬歷年間)(1578~1619)에 면화는 이미 상하이 지역의 주요 농작물이 되었다. 면화가 시장에서 유통되는 상품이 되면서 비롯된 상업적 농업은 자연 경제의 기초를 뒤흔들었으며, 이때부터 상업 자본이 생산 영역에 침투하기 시작한다.[6)]

이 지역에서 초기 자본주의 맹아는 이렇게 움텄고, 당시 난징(南京), 쑤저우(蘇州)가 견직업의 중심이었다면, 상하이는 면방직업의 중심지로 발돋움을 한다. 나아가 19세기 초에 상하이 일대의 면직물은 멀리 구미 각국으로 수출되었다. 세계사의 변화에 둔감했던 청(淸)의 봉건 왕조는 여전히 '수농물공(守農勿工)' 정책으로 상품 경제를 억압했지만 상하이 지역의 상업 농업과 면방직업의 자본주의적 발전 추세를 막아낼 수는 없었다. 1840년 아편전쟁 이전까지 '올드 상하이'의 이런 정황은 기본적으로 바뀌지 않았다.(沈宗洲 傅勤 2002, 4~9쪽)

---

5) "역사 문화는 인류사회의 발전 과정 중 드러난 문화 양상의 총화이다. 그것은 정치, 경제, 군사, 사상, 예술 및 인류 사회 생활의 각 방면을 포괄한다. 그것의 전시(展示)는 단순한 문화 분야의 체현일 뿐만 아니라 문화창조자, 자연 환경, 경제 환경, 사회제도 환경 및 지역 간 문화의 상호 교류와 상관이 있다."(顔吾芟 2006, 7쪽)

6) 1832년 6월 창장 입구에 정박했던 동인도 회사의 관리이며 영국 상선 '아미스트(阿美士德)' 호의 선장인 후샤미(胡夏米, 중국명)도 상하이에서 솜을 거래하는 저잣거리를 '참관(參觀)' 했을 정도였다.

상하이의 역사 문화적 시공간이 다문화로 착종(錯綜)되어 그로테스크한 형상으로 세계무대에서 주목을 받았던 시점은, 1840년 제1차 아편전쟁(1840~1842)으로 거슬러 올라간다. 1842년 전쟁에 패한 청 왕조는 "영국 인민은 가족들을 거느리고 대청(大清) 연해의 광저우(廣州), 푸저우(福州), 샤먼(夏門), 닝보(寧波), 상하이 등 5개 항구에 거주하며 무역통상에 장애가 없도록 한다."는 불평등 조약(南京條約)에 동의한다. 마침내 1843년 11월 17일 주(駐) 상하이 영사 조지 발포어(Balfour, Sir George)에 의해 개항이 선포되고 이로써 상하이에서 공식적으로 외국인의 거주(居住)가 시작되었다. 항구인 상하이에서 외국인의 거주와 서양 문물의 유입은 그다지 낯선 사실이 아니었다. 하지만 공식적으로 외국인 주거 지역이 구획 지워지고 이때부터 치외법권 지역인 조계(租界, concession)는 역사 문화 전변(轉變)의 적극적인 공간 동인(動因)으로 작동하기 시작했다.

'나라 안의 나라(國中之國)', 즉 조계는 자국의 영토(territory)이면서 이국(異國)의 주권이 행사되는 공간이다. 따라서 영국, 미국, 프랑스 문화가 자유롭게 이식된 다국적 혼종 문화는 그 공간에 소리 없이 파고들었다. 그러면서 아직 봉건왕조 시기인 청대에 근대 도시 건설을 위한 인프라가 신속하게 구축되기 시작한다. 조계의 도시 건설은 도로와 교량 건설이 그 추이를 선도하면서 발전해 갔다. 이후, 주거 · 건축 · 항운 항구 · 우편 통신 · 수돗물 · 전력 · 가스 · 의료 위생 등의 사업이 이루어져서 도시 번영은 더욱 촉진되고 근대화의 진행이 가속화되었다.

1893년 상하이 거류 교민 개항 50주년 기념식에 즈음하여 상하이 조계의 모든 공공 설비에는 이미 서유럽 과학 기술의 수준이 담겨 있었다. 당시 외국 교민들은 상하이를 '서양 생활 및 과학 기술과 동등한 수준'의 지역으로 만들고자 하였다. 그럼으로 말미암아 1930~40년대에 유럽의 대도시를 개조하면서 뒤따랐던 부정적 사회 현상이 상하이에서도 속출하고 있었으며, 쓰레기 청소, 유행병 방역, 매음 억제 등은 상하이, 런던, 파리가 직면한 동일한 골칫거리였다.(王菊 · 趙念國 2005, 95쪽) 동시에 청조(淸朝) 당국의 관할에서 벗어난 중국인들은 외국인들의 쾌적한 생활을 동경하면서 서양 사람에 대한 편견을 줄여갔고 이질(異質) 문명 간의 대화 가능성을 열어갔다. 이런 정황에서 '올드 상하이' 엘리트들의 현대화 및 민족중흥에 대한 중첩된 갈망은 개량운동과 1911년 신해혁명으로 분출되었다. 청조가 막을 내리고, 1912년 중화민국이 성립되지만 신구 교체의 내홍(內訌)을 치르며 중국은 다시 군벌(軍閥) 혼전의 국면으로 접어든다. 1917년 러시아 10월 혁명의 성공은 1921년 7월 23일 상하이 프랑스 조계에서 중국공산당의 창당을 이끌어낸다. 19세기 말, 이미 초기 자본주의의 싹이 움텄던 '올드 상하이'에 공산주의 유토피아를 꿈꾸는 정당이 결성되었던 것이다. 비록 정치 정당으로서 공산당의 출범은 그 형세가 미미하였지만 상하이는 잠시나마 이데올로기의 해방구로서 대립되는 정치 이념이 공존하는 공간으로 탈바꿈되어 있었다. 봉건 잔류인 군벌의 혼전, 근대 국가로서 중화민국의 성립, 새로운 구망(救亡)의 대안으로서 공산당 창당 등의 역사적 변화는 상하이 조계의 문화 공간에서 결정적 변화 요인으로 작동되지는 않았다.

관료자본주의로 경제의 틀이 잡히면서 상하이에는 노동자 조직이 결성되고 이들은 공산당과 연대하여 활동을 하기 시작했다. 그러면서 1925년 상하이 난징루(南京路)의 시위에 참여했던 군중 10여 명이 영국 순경의 총탄에 쓰러지는 사건은 전국적인 반제(反帝) 운동으로 확산되었다(5 · 30운동). 이때까지만 해도 상하이는 1924년 국공합작(國共合作)의 실천적 결실이 이루어지는 듯한 상황이 전개되고 있었다. 북벌전쟁(北伐戰爭, 1926~1927)의 승리로 군벌 시대는 종결되었지만

1927년 장제스(蔣介石)의 반공쿠데타(4월 12일)로 말미암아 국민당과 공산당의 이념적 갈등은 더욱 격렬해진다. 1927년 4월 18일 난징을 수도로 국민정부가 수립되지만, 난징 정부에서는 공산당 수뇌부를 지명수배하고, 왕징웨이(汪精衛)의 우한(武漢) 국민정부는 공산당과의 결별을 공식적으로 선언한다. 이런 정치 형세에서 1934년 말부터 공산당 군대인 홍군(紅軍)은 장정(長征)을 시작하고 상하이에 남은 공산당원은 더욱 고립 분산된다.

1931년 9월 18일 일본군이 동북을 침공하고, 이듬해 1월 28일 상하이 자베이(閘北) 화계(華界-중국인 거주 지역)를 침공한다. 일본군은 제국주의 침략의 고삐를 늦추지 않고 1935년에는 북방의 여러 개 성을 침략하고, 1937년 7월 7일에는 중일전쟁이 전면전으로 확산된다. 1937년 8월 13일에 상하이 외곽 쑹후이에서 벌어진 대전(淞滬對戰, 8.13~11.12)에서 일본군에게 패함으로써 조계는 1941년 12월 태평양전쟁 이전까지 '외딴 섬(孤島)'으로 남고, 화계는 일본군 점령 지역으로 분할되면서 상하이는 '중립'과 '전쟁'이 공존하는 기형적 공간으로 바뀌고 만다.[7]

자국의 영토 안에 이국의 교민이 거주하고 그런 시공간에서 민족전쟁을 치르고, 다시 공산당에 대한 정치적 탄압이 자행되던 공간 환경이지만 아이러니하게도 상하이는 혼종다양(多樣混種)한 역사, 정치, 민족, 문화적 요소가 뒤섞여서 풍요로운 근대 도시 문화를 꽃 피운다.

7) 일본군이 상하이를 점령하였지만 공공(公共) 조계와 프랑스 조계는 '중립' 지역으로 일본군의 포위 상황에서 섬처럼 고립되었다. 그렇지만 상하이 주변과 시내, 중국인 거주 지역(華界)은 모두 일본군의 점령 지역이었다.

2_ 조계 · 해파 · 도시

1920년대 상하이 조계는 32.4 평방킬로미터로서 중국에서 가장 크고 정치적으로도 몹시 중요한 지역이었다. 서유럽 열강의 조계가 건설되면서 전통적으로 이민(移民) 도시이던 상하이는 '양화잡거(華洋雜居)', '오방동처(五方同處)' 하는 근대 도시로 변모한다. 조계 문화가 서양 문화의 적극적 표현의 일부라면, 동서(東西), 고금(古今), 아속(雅俗)의 혼종을 특징으로 한 상하이의 해파(海派) 문화는 1930년대에 이르러 상하이 지역의 대중문화를 선도하여 갔다.

조계와 해파 문화는 상호작용하여 근대 도시 문화 공간이면서 '상하이만의 그것(Shanghainess)' 이 구현된 영화의 다양한 영상을 만들어낸다. 이런 문화적 현상은 각각의 특성을 지닌 상징적 형상으로 영화의 쇼트에서 의미 있는 서사 요소로서 재구성되어 나타났다. 조계에 도시 공간의 서유럽적 인프라가 구축되었다면, 해파 문화는 동서의 혼종적 대중문화를 '상하이적' 인 기표로 재구성하여 문제적 영상 공간에서 기의로서 작동하는 서사 콘텐츠를 채워주고 있다.

조계, 이 공간은 약탈과 식민 통치의 기지였기에 선각한 중국인의 역사 문화적 정서로는 굴욕의 땅이었지만, 근대 서방의 물질문명을 필터링 없이 면세로 받아들이고, 근대 도시 발전의 새로운 모델을 제공받을 수 있었던 기회의 땅이기도 하였다. 서양의 물질문명은 근대 도시로서 상하이의 모습을 일신시켰으며, 1930년대 '올드 상하이' 영화의 쇼트와 미장센의 서사적 의미망을 해석하는 인식의 근저에 자리하고 있다.

〈신녀〉의 프롤로그 쇼트에는 길거리의 가스등을 켜는 장면이 있다. 〈교차로〉에서는 교차로와 궤도(軌道) 전차 속에서 사랑이 싹튼다. 〈거리의 천사〉에서는 집주인이 수돗물을 틀고, 〈제자의 범행〉에서는 전화, 엘리베이터, 호텔 등이 문제 공간으로 영상에 잡힌다. 이처럼 영화감독들은 그 어떤 기표로서 '올드 상하이'의 형상을 쇼트나 미장센, 시퀀스에 담고 있다.

〈신녀〉 중 가스등 켜는 장면

1845년 11월 「상하이 조계지장정(上海租地章程, Land Regulation)」이 처음으로 입안되면서 1846년 9월 영국 조계에 최초의 근대 도로인 비주제로(辟築界路)의 건설을 시작으로 10개의 현대식 도로가 건설되고, 프랑스 조계에서도 몇 개의 간선 도로가 만들어졌다. 급기야 1860년 월계(越界)할 수 있는 도로가 건설되면서 상하이 시내의 기본적인 교통 노선이 형성된다. 도로의 건설은 근대 도시 인프라 구축의 기본 과정이며, 이를 통해서 상호 소통하는 시공간에 대한 인식이 달라졌다. 실제로 1862년 조계에서 가스등 조명이 시작되어 1866년 말에는 영국 조계의 주요 도로에 모두 205개의 가스 가로등이 설치되었다.(上海租界 編纂委員會編 2001, 376쪽) 1882년 7월 26일 송전(送電)이 시작되었으며, 1883년 8월 2일 《신보申報》에 수도 공사 광고가 나가고, 실제로 1일부터 수돗물 공수(供水)가 이루어졌다. 1908년 3월 5일에 유궤 전차 노선이 정식으로 개통되어 근대식 대중교통 수단이 등장한다. 외국 교민을 위한 최초의 병원인 상하이궁지의원(上海公濟醫院, Shanghai General Hospital)은 1862년 프랑스 조계에서 창립하여 후에 공공(公共) 조계로 옮겨졌다.

〈거리의 천사〉와 〈제자의 범행〉에서 서양 의사의 왕진은 오히려 반면(反面) 사건으로 서사되었으며, 결국 과중한 '비용'으로 말미암아 환자의 '사망'과 '범죄'로 이어진다. 조계 내의 중국 거주민, 중국인과 외국 거주민 사이의 사법 분규를 해결하기 위해서 1864년에 회심공해(會審公廨)가 설립되어 상하이도대(上海道臺)의 법관이 주재하였지만 외국배심원단은 끊임없이 월권을 행사하며 심판에 개입하였다. 〈거리의 천사〉에서도 집주인의 인신매매 사실을 고발하려고 변호사를 찾아가지만 '비용' 문제로 소송을 포기하고 마는 등 조계 지역의 서유럽적 근대 문명은 도리어 부정적 사건으로 서사되고 있다.

서양의 선진화된 인쇄술이 유입되면서 조계의 도시 지역에서는 출판 사업이 매우 발전한다. 1850년 영자 신문이 발행되었으며, 최초의 중국어 신문은 1861년에 발행되고, 1911년 신해혁명을 전후로 상하이에서 발행되는 중국어 신문은 460종에 이른다. 1930년대 상하이 제사(製絲) 공장 노동자는 거의 모두가 여공, 동공(童工)이었으며 12시간의 노동을 하였다. 1932~1933년에 방직 공업이 상하이 시 총생산액의

〈교차로〉 중 샤오잉이 근무하는 방직공장

40%~50%를 차지하였다.(羅蘇文 2004, 279~280쪽) 1930년대 '올드 상하이' 에서는 황푸장(黃浦江)에 투신하여 자살하는 현상이 유행처럼 번져갔다. 1932년~1934년에 조사된 '올드 상하이' 의 자살상황통계표를 보면 자살자는 무직인 경우가 가장 많았으며, 그 연령대는 21세~30세가 단연 우세하였다.(上海市政府秘書處編 1936, 76~81쪽)

〈교차로〉에서 신문사, 방직공장은 영화의 주요 서사 공간이었으며, 프롤로그 쇼트에 화둥(華東)대학을 졸업하고 실업의 압박으로 황푸장에서 자살하려는 샤오쉬(小徐)의 스토리도 당시 '올드 상하이' 의 사회문제를 직접 반영한 경우이다.

해파는 중국 전통 문화 옹호자들의 견책을 늘 받아왔으며, 유가(儒家) 문화 엘리트들은 줄곧 상업을 도덕적 타락과 저속한 문화의 근원이라고 보았다.(王菊 · 趙念國 2005, 202쪽) 해파 문화는 도시 거주민의 일상생활에 뿌리내렸으며 순전히 중국적이지도 그렇다고 완전히 서양적이지도 않았지만, 외래(外來)한 다원문화(多元文化)를 수용하여 재탄생시킨 풍부하고 다채로운 문화적 함의를 담고 있다. 이 문화 공간에서 도시민의 소일거리 · 오락거리로 창작된 문학 작품은 '올드 상하이' 영화에 주요한 창작 소재를 제공해 주었다.

광서(光緖, 1875~1908) 말년에 상하이에서 시민 계층은 이미 소비의 주체가 되었다. 당시 상하이 문예계를 들여다보면 해파 문학을 대표하는 청말 '견책소설(譴責小說)', '원앙호접파(鴛鴦蝴蝶派)' 소설이 유행하고 있었다. 1921~1931년에 이르는 동안 중국의 각 영화제작소에서 약 650편의 극영화를 찍었다면, 대다수의 영화 제작에 '원앙호접파' 문인들이 참가하였고, 그래서 그들이 만든 영화를 '원앙호접파' 문학의 '복제판(複製版)' 이라고 할 정도였다.(程季華 1980, 56쪽)

상하이의 시민의식을 잘 반영한 현대 도시에 대한 비판을 청말 '견책소설' 에 나타난 서사 전통의 계승으로 본다면, 해파 문화의 산아(産

兒)인 '원앙호접파' 의 작품 중에서 가장 빼어난 장르는 남녀 간의 애정 소설이었다. 이들 소설의 서사 기획과 그 안에 묘사된 생활의 주요한 내용들은 영화에 고스란히 이식되어 자유연애, 신문광고, 법률자문, 서양 의사의 왕진 등의 영상 서사로 재현되었다.

중국 도시 문학의 문을 연 작가로 꼽히는 무스잉(穆時英)은 『상하이 폭스트롯上海的狐步舞』에서 '상하이는 지옥 위에 만들어진 천당' [8]이라고 적고 있다. 이 같은 기형적 근대가 이식되었던 도시로서 상하이는 이질적 공간(천당/지옥)이 병치되고 전쟁과 시한부 평화가 공존하는 시공간으로 묘사되어 있었다. 반(半)식민지의 산물인 조계 지역의 문화는 상하이의 도시 문화를 선도해갔으며, 중서(中西) · 고금 · 아속이 혼재하여 있는 이 역사 · 문화적 시공간에는 그로테스크한 문화 지형이 그려지고 있었다.

이 밖에도 『중국회화사中國繪畫史』를 보면 동치광서(同治光緒, 1862~1908) 년간에 상하이에서 그림으로 생계를 꾸리던 '해상화파(海上畫派)' 의 간칭을 '해파' 의 어원이라고 말하기도 한다. 이 화파(畫派)는 정통 화파의 창작 기법에서 벗어났지만 광고화, 신문삽화, 미인도 달력 등을 그렸으며, 신흥 미술 사조와 결합하여 수채화, 유화, 만화, 화극(畫劇) 등 각 분야에서 다채로운 활동을 펼치고 있었다. 그래서 '올드 상하이' 영화의 미장센 구성에 있어 해파의 상업화(商業畫)는 수많은 형식으로 배치되어 있다.

만청(晚清) 이후부터 '올드 상하이' 에 관한 각종 텍스트인 소설, 산문, 영화, 역사 기록 등에는 강렬하면서도 오래도록 사라지지 않을 그 공간에 대한 의식이 표현되어 있다. 여러 텍스트에서 부단히 중복된 담론에 의해 재단되고 복제된 '올드 상하이' 는 조계가 중심이 된 특

---

8) 작가는 장편 소설 『중국:1931中國:一九三一』을 계획하였지만 유산(流産)되고 그 일부는 소설로 발표되었다.

수한 타자(Other) 공간으로 나타난다. 난징루, 쓰마루(四馬路), 샤페이루(霞飛路) 등의 거리 및 길가의 백화점 건물, 커피숍, 댄스홀, 공원, 영화관, 경마장, 호화로운 호텔, 은행, 거리의 모던걸, 인력거, 자동차 등등은 상하이 정체성을 상징하는 불가결한 요소이며, 이러한 '재료'를 통해서 이국적 정서를 만들어 내기도 하지만, 그 이면을 보면 색정적이며 도덕적으로 타락한 기형적 도시 형상이 도사리고 있다.(陳曉蘭 2006, 162쪽)

3_ 영상 서사 기획과 공간 알레고리

2005년 중국영화 100년을 맞아 선정한 중국영화창작사 '백년 동안의 100편의 명작 영화(百年100部名片)'에서 1930년대 작품은 모두 10편이다.[9] 이 10편의 영화는 죄다 상하이영화이며[10] '사회문제를 다룬 영화(社會片)'로 유형이 분류되어 있다. 〈신녀〉, 〈제자의 범행〉, 〈거리의 천사〉, 〈교차로〉는 비교적 직접적 · 전면적으로 도시 공간으로서 상하이의 문제에 주목한 영화이다. 그래서 상하이의 사회문제는 서사

---

9) 우수 영화로 선정된 상하이영화는 본문의 4편 이외에 〈자매姊妹花〉(1933), 〈봄누에春蠶〉(1934), 〈어부의 노래漁光曲〉(1934), 〈대로大路〉(1935), 〈고난 속의 아이들風雲兒女〉(1935), 〈야반가성夜半歌聲〉(1937)이다(『中國電影年鑑 2006』). 〈자매〉는 10편의 영화 중 유일하게 '애정윤리영화(愛情倫理片)'로 분류되고 상하이의 도시 공간 형상이 적극적으로 반영되지 않고 스토리 구성의 기표로서 작동하고 있다. 〈봄누에〉, 〈어부의 노래〉는 상하이 주변의 농어촌 문제를 다루면서 상하이는 영상 밖에 있는 의미 상징으로 기표되어 있다. 그렇지만 〈대로〉, 〈고난 속의 아이들〉은 항일(抗日)의 문제를 영화에 끌어들여 상하이의 영상 공간을 분석하는 대상으로 적절치 않다고 판단된다. 〈야반가성〉은 다른 분류 기준으로 보면 '공포영화'로 볼 수 있으며 여기서도 에필로그에서 항일의 문제를 다루고 있다. 따라서 도시 공간이 기표가 되는 상하이영화의 정체성을 살피는 자료로서 적합하지 않다고 생각한다.

10) 『上海電影志』, 『上海電影百年圖史』에서 모두 상하이영화로 분류하여 명시하고 하고 있다.

기획의 구심력으로 작동하고 있으며, 상하이 도시 공간이 재현된 영상은 우화(allegory)적 기표로서 그 몫을 하고 있다.

분석 대상인 영화 4편을 주요 서사 내용과 결부된 인물 계층에 따라 다음과 같이 나눌 수 있다. 〈신녀〉와 〈거리의 천사〉는 도시하층민들이며 〈제자의 범행〉과 〈교차로〉는 청년 지식인들이다.[11] 이들은 모두 '실업(구직)' 의 문제로 고통을 받고 있으며 서사를 매개하는 문제적 사건으로 살인과 자살이 일어난다. 〈신녀〉에서 롼싸오(阮嫂), 〈제자의 범행〉에서 타오젠핑(陶建平)은 살인을 하고 각각 선량한 교장이 학부모(〈신녀〉)와 제자(〈제자의 범행〉)를 감옥으로 면회하러 간다. 〈거리의 천사〉에서 샤오윈(小雲)은 살인을 당하고, 〈제자의 범행〉에서는 리리린(黎麗琳)이 산후 후유증으로 사망하고, 〈교차로〉에서 샤오쉬(小徐)는 실업의 고통으로 자살을 한다. 이처럼 이들 영화의 서사 공간에서는 상하이의 문제적 사회 현실을 고스란히 반영한 '살인' 과 '사망' 이 서사 기획에 따라 스토리의 중심에서 작동하고 있다.[12]

보다 세부적으로 겹치는 부분을 지적하여 보면 롼싸오(기녀)는 건달 장두목을 살해하지만(〈신녀〉), 샤오윈(기녀)은 남자 술집 주인(琴師)의

11) '올드 상하이' 영화의 인물 분포 상황

인물구성 \ 작품명	「신녀」	「제자의 범행」	「거리의 천사」	「교차로」
지식인청년		●	●	
기녀	●		●	
가녀			●	
악사(琴)			●	
취주악대 나팔수			●	
회사원		●		●
노동자		●		●
교장	●	●		
경찰	●	●	●	
이발사			●	
과일장수			●	
포주			●	
건달	●			
서양 의사		●	●	
신문팔이			●	
거지				●
좌판상인			●	

칼에 찔려 사망한다(〈거리의 천사〉). 사회 하층민인 기녀의 살인과 사망의 원인은 부랑자와 건달의 부당한 요구에서 비롯되었다. 롼샤오는 경찰의 검문을 피하려다 장두목의 손아귀에 걸려들었고, 샤오윈은 머지않아 숨을 거두면서도 경찰에 대한 심각한 적대감을 드러낸다.

1930년대 '올드 상하이'에서 기녀와 부랑자(건달), 경찰로 묶이는 인물 구성은 도시 상하이의 어두운 단면을 사실적으로 부각시키기 위한 서사적 기획에 의해 배치된 경우이다. 한편 감독의 서사 기획에 따라 영화에 등장하는 서양 의사, 변호사를 반면 성격의 캐릭터로 설정하여 '올드 상하이'가 상징하는 '근대'를 부정적 이미지로 알레고리화하고 있다. 이른바 근대 문화의 혜택이라고 할 수 있는 서양식 진료, 법률 서비스를 받는다는 것은 영화에서 화중지병(畵中之餠)과 같았다. 그래서 그 '비용' 때문에 살인을 하거나(〈제자의 범행〉) 사망할 수밖에 없는 상황(〈거리의 천사〉)으로 현실의 영상 서사적 재구성이 기획되었던 것이다.

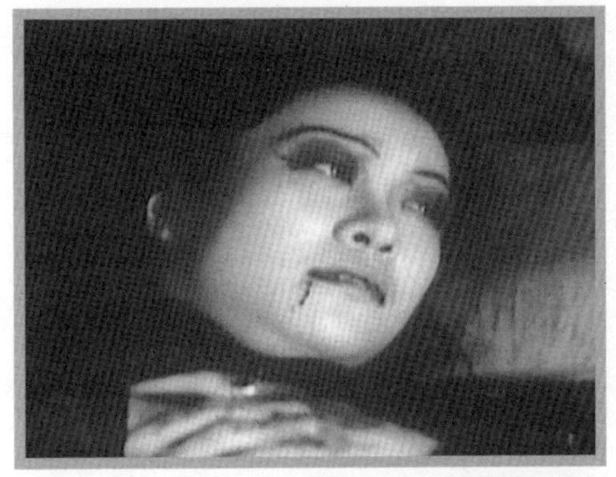
〈거리의 천사〉에서 포주의 칼을 맞고 위독한 샤오윈

〈제자의 범행〉에서 죽어가는 아내와 병원비를 구하지 못해 절규하는 남편

12) '올드 상하이' 영화의 주요 서사 문제

주요 서사 / 작품명	실업	애정	살인(자살)	법률	서양 의사 왕진	교육	구직
「신녀」	●		●	●		●	●
「제자의 범행」	●	●	●	●	●	●	●
「거리의 천사」	●	●	●	●	●		
「교차로」	●	●	●			●	●

애정 문제는 모두 3편의 영화에서 다뤄지고 있다. 〈제자의 범행〉에서 건축공예학교 동창인 타오젠핑 · 리리린은 낭만적인 사랑을 하여 결혼을 하지만 살인자와 망자가 되어 이별을 한다. 〈거리의 천사〉에서 천샤오핑(陳小平) · 샤오훙(小紅)은 조촐한 결혼잔치를 벌이지만, 라오왕(老王)은 왕진비를 마련하지 못해 사랑하던 샤오윈을 속수무책으로 떠나보내야만 한다. 반면에 〈교차로〉에서 라오자오(老趙) · 양쯔잉(楊芝瑛)은 모두 실업자임에도 불구하고 그들의 사랑의 미래는 희망으로 '예측(懸念, suspense)' 할 수 있다. 이 밖에도 이상 네 편의 영화에서 '사회문제' 는 감독의 서사 기획에 따라 스토리 라인의 중심축으로 작동하고 있다.

이 영화들의 주제와 주요 인물의 계층은 각각 다르지만 쇼트, 미장센 혹은 시퀀스에 동일하게 현상되는 그림이 있다. 그 화면의 내용은 도시 군중, 양복, 넥타이, 모던 치파오, 시계, 여배우 사진 달력, 파마머리 모양, 중절모, 잉크, 펜촉, 학교 졸업장, 가죽구두(남자), 거울, 신문사 윤전기, 미키마우스 인형(당시 상하이에서 이 애니메이션이 상영되었다), 유화를 끼워 넣은 액자, 데생용 석고상, 서양 여자아이 인형, 학사모를 쓴 남자 인형, 타자기, 연미복, 드레스, 가로등, 승용차, 전차, 통기타, 엘리베이터, 수돗물, 전화기, 고층 건물 등이다.

주목되는 서사 공간은 교차로, 골목길, 사무실, 공장 주변, 방직 공장의 작업실, 전당포, 호텔, 상점의 쇼윈도, 화실, 교차로, 신문사, 초등학교, 도박장, 이발소, 술집, 조선(造船) 공장이며, 이런 서사 공간은, 인물의 전형(典型) 공간이 아닌 하나의 기표로서 상하이를 상징하고 있다. 여기서 알 수 있듯이 영상에 현상된 상하이라는 이 '큰 창고' 에는 그 공간에서 필요로 하는 건축물, 지역, 거리 등이 의식적으로 선택되어 있다. 이는 사실적 형상의 영상 공간으로의 단순 이동이 아니라 영화 속 인물의 계층, 직업, 정신세계, 사회 현실 등을 상징적으로 표현하기 위해 영상 서사 미학적 재구성의 단계를 거친 것이다. 부단히 묘사되고 있는 건축물도 일정한 윤리와 문화적 상징의 의미가 있다.

건축사학가들은 '현실 속의 건축은 윤리적 기능이 있다' 고 입을 모아 말하고 있다. 자오신산(趙鑫珊)은 '건축은 한 편의 철학적인 시' 이며, '인성(人性)의 공간화와 응고' 라고 말한다.(趙鑫珊 1998, 9쪽) 그래서 영상 속의 도시 공간 및 그 구성 요소인 건축물과 도로에도 시네아티스트의 풍부한 사상과 감정이 담겨 있다고 볼 수 있다.

이처럼 조계, 해파, 도시 문화가 구현된 물적 형상은 상하이를 작위적(artificial)으로 알레고리화하면서 영화의 영상에 재구성되어 서사적 · 미학적 의미로 작동하고 있다.

4_ 올드 상하이 · 상하이 · 영화

오스발트 슈펭글러(Oswald Spengler)는 『서유럽의 몰락Der Untergang des Abendlandes』에서 "인류의 모든 위대한 문화는 모두 도시에서 이룩되었다. 제2대의 우수한 인류는 도시를 잘 만드는 동물이었으며, 이것은 세계사의 실질적인 표준이고, 이 표준은 인류사의 표준과 다르며, 세계사는 인류의 도시시대사(都市時代史)이다. 국가 · 정부 · 정치 종교 등등은 인류 생존의 기본 형식인 도시에서 발전되고, 그 바탕에서 부연되지 않은 것이 없다."라고 서술하고 있다.(忻平 1996, 19쪽)

근대 도시로서 상하이는 서양의 타자로서 그 모습이 만들어졌으며, 그 공간에서 고금과 동서는 착종 · 혼성적 양상으로 그 발전의 궤적을 밟아왔다. 그래서 1930년대의 '올드 상하이' 는 역사 문화적 상황이 착종 · 혼성되어 나타난 다양한 영상으로 재현, 재구성되는 도시 공간이었다.

19세기 중엽 이후부터 상하이는 특수한 도시로서 서양 사람이 상상하고 있는 시야에 진입하였고, 엘리트 지식인과 통속 문학 작품의 주제가 되었다. 하지만 동서양 작가는 '올드 상하이'를 혼란하고 무질서하며, 자유롭고 방종한 도덕의 황무지로 표현하고 있다. 이 특성은 상상 중의 '이국'과 밀접한 관련이 있으며, 아울러 중국과 서양 정통 문화의 이질성이 하나로 융합되어 중국과 서양 작가들이 인식하는 '올드 상하이'의 지배적인 요소로서 작용하고 있다. 서양인의 상상 속에서 타자로서 자리한 중국의 특정 도시인 '올드 상하이'에는 19세기 이후부터 서양 사람의 동방 이역(異域)에 대한 상상 속에서 타자화된, 즉 발달한 서양의 공업 문명과 도시 문명에 대립하는 농업 문명 및 그것과 상관된 모든 부정적인 가치, 예를 들어 정치부패, 과학기술의 낙후, 원시, 야만, 미개화 등의 인식이 전형적으로 담겨 있었다.(陳曉蘭 2006, 253쪽)

1990년대에 중국, 홍콩, 타이완에서는 '올드 상하이'를 배경으로 한 영화가 제작된다.[13)] 이들 영화에서 재구성된 '올드 상하이'는 감독들에게 영상 소비 상품으로 타자화된 공간이었다. 그래서 스크린 속의 상하이는 '올드 상하이영화'와 다른 재현 양상을 보이고 있으며, 감독들이 문제에 접근하는 방식도 다르다. 또한 현재의 시각에서 '올드 상하이'의 문제를 진지하게 다시 보는 쪽이 아니라 '올드 상하이영화' 속에 담아냈던 '상하이적인 것'과는 차별적인 영상 서사로 나타나고 있다. 우선 단편적인 경우만을 보더라도 '올드 상하이영화' 처럼 관객학적 차원의 서사 기획에 따라 대단원을 '예측'으로 남기고 그

13) 그 영화로는 〈상해탄上海灘〉, 〈경성지련傾城之戀〉, 〈화양연화花樣年華〉, 〈홍진滾滾紅塵〉, 〈하일군재래何日君再來〉, 〈완령옥阮玲玉〉, 〈반생연半生緣〉, 〈화혼畵魂〉, 〈해상구몽海上舊夢〉, 〈레드 로즈 화이트 로즈紅玫瑰與白玫瑰〉, 〈인약황혼人約黃昏〉, 〈상하이탈출逃亡上海〉, 〈상하이 기사上海紀事〉, 〈상하이 트라이어드搖啊搖, 搖到外婆橋〉, 〈풍월風月〉, 〈나의 피 나의 사랑我血我情〉, 〈신상해탄新上海灘〉, 〈마영정馬永貞〉, 〈자줏빛 나비紫蝴蝶〉, 〈자스민 여인들茉莉花開〉, 〈홍색 연인紅色戀人〉 등이 있다.

영상의 여운에서 상하이 현실에 대한 문제의식을 자각할 수도 있었던 과거와 같은 시각을 제공하지는 못하고 있다.

1990년대 영화에서 재현된 '올드 상하이'는, 단지 타자화된 소비 상품으로 향유할 수 있는 공간이며 향수하고픈 관객의 시각적 욕망을 충족시키고 있을 따름이다. 그래서 '올드 상하이'를 재현하고 영상으로 재구성한 영화일지라도 '상하이영화'라는 개념의 범주에서라면 각별한 분석 기준 및 특정한 경계 속에서 조심스럽게 명명되어져야 할 것이다.

중국에서 첫 영화는 1896년 8월 11일 상하이의 자베이 탕자룽(閘北唐家弄) 개인집 화원인 쉬위안(徐園)의 찻집 유이춘(又一村)에서 상영된 서양그림자극(西洋影戲)이었다. 이후 1930년대에 이르러 '올드 상하이'는 영화의 제작 · 상영 · 배급 등 중국영화사에서 기념비적 자취들이 풍성한 역사 · 문화적 시공간으로 그 자리를 잡아갔다. 상하이의 영화 배급 경로를 보면 1930~40년대에는 영국과 미국영화가 점령하고 있었다. 자료에 따르면 1933년 한 해 동안에 제작된 중국영화는 89편이고 중국에 수입된 장편 극영화는 421편이었으며, 그중 미국영화가 309편으로 수입영화의 73.4%를 차지하였다. 1934년에 제작된 국산영화는 84편이고 수입된 외국영화는 407편이었으며, 그 중 미국영화가 345편으로 전체 수입량의 84.8%이다.(《上海電影志》編輯委員會編 1999, 596쪽) 당연히 소비 상품으로서 영화의 상업성이 고려되었다면, 모방은 필수적이었다고 추정해 볼 수 있다. 구(舊) 중국에서 도시 문화의 꽃을 피웠던 상하이는 1930~40년대에 중국 영상 산업의 중심 거점으로서 "1949년 이전의 도시영상사(都市映像史)는 '영상 상하이'의 역사에 다름이 아니다"라고 할 정도이다.(楊遠嬰 2006, 120쪽) 그만큼 상하이라는 도시 공간은 영상 속에서 기표이면서 리얼리티의 기능을 담보하고 있는 미학적 의미로도 작동할 수 있는 조건 속에 존재하고 있었다.

무성영화 시기인 1913~1931년 동안 모두 722편의 영화가 상하이에 있는 영화제작소에서 제작되었다. 이런 추세를 타고 영화 산업은 급속도로 발전하다가 1931년 9 · 18사변과 이듬해 1 · 28 상하이 사변으로 30개의 영화제작사가 문을 닫는다. 그럼에도 불구하고 1932~1937년 동안 상하이의 영화제작사에서는 442편의 극영화를 제작한다. 1937년 쑹후 대전을 치르고 나서 상하이 조계는 '외딴 섬' 으로 남게 되지만, 그동안(1938~1941)에도 무려 100여 편의 극영화를 제작한다. 당시 베이징의 영화제작소에서는 1926년부터 1948년까지 통틀어 고작 27편의 영화가 제작되었고(《北京電影錄》編纂委員會編, 1999, 366~367쪽), 1931년 둥베이(東北)가 일본군의 손아귀에 넘어가면서 만저우영화협회(滿洲映畵協會)도 1930년대(1933~1937)라면 건립 시기에 해당하여 일정한 작품 편수를 기대하기 어려운 실정이었다.[14] 특정 지역에서 창작된 작품의 편수만을 본다면 1930년대의 '올드 상하이' 영화도 할리우드 영화처럼 '올드 상하이영화' 로 명명할 수도 있을 것이다. 그러나 시공간을 뛰어 넘어 '상하이영화' 로 규정될 만한 포괄적인 명명의 조건은 성립되지 않고 있다. 단적으로 말해서 21세기의 상하이는, 우선 조계 지역이 아니며 이념적 · 민족적 갈등의 성격도 그때와 판이하고 전쟁의 상황도 아니다.

현재 중국에서 일반적으로 명명되는 '상하이영화' 는 기본적으로 상하이 소재 영화제작소에서 제작한 영화, 혹은 다른 지역의 영화제작소와 합작하여 만든 영화를 가리키고 있다.『상하이영화지』에서 신시기 극영화로 선별한 영화는 모두 상하이에 주소지를 둔 영화사와

---

14)『滿映－國策電影面面觀』(中華書局, 1990)을 보면 만저우영화협회(滿映)의 건립' (1933~1937), 만저우영화협회 초기 활동, 만저우영화협회 발전기' (1940~1942), '만저우영화협회의 후기 생산' (1943~1945), '만저우영화협회의 해체' (1945. 8~10)로 목차가 구성되어 있다.

관련이 있다. 이를 두고 보면 '상하이영화' 라는 개념을 폭넓게 사용할 수도 있지만, 그 개념 규정의 논거에 상응하는 보편타당한 기준들이 반드시 있어야 할 것이다. 다시 말해서 '1930년대' 혹은 '올드 상하이' 등의 제한적 경계를 분명히 그어야 한다는 말이다.

장르 이론은 예술 발전 과정 중의 필연적인 산물이다. 왜냐하면 인류는 성질이 서로 근접한 사물을 유형화하는 습관이 있기 때문이다. 분류(classification)는, 사실 적립적(accumulative)이고 역사적(historical)이며 통시적(diachronic)인 활동이다. 시간의 침전이 있어야 사물은 점차 유형화될 수 있다. '올드 상하이' 는 각종 할리우드식의 분류에 근사(近似)한 장르영화가 실험되고 발전하던 무대이며 1905년부터 1949년까지 장르영화의 창작 실천이 중단된 적이 없었던 중국 초창기 영화 장르 생성과 변천의 대본영이었다.(李道新 2004, 39쪽) 그래서 〈거리의 천사〉를 중국영화사에서 장르영화로서 뮤지컬 영화의 실험 작품으로 평가하기도 한다. 그러나 이런 이론 문장에서 파악되는 명명에 대한 논거는 할리우드 장르영화의 이론의 지엽과 일부 겹치는 부분이 있을 뿐이며, 이는 특정 이론에 중국영화를 끼워서 맞추려는 시도로서 '라오 상하이 영화만의 것' 을 규정하는 논단에서라면 비(非)창의적으로 보여진다.

결국, 1930년대 '올드 상하이영화' 는 영화 선진국에서 수입된 영상기법을 적극적으로 수용하고 '조계', '해파', '도시' 문화가 뒤섞여 그것을 상징하는 문화적 요소의 구현물들이 영상의 안팎으로 반영·재현·재구성된 영화라고 할 수 있다. 그리고 그 영화에는 '올드 상하이' 의 사회문제를 드라마틱한 서사의 중심에 놓고 스토리를 전개시켜 가면서 동서고금을 넘나드는 혼성다종(混性多種)한 상하이적 문화의 물적 구현물(具現物)들을 문제적 쇼트, 미장센, 시퀀스에 배치시켜서 그것이 하나의 기표가 되고, 그러면서 '상하이적인 것' 을 표상하는 의미 있는 서사로 작동하고 있다. 동시에 이 영상 서사 기표는 단일한 알레고리적 차원을 넘어 '올드 상하이영화' 만의 그 무엇인 '정체성' 으로 질적인 변화를 거쳐 그 심미적 작용을 하고 있다.

참고문헌

沙似鵬 主編(2003),『上海名縣志』, 上海社會科學院出版社, 上海

沈宗洲 傅勤(2002),『上海舊事』, 學苑出版社, 北京

中國的租界 編委會(2004),『中國的租界』, 上海古籍出版社, 上海

[法]白吉兒 著, 王菊 · 趙念國 譯(2005),『上海史:走向現代之路』, 上海社會科學院出版社, 上海

羅蘇文(2004),『上海傳奇』, 上海人民出版社, 上海

陳伯海 主編(2001),『上海文化通史 下卷』, 上海文化出版社, 上海

編纂委員會(2002),『上海百年文化史』, 上海科學技術文獻出版社, 上海

程季華 主編(1998),『中國電影發展史 第一卷』, 中國電影出版社, 北京

上海市政府秘書處 編(1936),『上海市市政報告1932~1934』, 漢文正楷書局, 上海

陳曉蘭(2006),『文學中的巴黎與上海-以左拉和茅盾爲例』, 廣西師範大學出版社, 桂林

編纂委員會編(1990),『上海電影志』, 上海社會科學院出版社, 上海

楊金福 編著(2006),『上海電影百年圖史1905~2005』,文匯出版社, 上海

卡斯騰 · 哈里斯 著, 申喜嘉·陳朝暉 譯(2001),『建築的倫理功能』, 華夏出版社, 北京

趙鑫珊(1998),『建築是首哲理詩一對世界建築藝術的哲學思考』, 百花文藝出版社, 天津

忻平(1996),『從上海發現歷史-現代化進程中的上海人及其社會生活1927-1937』, 上海人民出版社, 上海

楊遠嬰主編(2006),『中國電影專業史 硏究一中國文化卷』, 中國電影出版社, 北京

中國電影年鑒社 編(2006),『中國電影年鑒 2006』, 中國電影年鑒社, 北京

北京電影錄 編纂委員會編(1999),『北京電影錄』, 北京出版社, 北京

李道新(2004),『中國電影的史學建構』, 中國廣播電視出版社, 北京

■ ■ ■

상하이에 관한 기억과 '역사들'의 재현

임 춘 성

이 글에서는 '기억'과 '역사들'을 키워드로 삼아 상하이인의 정체성 고찰의 일환으로 펑샤오롄(彭小蓮) 감독의 '상하이 삼부곡'이라고 불리는 〈상하이 여인들〉, 〈아름다운 상하이〉, 〈상하이 룸바〉를 대상으로 분석했다. 펑샤오롄은 상하이와 상하이인을 집중적으로 조명하면서도 상하이 노스탤지어와는 일정한 거리를 두면서 상하이에 대한 다양한 기억과 역사들을 끌어내고 있다. 〈상하이 룸바〉를 대상으로 1940년대의 역사와 기억을, 〈아름다운 상하이〉를 대상으로 문혁 트라우마(trauma)를, 그리고 〈상하이 여인들(또는 감각 없는 척)〉을 대상으로 1990년대 상하이 여성의 이혼과 주거 문제를 다루었다.

1_ '상상된 노스탤지어'

1920~30년대 국제적 수준에 올랐던 중국의 자본주의는 사회주의 중국 30년 동안 '숨은 구조(hidden structure)' 로 억압되었다가 개혁개방 시기에 들어 부활한다.[1] 1990년대 중반 이후 중국 전역에서 일어난 '상하이 노스탤지어 붐(上海懷舊熱)' 은 그 부활의 한 형태라 할 수 있다. 그것은 사회주의 이전의 상하이, 특히 1920~30년대 상하이, 즉 '올드 상하이' 를 주요 대상으로 삼고 있다.

상하이 노스탤지어는 1990년대 이래 중국 전역을 풍미하고 있는 중요한 문화현상 중의 하나이다. 천쓰허(陳思和)는 이런 문화현상을 비판적으로 고찰하면서 상하이 노스탤지어의 전개과정을 세 단계로 나눈 바 있다. 첫 단계는 재미 화가이자 영화감독인 천이페이(陳逸飛)의

상하이 노스탤지어의 효시가 된 천이페이의 그림의 하나 '다리'

---

1) 한 가지 문화전통이 다른 문화전통에 의해 억압되어, 표면적으로는 소멸되었지만 '숨은 구조' (hidden structure)의 형식으로 심층에 숨어 있다가, 새로운 환경에서 회복 내지 부활하는 현상을 '근현대 전통의 부활(the revival of the modern tradition)' 이라 명명할 수 있다(林春城 2005, 341~342쪽)

회화에서 비롯되었다. 그가 1984년 장쑤(江蘇)성 저우좡(周庄)의 쌍교(雙橋)를 제재로 삼아 그린 〈고향의 추억故鄕的回憶〉과 상하이 여성을 그린 〈해상구몽海上舊夢〉 및 〈심양유운潯陽遺韻〉 등은 서양세계의 애매한 동방 환상을 환기시킴으로써 상하이 및 인근 지역의 관광붐을 불러일으킨 바 있다. 둘째 단계는 올드 상하이를 배경으로 삼은 영화다. 천이페이[2]의 〈인약황혼人約黃昏〉(1995), 장이머우(張藝謀)의 〈상하이 트라이어드搖啊搖, 搖到外婆橋〉(1995), 천카이거(陳凱歌)의 〈풍월風月〉(1996)은 상하이 노스탤지어를 대중적으로 확산시킨 영화로 일컬어진다. 그러나 이들 영화에서 재현된 상하이 형상은 순수하고 소박한 올드 상하이가 아니라 동방 상하이에 대한 서양 문화시장의 식민 상상에 영합한 것이라 할 수 있다. 셋째 단계는 1980년대 장아이링(張愛玲) 붐과 1995년 그의 죽음으로 인해 다시 한 번 일어난 장아이링 읽기 붐이다.(陳思和 2003, 380쪽)[3] '서양 문화시장의 식민 상상'에 영합하지 않는 '순수하고 소박한 올드 상하이'라는 문제

장이머우의 〈상하이 트라이어드〉

천카이거의 〈풍월〉

천이페이의 〈이발사〉

2) 천이페이는 최근 우쓰위안(吳思遠)과 함께 〈이발사理髮師〉를 감독했다. 이 영화는 이발(미용)사 루핑(陸平)의 개인적 삶과 사랑을 통해 항일전쟁부터 해방전쟁까지 약 10년간 상하이와 인근 마을의 역사를 재현하고 있다. 또한 천이페이는 신톈디에 자신의 화실을 개설하기도 했다.

3) 여기에 신톈디(新天地)의 스쿠먼(石庫門)과 헝산루(衡山路)의 카페 등을 더하면 1990년대 올드 상하이 노스탤지어의 목록이 완비될 것이다.

의식은 천쓰허의 글쓰기 목적, 즉 왕안이가 『장한가長恨歌』(1995)에서 말한 '도시 민간 서사'의 의미에 부합된다.[4] 물론 대중문화가 범람하는 상업시장에서 문학예술의 가치를 수호하려는 천쓰허의 기본 입장에서 비롯된, 문학예술과 대중문화를 변별하려는 그의 이분법적 태도와도 긴밀하게 연계되어 있다.

올드 상하이 노스탤지어 현상을 전지구화와 지역성의 문제, 현상과 담론이라는 문제의식으로 고찰한 박자영(2004)의 논의는 주목을 요한다. 그는 올드 상하이 노스탤지어의 전국적 유행의 중요 발단을 1990년대 중반 영화와 문학에 재현된 올드 상하이 형상에서 찾는다. 그리고 전지구적 현상으로서의 노스탤지어에 대한 담론들[5]을 점검한 후, 상하이 노스탤지어에 관한 중국계 미국학자 리어우판(李歐梵)과 장쉬둥(張旭東)의 논의를 비판적으로 분석하고 있다. 그에 의하면, 올드 상하이는 부르주아 공간을 안전하게 소비하고자 하는 욕망(박자영 2004, 99쪽)과 결합되어 1990년대 상하이 거주민들이 겪어보지 못했던, 존재하지 않았던 것에 대한 '상상된 노스탤지어'를 제공한다는 것이다. '상상된 노스탤지어'란 아르준 아파두라이(Arjun Appadurai)가 제기한 개념으로, '고향으로 돌아가고 싶어 심신이 아픈 상태'란 뜻의 '노스탤지어'의 본래적 의미와는 거리가 있다. 그것은 주로 대중 광고에서 활용하는 전략인데, "결코 일어난 적이 없는 상실의 경험들을 만들어 냄으로써 광고들은 '상상된 향수(imagined nostalgia)'라고 불릴 만한 것, 다시 말해 결코 존재하지 않았던 것에 대한 향수를 만들어내고 있다. 이런 이유에서 이 상상된 향수는 판타지의 시간적 논리(주체에게

4) 천쓰허의 글에서 '순수하고 소박한 올드 상하이' 문제의식에 1920~30년대의 혁명 기억과 1949년 이후 사회주의 개조 및 건설의 맥락이 포함되어 있는지는 분명치 않다.

5) 터너(Bryan S. Turner)의 '의도적인 노스탤지어', 로버트슨(Roland Robertson)의 '전지구적 제도화', 제임슨(Fredric Jameson)의 '소비주의적 노스탤지어', 아파두라이(Arjun Appadurai)의 '상상된 노스탤지어' 등.

일어날 수 있거나 일어날 법한 것을 상상하라고 가르치는)를 뒤집고, 단순한 선망이나 모방, 욕심이 만들어낼 수 있는 것보다 한층 더 깊은 소망들을 창조하는 것이다." (아파두라이 2004, 140쪽)

노스탤지어의 상기는 상하이에만 국한된 현상이 아니다. 그것은 도시민의 소비욕망을 겨냥하는 전지구적 자본주의가 지닌 상업전략의 핵심이기도 하다. 그것은 역사와 기억을 소비 상품으로 유통시킨다.[6] 그래서 수많은 중국인들은 부자의 꿈을 안은 채 공부를 하고, 주식과 부동산 투자를 하며 살아간다. 이는 또한 사회주의 이전의 자본주의 착취에 대한 '기억이 배제된 노스탤지어'[7]이기도 하다. 그러기에 상하이 노스탤지어 현상은 탈역사적이고 탈영토적이다.

그러나 잊지 말아야 할 것은, 노스탤지어 현상 이면에 존재하는 소수자(minority) 또는 타자화(othernization)에 대한 '역사들'과 '또 다른 기억'이다. 그것은 노스탤지어의 주체들[8]에게는 지워버리고 싶은 역사들이고 '망각하고 싶은 기억'이다. 개혁개방과 '사회주의 현대화'의 구호에 가려진 '중국적 마르크스주의'의 실험이 전자를 대표한다.

6) "향수를 깨우치려는 노력은 현대적인 판매 전략의 핵심적인 특징" (아파두라이 2004, 139쪽)

7) "세계화의 지속적인 흐름 속에서 필리핀인들은 그들이 결코 잃어버린 바가 없는 세계를 되돌아보고 있다. (…) 미국적인 향수가 유지될 수 있는 것은 능력을 뛰어넘는 수준의 재생산에 대한 필리핀인들 특유의 욕망 때문이다. 그런 이유로 여기에서 우리가 목도하는 것은 기억이 배제된 향수이다. 이 역설은 역사적인 기원을 갖는다. 그리고 그 배후에는 필리핀에 미국을 선교하고 필리핀을 정치적으로 약탈한 역사가 존재한다. 그 결과의 하나는 미국인인 체하는 민족 그리고 마닐라의 슬럼가가 확장되고 몰락하는 동안 피아노를 연주했던 주연 여배우를 그토록 오랫동안 관대하게 보아온 민족의 창조였다." (아파두라이 2004, 55~56쪽)

8) 상하이 노스탤지어의 주체는 우선 상하이 거주민들(Shanghai residents)이고, 확대하면 전체 중국인들이다. 1980년대 이후 상하이 거주민들은 대략 세 부류로 나눌 수 있다. 우선 1980년대 이전부터 상하이에 거주한 사람과 1980년대 이후 상하이로 이주한 사람으로 나누고, 후자는 다시 상하이 호구를 취득한 사람과 그렇지 않은 사람으로 나눌 수 있다. 첫 번째 부류를 라오(老)상하이인, 두 번째 부류를 신(新)상하이인이라 할 수 있고, 세 번째 부류를 유동인구라 할 수 있다.

면, '동방의 파리' 라는 기표에 가려진 소외된 계층의 존재는 후자의 주요한 측면이다. 조계와 이민의 도시 상하이에서, 외국인은 중국인을 타자화시켰고[9] 똑같은 이민이면서 먼저 온 사람은 뒤에 온 사람을 주변화시켰으며[10] 중상층은 하층을 소외시켰고 자유연애와 모던 신여성의 등장에도 불구하고 남성은 여전히 여성을 억압했다.[11] 그리고 개혁개방 이후 시장은 혁명을 포섭했고 자본주의는 사회주의를 통합했다. 어쩌면 19~20세기 중국의 근현대 경험 가운데에서 "경험이라면 진저리가 날 정도인 생존자들의 현실 과거에서 경험이 배제된 순수 과거가 생기게" (아스만 2003, 15쪽) 되는 것일 수도 있다. 다시 말해 문혁으로 대표되는 사회주의 역사와 기억을 배제하다 보니 그 이전으로 돌아갈 수밖에 없게 된다. 그러나 이런 의문은 여전히 남는다. 설사 사회주의 실험이 실패했다 하더라도,[12] 사회주의 이외의 역사, 다시 말해 자본주의의 역사는 아름답고 순수한 기억일까? 이런 문제설정

---

9) 이에 대한 예증으로 훙커우 공원 앞에 놓인 유명한 팻말('중국인과 개는 출입금지')만으로도 충분할 것이다. 〈홍색 연인紅色戀人〉의 내레이터 닥터 페인(Payne)도 "very special privileges" 와 "It was a terrible time to be Chinese" 로 대비시킨 바 있다.

10) 호니그(Emily Honig)에 의하면 쑤베이인(蘇北人)이 상하이에 정착하려는 시도는 이미 자리잡고 있는 장난(江南)의 중국 엘리트집단과 외국 통제하의 시정부의 견제를 촉발했다. 쑤베이인은 중국 엘리트집단이 추구하는 모던하고 고아한 정체성에 위협이 되었고, 상하이 공부국은 그들이 이 통상항구의 모범 거주구라는 지위에 손상을 줄 것으로 생각했다. 중외 엘리트들에게 쑤베이인은 외인 또는 객민(客民)이었다.(Honig 2004) 좀더 구체적인 조사와 분석이 요구되지만, 상하이인의 정체성은 '닝보(寧波)인이 중심이 된 장난(江南)인이 쑤베이인을 타자화시키면서 형성되어간 것' 이라고 할 수 있겠다.(임춘성 2006, 300쪽)

11) 김정구(2004)는 계몽과 구망이라는 중국 근현대의 이중적 과제를 개인주의와 민족주의 담론으로 연결시키면서, "남성 지식인 중심의 민족 국가 이데올로기는 구망이 계몽을 압도하는 형태, 다시 말해 개인주의가 민족주의 속으로 포섭되는 양상으로 전개되었다" (99쪽)라고 진단하고 있다. 그리고 중국 내부에서 여성에 대한 타자화가 이루어져, 여성은 서유럽과 남성에 의해 이중적으로 타자화되었다. 이런 인식에 기초해 1930년대 상하이 도시 대중문화의 핵심적 요소였던 영화를 통해 남성 중심적인 단선적 근대성에 대한 비판적 독해를 시도하면서, 남성적 시선 속에서 재현된 여성 이미지에 대한 거슬러 읽기를 통해 탈식민 텍스트로서의 상하이 영화에 대한 가능성을 고찰했다.

(problematic)은 '순수 과거'의 밖에 존재하는 '현실 과거'를 되살리는 작업을 요구하게 된다. 그 작업은 때로는 기억을 위한 투쟁이 될 수도 있지만, 때로는 기억의 고통[13]을 수반하기도 한다. 거대서사에 대한 미시서사의 탐구, 정치사에 대한 생활사의 복원, 전통과 근현대의 중층성에 대한 고찰, 근현대성의 양면성에 대한 성찰, 탈식민주의적 접근[14] 등은 바로 이런 문제의식과 연결되어 있다. 그러나 이 기억 또는 망각의 과정에서 "현재는 오케스트라의 단원들을 지휘하듯 과거를 지휘한다."(아스만 2003, 19쪽)는 이탈로 스베보의 말을 염두에 두기로 하자. 역사와 기억의 고통에서 자유로운 '현재'는 도래 가능한 것일까? 어떤 한 가지 역사와 기억을 복원하게 되면 그로 인해 새롭게 고통받는 개인이 없을 것이라는 보장을 누가 할 수 있을까?

이 글에서는 상하이인의 정체성 고찰의 일환으로 펑샤오롄(彭小蓮) 감독의 '상하이 삼부곡'을 선택했다. 1953년생인 펑샤오롄은 후난(湖南) 차링(茶陵)인으로, 1982년 베이징필름아카데미(北京電影學院) 감독과를 졸업하고, 같은 해 상하이영화제작소에 입사했다. 주요 작품으

12) 실패라고 단정하는 것이 아니라 '가설'이다. 예를 들어 2001년 1월 출간된 『가오자 촌高家村』은 1949년부터 1990년대까지 한 농촌에서 일어난 일들을 르포 형식으로 기록했는데, 그 마을에서는 문혁 시기가 '10년 재난'이 아니라 교육 혜택이나 의료 혜등 등의 측면에서 역사상 가장 좋았던 황금 시대였다는 것이다.(이욱연, 「문혁, 영화 속 기억의 정치학」, 『영화로 읽는 중국』 한국중국현대문학학회 지음, 동녘, 2006, 206쪽 참조) 딜릭은 보다 래디컬한 질문을 제기한다. 오늘날 10년 재난이라고 일컬어지는 '문혁'을 한 개인의 권력 욕망으로 치부하는 해석을 넘어, 문혁의 원래 의도, 즉 자본주의에 대한 비판과 소련식 수정 사회주의에 대한 대안으로서의 성격을 간과해서는 안 된다는 것이다. (딜릭 2005, 제2장 「역사와 기억 속의 혁명들—역사적 관점에서 본 문화혁명의 정치」 참조)

13) 몸 속에 저장된 기억이 의식에 의해 전적으로 단절되었을 경우, 이를 우리는 트라우마(trauma, 정신적 외상)라 한다. 그것은 몸으로 캡슐화된 일종으로 경험으로, 증상으로 나타나고 회상할 수 있는 기억을 차단한다.(아스만 2003, 24쪽)

14) 탈식민주의 비평은 오늘날 전지구주의에 야합하여 혁명적 전망을 스스로 탈각시켰다고 비판되고 있다.(아리프 딜릭 2005, 제1장 「그린치는 어떻게 급진주의를 납치했나—탈혁명의 역사」 참조) 이 글에서의 '탈식민주의적 접근'은 혁명적 전망을 탈각시키기 이전의 초기 탈식민주의적 접근을 지칭한다.

로, 고등학생들의 건강하고 활발하며 풍부하고 다채로우며 단결의 모습을 보여준 〈나와 동학들我和我的同學們〉(1986), 미국 시민권을 가진 중국인 기자 궈사오바이(郭紹白)의 회상으로 진행되는 1948~49년 배경의 〈상하이 기사上海紀事〉(1998), 1990년대를 배경으로 모녀 삼대의 이혼과 주택에 관한 이야기를 다룬 〈상하이 여인들假裝沒感覺〉(2001), 화원양방(花園洋房)을 배경으로 캉(康)씨 부인과 그 자녀(2남 2녀)의 고난과 대단원을 그린 〈아름다운 상하이美麗上海〉(2003 제작, 2005 상영), 그리고 1940년대 말 상하이의 영화 〈까마귀와 참새烏鴉與麻雀〉(1949) 제작 과정과 상하이 영화인들의 삶과 사랑을 그린 〈상하이 룸바上海倫巴〉(2006) 등이 있다. 특히 뒤의 세 작품은 상하이의 전형적인 주거공간인 스쿠먼, 화원양방 그리고 서민아파트를 배경으로 삼아 상하이의 모습을 그리고자 했고, 이 세 작품을 '상하이 삼부곡'이라 한다.

지속적으로 상하이에서 활동하고 상하이와 상하이인을 집중적으로 조명하고 있으면서도 '상하이 노스탤지어'와는 일정 정도 거리를 두고 있다는 점이 그의 작품을 이 글에서 분석대상으로 선정한 주요 원인이다. 그의 작품을 통해 '상하이 노스탤지어'에서 지우고 있는 역

〈아름다운 상하이〉

펑샤오롄의 〈상하이 룸바〉 스틸

사들과 상하이 또는 상하이인에 대한 기억 또는 망각의 일단을 복원시키고자 한다. 논의의 편의를 위해 텍스트를 시간적으로 재배열하여 〈상하이 룸바〉를 대상으로 1940년대의 역사와 기억을, 〈아름다운 상하이〉를 대상으로 문혁 트라우마를, 그리고 〈상하이 여인들〉을 대상으로 1990년대 상하이 여성의 이혼과 주거 문제를 다루고자 한다.

2_ 1940년대 역사와 기억의 복원

펑샤오롄의 영화를 보노라면 같은 세대의 대표주자인 장이머우·천카이거와 달리, 화려하지 않다. 그리고 필모그래피에서 알 수 있다시피, 졸업 후 바로 '상하이영화제작소'로 배치되어 상하이를 집중적으로 재현하고 있다. 그의 화려하지 않은 영상은 다중(多衆)의 시선을 잡기에는 어렵겠지만, '보통 상하이 도시인의 일상생활'을 자연스럽게 묘사[15]하기에는 적합하다 할 수 있다. 특히 그동안 불 밝히지 않았던 어둠 속에 묻힌 기억[16]을 밝히기 위해 또 다른 촛불을 들이대는 것은 자신이 넘어서려는 메커니즘을 반복하는 우를 범하기 마련이므로, 그다지 밝지 않은 빛은 전체를 바라볼 수 있는 시좌를 마련해줄 수 있다는 점에서 그의 화려하지 않은 영상은 장점이 될 수 있다. 노스탤지어 붐이라는 촛불로 인해 더욱 어두워진 다른 역사들과 기억들을 밝

15) 감독의 '순기자연(順其自然)'적 스타일은 때로 '디테일의 진실성'을 훼손하기도 한다. 펑샤오롄은 〈상하이 여인들〉 창작노트에서 뤼리핑(呂麗萍)과 같은 원숙한 연기자에 대해 이렇게 말하고 있다. "이런 배우에 대해 나는 너무 많은 제한을 하지 않는다. 나는 그녀와 자주 이야기를 나누고 연기 연습을 한다. 그녀가 (등장) 인물의 감각을 찾고 나서 스스로 발휘하도록 그녀에게 자유로운 공간을 준다."(彭小蓮 2002, 96쪽) 그러나 원숙한 연기자라도 때로는 자신의 재능을 다 발휘하지 못할 수도 있다.

16) 베이컨의 '촛불효과': 우리가 구석으로 촛불을 들고 갈 때 방의 나머지 부분은 어두워진다.(아스만 2003, 533쪽)

혀주되 노스탤지어를 어둠에 묻어버리지 않을 정도의 빛이 필요하다. 왜냐하면 노스탤지어와 문화적 기억은 소재의 문제가 아니라 '구성'의 문제이기 때문이다.

'상하이 삼부곡'을 보기 전 '상하이 해방 50주년을 기념하며'라는 헌사를 달고 있는 〈상하이 기사〉를 먼저 보도록 하자. 이 영화는 동창쯤으로 보이는 세 남녀의 삶을 통해 해방 직전 상하이와 상하이인이 처한 상황을 환기하고 있다. 쑨원(孫文)의 사진을 걸어두고 부정부패를 행하는 국민정부의 고급관리, 이를 전복하려는 공산당과 지하운동원, 그리고 그 양자를 공정하게 보도하려는 자유주의자의 모습이 그것이다. 역사 기억과 결부시켜 우선 주목할 부분은 공산군의 상하이 입성 장면이다. 궈사오바이가 새벽안개 속에서 조용히 휴식을 취하고 있는 공산군의 모습을 발견하는 장면과 점령군이 분명함에도 고급장교가 음식점에 가서 쌀로 음식 값을 지불하는 장면 등은 해방과 해방군의 대의가 '숭고한 것'이었음을 우리에게 상기시키고 있다. 〈상하이 기사〉에서 펑샤오롄은 공산군의 상하이 입성 전후의 장면들을 재현함으로써 상하이 역사의 숭고했던 순간들을 환기시킨다. 사회주의 혁명, 특히 문화대혁명이 부정되거나 문화상품으로 소비되고 있는 현실에 대해 그 초심(初心)을 환기시키는 것이다.

그러나 쑨원의 지순했던 대의명분과 1940년대 말의 부패, 1949년 해방의 숭고함과 1990년대 중국 사회의 상황, 두 개의 근현대 국민국가의 초기 구상과 이후 진행 상황을 보여주는 이 두 쌍이 유비관계를 이루는 것인지는 별도의 논의가 필요하지만, 펑샤오롄이 1949년 해방 전후의 숭고했던 역사를 되살리고 있는 것은 분명하다.

삼부작의 마지막 작품인 〈상하이 룸바〉는 시간적으로 1940년대 말을 배경으로 하면서 1949년 쿤룬영화사(昆侖影業公司)가 제작한 정쥔리(鄭君里) 감독의 〈까마귀와 참새〉[17] 등의 영화제작과정을 재현하고 있다. 아울러 여성의 사회노동 문제가 중첩되어 있다. 영화는 국민당 정권의 어지러운 통치 시대였던 1947년 성탄절에 시작된다. 〈상하이 룸바〉는 일견 '상하이 노스탤지어'에 호응하는 것처럼 보인다. 몇 차례 등장하는 '댄스 홀'의 풍경이 그러하고 신여성의 '모던 치파오'가 그러하다. 그리고 〈마로지가馬路之歌〉와 〈십자로구十字路口〉 등 올드 상하이영화의 포스터와 자오단(趙丹)·황중잉(黃宗英)과 같은 영화인에 대한 노스탤지어로도 읽을 수 있다. 〈까마귀와 참새〉의 주인공 자오단은 평샤오롄이 가장 좋아하는 배우라고 한다.

〈상하이 룸바〉에 재현된 촬영장

17) 시놉시스: 1948년 겨울, 인민해방군은 화이하이(淮海)의 전투에서 승리하였고, 상하이 국민당 정권의 부하들은 두려움에 떨며 한층 더 악랄하게 인민들을 약탈하였다. 국민당 국방부 과장인 허우이바이(侯義伯)는 원래 건물주인 노장교 쿵유원(孔有文)이 아들을 신사군에 보냈다는 핑계로 상하이 골목의 한 건물을 점거하고 있었다. 허우이바이는 2층에 자신의 정부(情婦)인 샤오잉(小英)을 살게 하고 자신은 매주 토요일에 한 번 사업 투자를 논의하러 온다. 그는 팅즈젠(亭子間)을 중학교 교사인 화제즈(華潔之)에게 빌려주고, 사랑채는 '샤오광보(小廣播)'라는 별명을 가진 미국 제품을 파는 상점의 샤오(肖) 사장 부부에게 빌려주며 쿵유원은 좁은 후당으로 보내버린다. 국민당의 패배를 예감한 허우이바이는 타이완으로 도망가고자 집을 팔아서 돈을 챙기려 한다. 그는 세입자들을 내쫓으려 하지만 세입자들은 서로 다른 생각들 때문에 허우이바이와 단호하게 투쟁하지 못한다. 쿵유원은 신문사에 자리를 찾아봤으나 실패하고 돌아온다. 화제즈는 학교에 계속 머물고 싶었지만 특무교장은 그 대가로 방값을 원하며 그에게 학생운동을 제지하라고 하지만 화제즈는 이를 거절한다. 한편 샤오 사장은 자기가 똑똑하다고 생각하며, 가지고 있는 모든 금 장신구와 양약을 허우이바이에게 뇌물로 주면 황금투기사업으로 집을 살 돈을 마련할 수 있을 것이라 생각한다. 하지만 건달을 만나 다치게 된다. 쿵유원의 집도 허우이바이의 졸개들에 의해 부서진다. 화제즈는 학생운동을 선동한 죄로 붙잡혀 투옥되고, 허우이바이는 또 기회를 틈타 화부인을 희롱하며 샤오 사장이 바친 뇌물을 챙긴다. 세입자들은 더 이상 참을 수 없어서 허우이바이와 투쟁을 하기로 단결한다. 허우이바이는 경찰에게 사람들을 잡아가라고 전화를 했다가 국민당 정권이 산산이 무너지고 말았다는 소식을 듣게 된다. 허우이바이는 샤오잉을 데리고 허둥지둥 달아나고 화제즈는 집으로 돌아온다. 섣달그믐 저녁, 세입자들은 함께 모여 저녁밥을 먹는다. 폭죽소리가 울려 퍼질 때 모두는 이제 다시 암흑의 구시대는 돌아오지 않을 것이라 확신한다.(張駿祥·程季華, 『中國電影大辭典』, 上海辭書出版社, 1995, 15쪽, 임대근 요약에 근거해 수정)

게다가 자오단의 영화에 대한 진지함과 몰입은 노스탤지어의 대상이 되기에 충분하다. 그러나 감독은 단순한 노스탤지어에 그치지 않고, 영화제작 과정에서 일어나는 갖가지 난관과 에피소드를 놓치지 않는다. 아추안의 가정생활, 완위의 결혼, 감독과 스태프들의 애환, 국민당의 검열, 아르바이트 대학생의 고발 등이 무리 없이 펼쳐지고 있다는 점에서, 1940년대 후반의 영화인이 생존했던 현실 기억을 우리 앞에 소환하고 있다.

여성의 사회노동 참여는 '신여성'의 등장에도 불구하고 해방 이전에는 쉽지 않았다. 〈상하이 룸바〉의 주인공 완위도 처음에는 인형에 불과했다. 그러나 내면의 열정과 과거의 연극 경험 그리고 〈바람과 함께 사라지다〉의 스칼렛의 연기에 자극을 받아 영화배우의 길로 들어선다. 그 험난한 길을 가는 과정에는 각종 난관이 놓여 있고 완위는 결국 그 난관을 헤쳐 나간다. 그러나 얼마나 많은 여성이 그 난관을 뚫고 나갔을지에 대해서는 회의적이다. 영화 속의 한 아주머니가 하는 말, "다른 사람이 웃으라면 웃고 울라면 울어야 하는" 배우보다는 부잣집 마나님이 되는 것이 낫다는 말이 보다 광범한 지지를 받았을 것이다.

3_ 문혁 트라우마(trauma)의 환기

펑샤오렌의 역사와 기억 복원 작업에서 중요한 것은 사회주의, 그 중에서도 문화대혁명이다. 화원양방을 배경으로 상하이의 몰락한 부르주아 가정의 생활을 묘사한 〈아름다운 상하이〉는 어머니가 위독하게 되자 흩어져 살던 자식들이 옛집에 모이는 장면으로 시작한다. 오랜만에 만난 반가움도 잠시, 어머니 봉양과 부동산이라는 현실적인 문제[18]는 과거의 기억과 중첩되며 첨예한 모순을 형성한다. 특히 셋째와 넷째의 충돌이 두드러진다. 세 살 차이인 아룽(阿榮)과 샤오메이(小妹)는 초등학교 시절 문혁을 겪는다. 그들에게 문혁은 아버지[19]에 대한 평가로 다가왔다. 문혁은 아룽과 샤오메이에게 '아버지에 대한 비판' 이라는 시험문제를 강요한 것이다. 얼굴에 침이 뱉어지는 모욕을 견디지 못한 샤오메이는 선생님이 강요한 '정답'(?)을 쓰고 집에 돌아갈 수 있었지만, 아룽은 굳건하게 욕설과 매질을 견뎌냈다. 이는, 아룽이 삶의 지주였던 남편[20]을 닮아서이기도 하지만, 어머니가 아룽을 편애하는 근거다. 아룽의 '마작 탐닉' 과 샤오메이의 유학은 문혁 원체험과 관련되어 있을 가능성이 크다. 아룽의 직업은 변호사지만, 그의 놀기 좋아하는(耽玩) 기질은 왕숴(王朔)의 주인공들과 닮아 있다.('여자아이다움' 과 나이어림으로 인해) 시련을 견뎌내지 못한 연약한 샤오메이는 결국 그 현장을 떠나는 선택을 했고, 그 원체험과 도피는 아룽에 대한 질시로 표현된다. 따라서 둘은 오랜만에 만난 첫 장면부터 충돌하고, 사사건건 반대편에 선다. 이른바 상대방에 의해 문혁어투와 미국어투로 불리는 것의 대립이다.

---

18) 이 문제는 첫째에게는 상하이 호구의 문제와 연결되어 있고, 둘째에게는 그 동안의 봉사에 대한 경제적 보상의 차원이 중첩되어 있다.

19) 아마도 대부르주아지 출신으로 사회주의 중국에서 갖은 고초를 겪었을 아버지는 결국 문혁 때 타살되고 만다. 그 경과는 확실치 않지만, 어머니의 기억에 의하면, 어느 날 끌려 나가 '젓가락에 꽂힌 사과' 처럼 타살체로 버려지게 된다. 아버지는 전형적인 상하이인으로 보인다. 큰 아들의 기억에 의하면 상하이탄에서 살아가는 도리를 '국수(面)' 세 그릇으로 형상화시켰다고 한다. 즉 "일 할 때는 국면을 배치해야 하고, 사람 노릇할 때는 체면을 중시해야 하며, 친구를 사귈 때는 안면을 중시해야 한다(做事要擺場 '面', 做人要講體 '面', 交朋友要講情 '面')."(斜江明 2006, 73쪽) 영화에서는 이 세 가지를 새로운 중국의 윤리라고 표현했다. 이는 영화에서 현실의 "음식 먹는 꼴이 점잖지 못함(吃相難看)" 을 극복하고 새롭게 지향해야 할 목표로 설정되고 있다.

20) 여성을 주인공으로 하면서도 남편에 의지할 수밖에 없는 여성을 선택하는 것은 페미니즘의 딜레마다. 〈상하이 여인들假裝沒感覺〉에서 아샤 모녀의 해결책은 아샤의 아빠로부터 나오고 있다. 물론 가부장제 체제에서 그것을 거부하고 굶어죽는 것보다는 그 체제 속에서 실권을 장악하는 것도 하나의 전술이라는 견해도 있다.(김순진 2006)

망각하고 싶은 샤오메이의 원체험에 대한 트라우마는 어머니에 의해 소환되고 있다. 문혁이 더욱 고통스럽게 느껴지는 것은 남편을 빼앗아 간 조반파가 문혁이 끝날 무렵 남편의 유품을 보내면서 샤오메이의 편지도 함께 보냈다는 점이다. 어머니는 그 편지를 막내딸의 손인형, 아버지가 따준 단풍잎과 함께 보관했다가 죽기 직전 막내딸에게 건네주면서 "역사는 잊힐 수 없지만 원한은 용서받을 수 있다."라는 말을 남긴다. 역사가 후대에 온전하게 계승되기를 바라는 어머니의 마음은 중요하지만, 자신의 편지가 아버지를 죽음에 몰아넣었다는 자책감을 가지고 있을지도 모를 샤오메이의 트라우마는 전범재판의 피고처럼 냉정하게 다뤄지고 있다.

사실 샤오메이에게 이 기억은 망각하고 싶은 것이다. 영원히 불 밝히지 않고 어둠의 구석에 묻어놓고 싶은 것이다. 그러나 어머니가 말을 꺼내자 그녀는 곧바로 그 사건을 환기하게 된다. "1969년 초등학교 2학년에 막 올라가고 여덟 살 생일을 갓 쇠었을 때였어요." 여덟 살 때의 일을 이렇게 분명하게 기억하는 사람은 많지 않다. 그만큼 충격이 컸다는 말이다. 어머니의 기억은 그 내용을 보충한다. "네 편지를 받은 다음날, 조반파는 아침에 아버지를 끌고 갔고 밤 11시쯤 나를 오라 해서 갔더니 아버지가 비온 땅에 누워 있었다." 펑샤오롄은 이렇게 아픈 기억을 어렵게 재현하고 있다. 그의 미덕은 아픈 기억을 들춰내면서도 어머니의 노스탤지어를 억압하지 않는다는 점이다. 베이베이(貝貝)의 '할아버지의 할아버지'가 외국에서 사온 물건들을 바라보면서 과거를 회상하는 모습은 단순한 노스탤지어로 그치지 않아 보인다. 회중시계를 첫째에게 주고 모형 유성기를 증손녀에게 건네는 모습에 이르러서는 마치 후대에 역사를 전달하는 모습을 연상케 한다.

4_ 여성의 이혼과 주거 문제

펑샤오롄의 카메라는 잊히기 쉬운 일상생활을 놓치지 않고 있다는 점에서 아리프 딜릭의 '역사들'[21]의 일부를 재현하고 있다. 1990년대 상하이 여성의 이혼과 주거의 문제를 다루고 있는 〈상하이 여인들〉(2001)의 줄거리는 다음과 같다. 계속되는 아빠의 외도로 더 이상 참을 수 없게 된 아샤(阿霞)의 엄마는 결국 이혼을 요구하고, 모녀는 집을 나오게 된다. 아샤와 엄마가 갈 곳은 외갓집밖에 없다. 아샤는 비좁은 팅즈젠(亭子間) 생활에도 즐거워한다. 그러나 외삼촌의 결혼 때문에 생각지 못한 불편함을 겪게 된다. 외할머니의 제안으로 엄마는 아들이 딸린 라오리(老李)와 재혼하지만, 생활비 등의 문제로 또 짐을 싸서 나오게 된다. 다시 찾아간 외갓집은 상황이 더 좋지 않다. 엄마는 아샤를 위해 아샤의 아빠와 재결합까지 고려하지만, 아샤의 반대로 그 생각을 접고, 대신 아샤 아빠와 협상해서 집값을 받아내 모녀의 새로운 안식처를 마련한다.

팅즈젠의 외관

다용도실로 쓰이던 팅즈젠은 가난한 문인들의 창작공간으로 환영받았다. 팅즈젠의 내부모습

팅즈젠문학

21) '역사들(histories)' 이라는 개념은 해체론에 근거한 것으로, 이에 대해서는 이 글의 5절 참조.

이 영화를 보노라면, 1949년 이후 공공영역과 사적영역에서 '하늘의 절반'의 위치를 확보했던 중국 여성의 지위가 여전히 불안함을 알 수 있다. 아빠의 외도에 대한 기억을 떨치지 못하고 갈라선 엄마의 지위는 또 다른 사람의 인형이 될 수밖에 없는 점에서 1920년대 루쉰이 우려했던 '집을 나간 노라'와 다를 바 없다.

이 영화는 삼대에 걸친 모녀의 이야기다. 'Shanghai Women'이라는 평범한 영어 제목과 '假裝沒感覺'라는 중국어 제목의 조합이 주는 미묘함에 주의하면서, 먼저 펑샤오롄의 〈창작노트〉(2002)를 살펴보자. 고등학생의 글짓기 입상 작품[22]을 각색한 이 영화는 여고생의 정감과 생활 실태에 초점을 맞추고 있다. 그리고 계속 살 곳을 찾아 헤매는 과정에서 감정적으로 돌아갈 곳이 없고 안전감이 없는 엄마와 딸의 모습을 통해 현대인이 직면하고 있는 곤혹과 거북함을 발견하고 있다. 아빠의 외도가 발단이 된 이야기는 아샤의 조숙한 성장을 요구하게 되고 엄마는 아샤에게 안정된 집을 구해주기 위해 계속 자신(의 욕망)을 억압한다. '마치 감각이 없는 사람처럼' 자신과 맞지 않는 남자와 결혼하여 형식적인 가정을 유지하려 하고, 심지어 아샤 아빠와의 재결합도 고려해본다. 그러나 딸은 결국 용기 있게 '집'에 대한 세속적인 인식을 전복하고 엄마와 둘만의 '집'을 마련해 새로운 생활을 도모한다.

감독의 의도를 존중하는 차원에서 보면, 이 영화는 딸(아샤)의 눈에 비친 엄마의 이야기라 할 수 있다. 그러면 중국어 제목의 '태연한 척'은 두 가지로 해석이 가능하다. 우선, 전형적인 상하이 여성인 엄마는 아빠와 헤어진 후 친정으로 돌아가지만, 외할머니의 의도적인 냉대에 직면하고는 아샤를 위해 안정적인 '집'을 마련해주기 위해 짐짓 '태

---

22) 徐敏霞, 「站在十幾歲的尾巴上」

연한 척' 라오리와 결혼도 해보고 아샤 아빠와의 재결합도 생각해본다. 또 하나는 주어를 아샤로 보는 것이다. 엄마가 아빠와 헤어지고 새 남자를 만나 결혼하는 모습을 짐짓 '태연한 척' 바라보는 것이다. 다만 두 사람의 '태연한 척'은 소통되지 않는다. 마지막에 '일기 사건'으로 불거진 모녀의 갈등은 외할머니에 의해 소통이 되고 아샤는 엄마의 '태연한 척'의 '쉽지 않음'을 이해하게 되며 엄마에게 더 이상 '태연한 척' 하지 말 것을 요구하게 된다.

또 다른 가능성도 있다. 주어를 외할머니로 가정해보는 것이다. 상하이 신구문화 융합의 산물로 보이는 외할머니는 딸과 외손녀의 두 번의 '돌아옴'에 대해 냉정하고 쌀쌀맞은 '못된' 노파의 모습을 '오불관언(吾不關焉)'의 담배연기 속에 뿜어내고 있다. 세밀하게 보면 엄마의 두 차례의 '돌아옴'에 대한 외할머니의 대응에는 약간 차이가 있다. 첫 번째 돌아옴에 대해서는 책망이 주를 이룬다. 아무런 대책 없이 무작정 집을 나와 친정으로 돌아온 딸, 고등학생 딸이 있으면서도 그보다 더 철없어 보이는 딸에 대한 우려로 외할머니는 담배를 피워댈 수밖에 없다. 자신이 죽으면 이 집은 아들에게 돌아갈 것이기에 마음을 독하게 먹고 딸을 몰아친다. 그 결과는 라오리와의 재혼이다. 두 번째 돌아옴에 대한 반응은 조금 미묘하다. 반복되는 딸의 돌아옴에 대한 확실한 대책 마련과 며느리에 대한 대처 방안이 함께 강구되어야 했던 것이다. 그리하여 딸에게 아샤 아빠와의 재결합을 권하면서 다른 한편으로는 아샤에게 엄마의 '쉽지 않음'을 이해시킨다. 상하이 여성의 특색 중의 하나인 정명(精明)함과 강인함은 엄마보다는 외할머니에게서 찾을 수 있다. 한 개인의 불행을 함께 공감(共感)하고 동일시(認同, to identify)하는 것은 정서적 위로가 되겠지만, 위기의식을 조장하는 측면도 있다. 딸의 불행을 '태연한 척' 바라보며 그녀를 대신해 출로를 모색하는 것은 간단치 않은 일이다.

결국 엄마의 조우를 '태연한 척' 바라보며 그녀를 위해 새로운 출로를 마련해주는 외할머니와, 자신의 현실을 고려해 마지못해 재혼하고 또 아샤의 아빠와 재결합하려는 엄마에게 힘을 북돋아주는 아샤로 인해 엄마는 모녀만의 새로운 보금자리를 마련해 새로운 삶을 도모하게 된다.

이 영화는 '상하이를 묘사한 영화 가운데 인문학적 관심이 가장 많은 작품'(蒙漢藥 2002, 34쪽)으로 평가되기도 한다. 이를테면 아샤의 자전거를 쫓아가는 카메라는 우리에게 '붐비는 느낌'을 주고 있다. 또한 영화 속에서 아샤의 아빠, 라오리, 아샤의 외삼촌은 모두 집을 가지고 있는데, 엄마에겐 집이 없다. 상하이에 국한된 현상은 아니겠지만 부부가 같이 사는 집을 남편 명의로 분배(分配)하는 제도에 대해서도 고찰이 필요한 것으로 보인다.

5_ 다양한 '역사들'과 소통

아리프 딜릭(A. Dilrik)은 『포스트모더니티의 역사들』에서 서유럽 모던의 대문자 역사(History)를 비판하면서 이렇게 말하고 있다. "복수의 역사들은 민족의 목적론이나 하나의 모더니티(modernity)란 목적론에 의해 정의되고 강제되는 하나의 역사(History)에 대항하며, 계급·인종·성에 관한 뿌리 깊은 전제들을 가지고 있다."(딜릭 2005, 8쪽) 이는 서유럽의 국민-국가(nation-state)의 역사만을 중시하던 것으로부터 서유럽 이외 지역의 기타 역사, 즉 하위계급의 역사, 백인이 아닌 소수인종의 역사, 그리고 남성의 역사(his story)만이 아닌 여성의 역사(her story)도 포함하는 '역사들(histories)'을 가리킨다.

딜릭의 논의는 주로 유럽중심주의를 겨냥해서 제기된 것이지만, 우리는 그것을 일국 내의 중심-주변 상황에도 적용할 수 있을 것이다. 펑샤오롄의 '상하이 삼부곡' 은 상하이에 관한 이야기를 주로 주거 공간[23]에 초점을 맞추어 전개하고 있기 때문에, 어설프게 상하이 노스탤지어나 주류 서사에 대한 직접적인 비판으로 연결시킬 수는 없다. 또한 삼부곡이라 해서 일관된 논리와 관점을 가지고 있는 것도 아니다. 그러나 그의 작품에서 상하이 노스탤지어나 거대 서사에 의해 억압되거나 숨겨진 역사들을 찾아보는 것은 어렵지 않다.

〈상하이 기사〉에서 펑샤오롄은 공산군의 상하이 입성 전후의 장면들을 재현함으로써 상하이 역사의 숭고했던 순간들을 환기시킨다. 사회주의 혁명, 특히 문화대혁명이 부정되거나 문화상품으로 소비되고 있는 현실에 대해 그 초심(初心)을 환기시키는 것이다. 아울러 쑨원의 사진 아래 국민당의 부정 · 부패 모습을 대비시킴으로써 숭고했던 대의가 변질되었음을 비판하는 동시에, 숭고했던 사회주의 혁명도 변질될 수 있음을 경계하고 있다. 〈상하이 룸바〉에서는 〈까마귀와 참새〉의 제작과정을 재현함으로써 당시의 역사 상황을 복원하고자 한다. 감독은 단순한 노스탤지어에 그치지 않고, 영화제작 과정에서 일어나는 갖가지 난관과 에피소드를 놓치지 않는다. 아촨의 가정생활, 완위의 결혼, 감독과 스태프들의 애환, 국민당의 검열, 아르바이트 대학생의 고발 등이 무리 없이 펼쳐지고 있다는 점에서, 1940년대 후반의 영화인이 생존했던 현실 기억을 우리 앞에 소환하고 있다. 그 외에도 관방의 주류서사에 억압된 개인의 트라우마, '해방' 과 '개혁개방' 을 거쳤음에도 여전히 남성 중심적인 사회 메커니즘에서 여성의 이혼과 주거 문제 등은 여전히 해결을 기다리고 있다.

'역사들' 은 대문자 역사에 대한 비판으로 유용하지만, 역사들 간의

23) 이 글에서 초점을 맞추지는 않았지만, '상하이 삼부곡' 을 상하이 주거공간의 변천이라는 각도에서 고찰할 수도 있을 것이다.

대화와 소통 또한 필요하다. 그러지 않을 경우 무질서와 혼란이 야기될 것이기 때문이다. 펑샤오롄의 '상하이 삼부곡'에 공통적으로 여러 차례 등장하는 단어가 있다. 그것은 '쉽지 않아(不容易)'라는 말이다. 아룽도 '쉽지 않고' 모두들 쉽지 않다. 감독은 '쉽지 않은' 삶을 살아가는 쉽지 않은 상하이인들의 이야기를 그려내고자 한다. 각자는 쉽지 않지만 다른 사람은 그것을 모른 채 자신의 '쉽지 않음'에 매몰된다. 결국 모두가 자신의 '쉽지 않음'에 함몰되어 그렇게 살아가는 것이다. 그리고 '쉽지 않은' 개별성들은 〈장미의 전쟁The War of the Roses〉(1989)의 주인공들처럼, 〈오징어와 고래The Squid and the Whale〉(2005)의 대왕 오징어와 고래처럼 팽팽히 대치하다 스러져가는 것이다.

감독은 하나의 해결책을 제시한다. 〈아름다운 상하이〉에서는 어머니가 자식들의 '쉽지 않음'을 소통시키는 역할을 해주고, 〈상하이 여인들〉에서는 외할머니가 '일기 사건'으로 첨예해진 엄마와 아샤의 '쉽지 않음'을 소통해준다.[24] 물론 모든 할머니 세대가 문제를 해결하는 여의봉을 가지고 있는 것은 아니다. 그것은 장시간 현실을 직시하고 타인에 대한 진실한 애정에 기초하면서 비전을 모색하는 혜안을 가진 현자에게 주어지는 것이다. 〈상하이 룸바〉에서 아촨과 완위는 영화에 대한 사랑을 매개로 서로의 '쉽지 않음'을 소통하고 있다. 나이의 많고 적음이 절대적인 기준이 되는 것은 아니다.

24) 물론 이에 대해 상투적인 '해피엔딩'이라 비판하는 것도 가능하다.

참고문헌

곽수경(2006), 「상하이영화의 수집을 통해 살펴본 상하이 영화의 특징과 변화」, 『중국문학연구』 제32집, 한국중문학회

김순진(2006), 「화려한 혁명과 쓸쓸한 개인, 그리고 그녀의 광기」, 『중국문학연구』 제32집, 한국중문학회

김정구(2004), 「1930년대 상하이 영화의 근대성 연구－여성의 재현 양상을 중심으로」, 한국예술종합학교 예술전문사과정, 영상원 영상이론과 한국 및 동아시아 영화연구 전공, 서울

노정은(2004), 「1930년대 상하이인의 도시 경험과 영화 경험」, 『중국학보』 제50집, 한국중국학회, 서울

박자영(2004), 「上海 노스텔지어: 중국 대도시문화현상 사례와 관련 담론 분석」, 『중국현대문학』 제30호, 한국중국현대문학학회, 서울

아르준 아파두라이 지음, 차원현 · 채호석 · 배개화 옮김(2004), 『고삐 풀린 현대성』, 현실문화연구, 서울

아리프 딜릭 지음, 황동연 옮김(2005), 『포스트모더니티의 역사들-유산과 프로젝트로서의 과거』, 창비, 서울

아리프 딜릭(2000), 「역사와 대립되는 문화인가?－동아시아 정체성의 정치학」, 『발견으로서의 동아시아』, 문학과지성사, 서울

알라이다 아스만 지음, 변학수 · 백설자 · 채연숙 옮김(2003), 『기억의 공간』, 경북대학교출판부, 대구

양둥핑 지음, 장영권 옮김(2008), 『중국의 두 얼굴－영원한 라이벌 베이징 VS 상하이 두 도시 이야기』, 펜타그램, 서울

유세종(2005), 「식민지 상하이와 탈식민지 상하이의 비주류, 여성－魯迅雜文, 〈쑤저우허蘇州河〉, 〈죗값孽債〉을 중심으로」, 『중국현대문학』 제35호, 한국중국현대문학학회, 서울

이강원(2006), 「중국의 도시 기준과 대도시 진입장벽: 호구제도와 상하이」, 『현대도시 상하이의 발전과 상하이인의 삶』, 한신대학교 출판부, 오산

이일영 외(2006), 『현대도시 상하이의 발전과 상하이인의 삶』, 한신대학교 출판부, 오산

임대근(2006), 「상하이 영화 연구 입론立論」, 『중국현대문학』 제38호, 333~359

쪽, 한국중국현대문학학회, 서울
임춘성(1995), 『소설로 보는 현대중국』, 종로서적, 서울
임춘성(2006), 「이민과 타자화: 상하이 영화를 통해 본 상하이인의 정체성」, 『중국현대문학』 제37호, 한국중국현대문학학회, 서울
임춘성 · 홍석준 외(2006), 『홍콩과 홍콩인의 정체성』, 학연문화사, 서울
황동연(2006), 「대담: 문혁의 세계사적 의의—아리프 딜릭을 만나다」, 『역사비평』 77호, 역사비평사, 서울
황희경(2007), 『중국 이유 있는 '뻥' 의 나라?』, 삼성출판사, 서울
賈磊磊 · 彭小蓮(2004), 「都市的文化影像與心理空間-關於影片『美麗上海』的對話」, 『電影藝術』2004-2
可紅(2004), 「『假裝沒感覺』: 夾生夾熟的味道」, 『電影』2004-1
康燕(2001), 『解讀上海1990~2000』, 上海人民出版社, 上海
老廬(2006), 「一襲懷舊的旗袍—『上海倫巴』」, 『大衆電影』2006-6
蒙漢樂(2002), 「不是假裝沒感覺」, 『電影評介』2002-11
上海證大研究所 編(2002), 『上海人』, 學林出版社, 上海
楊金福 編著(2006), 『上海電影百年圖史(1905~2005)』, 文匯出版社, 上海
楊東平(1994), 『城市季風-北京和上海的文化精神』, 東方出版社, 北京
王德峰(2002), 「"新上海人"與當代中國的文化生命」, 『上海人』, 學林出版社, 上海
王德威(2001), 『小說中國-晚晴到當代的中文小說』, 麥田出版, 臺北:3刷
王瑩(2003), 「世俗人生寫眞集-閑談對『假裝沒感覺』的感覺」, 『電影新作』2003-2
王曉銘(2006), 「電影的地域特色與經營」, 『電影藝術』2006-1
熊月之(2002), 「上海人的過去 · 現在與未來」, 『上海人』, 學林出版社, 上海
李學武(2006), 「空間和女性的寓言-解讀彭小蓮"上海三部曲"」, 『當代電影』2006-4
林春城(2005), 「作爲近現代傳統之復活的金庸武俠小說」 『中語中文學』第36輯, 韓國中語中文學會, 首爾
張希(2003), 「女性的生存空間和情感歸屬-評影片『假裝沒感覺』」, 『北京電影學院學報』2003-1
丁一嵐(2002), 「『假裝沒感覺』: 一幅上海女人的生活圖景」, 『當代電影』2002-4
趙稀方(2003), 『小說香港』, 三聯書店, 香港
鑄秦(2005), 「美麗不要再提『美麗上海』」, 『電影評介』2005-10
陳思和(2003), 「懷舊傳奇與左翼敍事: 『長恨歌』」, 『中國現當代文學名篇十五講』,

北京大學出版社, 北京
崔辰(2005), 「"上海"與電影」, 『都市文化研究(第一輯)-都市文化史: 回顧與展望』, 上海三聯書店, 上海
彭小蓮(2002), 「關於『假裝沒感覺』的創作」, 『電影藝術』2002-4
許明樂(2005), 「獨特才是美麗的－『美麗上海觀感點滴』」, 『電影新作』2005-4
紅警蘇紅(2005), 「暮氣沉沉的『美麗上海』」, 『電影』2005-12
斜江明(2006), 「我們怎麼活得體面」, 『2005華語電影』(衛西諦主編), 廣西師範大學出版社, 桂林
Emily Honig, 盧明華 譯(2004), 『蘇北人在上海, 1850~1980』(中文), 上海古籍出版社, 上海
Leo Ou-fan Lee(1999), Shanghai modern: the flowering of a new urban culture in China, 1930~1945, Harvard University Press, Cambridge

상하이영화의 남성텍스트적 혐의 읽기

곽 수 경

이 글에서는 1930년대를 대표하는 전형적인 리얼리즘 영화인 〈신녀〉와 〈신여성〉을 분석했다. 두 영화는 여성 문제에 대해 깊은 관심을 표명하고 있지만 이 시기 여성을 주인공으로 내세운 다른 영화들과 마찬가지로 남성 텍스트의 혐의를 벗어나지 못하고 있다. 보는 쾌감과 동일시, 기녀와 아내, 어머니-아들과 어머니-딸이라는 세 가지 관점에서 영화에 내재된 남성 텍스트적 측면을 읽어냄으로써 당시 여성이 처해있던 현실과 여성에 대한 사회적 인식 그리고 여성의 문제를 제대로 다루지 못한 영화의 한계를 지적했다. 나아가 두 감독의 인식의 차이 등을 짚어보았다.

1_ 1930년대 상하이와 신흥영화(新興電影)의 흥기

상하이는 개항 이후 조계의 설치라는 특수한 상황을 배경으로 고속 성장을 계속해 나갔다. 조계는 상하이를 사회적으로나 정치적으로 안정시켰고 많은 국내외 자본을 집중시켰다. 근대 공업과 무역의 발전, 각종 금융시장의 형성 등으로 인해 상하이는 전국의 경제 중심지가 되었으며 문화의 중심지로도 성장했다. 그리하여 상하이는 단시간 내에 근대도시로 전환되어 세계 유수의 도시들과 어깨를 나란히 할 정도의 국제적 도시로 성장했다. 하지만 그 화려한 모습 뒤에는 복잡한 기형적 요소들이 뒤엉켜 있었다. 조계라는 이름하에 상하이는 일찌감치 세계열강에게 점령되어 서양과의 기이한 동거를 하게 되었고, 농촌의 파산으로 수많은 농민들이 대도시 상하이로 벌떼처럼 몰려들어 다양한 사회구성원을 형성했다.

한편 상하이는 새로운 문물이 유입되는 창구로서, 박래품이자 신생의 문화적 오락물이었던 영화 역시 상하이라는 소비와 향락의 도시를 선택했다. 과연 상하이는 영화가 성장하는 데 최적의 토양을 제공하며 영화산업의 중심지로서 중국영화를 주도했고 상하이영화는 곧 중국영화가 되었다. 초기 중국영화는 대중문화상품이자 소비문화상품으로서 오락과 여가 기능을 위주로 한 시민문화와 의기투합하고 대중의 심미와 기호에 부합했는데, 상하이는 이런 조건을 충족하고 있었던 것이다. 그리하여 초기 중국영화는 주요 관객층이었던 쁘띠부르주아계급의 기호에 영합하여 자극적이고 오락성이 강한 영화를 만드는 데 치중했다. 하지만 관객의 기호를 좇아 상업주의 노선을 추구하던 영화는 결국 상업적 경쟁에 의해 몰락해 갔다. 그런 와중에 '9 · 18사변'과 '1 · 28사변' 등 민족의 위기와 기타 사회의 모순으로 인해 영화는 현실적 상황에 관심을 갖지 않을 수 없게 되었다. 관객은 재자가인의 무료한 사랑이야기나 신괴무협류의 기이하고 환상적인 이야기를 거부하고, 영화가 시대정신을 풍부히 담아줄 것을 요구했다. 이에 영화제작자들도 더 이상 영화를 투기의 수단으로만 여기지 않고 영화의 사회적 역할에 대해서도 인식하기 시작했던 것이다.

그리하여 1930년대에 이르러 신흥영화운동[1]이 본격적으로 시작되었다. 신흥영화에서 '신(新)'이란 '구(舊)' 영화에 대해 상대적으로 사용한 말로, 형식과 내용적인 측면에서 ,이전과는 다른 새로움을 추구함으로써 이 시기 중국영화는 첫 번째 황금기를 맞이하게 된다. 우선 형식적인 측면에서 신흥영화는 한층 성숙해진 영화기법을 다양하게 운용하여 중국영화의 수준을 총체적으로 도약시켰다. 내용적인 측면에서는 사회와 현실에 무게중심을 두고 국가와 민족의 운명에 깊은 관심을 보였으며 하층민을 주인공으로 하여 그들의 비참하고 고통스러운 생활을 묘사하는 데 치중했다. 하층민 중에서도 여성은 더욱 고통받는 존재였다. 그들은 사회로부터, 그리고 남성들로부터 이중의 압박을 받아야 했던 것이다. 그리하여 "객관적 환경으로 인해 1년 동안 여성을 위주로 한 폭로영화가 중국영화의 주류가 되었다."(塵無a 1994, 95쪽)는 언급처럼 많은 영화가 기녀, 첩, 하녀 등 하층여성을 주요한 인물로 삼고 그들의 비참한 처지에 동정을 보냈다. 그중에서도 〈신녀〉와 〈신여성〉은 이 시기 사회상황과 여성의 처지를 반영한 대표작이다. 두 작품 모두 롄화영화사(聯華電影公司)가 출품했고 롼링위(阮玲玉)가 주인공을 맡았으며 기녀와 어머니 형상을 창조하는 등 여러 가지 면에서 공통점을 가지고 있다. "중국무성영화를 최고봉으로 끌어올렸으며 영화사에 있어서 경전작"(封敏 1992, 101쪽)이라고 평가

1) 신흥영화운동이란 곧 기존의 영화사에서 흔히 언급해온 좌익영화운동을 일컫는다. 이에 대해서는 앞의 글 「상하이영화산업의 특징과 변화」 주석 7번을 참고할 것.

받는 〈신녀〉는 거리의 매춘부이자 어머니라는 이중적 신분을 가진 최하층 여성의 삶을 통해 여성에 대한 사회의 멸시와 편견, 상하이의 경제위기 및 여성의 사회적 지위를 표현함으로써 당시 사회를 비판했다. 〈신여성〉은 자살한 여배우이자 시나리오 작가였던 아이샤(艾霞)의 일생에서 제재를 가져왔는데, 순진하고 열정적인 여성지식인이 자신의 힘으로 생활하고자 하지만 결국 자살을 택할 수밖에 없는 이야기를 통해 부권제 사회질서 아래에서 여성이 탄압당하는 현실을 비판했다.

이처럼 두 영화는 여성 문제에 대해 깊은 관심을 표명하고 있지만 이 시기 여성을 주인공으로 내세운 다른 영화들과 마찬가지로 남성텍스트적 혐의를 벗어나지 못하고 있다. "부계사회의 영상 속에서 남성은 '거세된 여성형상에 의지하여 그것의 세계에 질서와 의의를 부여하기 때문에' 여성은 남성의 '타자적 욕망'이 투사된 여성이지, 여성 자신이 아니다."(章旭清 2006, 55쪽)라는 언급처럼 〈신녀〉와 〈신여성〉이 보여주는 여성형상에는 남성 감독의 '타자적 욕망'이 투사되어 있으며 반(反)여성적 본질이 존재하고 있는 것이다. 하지만 기존의 연구에서는 대부분 이들의 영화사적 의의나 작품성 등을 높이 평가하고 있을 뿐 이 글에서 제시하고 있는 시각으로 접근하고 있는 경우를 찾아보기 힘들다. 따라서 이 글에서는 1930년대를 대표하는 〈신녀〉와 〈신여성〉에 내재되어 있는 남성 텍스트적 측면을 읽음으로써 당시 여성이 처해 있던 현실과 여성에 대한 사회적 인식 및 여성의 문제를 다룬 영화의 한계, 그리고 두 감독이 지닌 인식의 차이 등을 짚어보고자 한다.

2_ 보는 쾌감과 동일시

유명한 페미니즘 영화이론가인 로라 멀비(Laura Mulvey)는 보는 쾌감이라는 측면에서 여성과 남성의 역할과 의미에 대해 다음과 같이 언급한 바 있다.

> 남녀 불평등의 세계에서 보는 쾌감은 주동적인/남성과 피동적인/여성으로 나뉜다. 결정적인 역할을 하는 남성의 시선은 자신의 환상을 풍격화된 여성의 육체로 투사한다. 여성은 전통적으로 드러나는 역할 속에서 보여지고 전시되는데 여성의 외모는 기호화됨으로써 강렬한 시각과 색정적 감염력을 가지기 때문에 여성을 보여지는 성질을 가진 함의라고 할 수 있다.(Laura Mulvey 2005, 8쪽)

여성은 단순히 보여지는 객체를 뛰어넘어 남성의 환상이 투사된 대상으로서 남성에게 보는 쾌감을 제공한다. 이는 〈신녀〉와 〈신여성〉에서 주인공이 각각 기녀와 교사라는 직업을 가지고 남성들과의 관계 속에서 생활할 수밖에 없는 처지에 있음으로 인해 매우 자연스럽게 제공되고 있다. 그런데 재미있는 것은 보는 쾌감을 보다 직접적으로 제공할 수 있는 기녀라는 직업을 가진 롼싸오보다 교사이자 작가라는 직업을 가진 웨이밍이 훨씬 더 성적으로 대상화되고 있다는 점이다. 이는 카메라의 운용에 있어서 명확하게 드러난다. 〈신녀〉에서 카메라는 벽에 걸린 화려한 치파오를 독립된 쇼트로 보여주고 밤거리에서

〈신녀〉에서 롼싸오의 방에 걸려 있는 치파오

롼싸오가 밤거리에서 손님과 흥정을 하는 모습을 다리만 클로즈업해서 보여주고 있다.

롼싸오가 손님과 흥정하는 모습을 부감으로 처리했다.

손님과 흥정을 하는 롼싸오의 모습을 부감으로 찍거나 손님과 나란히 걸어가는 다리만을 클로즈업으로 보여줌으로써 그녀의 신분을 설명하는 것 외에 기타의 색정적인 의미는 모두 배제하고 있다. 또한 전반적으로 기녀로서의 모습보다는 어머니로서의 모습을 형상화하는 데 보다 정성을 들임으로써 롼싸오가 가지는 성적 함의는 대폭 감소되고 있다. 이처럼 카메라는 〈신녀〉에서 매우 객관적인 자세로 주인공의 직업을 바라보고 있는 데 반해 〈신여성〉에서는 상당히 남성적인 시선을 투사하고 있다. 즉 〈신여성〉은 여성을 전면에 내세우고 여성의 처지를 조명하고 있지만 여성인 웨이밍의 시선을 통해 남성과 사회를 진단하는 것이 아니라 영화 속 남성들의 탐욕스런 시선을 통해 여성(웨이밍)에 대해 보는 쾌감을 즐기고 있는 것이다. 가장 전형적인 장면은 함께 무도장으로 가는 자동차 뒷좌석에서 왕박사가 음흉한 눈길로 웨이밍의 육체를 훔쳐보는 것이다. 이때 카메라는 클로즈업으로 치파오의 터진 옷섶 사이로 드러난 그녀의 다리를 보여준다. 그런 다음 무도장에서 나온 왕박사가 웨이밍을 데리고 가는 곳은 호텔이다. 어쩌면 감독은 이 장면을 이용해서 여성이 어떻게 남성에게 성적으로 대상화되고 있으며 남성이 어떤 방식으로 여성을 소비하고 있는지를 표현하고 싶었는지도 모른다. 문제는 카메라가 여성에 대한 남성의 탐욕을 폭로하는 것이 아니라 왕박사의 시선과 일치시켜 웨이밍, 그것

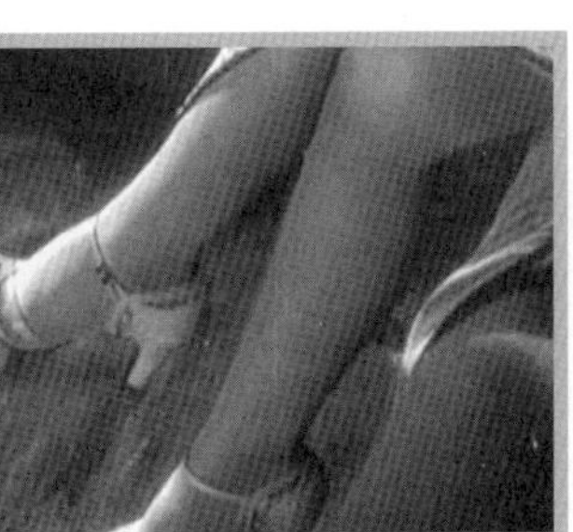

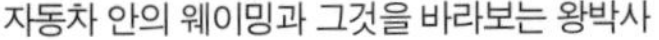

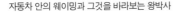

자동차 안의 웨이밍과 그것을 바라보는 왕박사

무도장에서 나와 왕박사가 웨이밍을 호텔로 데려간다

도 아주 육감적이고 매력적인 모습의 웨이밍을 향하고 있다는 것이다. 그리하여 관객들조차도 영화 속 남성들과 동일한 시선을 통해 웨이밍에게서 성적 자극을 즐기게 되는데, 이는 곧 "전시되는 여인은 스크린 속 인물의 색정적 대상과 영화관 내 관객의 색정적 대상이라는 두 가지 층위에서 역할을 한다. 따라서 스크린 양측의 보는 것 사이에는 부단히 변환하는 장력이 존재하고 있다. 한 여성이 서사 속에서 등장하여 연기를 하면 관객의 시선과 영화 속의 남성인물의 시선은 완전히 일치하며 서사의 핍진성을 파괴할 수 없다. 그 순간 연기를 하는 여성의 성적인 자극은 영화를 그것의 시공 이외의 사람이 없는 곳으로 데려가는"(Laura Mulvey 2005, 89쪽) 것이다.

웨이밍 집에 온 기자와 그와 함께 잡힌 웨이밍의 사진

기자의 요구에 흔쾌히 사진을 건네는 웨이밍

보다 큰 문제는 웨이밍의 모습을 스스로 보여지는 쾌감을 즐기는 것처럼 묘사함으로써 관객들에게 보는 쾌감에 대한 자신들의 욕망을 은폐한 채 자연스럽고 거리낌 없이 보는 쾌감을 즐기도록 하고 있다는 것이다. 이것은 영화 속에 등장하는 웨이밍의 사진들을 통해 표현된다. 우선 그녀는 자신의 사진들을 벽에 걸어 둠으로써 화면에 수시로 나타난다. 특히 위하이처우(余海儔), 왕박사, 신문기자가 그녀의 집에 왔을 때 그녀의 사진은 언제나 이들과 동일한 화면에 있음으로써 그녀가 이들 남성과 특별한 관계를 맺고 있음을 설명한다. 다음으로 그녀는 사진을 여러

장 인화해 두고서 마치 명함이나 광고전단지처럼 남자들에게 흔쾌히 나누어준다. 그녀의 이런 행위는 효과를 거둔다. 출판사 사장은 웨이밍의 사진을 보고서야 그녀의 소설을 출판하기로 결정하고 신문기자는 소설을 홍보한다는 구실로 그녀의 사진을 가지러 그녀의 집에 와서는 원고료 선지급의 명목으로 삼십 원을 지불한 후 그녀의 볼에 입을 맞추려고 한다. 또한 그녀의 사진을 슬쩍 가지고 갔던 왕박사는 구애하는 데 실패하자 분노해서 그녀의 사진을 갈가리 찢어버린다. 이처럼 그녀의 사진과 얽힌 남성들의 행위는 모두 그녀를 성적으로 취급하고 있다는 것을 말해주고 있다. 이때 웨이밍의 사진들은 모두 클로즈업으로 처리되고 있으며, 그에 대한 남성들의 야릇한 반응과 눈길은 보는 쾌감을 극대화하는 한편 남자들과 웨이밍 사이에 발생할 수 있는 거래관계를 강조하는 것으로 읽을 수 있는 것이다.

더욱이 그녀의 행위를 보면 이런 관계에 그녀 스스로 상당히 협력하고 있다는 사실을 알 수 있다. 그녀는 결혼 경험과 딸이 있다는 사실을 숨기고 남성들의 관심을 끌며 왕박사가 재력을 이용하여 부단히 자신의 환심을 사려는 것을 잘 알고 있으면서도 그를 따라 무도장에 간다. 무도장은 남녀의 무분별한 교제나 젊은이들의 타락을 조성한다는 이유로 단속의 대상이 되기도 했고 무도장에 있는 무희는 돈을 받고 손님과 춤을 췄으며 매춘을 하기도 했다.(Christian Jenriot 2004, 113~123쪽) 이렇게 볼 때 웨이밍이 위하이처우에게 상처를 받고 그에 대한 반발로 왕박사를 따라 무도장을 갔다 하더라도 그런 행위 자체가 왕박사가 호텔로 그녀를 데리고 가는 빌미를 제공했다고 할 수 있다. 따라서 자신을 기녀 취급하는 것을 수치스러워하는 웨이밍의 행위는 설득력을 얻기 힘들다. 이처럼 영화는 웨이밍에게 과도하게 성적 매력을 부여하고 그것을 적절히 이용하는 웨이밍의 행위를 부각시킴으로써 그녀를 팜므 파탈의 형상으로 창조해냈다. 이는 당연히 남성을 비판하기보다는 여성을 성적으로 소비하는 데 초점을 둘 수밖에 없는 결과를 초래한다.

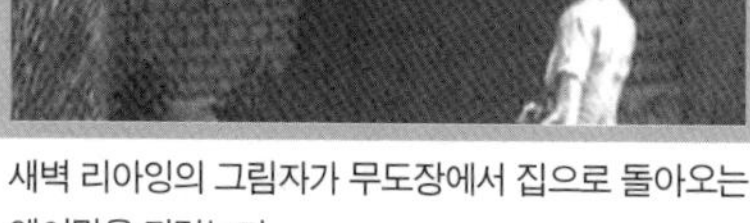

새벽 리아잉의 그림자가 무도장에서 집으로 돌아오는 웨이밍을 뒤덮는다

왕박사의 지팡이를 빼앗아 두 동강 내는 리아잉

한편 감독은 웨이밍과 마찬가지로 리아잉(李阿英)을 창조할 때에도 상반되는 형태로 오류를 반복하고 있다. 웨이밍이라는 신여성이 감독이 궁극적으로 부정하는 인물이라고 한다면 리아잉은 그 대안으로 내세우는 인물이다. 이 점은 두 사람의 대비를 통해 보다 선명하게 표현되고 있다. 노동자들을 대상으로 수업을 하는 리아잉의 모습과 무도장에서 춤을 추는 웨이밍을 교차편집으로 보여주는 화면 외에도 웨이밍이 왕박사와 함께 무도장에 갔다가 새벽에 집으로 돌아오는 길에서 리아잉을 우연히 만나는 장면을 꼽을 수 있다. 웨이밍과 인사를 나누고 일터로 떠나는 리아잉의 그림자가 점점 커지면서 웨이밍을 뒤덮는데, 이때 웨이밍의 모습은 초라하기 그지없다. 또한 웨이밍이 죽어가면서 자신의 친언니에게 "언니, 나는 사실 더 이상 사회에서 살아갈 수가 없어. 우리는 또 사회를 개조할 역량도 없어. 언니는 앞으로 아잉 언니와 모든 것을 의논해."라며 여성지식인으로서의 자신은 무능하기 그지없으며, 미래의 희망은 리아잉이라는 노동자계급에게 달려 있다

는 사실을 직접적으로 표명하고 있다.

리아잉은 노동자계급 여성으로 매우 성실하고 열정적이어서 주말에도 방직공장 노동자들을 대상으로 수업을 하고 노동자계급을 위해 가사를 쓰고 노래를 만든다. 그런 그녀는 낡은 회색 바지를 입고 짧은 단발머리를 하고 있으며 여성미라고는 찾아볼 수가 없다. 그녀는 기절한 웨이밍을 번쩍 들어서 방으로 옮기고 왕박사와 맞붙어 격렬하게 싸운다. 그녀는 왕박사의 지팡이를 두 동강 내고 그를 바닥으로 내동댕이치며 주먹으로 따귀를 때리고 머리로 얼굴을 들이받는다. 왕박사가 의자를 들고 그녀를 내리쳐도 그녀는 끄떡없이 계속해서 육박전을 벌인다. 이런 모습은 자칫 우스꽝스럽다거나 비현실적이라는 느낌을 줘서 관객들에게 외면당하기 쉬우며 그녀와의 동일시 경로를 차단한다. "스크린에서 리아잉은 결코 생동감 있는 진실한 인물이 아니라 하나의 이상적인 인물"(塵無b 1994, 99쪽)이라는 지적처럼 감독은 리아잉을 진정으로 독립적이고 어떠한 어려움도 극복할 수 있는 신생의 역량으로 표현하고자 했다. 하지만 성적 대상화와 여성성의 표현을 동일하게 취급한 결과 노동자계급 여성은 여성성을 가진다는 사실조차 부정했다. 생물학적 남녀 차이를 홀시하고 성별 특징을 고려하지 않음으로써 리아잉에게서 너무도 쉽고 간단하게 여성성을 제거해버린 것이다. 리아잉을 지나치게 남성화하여 그녀를 남성을 상징하는 인물로 해석할 수 있는 여지를 둔 것은 웨이밍으로 대표되는 여성을 부정하고 리아잉으로 대표되는 남성을 긍정하는 결과를 초래했다. 이로써 관객들로부터 호응을 받는 데도, 동일시를 얻는 데도 실패했다고 할 수 있다.

동일시에 대해 일부 이론가들은 다음과 같이 언급했다.

> 전통영화의 장면 속에서 보는 쾌감의 구조는 두 가지 상호 모순된

면을 가지고 있다. 첫 번째 방면은 관음증으로, 시각을 통해 다른 사람을 성적 자극의 대상으로 삼음으로써 얻는 쾌감이다. 두 번째 방면은 자기애와 자아의 구성을 통해 발전된 것으로, 그것은 본 영상에 대한 동일시에서 비롯된다. 따라서 영화용어로 말하면 하나는 주체의 성욕 동일시와 스크린 상의 대상은 분리된 것임을 암시하고 있고(주동적인 관음증), 다른 하나는 관객이 그와 유사한 사람에 대해 빨려들고 확인하는 것을 통해 자아와 스크린 상의 대상의 동일시를 요구하는 것이다.(Laura Mulvey 2005, 7쪽)

관객과 영화 사이에 발생하는 동일시는 일종의 자아 동일시이다.(帕特里克 富瑞 2005, 76쪽)

이들의 주장처럼 관객은 영화를 볼 때 매력적인 인물에게 동일시될 수밖에 없다. 따라서 관객은 매력적이고 육감적인 웨이밍에게서 보는 쾌감을 즐기는 동시에 그녀에게서 자아 동일시를 일으킨다. 결코 성별조차 모호하고 비현실적으로 이상화되어 설득력을 주지 못하는 리아잉을 동일시하지 않을 것이다. 감독은 웨이밍을 과도하게 성적 매력을 가진 형상으로 빚어내어 그녀에게 보여지는 가치와 내용을 부여함으로써 남성주의적 혐의를 피하기 어렵게 되었다. 또한 이 점은 웨이밍의 처지에 대한 관객의 진지한 성찰과 동정을 끌어내는 것에도 장애요소로 작용했다고 할 수 있다.

3_ 기녀와 아내

동서양을 막론하고 일반적으로 매춘은 종교에서 기원했다고 여겨진다. 기원전 5세기 고대 그리스에서는 모든 여성은 일생에 적어도 한 번은 바빌론에 있는 다산의 여신인 이시타르(Ishtar)의 신전에 가서 낯선 남자와 성관계를 가져야 했는데 이것은 신에게 바치는 일종의 종교행위로 간주되었다. 게다가 당시 사회에서 매춘은 여성의 유일한 경제활동 영역으로 당연한 업종으로 여겨졌으며 저명한 장군, 정치가, 문인, 철학가 등과 교제하는 최고의 기녀인 헤타이라(hetaira)는 수입의 일부를 신전의 여신에게 바쳤다. 그러나 사회가 점차 남성 중심적으로 변화하게 되자 기녀도 남성의 세속적이고 본능적인 욕망을 만족시키는 존재로 변질되었으며 그 지위도 자연히 하락하게 됨에 따라 매춘제도 또한 남성을 중심으로 확립되었다. 부권과 여성에 대한 남성의 지배구조를 공고히 하고 여성의 성욕과 성행위를 통제하기 위해 기녀 형상은 점차 부정적으로 변질되었고, 순종적이고 정숙하며 남편에게 정절과 성적 충성을 지키는 여성상이 강조되었다. 그렇지 않은 여성은 기녀로 간주되었고 기녀는 더욱 정숙하지 못하고 사악한 형상으로 변했으며 결국 여성은 아내와 기녀의 두 가지 유형으로 나뉘어졌다.(거다 러너 2004) 그렇게 되자 아내는 자신의 자리를 지키고 기녀와 구분되기 위해 더욱 강력하게 기녀를 비난하고 적대시했다. 기녀는 남성에게 봉사하고 간통이나 강간으로부터 그들의 아내와 딸을 지켜 주었으며 많은 세금을 납부함으로써 국가의 재부를 풍부하게 해주기도 했으며 때로는 산업화의 희생물이 되기도 했지만 언제나 사회의 경멸과 멸시를 피할 수 없었다.

이런 과정은 중국에서도 매우 유사하게 이루어졌으며, 중국에서 매춘여성의 기원으로 여겨지는 무녀(巫女) 역시 원시종교와 밀접한 관련

2) 우저우(武舟)는 최초로 중국 기녀에 대해 체계적으로 연구한 사람은 왕수누(王書奴)라고 했다. 왕수누는 『중국창기사中國娼妓史』에서 많은 논자들이 중국 창기는 은상(殷商)

을 맺고 있었다.[2)]

> 상고시대에 무녀는 노래와 춤을 창조했고, 노래와 춤으로 신을 기쁘게 하고 성행위로 신과 교통하는 기능을 가지고 있었으며 나라와 백성의 흥망성쇠와 같은 대사를 장악하고 있어 그 지위가 매우 높았다. 임금이 신과의 왕래를 끊고 통치적 권위를 실현하기 위해 무녀를 조정하고 궁궐로 들어오게 했다(즉 女樂의 입궁). 원래는 신을 즐겁게 하여 복을 내리게 하는 데 본 뜻이 있었지만 점차 임금이 향락을 도모했고 사람들도 '하늘'에 대해 객관적으로 인식하게 됨에 따라 무녀는 신을 즐겁게 하는 것에서 임금과 사람들을 즐겁게 하는 것으로 전환되어 가무(歌舞)의 기능만을 갖춘 매춘녀로 바뀌었다. (…) 가모장제가 가부장제로 대체됨에 따라 무녀의 지위는 날로 하락하여 매춘녀로 바뀌었고 사회의 최하층 계층으로 전락했다.(董乃强 1992, 93~94쪽)

매춘이 종교적 의의를 잃어버리고 경제적 요구가 매춘의 가장 주요한 원인이 됨에 따라 결국에는 하층여성이 금전적 이유에서 매춘에 종사하게 되었다. 그리하여 일반적으로 경제가 발달하고 인구의 유동이 빈번한 곳일수록 매춘이 성행하게 되었다. 개항 후 상하이가 유례없는 발전을 이루고 각종 인구가 신속하게 상하이로 몰려들자 기녀의

때의 무녀(巫女)에서 기원한다는 주장을 따랐지만 실제로 이 결론은 거의 믿을 만한 자료가 없는 상황하에서 유사한 추론을 통해 얻어진 것으로, 그 진실성은 의심스럽다고 했다. 그는 중국의 역사와 종교서적에서 은상 때의 무녀매음에 관한 자료를 찾을 수 없다는 이유를 열거하고 기녀는 노예창기에 최초의 기원을 두고 있다고 생각했다.(武舟 1990, 1~42쪽) 기녀의 기원을 해석하는 문제는 이 글의 연구범위를 뛰어넘는 문제이므로 깊이 있는 분석은 향후 연구의 몫으로 남겨두고 여기에서는 종교기원설을 따르기로 한다. 매음이 종교에서 기원을 하든, 노예창기에서 기원을 하든지 간에 그것이 남성지배사회에서 여성을 탄압하는 일종의 표현이라고 인식하는 이 글의 관점에는 영향이 없을 것이다.

수 또한 기하급수적으로 증가했다. 특히 1930년대 상하이는 국제적인 도시였으며 조계라는 특수상황에다 상하이 사회와 상품경제의 발전으로 인해 적지 않은 여성들이 농촌을 떠나 이 대도시로 몰려들게 되었다. 그로 인해 상하이 거리에 수많은 기녀들이 넘쳐나게 되었는데 이는 세계에서도 유례를 찾기 힘들 정도였다. 1917년 영국의 사회학자 겜블(Gamble)이 세계 8대 도시의 공창 수와 도시 총인구의 비율에 관해 조사를 한 결과 상하이가 단연 독보적이었다. 그의 조사에 의하면, 런던(1:906), 베를린(1:582), 파리(1:481), 시카고(1:437)와 같은 서양의 도시는 물론이고 일본의 나고야(1:314)와 도쿄(1:277), 베이징(1:259) 등의 동양의 도시조차도 모두 상하이(1:137)와는 비교가 되지 않을 정도였다. 한 통계에 의하면 1935년 당시 상하이의 공창 및 사창을 통틀어 모두 6~10만 명에 이르렀고 두 조계를 합쳐 기녀가 12만 명에 달했는데 상하이의 여성인구가 150여만 명이었고 아동과 노인을 제외한 성인여성은 90~100만 명가량이었으므로 평균 성인여성 9~15명 중 한 명이 매춘녀였을 것이라고 추정했다.(忻平 1998, 97쪽)

기녀의 등급으로 볼 때, 매일 저녁 단독으로 거리에 나와 호객을 하며 매춘을 한 가난한 매춘여성들도 있었는데(Christian Henriot 2004, 92~93쪽) 그들은 대부분 육체 이외에는 어떠한 생산수단도 없고 매춘이 유일한 생존방식이어서 최후의 선택으로 생계를 위해 거리를 헤맬 수밖에 없었다. 바로 〈신녀〉의 롼싸오가 여

아들의 학예회에 가지만
이웃의 쑤군거림에 힘들어하는 롼싸오

기에 속하는데, 그녀가 생계를 위해 매춘을 할 수밖에 없다는 사실은 참작되지 않았고 오랜 역사를 통해 형성된 기녀에 대한 편견과 모욕에서 벗어날 수도 없었다. 이런 현실은 기녀라는 신분 때문에 롼싸오가 이웃들에게 따돌림을 당하고 학부형들이 그녀의 아들을 퇴학시키는 것과 같은 이야기에서 선명하게 드러난다. 롼싸오는 건달에게 견딜 수 없는 고통을 당하지만 누구의 도움도 받지 못하고 결국 살인까지 하게 된다.

왕박사와 기자가 웨이밍에 대한 사실을 날조해서 가십거리로 만든다

한편 〈신여성〉은 영화 속의 다양한 계층의 시각과 태도를 통해 여성에 대한 이런 편견을 더욱 전면적이고 강렬하게 묘사했다. 왕박사, 기자로 대표되는 남성은 독신여성인 웨이밍을 함부로 상대해도 되는 대상으로 여기고 그녀를 모욕한다. 그들은 심지어 헛소문을 날조하고 그녀의 자살조차도 신문을 장식하는 가십거리로 삼는다. 웨이밍과 같은 여성은 돈을 주고 쾌락을 사는 기녀와 마찬가지로 한낱 노리개나 소모품에 불과한 것이다. 이런 사고는 남성들에게만 국한된 것이 아니다. 여성들 또한 이들 남성의 영향하에서 웨이밍으로 대표되는 미혼여성에 대해 보편적인 편견과 배척심리를 가지고 있다. 웨이밍의 동창인 장수전(왕부인)은 돈 많은 남자(왕박사)와 결혼하여 부유한 생활을 한다. 그녀의 생활은 전적으로 남성에게 종속되어 있지만 그것을 당연하게 여긴다. 그녀는 장수전이라는 자신의 이름보다 왕부인이라고 불리기를 바라며 심지어 남편이 사주는 자동차의 가격이 곧 자신의 가치라고 믿는다. 그래서 왕부인은 웨이밍이

소설을 쓰고 독립적인 생활을 추구하는 것에는 관심조차 없으며 그녀가 가난한 데다 독신생활을 한다고 무시한다. 그녀의 입장에서 보면 남편이 없는 웨이밍은 단지 자신의 남편(남성)을 유혹하는 기녀와 같은 존재일 뿐이다. 왕부인은 남편을 뒤쫓아 웨이밍의 집에 와서는 "나는 너를 동창이라고 생각했는데. 염치도 모르는 것! 네가 내 남편을 유혹하다니. 너 같은 밑바닥 인생들이 상류층 여성을 넘보다니 정말 상류층 여성의 체면을 떨어뜨리는구나!"라고 말한다. 그녀는 일의 내막이나 자초지종에는 근본적으로 관심조차 없으며, 따질 필요도 없이 무조건 웨이밍에게 잘못이 있다고 생각한다. 왕부인은 자기 남편에게 "당신처럼 신분 있는 사람이 여우한테 홀리다니! 당신은 저 애가 요괴 형상을 하고 온갖 남자와 무엇을 하고 다니는지 알기나 해요?"라고 꾸짖지만 이는 실제로는 웨이밍을 질책하는 또 다른 방식일 뿐이다. 물론 이런 견해는 부르주아 계급인 왕부인에게만 국한된 것이 아니라 웨이밍의 처지를 경험했거나 이해할 만한 하층계급 여성의 입을 통해서도 표현된다. 웨이밍의 이웃 노파인 포주는 여러 차례 웨이밍에게 "당신처럼 젊고 예쁜 데다가 피아노도 치고 노래도 잘 부르는 여자라면 평생 먹고 사는 데 무슨 걱정이 필요하겠수?", "당신처럼 젊은 여자들은 돈이야 쉽게 벌 수 있는 방법이 있으니 괜히 상심해서 몸이나 상하지 마시우!", "세상에서 우리 여자들이 돈을 벌려고 하면 이것(매춘) 말고는 다른 길이 있나?"라고 한다. 이러한 언급은 당시 사람들의 보편적인 생각과 현실의 반영이라고 할 수 있다. 문제는 아무도 웨이밍의 편에서 진심으로 그녀를 이해하고 도와주지 않으며 웨이밍의 처지를 단순히 개인의 문제로 치부해버렸다는 데 있다. 리아잉조차도 웨이밍이 기녀로 전락하는 것을 보고만 있을 뿐 아무런 분노도 표시하지 않는데 그녀 역시 현실의 모순에 대한 자각이 없으며 남성중심적 질서를 당연하게 여기고 있는 것이다.

더욱 중요한 것은 이런 남성지배적 가치관을 피해자인 웨이밍이 누구보다도 강렬하게 표현하고 있다는 것이다. 이것은 매춘에 대한 웨이밍의 태도에서 극명하게 표현된다. 딸을 구하기 위해 매춘 이외에는 다른 방법이 없는 극단적인 상황에서도 그녀는 "저한테 몸을 팔러 가라구요? 노예만이 자신의 육체를 파는 거예요! 그건 사람이 할 일이 아니라구요."라고 말한다. 결국 매춘을 하러 가기로 결심했을 때에도 "좋아요! 하룻밤 노예가 되죠!"라며 매춘에 대해 극도의 혐오감을 드러낸다. 실제로 당시 상하이는 경제적 침체와 남성노동자의 과잉으로 말미암아 많은 여성들이 공장에서 일을 할 수가 없었으며 임금도 지나치게 낮아서 정상적으로 생활을 꾸려나갈 수가 없었다. 결국 살기 위해서는 기녀가 될 수밖에 없는 것이 보편적인 현실이었다. 웨이밍은 그들과 같은 처지이면서도 그들의 불행을 이해하지도 그들을 동정하지도 않았으며 더욱이 그들을 매춘하게 하는 사회를 비판하지도 않았다. 결국 웨이밍이 막다른 길에서 선택했던 자살조차도 가십거리로 취급되고 만다. 클로즈업으로 보여지는 '여성은 결국 약자다' 라는 신문 칼럼의 소제목은 마치 사회 질서에 대한 일개 여성의 반항은 아무런 의의도 없으며 사회는 근본적으로 여성의 존재에는 관심이 없다는 점을 말

딸의 병원비를 위해 매춘을 하기로 결정한 웨이밍을 위로하는 포주

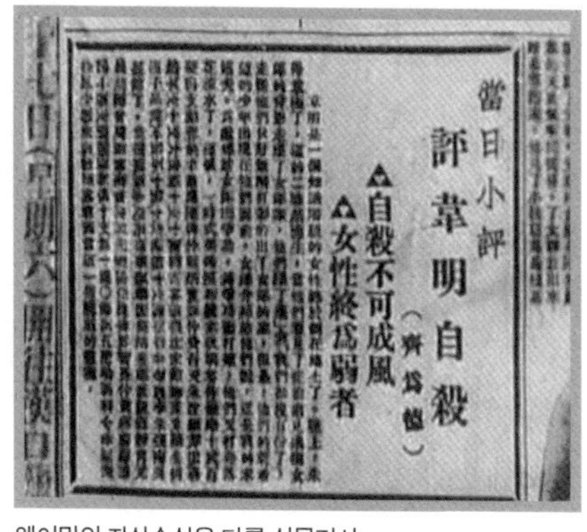

當日小評

評韋明自殺

▲自殺不可成風

▲女性終爲弱者

웨이밍의 자살소식을 다룬 신문기사.
'여성은 약자다' 라는 소제목이 눈에 띈다

하고 있는 듯하다.

그러나 〈신녀〉에서는 교장을 통해 기녀 문제를 사회 문제로 간주했으며, 그녀의 인격을 존중하며 기녀 역시 어머니(곧 아내)가 될 수 있음을 부르짖었다. 비록 교장의 노력은 성과를 얻지 못했지만 적어도 그는 여성의 편에 서서 그들을 동정하고 사회환경을 바꾸려는 노력을 함으로써 어느 정도는 사회적 편견을 타파하는 데 기여했다고 할 수 있다.

4_ 어머니-아들, 어머니-딸

페미니즘 영화평론가인 E. 앤 카플란은 「어머니의 행위, 페미니즘과 재현–극영화와 여성영화(1910~1940) 속의 어머니」라는 글에서 영화 속에서 어머니를 형성하고 재현하는 전통이 19세기의 무대극과 감상적 소설, 그리고 가정적 페미니즘 문학에 근원을 두고 있다는 것을 논증했다. 그녀는 이들 텍스트가 부권제 사회 질서의 구조를 벗어나지 못하기 때문에 여성은 다만 주어진 담론 내에서만 창작을 할 수 있을 뿐이며, 그 텍스트 속에 나타난 어머니의 형상은 다음의 세 가지 종류로 개괄할 수 있다고 했다. 첫째, 어머니가 출현할 때 그녀는 일반적으로 아이의 시점으로 보여질 뿐 주체의 시점으로 묘사되지 않는다. 둘째, 어머니가 중심인물일 경우라면 그 어머니는 자신의 '합당한' 위치(이런 상황하에서 서사의 흐름은 그녀를 징벌하거나 그녀의 위치를 변화시켜 안전하게 부권의 법도에 복종하게 한다)를 초월하거나 '나쁜' 어머니(학대를 하거나 질투하는)가 되기 때문에 서사의 흐름은 아이의 형상으로 하여금 자유를 얻게 하며 이 어머니에 관한 멸망을 이끈다. 중요한 것은 나쁜 어머니는 성(性)과 유관하다는 것에 있다.

물론 그녀의 성욕은 일반적으로 그녀의 사악함으로 정의된다. 마지막으로, 통치적 지위를 차지하는 소설의 의의는 대다수 어머니-아이의 관계가 곧 어머니-아들의 결합으로 드러나는 경향이 강하며 어머니-딸의 결합은 그렇지 못하며 후자는 일반적으로 부정당한다는 데 있다.(E. Ann Kaplan 1995, 583~584쪽)

재미있는 것은 카플란이 지적한 이런 모델이 1930년대 중국 남성감독의 영화인 〈신녀〉와 〈신여성〉에서도 선명하게 재현되고 있다는 점이다. 비록 그들이 여성의 운명에 대해 특별한 관심과 동정을 나타내기는 했지만 그들 역시 주어진 담론 내에서 창작을 했기 때문에 부권제 사회질서의 영향을 벗어나지 못했고 그들의 영화 또한 강렬한 남성지배적 사상을 표현했다. 영화에서 롼싸오와 웨이밍은 모두 어머니이자 중심인물이다. 이들은 모두 부친의 법도를 위반하여 합당한 위치를 초월했고 성과 관련을 가지고 있는 나쁜 어머니이다. 롼싸오는 비록 스스로 원한 것은 아니지만 기녀라는 신분으로 말미암아 자연스레 성과 직접적인 관계를 가지고 있고, 웨이밍은 딸을 버리고 미혼여성인 척하며 남자들과의 관계 속에서 생활한다. 웨이밍은 어머니이면서도 출판사 편집자인 위하이처우를 좋아한다. 출판에 관련된 일들을 설명해주는 위하이처우에게 바짝 다가앉아 그의 머리를 쓰다듬고 여러 차례 스킨십을 시도하며, 입으로 담뱃불을 붙여서 그에게 건네주고 함께 무도장에 가자고 매달리는 등 그녀의 행위는 위하이처우를 유혹하기 위해 안달이 난 것처럼 묘사되고 있다. 그리고 딸의 병원비를 마련하기 위해서이기는 했지만 매춘을

시계를 보기 위해 손을 잡는 위하이처우의 행동을 오해하고 좋아하는 웨이밍

하러 나서는 등 역시 성이라는 문제와 얽혀 있다.

> 어머니는 자리에서 이탈해 있지 않을 때 극단의 범례 내에 제한되어 기독교도 식이고 대단히 교양 있고 희생적인 '가정의 천사' 이거나 잔혹한 어머니의 전형이며 학대광이자 질투에 찬 인물이다.(E. Ann Kaplan 1995, 582쪽)

카플란의 주장에 따르면 어머니는 좋은 어머니 아니면 나쁜 어머니라는 두 가지의 극단적으로 대비되는 이미지로 형상화된다. 좋은 어머니란 사회적 법도를 잘 따르며 희생적이고 숭고한 어머니이고, 나쁜 어머니란 이기적이고 자기 욕망에 충실한 어머니다. 롼싸오의 경우는 직업적으로 이미 부권의 법도와 사회질서를 위배했지만 그녀가 그렇게 된 가장 큰 이유는 아들을 잘 키우기 위해서였다. 또한 그녀는 대단히 희생적인 어머니의 형상으로 묵묵히 부권제 사회질서에 복종함으로써 합당한 지위를 찾는다. 영화가 시작되면 화면에 뒤로 팔이 묶인 어머니가 아이에게 젖을 물리고 있는 부조(浮雕)와 그 위에 씌어진 "신녀—삶의 소용돌이 속에서 발버둥치다가—밤거리에서 그녀는 비천한 매춘녀가 되었고—가슴에 아이를 안고 있을 때 그녀는 고결한 어머니가 된다—이중적 생활 속에서 그녀는 고귀한 인품을 나타내었다"라는 자막을 통해 롼싸오의 이중적 처지를 설명함으로써 그녀에 대한 동정과 이해를 구하고 있다. 이로써 많은 영화사와 평론가들로부터 "'신녀' 는 육체적 피해자이자 정신적 숭고미의 통일체이다. 그녀는 비

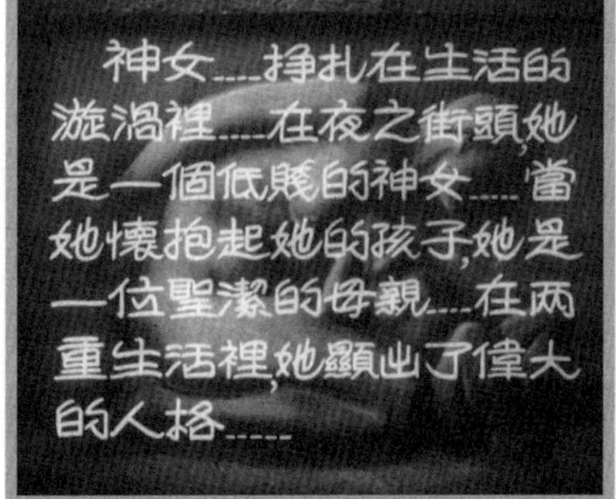

부조와 자막

아들과 행복한 시간을 보내는 롼싸오

새로운 직업을 찾기 위해 공장과 인력시장을 찾아 다니는 롼싸오

천한 기녀이면서 위대한 어머니이다”(封敏 1992, 101쪽)라는 평가를 받을 수 있었다. 롼싸오는 위대한 모성으로 아들을 돌보고 자신의 모든 인생을 아들을 위해 희생한다. 그녀가 아들을 안고 있을 때 깊은 사랑이 넘쳐흐르는 얼굴 표정, 아들을 따라 체조를 배우는 행복한 모습, 아들 옆에 앉아서 옷을 깁는 단아한 모습은 모두 ‘대단히 교양 있고 희생적인 가정의 천사’의 모습에 부합한다. 그녀는 자신의 신분 때문에 아들이 모욕과 업신여김을 당하자 아는 사람이 없는 곳으로 이사를 하려고 한다. 그녀는 새로운 생활을 위해 안간힘을 다하며, 감옥에 갇혔을 때에도 “그 애가 성장하면 엄마는 이미 죽었다고 말해주세요. 그 애에게 이런 엄마가 있었다는 사실을 알지 못하도록 말이에요.”라고 교장에게 부탁하며 아들의 미래를 위해 자신의 존재조차도 부정하며 주동적으로 어머니의 권리를 포기하고 아들로 하여금 ‘자유를 얻도록 한다.’ 기녀라는 삶은 어쩔 수 없는 선택이었으며 그녀 역시 어머니가 될 수 있다는 점을 강조함으로써 여성의 처지에 대한 이해를 유도하고자 했던 것이다.

여기에서 주목해야 할 것은 어머니와 자식 간의 결합모델이다. 〈신녀〉는 어머니-아들의 결합모델을 선택함으로써 전체적으로 긍정적인 서사구조를 부여했고 어머니의 결말을 대단히 희망적으로 처리했다.

> 부권제의 무의식적인 형성 속에서 여성의 역할은 이중적인데 그녀는 우선 남성 생식기가 없음으로 인해 형성된 거세공포를 상징하고 있다. 둘째, 그녀는 이로 말미암아 자신의 아들을 상징적 질서로 끌고 들어간다. (…) 그녀는 자신의 아들을 남근을 가지고자 하는 선망의 기표로 변화시킨다. 그녀는 그 명칭—아버지와 부권제의 이름에 보기 좋게 굴종하거나 그렇지 않으면 알 듯 모를 듯한 상상 속에서 자신의 아들을 지키려고 발버둥치고 있을 뿐이다.(Laura Mulvey 2005, 2쪽)

롼싸오에게 있어 아들은 실지로 남편을 대신하고 남편의 자리를 메우는 남성을 상징하며 롼싸오를 매춘과 감옥에서 구해줄 수 있는 기표로 존재한다. 따라서 그녀는 아들을 어떻게든 지키려고 발버둥친다. 그녀는 비록 지금은 고통받고 있지만 아들을 학교에 보내 잘 키우면 사람들이 우러러보는 인물이 될 수 있으며 그녀 또한 이런 아들을 통해 존중받는 인물로 변할 수 있을 거라 생각한다. 비록 그녀는 감옥에서 12년이라는 시간을 보내야 하지만 이 기간 동안 아들은 교장의 보살핌 아래 잘 자랄 것이다. 교장의 품성과 사상에 근거하면 아들은 성장한 이후 자신을 위해 모든 것을 희생한 엄마를 부정하지 않을 것이므로 롼싸오의 미래는 대단히 희망적이라고 할 수 있는 것이다. 영화는 최후에 "고요한 감옥 생활은 그녀에게 일생에 없던 안식이었다. 희망 속에서 그녀는 아이의 밝은 앞날을 동경했다."라는 자막을 사용하여 이 사실을 암시하고 있다. 따라서 영화는 표면적으로 보면 매우 비극적인 것 같지만 사실은 그다지 절망적이지 않다. 그러나 이런 희망은 여성 자신의 역량에 의한 것이 아니라 교장의 도움 하에서, 아들을 통해서만 실현될 수 있다. 즉 롼싸오의 운명은 교장과 아들로 대표되는 남성에게 달려 있는 것이다.

이에 반해 웨이밍은 롼싸오와 완전히 상반되는 어머니 형상이다. 그녀는 가부장적 질서를 거부하고 어린 딸을 버리고 상하이로 가서 새로운 생활을 추구한다. 비록 그녀는 딸을 그리워하기는 하지만 자신이 어머니라는 사실을 부정하고 포기한다. 그녀는 자신에게 딸이 있다는 사실을 숨기고 독신여성인 척 생활한다. 그녀는 딸과 헤어진 지 6년 후에야 비로소 딸과 재회하지만 이 역시 그녀가 주동적으로 원한 것이 아니라 그녀의 언니가 상하이로 아이를 데리고 왔기 때문이다. 기차역에서 그녀는 언니에게 "나에게 아이가 있다는 사실을 아는 사람은 없어. 그래서 따로 방을 구해두었어."라며 딸과 언니를 여관에 머물게 하고 여전히 어머니의 신분을 거부한다. 심지어 딸이 병에 걸려 위급한 상황임에도 그녀는 유일하게 자신을 도와주는 위하이처우에게조차 이 사실을 알리지 않으며, 딸의 입원비를 마련하기 위해 매춘을 하러 갔다가 왕박사에게 모욕을 당하고 뛰쳐나옴으로써 딸의 생명과 자신의 자존심을 바꾼다. 그녀의 이런 행동은 결국 딸을 죽음에서 구해내지 못하고 또 한 차례 주동적으로 어머니의 신분을 부정하고 포기하는 결과를 가져오게 만들었다. 게다가 독신여성이라는 사실을 이용하여 남성과의 관계에서 일정한 사회적 지위를 얻음으로써 구제될 여지가 없게 되고 결국 징벌을 면치 못하게 된다.

한편 그녀의 딸은 이모에게서 부모들의 전후사정을 듣고 난 후 포악스럽게 부모의 결혼사진에서 아버지의 얼굴을 도려냄으로써 부권에 반항한다. 이런 어머니-딸의 결합 모델은 부정되며 모녀는 모두 불행한 결말을 맞이한다. 웨이밍에게는 딸과 함께 지냈던 행복한 시간이나 한 가닥 아름다운 추억마저도 없으며 딸의 출현 자체가 그녀에게 위협이며 불행을 가져다 줄 뿐이다. 웨이밍에게 있어서 딸은 자신

부모의 결혼사진에서 아버지의 얼굴을 포악스럽게 뜯어내는 웨이밍의 딸

지구를 밟고 서 있는 오뚜기 인형을 딸에게 선물하는 웨이밍

의 인생을 희망적으로 바꿔주기는커녕 절망의 구렁텅이로 몰아넣는 존재로 자리매김하는 것이다. 딸 역시 태어나자마자 부모 모두에게서 버림을 받고 줄곧 어머니에게 부정당하고 감춰지면서도 죽는 순간까지 애타게 엄마를 부르짖으며 결국 '어머니의 멸망을 초래한다.' 웨이밍은 딸에게 지구를 밟고 서 있는 오뚜기 형태의 여자 인형을 선물하며 어떤 어려움에도 굴하지 않고 일어서기를 바랐지만 이들 모녀는 운명과 현실에 대해 아무런 반항도 하지 못하고 고통 속에서 비참하게 죽어갈 뿐이다. 이는 다시 한 번 '어머니-딸의 결합 모델은 일반적으로 부정당한다'는 사실을 확인시켜주며 남성 중심적 질서를 지지하는 것이라고 할 수 있다.

5_ 맺는 글

앞에서 언급한 바와 같이 1930년대는 영화의 관객층이 소시민계층으로까지 확대되었다. 또한 민족의 위기라는 현실과 이러한 현실에 대한 관객의 인식 변화, 그리고 신흥영화운동에 힘입어 영화 자체에도 획기적인 변화가 나타났다. 영화가 현실을 반영하면서 고통받는 하층민들에게 관심을 가지기 시작한 것이다. 그중에서도 여성은 사회와 남성으로부터 이중의 고통을 받는 존재로, 하층여성을 다룬 영화가 대량으로 쏟아져 나왔다. 이들 중에는 여성에 대한 관심을 표명하고 일정 정도 여성에 관한 담론을 이끌어낸 영화도 있었지만 대부분의 영화는 여성의식이 모호했으며 진정으로 여성을 대변하지 못했다. 〈신녀〉와 〈신여성〉 역시 경전작으로 평가받고 있지만 그런 한계를 벗어나지 못하고 있다. 특히 〈신여성〉의 경우 〈신녀〉보다 더욱 강한 남성의식을 표출하고 있는데, 가령 〈신여성〉은 온통 웨이밍을 성적으로만 소비하려는 남성들을 묘사했다는 점에서 여성이 처한 현실을 잘 묘사했지만 더 나아가 비판적인 태도를 보이지 못했다. 더욱이 주인공이 남성지배 질서를 맹종하는 태도를 보임으로써 남성지배 질서는 오히려 강력하게 옹호되고 있는 것이다. 또한 〈신녀〉는 여성이 처한 현실을 일정 정도 사회적인 문제로까지 끌어올리려고 하였던 것에 반해 〈신여성〉은 그저 개인의 문제로 치부해버림으로써 문제의 본질에 다가가지 못했다고 할 수 있다. 이 글에서는 이 두 영화를 대상으로 다음 세 가지 측면에서 기존의 연구에서 소홀하게 다루어지고 있는 남성주의적 텍스트의 측면을 분석해보았다.

먼저, 〈신녀〉는 주인공의 직업이 기녀라는 점에서 보는 쾌감을 직접적으로 전달할 수 있지만 카메라는 매우 담백한 언어로 그녀의 처지를 설명함으로써 그녀를 성적으로 대상화하려는 태도를 대폭 배제했다. 즉 벽에 걸린 화려한 치파오나 손님과 함께 걸어가는 발을 클로즈업한 쇼트로 그녀의 직업을 설명하거나, 밤거리에서 손님과 흥정을 하는 주인공을 부감으로 찍어 억압받는 그녀의 계급적 처지를 설명하고자 한 것이다. 또한 기녀라는 신분보다는 그녀의 불행한 처지에 대해 많은 편폭을 할애하여 설명하고 있고 희생적이고 숭고한 어머니의 형상을 빚어내는 데 보다 정성을 들임으로써 관객의 동일시를 얻는 데 성공했다고 할 수 있다. 반면 〈신여성〉은 주인공이 교사이자 작가라는 직업을 가진 여성임에도 불구하고 그녀를 지나치게 육감적이고 매력적으로 묘사하여 보는 쾌감을 극대화한 반면 감독이 이상적 인물로 내세우고자 했던 여성을 형상화할 때에는 극단적으로 상반되는 태도를 취함으로써 마찬가지로 오류를 범했다. 즉 감독은 성적 대상화라는 측면과 여성성의 표현을 동일한 것으로 간주하는 오류를 범하여 현실을 왜곡했을 뿐만 아니라 결국 남성을 옹호하는 결과를 가져온 것이다. 그리고 이 과정에서 남성들의 보는 쾌감뿐만 아니라 여성의 보여지는 쾌감을 묘사함으로써 여성을 성적으로 대상화했으며 관객들로 하여금 이상적 여성인 리아잉이 아니라 비판해야 할 웨이밍과 동일시를 하게 했다.

둘째, 기녀와 아내라는 측면에서 보았을 때, 원래 기녀는 종교적 의미를 가지고 있는 존재였다. 하지만 사회가 점점 남성위주로 변하면서 기녀의 지위도 변화하여 경제적인 의미만이 남게 되었고 남성의 성적 대상물로서 아내와 대립되는 존재가 되었다. 여성들 역시 남성 중심의 가치관에 영향을 받아 여성을 아내와 기녀의 이분법이라는 잣대로 분류하는 데 동조했고 기녀를 적대시하며 남성지배적 질서를 공고히 했다. 1930년대 상하이는 국제적 대도시로서, 다양한 방면에서 놀라운 발전을 보였지만 객관적 현실의 여건으로 말미암아 기녀가 넘쳐났다. 하지만 사회에 보편적으로 퍼져 있던 남성 중심의 가치관은 사회적으로 기녀를 양산하게 된 원인에 대한 분석 없이 일방적으로 기녀를 경멸하는 분위기를 낳았다. 〈신녀〉는 기녀라는 직업을 가진 여성을 주인공으로 내세우고 그녀를 둘러싼 이웃의 시선을 묘사함으로써 이런 사회적 인식을 잘 묘사하고 있다. 단순히 사회적 인식을 묘사하는 데 그치는 것이 아니라 주인공이 기녀라는 신분을 벗어나기 위해 공장과 인력시장을 찾아다니지만 불 꺼진 공장굴뚝이나 인적 담보가 없이는 일거리를 얻지 못하는 장면을 통해 그들의 현실을 보다 사회적으로 묘사했으며 교장의 입을 통해 이런 사회적 현실과 사람들의 인식을 비판하고 있다. 또한 주인공에게 어머니(즉 아내)와 기녀의 형상을 동시에 결합시킴으로써 아내가 아니면 기녀라는 식의 여성에 대한 기존의 이분법을 부정하고 기녀도 얼마든지 훌륭한 어머니가 될 수 있다고 주장했다. 반면 〈신여성〉은 부유층 여성, 지식인 여성은 물론이고 하층 여성에 이르기까지 다양한 계층의 여성들이 기녀에 대해 기존의 편견을 답습하고 있음을 묘사하고 있을 뿐 아니라 기녀로 전락할 처지에 놓인 주인공의 입을 통해 매춘에 대해 극도의 혐오를 표시함으로써 남성지배사상을 공고히 하고 있다.

셋째, 〈신녀〉와 〈신여성〉에서 두 어머니는 모두 직간접적으로 성과 관련되어 있어 나쁜 어머니의 범주에 속한다. 하지만 〈신녀〉의 경우에는 희생적이고 숭고한 어머니의 형상으로 보상을 받을 수 있는 여지를 두고 있음에 반해 〈신여성〉은 딸보다는 자신의 삶을 보다 중시하며 결국 멸망에 이르는 어머니의 형상으로 그려지고 있다. 이러한 결론은 어머니와 자녀의 결합모델에 있어서 일반적으로 어머니와 아들의 결합은 긍정되는 반면 딸과의 결합은 부정된다는 이론에서 그 근거를 찾을 수 있다. 마치 이런 공식을 증명하기라도 하듯이 아들과 결합한 〈신녀〉의 경우에는 아들의 성공과 어머니에 대한 보상이라는 희망적인 미래를 그리고 있는 반면 딸과 결합한 〈신여성〉에서는 딸이 어머니의 멸망을 초래하며 양쪽 모두 무의미한 죽음에 이르는 결론을 보여주고 있는 것이다. 여기에서 아들과 딸은 다시 한 번 남성과 여성으로 의미작용을 하며 그것이 상징하는 바는 명확해진다.

참고문헌

거다 러너 지음, 강세영 옮김(2004), 『가부장제의 창조』, 당대, 서울

이성숙(2002), 『매매춘과 페미니즘, 새로운 담론을 위하여』, 책세상, 서울

帕特里克 富瑞(2005), 「凝視：觀影者的受虐狂·認同與幻想」, 『凝視的快感—電影文本的精神分析』, 中國人民大學出版社, 北京

董乃强(1992), 「女巫和妓女的起源-兼向武舟先生求教」, 『中國文學研究』1992年第2期, 長沙

陸弘石(2005), 『中國電影史1905-1949早期中國電影的敘述與記憶』, 文化藝術出版社, 北京

武舟(1990), 『中國妓女生活史』, 湖南文藝出版社, 長沙

封敏 主編(1992), 『中國電影藝術史綱』, 南開大學出版社, 天津

章旭清(2006), 「"他者"與"解構"—女性主義電影理論的關鍵詞解讀」, 『徐州師范大學學報』第32卷 第1期, 徐州

塵無a(1994), 「『神女』評一」, 『王塵無電影評論選集』, 中國電影出版社, 北京(原載『晨報每日電影』(1934.12))

塵無b(1994), 「關于『新女性』的影片批評及其他」, 『王塵無電影評論選集—紀念左翼電影運動六十年』, 中國電影出版社, 北京(原載『中華日報電影藝術』(1935. 3. 2))

忻平(1998), 「20~30年代上海青樓業興盛的特點與原因」, 『史學月刊』第1期, 開封

Christian Henriot(2004), 『上海妓女—19~20世紀中國的賣淫與性』, 上海古籍出版社, 上海

E. Ann Kaplan(1995), 「母親行爲·女權主義和再現-情節劇和婦女影片(1910~1940)中的母性」, 李恒基·楊遠嬰 主編(1995), 『外國電影理論文選』, 上海文藝出版社, 上海

Laura Mulvey(2005), 「視覺快感與敘事電影」, 『凝視的快感—電影文本的精神分析』, 中國人民大學出版社, 北京

상하이영화의 여성형상에 나타난 동화와 할리우드의 영향

곽 수 경

이 글에서는 시장경제 체제로 전환하면서 할리우드의 무차별적인 공세에 맞닥뜨린 중국영화가 스크린에서 여성을 객체화 · 대상화시키기 시작한 점에 주목했다. 개인의 성공신화를 탄생시키기에 적합한 도시 상하이는 환상의 세계를 선사하는 동화와 꿈의 공장이라고 일컬어졌던 할리우드영화와 긴밀하게 소통할 수 있는 기제를 가지게 되었고 상하이영화 속의 여성형상 역시 그러했다. 이런 관점에서 〈수쥬〉와 〈아름다운 신세계〉를 중심으로 동화, 그리고 종종 동화의 비현실적 환상성을 모티프로 삼고 있는 할리우드영화 속의 여성형상이 어떤 형태로 중국적으로 변형되고 있는지, 동화와 할리우드영화가 선전하고 있는 여성에 대한 이데올로기가 상하이영화 속에서 어떻게 확대 재생산되고 있는지를 고찰했다.

1_ 신시기와 상하이영화

주지하다시피 중국에 영화가 유입된 이후 상하이는 적어도 건국 이전까지 '중국영화의 메카' 라는 이름에 부끄럽지 않게 그 위용을 뽐냈다. 특히 중국에 영화가 유입된 이후 1930년대까지 중국영화는 곧 상하이영화라고 할 수 있을 정도로 상하이는 제작, 배급, 상영에 이르기까지 중국영화를 독점했다. 그리하여 '중국영화=상하이영화' 라는 등식을 무리 없이 성립시켰으며 그 의미가 다소 변하긴 했지만 '상하이영화' 라는 명명은 오늘날까지도 자연스럽게 사용되고 있다.[1)] 건국과 더불어 모든 문예가 국가의 공식적인 방침을 따르면서 무화(無化)되었던 상하이영화는 개혁개방을 맞이하여 화려한 부활을 꿈꾸고 있다. 상하이는 시장경제를 주도하는 도시답게 영화 분야에서도 발빠르게 상업적 경쟁 속으로 뛰어들었고 그것을 자신의 특징으로 삼으려는 것처럼 보인다. 많은 영화사의 설립과 시장경쟁 체제로의 전환, 매체환경과 라이프스타일의 변화 등으로 인해 영화가 설 자리를 찾기 힘들어진 상황 속에서 대표적 상업도시 상하이가 상업성에서 상하이영화의 활로를 모색하고 부활의 불씨를 찾으려는 것은 당연한 것인지도 모른다. 이는 중국영화 초기에 상인들이 투기의 목적으로 상하이에서

---

1) 1920~30년대에는 중국영화가 대부분 상하이를 중심으로 제작·유통되었기 때문에 중국영화란 곧 상하이영화를 의미하는 경우가 많았다. 따라서 당시에는 따로 상하이영화라는 용어를 사용할 필요가 없었다. 중국영화에 대한 상하이의 독점이 깨어지면서 상하이영화라는 용어가 사용되기 시작하였는데 이는 상하이영화가 중국영화의 일부분에 불과하게 되었다는 것을 의미하며 그런 의미에서 상하이영화의 명성을 잃어버렸다는 것을 반증하는 것이기도 하다. 이러한 내용은 (임대근 2006)에서 상세하게 다루고 있다. 상하이영화라는 용어에 대한 중국연구자들의 정의에 대해서는 앞의 글 「상하이영화산업의 특징과 변화」를 참고하기 바란다. 이 글에서는 상하이 재현이라는 측면을 중시하여 상하이를 배경으로 한 영화들을 연구대상으로 하였다.

영화산업을 시작했다는 점을 생각하면 그 전통의 맥을 잇는 것이기도 할 것이다. 물론 영화의 상업성이라는 문제는 상하이영화에만 국한된 것이 아니라 대량의 자본을 필요로 하는 영화의 속성 때문에 대부분의 영화가 결코 피할 수 없는 것이다. 최근 흥행수입이 보장되는 연말연시용 영화(賀歲片)를 독점하고 있는 펑샤오강(馮小剛)이나 장이머우(張藝謀)의 경우에도 노골적으로 상업적 노선을 표방하며 중국영화시장을 쥐락펴락하고 있지만, 이것은 굳이 명명을 하자면 상하이영화, 베이징영화가 아니라 펑샤오강영화, 장이머우영화라고 할 수 있을 것이다. 따라서 전체 상하이영화를 대상으로 했을 때 가장 두드러진 특징은 여타 중국영화에 비해 상업적 경향이 두드러진다는 점을 부인할 수 없을 것이다. 이는 또한 자연스레 할리우드와의 경쟁과 영향을 피해 갈 수 없게 했다.

1차 세계대전 이후 선발주자였던 유럽을 물리치고 무섭게 성장한 할리우드는 오늘날에도 세계영화시장의 80%를 장악하고 있는 상황으로, 중국에서도 예외가 아니며 상하이에서는 더욱 그러하다. 중국영화 초기에 이어 신시기에도 상하이영화는 할리우드의 그늘을 벗어나지 못하고 있다. 20세기 상반기에 미국은 중국에서 연평균 350편 이상의 영화를 배급했는데(蕭知緯 · 尹鴻 2005, 69쪽) 이는 매년 상영된 전체 영화의 90% 이상 혹은 그에 육박하는 수치였다. 그중 상하이의 경우를 보면 1946년 상하이에 있는 서우룬영화관(首輪影院)에서 상영된 극영화 383편 중에서 352편이 미국영화였으며 중국영화는 13편에 불과했다.(楊金福 2000, 161쪽) 그 결과 할리우드영화는 중국에서 다양한 영향력을 행사했다.[2] 이런 사정은 신시기 이후에도 달라지지 않았다. 수입영화의 경우 1994년부터 한 해 10편에 한해 배급사와 외국영화사가 수익을 일정 비율로 나누는 분장제(分賬制)가 실시되었는데, 1994년부터 5년간 상영된 외국 분장제영화 50편 중에서 할리우드영화가 45편을 차지했다. 한 미국인의 조사보고서에 의하면 "1994년부터 수입 분장제영화는 이미 중국영화산업의 발전과 생존의 기초가 되었으며 흥행수입 1,200만 달러 중에서 60%를 차지했다. 1995년 전반기 흥행수입이 전년 동기의 50%를 초월했으며 여름에 이미 베이징의 관객은 70%가 상승했다. 수입영화의 성공은 국내 영화배급에 영향을 미쳐 사람들이 다시 영화관으로 돌아오게 했다."(沈芸 2005, 221쪽)라고 했다. 이렇게 볼 때 수입영화—실질적으로는 할리우드영화—가 침체되었던 중국영화 시장에 활기를 불어넣었다고 할 수 있다. 하지만 이는 표면적인 성과일 뿐, 장기적으로 볼 때 그것은 중국영화의 질적 성장을 저해하고 관객을 더욱 중국영화로부터 등 돌리게 했다. 그리하여 중국영화산업을 잠식하는 결과를 가져왔으며 중국영화가 할리우드를 쫓아가게 만든 원인이 되기도 했다.

이처럼 중국영화는 신시기 들어 다시 박차를 가하는 할리우드의 무차별적인 공세에 수세를 면하지 못하게 되었다. 그리하여 신시기 초기에는 할리우드의 블록버스터나 홍콩느와르를 모방하여 정탐, 역사, 전쟁영화가 주류를 이루었고 그 속에서 여성은 스크린에서 배제되었다. 하지만 곧 관객을 영화관으로 끌어들이기에 가장 매력적인 요소의 하나로 여성의 몸이 부각되었다. 사회주의 시기 남성과 같이 군복을 입고 산하를 누비며 신중국 건설에 앞장 서는 모습으로 형상화되던 여성은 신시기에 이르러 잃어버렸던 성별을 되찾기는 했다. 하지만 그들이 다시 가부장제의 질서 속으로 회귀하게 되면서 섹슈얼리티

2) 리어우판은 『상하이모던』 3장에서 상하이영화의 도시환경을 다루면서 할리우드의 영향에 대해 언급하고 있다. 그는 중국영화와 할리우드의 서사방식을 비교하는 한편 1930년대 중국영화는 직접적으로 할리우드영화의 연기양식과 조명디자인, 그리고 카메라 이동을 모방했으며 심지어 플롯을 그대로 따온 경우도 있다고 지적하고 있다.(리어우판 2007) 상하이영화에 대한 할리우드의 영향력은 이와 같은 영화 내적인 영역뿐만 아니라 사회적으로 모방범죄를 일으키기도 하는 등 영화 외적으로도 그 영향력이 적지 않았다.

가 강조되었고 남성들 간의 권력 다툼 속에서 무가치한 희생양이거나 남성을 위험에 빠뜨리는 존재, 혹은 남성의 구원을 기다리는 존재가 되어 스크린을 메워갔던 것이다. 이러한 경향은 개혁개방이 가속화되면서 더욱 심화되었다. 개인의 성공신화를 탄생시키기에 적합한 도시 상하이는 '환상의 세계'로 안내하는 동화[3]와 '꿈의 공장'[4]이라고 일컬어졌던 할리우드영화와 긴밀하게 소통할 수 있는 기제를 가지게 되었고 상하이영화 속의 여성형상 역시 그러했다.

사회주의 시기 여성 형상. 〈홍색낭자군〉 중에서

3) 동화는 구비문학의 한 장르로서, 세계적으로 샤를 뻬로(Charles Perrault)와 그림(Grimm) 형제, 안데르센(Hans Christian Andersen)에 의해 이정표를 세우게 되었다고 보고 있다. 뻬로를 동화의 아버지라고 하며 뻬로보다 100년 후에 민담을 수집한 그림형제의 이야기는 민담에서 동화로의 전이과정이며, 안데르센은 전래동화에서 창작동화로의 전이로 보고 이들의 이야기는 모두 읽어야 할 동화의 고전이라고 보는 것이 일반적이다(김현정 1998, 1~2쪽, / 동화와 번역연구소 2004, 200쪽) 이 글에서도 주로 이들 세 작가의 동화를 비교 대상으로 삼아 분석할 것이다.
중국의 경우에는 19세기 하반기 서양근대문화의 유입과 더불어 전대미문의 '서양학 집대성' 이라는 국면이 출현하여 서양의 각종 학설, 사조, 문학작품이 끊임없이 수입되었다. 이런 배경하에 상당량의 아동문학작품이 번역 소개되었는데 그림동화는 그중에서 가장 영향력 있는 작품의 하나였다. 그림동화는 중국에서 1915년에 번역 소개되기 시작했다. 저우구이성(周桂生), 루쉰, 저우줘런, 마오둔 등이 이 방면에서 공헌을 했다.(張秦 · 楊敏 2006, 290쪽)
동화의 특질 중에서도 환상성은 대단히 중요한 요소인데, "성인문학에서 사용하는 환상적 기법과 달리 전체적으로 비체험, 비현실적 환상의 세계를 그리고 있으며, 동화에서 환상은 창작원리이며 필연적인 것이다."(김철수 2005, 11쪽)

4) 호텐스 파우더메이커(Hortense Powdermaker)는 1950년에 펴낸 영화 식민지에 대한 자신의 인류학적 연구에서 할리우드를 "꿈의 공장(dream factory)"이라고 묘사함으로써 미국영화의 핵심에 숨어 있는 근본적인 모순을 적절하게 표현했다. 미국영화는 예술이면서 동시에 산업이다.(존 벨튼 2000, 63쪽)

이 글에서는 상하이를 배경으로 하고 있는 영화 〈수쥐蘇州河〉(2000)와 〈아름다운 신세계美麗新世界〉(1999)를 중심으로 동화, 그리고 종종 동화의 비현실적 환상성을 모티프로 삼고 있는 할리우드영화 속의 여성형상이 어떤 형태로 중국적으로 변형되고 있는지를 분석할 것이다. 아울러 동화와 할리우드영화가 선전하고 있는 여성에 대한 이데올로기가 상하이영화 속에서 어떻게 확대 재생산되고 있는지를 살펴보고자 한다.

2_ 열등한 존재

태어나는 순간 '공주님' 으로 명명되는 여자아이들은 대부분 동화 속의 공주를 꿈꾸며 성장한다. 동화에서 긍정적으로 내세우고 있는 이들 공주는 젊고 예쁘고 사랑스러운 존재로 그려지고 있지만 조금만 더 깊이 들여다보면 유아스럽고 무능하며 어리석은 인물이라는 사실을 알 수 있다.

동화 속 여주인공의 또 다른 특징은 사랑스럽고 선량하며 천진스럽고 무지하다는 것이다. 동화에서 선량함은 종종 아름다움과 병존한다. 못생긴 아가씨들은 근본적으로 선량함과는 인연이 없는 것 같으며 칠칠치 못함과 사악함의 대명사로 그려지고 있다. 참으로 선량함은 인류가 떠받들어야 할 미덕이지만 이들 여주인공은 때로 선량함과 천진함이 지나치다 못해 어리석고 무지하여 선악과 시비를 판별할 능력이 없는 것 같다. 뻬로의 『신데렐라』에서 신데렐라는 언니들에게 온갖 조롱과 야유를 당하고서도 무도회 전날 정성스레 언니들의 치장을 도와주며 왕비가 된 후에는 지난 일은 모두 덮고 언니

들을 궁궐로 맞아들이고 대신들과 짝지어준다.(張穎 · 許福蘭 2006, 61~62쪽)

위의 인용문에서 동화 속의 여주인공들은 착하다는 말로 포장되어 있지만 사실은 어리석다는 점을 지적하고 있다. 이들은 논리적으로 사고하여 분별하는 능력을 갖추지 못했으며 자신의 의견을 분명하게 피력하지 못하고 모든 것을 양보하는 수동적인 존재라는 등의 의미를 내포하고 있다. 그래서 보다 나은 인물, 즉 남성의 보호와 보살핌을 필요로 한다는 말로 해석할 수 있다.

신데렐라뿐만이 아니라 달리 설명이 필요 없는 백설공주 역시 대단히 어리석은 인물이다. 그녀는 스스로 생활할 능력이 없어 난쟁이의 보호를 받으며 생활하는데 난쟁이는 일반 사람보다는 부족한 인물이라고 할 수 있다. 세상에서 가장 아름답고 사랑스러우며 공주라는 신분을 가지고 있어 여자아이로서는 최고의 지위를 가졌다고 할 수 있는 백설공주는 열등한 남성보다 더욱 열등한 존재인 것이다. 그녀는 또한 깊이 사고할 줄 모르며 자신의 욕구를 억제하지 못한다. 난쟁이들의 경고에도 불구하고 백설공주는 세 번씩이나 번번이 왕비에게 속는다. 그녀는 늙은 장사꾼으로 변장한 왕비가 비단실로 짠 속옷 띠를 보여주자 "이 할머니는 좋은 분 같아. 집 안에 들어오게 해도 괜찮을 거야."라고 생각하며, 머리빗을 보여주자 "빗이 너무 마음에 들어 자기도 모르게 문을 열어"준다. 세 번째에도 "백설공주는 아름다운 사과가 먹고 싶어서 견딜 수가 없었기 때문에" 끝내 독이 든 사과를 먹는다.

이와 같이 순진함을 표방하고 있지만 사실은 어리석기 그지없는 여성형상은 할리우드영화에서 끊임없이 재생산되어 동화만큼이나 전 세계적으로 강력한 영향력을 행사하고 있다. 이런 사실을 뒤집어 보기라도 하듯 〈금발이 너무해Legally Blonde〉(2001)에서는 금발로 상징되는 미모의 여성은 멍청하다는 전제로부터 시작해서 반대의 결론으로 엔딩을 장식한다. 영화는 미인대회 입상 경력에 걸맞게 치장과 파티에만 열중하던 여주인공을 하버드 법대에 합격시키고 변호사로 만든다. 하지만 그녀가 하버드 법대에 입학하려고 한 것은 똑똑한 여성과 결혼하기 위해 자신을 떠난 남자친구를 도로 찾기 위해서라는 황당한 이유에서 시작된다. 그리고 이후 그녀가 마주하는 사건들은 모두 외모를 가꾸는 데 치중해 있던 과거 경험에서 해결의 실마리를 찾게 된다. 이로써 그녀의 삶의 방식은 오히려 권장된다.[5] 그녀에게서는 남성에게서 흔히 볼 수 있는 권위나 위엄은 물론이고 전문성조차 찾아볼 수 없다. 종종거리는 걸음걸이나 앵앵거리는 말투, 온통 핑크색으로 휘두른 옷차림은 그저 바비인형을 연상시킬 뿐이다. 따라서 엔딩 부분에서 그녀의 성공과 함께 그녀가 되찾고자 했던 옛 남자친구를 서둘러 우스꽝스럽게 처리하는 것은 황당함을 느끼게 할 뿐, 여성에 대한 기존의 인식을 결코 뒤집어 놓지 못한다.

이상과 같은 여성에 대한 동화와 할리우드식의 평가절하는 〈수쥬〉의 여주인공 무단(牧丹)에게서도 고스란히 재현되고 있다. 그녀는 순진하고 충동적이며 즉자적이고 성숙하지 못하다. 마다(馬達)가 처음 무단을 데리러 갔을 때 본 모습은 남성의 눈에 비친 여성의 모습을 잘 대변해준다고 할 수 있다. 즉 마다의 앞쪽에서 걸어가고 있는 무단은

---

5) 그녀의 법대 입학이 허가된 것도 그녀가 예쁘기 때문이며 조수로 발탁되는 것도 동일한 이유에서다. 그녀가 살인사건을 해결하게 되는 것은 의뢰인으로부터 과거 다이어트 수업을 받았던 인연으로 인해 변론을 맡게 된 데다 파마를 하고 난 후에는 머리를 감지 않는다는 상식을 떠올림으로써 의뢰인의 의붓딸이 거짓증언을 한다는 사실을 밝힐 수 있었기 때문이다. 이러한 장치는 곳곳에 배치되어 있다. 이런 식의 이야기는 〈금발이 너무해〉 2편에서 더욱 황당하게 전개되어 혹평을 받았지만 그에 대한 분석은 여기에서는 생략하기로 한다.

양 갈래로 묶은 머리모양을 하고 손으로 벽을 그으며 일직선으로 걸으려고 뒤뚱거리는데, 이는 어린아이들이 흔히 하는 행동이다. 그녀는 마다의 오토바이에 타서는 속도가 너무 느리다며 슈왈츠제네거가 아니면 맷 딜런 정도는 되어야 한다고 한다. 여기에서 현실과 영화를 구분하지 못하고 영화를 흉내 내려고 하는 모습과 사회나 자기 인생에 책임을 지기보다는 반항아, 혹은 파괴자를 추종하는 미성숙한 모습을 볼 수 있다. 고모 집에 도착했을 때 그녀는 자신의 운동화 끈이 풀린 것조차 인지하지 못하는데, 마다가 그것을 발견하고 대신 매어준다. 등하교 때마다 마다가 오토바이로 데려다주는가 하면 그녀는

〈수쥬〉에서 마다가 처음 본 무단의 모습

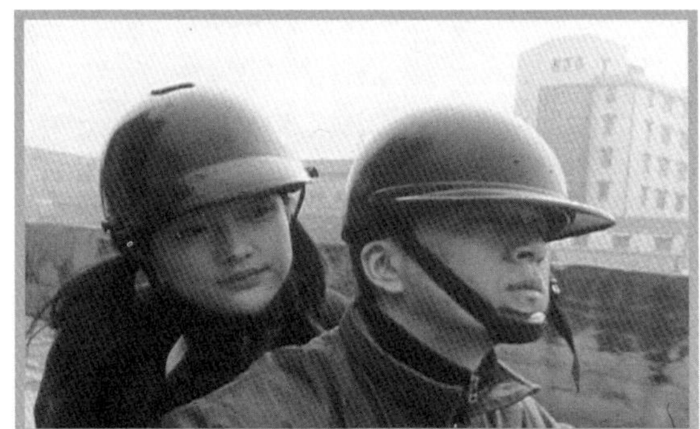

마다의 오토바이를 타고 속도를 높이라고 보채는 무단

마다가 선물해준 인어 인형을 좋아하여 늘 손에 들고 다닌다. 일당의 압력을 받은 마다가 그녀에게 해를 입히지 않기 위해 피하자, 무단은 비를 흠뻑 맞고 마다를 찾아가 투정을 부린다. 이때에도 마다는 수건으로 자상하게 그녀의 젖은 머리와 옷을 닦아준다. 마다는 항상 그녀를 보호하고 보살펴주는 인물이며 무단은 보살핌을 받고 보호를 받는 쪽이 된다. 한편 무단은 마다에게 납치를 당했을 때에도 평소와 달리 여러 차례 자신을 매몰차게 뿌리치는 마다의 행동에 전혀 주의하지 않는다. 그녀는 한참 동안 상황 판단을 하지 못한 채 자신의 감정에만

충실하여 애정표현을 하기에 급급하다. 납치상태에서 풀려나자 분노를 표하며 다리 난간에 매달려 강에 뛰어내리겠다고 협박을 하고서는 "속았지." 라며 즐거워하는 그녀의 모습 역시 영락없는 어린아이이다. 납치사건의 자초지종을 들어볼 생각이라고는 없이 극도의 흥분상태에서 곧바로 강으로 뛰어드는 것 역시 이와 같은 그녀의 특징을 또 한 번 고스란히 드러내 보이고 있다. 여기에서 여성은 유아적이고 충동적이며 열등하기 때문에 마치 어린아이에게 어른의 보살핌이 필요하듯이 남성의 보살핌과 보호가 필요하다는 의미가 선명하게 형상화되고 있는 것이다.

쑤저우 강에 뛰어들기 직전의 무단. 마다를 속였다며 즐거워한다

〈아름다운 신세계〉에서 인형 옷을 입고 전단지를 나눠주는 일을 하는 진팡

이러한 특징은 〈아름다운 신세계〉의 여주인공 진팡에게서 더욱 직접적이고 노골적으로 표현되고 있다. 진팡은 싸구려 보따리장사를 하거나 인형 옷을 입고 광고전단지를 나누어주는 등의 일로 생활을 꾸려 나가는 처지다. 하지만 그녀는 물건을 제대로 팔지도, 광고일을 제대로 하지도 못하는 등 어느 것 하나 제대로 해내지 못한다. 그녀에게는 애초에 진지하게 생활에 임하고자 하는 의지가 없다. 그녀는 주변 사람들에게 돈을 빌려 생활을 하면서도 돈이 생겼다 하면 일단 쓰고 본다. 그래서 늘 얼마 되지 않는 전화비를 내지 못해 독촉에 시달리고,

시도 때도 없이 빚쟁이들에게 쫓겨 숨을 죽인 채 집 안에 숨어 지내는 처지다. 그러면서도 겉치레에 신경을 쓰며 남들에게 그럴듯하게 보이려고 한다. 그녀는 다른 사람을 평가할 때도 겉모습으로 판단하여 바오건이 데려온 거리의 가수를 업신여기는가 하면 바오건이 도시락장사를 하는 것도 체면이 서지 않는다는 이유로 못하게 한다. 사리판단을 하지 못하는 어린아이가 죄책감 없이 거짓말을 하듯이 그녀 역시 버릇처럼 거짓말을 하고, 허황된 대박의 꿈에 젖어 이미 실패한 경험이 있음에도 불구하고 증권 투자에 대한 미련을 버리지 못한다. 다시 투자 자금을 마련하기 위해 식당으로 바오건을 불러내어 돈을 뜯어내려다가 여의치 않자 막무가내로 억지를 부리는 그녀의 행동은 마치 완구점 앞에서 갖고 싶은 장난감을 사달라고 떼를 쓰는 어린아이의 모습을 연상시킨다. 게으르고 허황되며 천방지축에 몰염치하다는 등의 온갖 부정적인 특징이 버무려진 진팡에게서 연상되는 것은 결국 여성은 열등한 존재라는 의미로 귀결된다. 더욱이 이는 바오건이라는 남성형상과의 대비를 통해 보다 선명하게 표출되고 있다.

남자주인공 바오건은 우직하고 성실하며 현실을 직시할 줄 아는 인물이다. 그는 자신에게 주어진 행운을 끝까지 움켜쥘 줄도 알고 노력을 발판으로 기회를 잡고 활용할 줄도 안다. 바오건은 시골 출신이지만 수완 좋은 상하이 건축업자의 그럴듯한 감언이설에 넘어가지 않고 진중한 태도로 경품에 당첨된 70만 위안짜리 아파트를 끝까지 지켜낸다. 또한 성실하고 정직한 태도를 담보로 도시락사업에도 성공한다. 그리고 무엇보다 바오건은 진팡을 처음부터 끝까지 도와준다. 마치 그의 출현은 그녀를 위한 것으로 여겨질 정도이다. 그는 진팡의 집에 머무는 대가로 적지 않은 방세를 지불하고 전화세를 대신 내주며 증권투자 밑천을 대준다. 급기야 집으로 몰려든 빚쟁이들에게 그녀의 빚을 모두 갚아주고 그녀에게 희망찬 미래를 열어준다. 영화는 비슷한 처지에 놓여 있는 남녀의 성격과 현실 대응방식을 대비시킴으로써 남녀를 규정하고 있다. 결국 여성은 열등하기 때문에 남성에게 인도되고 교육받아야 하며 남성에 의해서만 성공을 할 수 있다는 남성우월적 이데올로기가 집약되어 있는 것이다.

이런 점에서 영화는 〈귀여운 여인Pretty Woman〉(1990)과 대단히 유사하다. 진팡은 비비안과 상당히 닮아 있으며 장바오건과 루이스 역시 동일한 의미작용을 하고 있다. 즉 거리의 여인 비비안은 루이스를 만나기 전에는 천진난만하고 솔직하며 주위의 시선에 아랑곳하지 않는다. 그녀는 마치 길들여지지 않은 야생마와 같아서 상류사회는커녕 평범한 사회와도 어우러지지 못한다. 그런 그녀를 교육시키고 정상적인 사회의 범주로 이끌어주는 것은 모두 남성이다. 호텔지배인 톰슨은 그녀가 우아한 옷을 살 수 있도록 도와주고 식사예절을 자상하게 가르쳐준다. 루이스는 비비안을 내외적으로 완벽하게 개조시키고 온

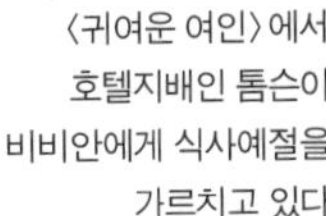

〈귀여운 여인〉에서 호텔지배인 톰슨이 비비안에게 식사예절을 가르치고 있다

우아한 모습으로 변화된 비비안

순하게 길들이며 그녀의 인생을 컨트롤한다. 이처럼 남성에 의해 차츰 길들여진 비비안은 어린아이가 사회적 관습을 배우듯 식사예절을 배우고 품위 있는 옷을 고르는 법과 팁을 주는 법을 익힘으로써 비로소 사회에서 정상적으로 생활할 수 있는 성숙한 인물이 되는데, 이는 결국 남성 중심의 기호를 습득하는 것임을 알 수 있다.

3_ 구원을 기다리다

백설공주나 잠자는 숲 속의 미녀, 그리고 신데렐라까지 동화 속 여성들은 공통적으로 엄청난 인내력을 가지고 있다. 그녀들은 온갖 구박과 시련을 견디며 무도회가 열리기를 기다리거나 오랫동안 투명한 관 속에 누워 있는 것으로도 부족하여 심지어는 백 년이라는 긴 세월 동안 잠을 자며 자신을 구원해줄 왕자를 기다린다. 왕자들은 그녀들을 구원해줄 뿐만 아니라 그녀들의 신분상승까지도 책임진다. “여주인공의 신분상승은 자신의 힘, 예를 들자면 지성이나 성격을 통해서가 아니라 단지 동화의 왕자를 만나는 데 있다. 왕자를 만나는 것은 힘든 일상의 강요에서 벗어나고자 하는 많은 사람들의 꿈이며 환상”(최석희 2002, 93쪽)이다. 여성의 구원은 오로지 남성에 의해서만 가능하며 신분상승 역시 남성에 의해서만 가능하기 때문에 설령 운명에 저항하거나 스스로 문제를 해결할 능력이 있더라도 여성에게는 그저 소극적이고 수동적으로 기다리는 자세가 요구된다.

이러한 남녀의 성역할과 지위는 다음과 같은 대비를 통해서 더욱 선명하게 의미작용을 한다.

동화 속의 남성은 종종 모험에 열중하며 그 직책은 가정을 지키고

> 나라를 다스리는 것이다. 그러나 여성은 집 안에서 집안일을 하거나 탑 속에 갇혀 있거나 궁궐과 화원에 감금되어 있거나 잠을 잔다. 적극적이고 진취적인 남성이 이루는 성취와는 반대로 여성이 성공을 거두는 과정은 시종 굴욕을 대동하고 있다. 남성은 베푸는 사람이고 집행하는 사람이며 정복자인 데 반해 여성은 받아들이는 사람이며 복종하는 사람이자 포로이다. 붉은 모자와 외할머니를 이리의 뱃속에서 구해주는 것은 사냥꾼이고 백설공주와 잠자는 숲 속의 미녀를 깨워주는 것은 왕자이며 신데렐라를 상류사회로 데려가주는 것 역시 왕자이다.(張穎 · 許福蘭 2006, 62쪽)

위의 인용문은 동화가 부권체제하에서의 양성의 관계를 반영하고 있다는 점을 지적하고 있다. "대다수의 이야기 속에서 여성형상이 남성형상보다 훨씬 두드러지게 표현되고 있"(張莉 2006, 91쪽)음에도 불구하고, 이들 동화는 결국 남성이 세상의 주체이자 여성의 구원자이며 여성은 자신을 구해줄 왕자를 얌전히 기다리는 수동적이고 나약한 존재라는 남녀의 역할 구분을 명확히 함으로써 가부장 중심의 사회질서를 선양하고 있다. 동화를 통해 "남자아이는 준마를 타고 난쟁이로부터 백설공주가 누워 있는 관을 사는 꿈을 꾸며, 여자아이는 죽은 사람을 사랑하는 사람의 대상—즉 무고하게 해를 입고 깊이 잠든 미녀, 아름답지만 영원한 잠에 빠진 미녀—이 되기를 갈망"(張穎 · 許福蘭 2006, 63쪽)하게 되는 것이다.

이들 동화 중에서도 신분상승의 대명사가 되고 있는 '신데렐라' 이야기는 9세기에 중국에서 처음으로 문자화되었으며(김희경 1992, 420쪽) 약 1,000종에 이르는 이야기가 존재할 정도로 모든 옛날이야기 중에서 가장 널리 알려지고 또 오래된 역사를 가지고 있다고 한다.[6] 그런 만큼 신데렐라의 꿈을 이루고 싶어 하는 여성들의 심리를 부추기며 여성들의 로망이 되어 왔다고 할 수 있다. 그리하여 할리우드에서는 〈신데렐라 스토리A Cinderella Story〉(2004)와 같이 노골적으로 동화를 표방하는 작품은 물론이고 그 이야기를 모티프로 삼은 작품에 이르기까지 다양한 형태로 스크린에서 부활시켜왔다. 그중에서도 동화를 현대적으로 해석하여 세계적 흥행에 성공한 영화로 〈귀여운 여인〉을 꼽을 수 있다. 〈귀여운 여인〉은 현대판 신데렐라의 꿈을 갈망하는 관객의 코드를 읽어냄으로써 할리우드에서 블록버스터가 유행하던 시기 소자본으로도 성공할 수 있었던 것이다.[7] "그림동화의 여주인공 중에서 가장 선호되면서 동시에 많은 논란의 대상이 되는 여성상은 순종형이며 그 순종을 통해 왕과 결혼하는 신데렐라형이다."(최석희 2002, 80쪽)라는 지적처럼 비비안은 루이스를 만나기 위해 심지어 거리의 여자가 되는 고초를 인내하는 과정을 겪는다. 루이스—남성—에게 길들여지기 시작하자 비비안—여성—은 그 다음부터는 자진해서 가부장적 질서 속으로 걸어 들어감으로써 왕비의 신분을 보상받는다. 애초에 그녀의 신분을 창녀로 설정하여 최하층의 신분에서 최고의 신분으로 수직상승하는 모습을 보여줌으로써 관객의 대리만족을 극대화하는 효과를 일으킨다. 이때 창녀란 남성지배 질서와 대립하고 가부장적 질서를 파괴하는 대표적인 존재이지만 남성에게 순종하고 남성의 지배 구조 속으로 들어가면 정숙한 여인도 되고, 신데렐라도 될 수 있다는 이데올로기를 역설하는 장치이기도 하다.

---

6) 신데렐라 이야기는 1,000종에 이른다고 하는데 콕스는 345개의 이본을 가지고 연구했고 루트는 700개의 이본을 가지고 박사학위 논문을 썼다. 이들이 미처 건드리지 못한 이야기를 합친다면 1,000종이 넘을 것이라고 시몬센은 말하고 있다.(동화와 번역연구소 2004, 14쪽)

7) 앞에서 예로 들었던 〈금발이 너무해〉는 1억 달러가 넘는 흥행수입을, 〈귀여운 여인〉은 2억 달러에 가까운 흥행수입을 거두었던 점을 생각하면 이들 영화가 세계적으로 미친 영향력을 짐작할 수 있으며, 전형적인 예로 설명하는 데에도 무리가 없을 것이다.

〈아름다운 신세계〉는 중국판 〈신데렐라〉, 혹은 중국판 〈귀여운 여인〉이라고 할 수 있다. 영화는 여러 가지 측면에서 동화와 할리우드의 법칙을 비켜나가고 있는 것처럼 보이지만 궁극적으로 그것들이 선양하고 있는 양성의 관계를 고스란히 재현하고 있다. 우선, 영화 속 남녀 모두 동화 속의 주인공과 차이가 있다. 바오건은 애초부터 멋진 왕자와는 한참 동떨어진 인물이며 진팡 역시 착하지도, 예쁘지도 않다. 하지만 바오건은 자신의 노력으로 왕자의 반열에 올라서며 진팡은 겉치레에 신경을 씀으로써 부족한 외모를 보완하려 한다. 그녀는 자신에게 유일한 탈출구이자 희망은 조건 좋은 남자를 만나는 것뿐이라는 사실을 잘 알고 있다. 결국 그녀는 바오건에게 선택받음으로써 구원을 받게 되며 중국판 신데렐라로 탄생한다. 이러한 현실적 근거에 무게 중심을 둔 중국적 변형은 환상의 속성에 있어서 일반적인 할리우드영화와는 확연한 차이를 보이고 있다. 〈귀여운 여인〉은 할리우드를 배경으로 하고 있으며 엔딩장면에서 "여러분의 꿈은 무엇인가요? 모두 할리우드로 오세요. 여기는 꿈의 전당, 할리우드!"라는 노래를 삽입하고 있다. 여기에서 할리우드라는 도시의 상징성은 영화가 이야기하는 환상의 성격을 규정하고 있으며 그것의 비현실적 환상의 성취에 대해 관객들로부터 무조건적인 동조를 끌어낸다. 〈아름다운 신세계〉 역시 지방극 공연단이 영화의 줄거리를 노래하는 장면이 중간 중간 삽입되어 있어 남자주인공 장바오건의 상하이 성공신화를 듣는 듯한 느낌을 받게 된다. 하지만 이것은 실현가능한 이야기로, 동화와 할리우드의 비현실적 환상은 현실적 환상으로 전환된다. 영화의 주 배경은 주인공들이 사는 지저분하고 낙후된 상하이의 뒷골목이지만 영화가 지향하는 것은 와이탄으로 대표되는 '아름다운' 상하이의 앞모습이다. 이 두 공간은 서로 단절된 것이 아니라 주인공들이 끊임없이 진입을 시도함으로써 연결되어 있다. 과거의 다국적 금융자본이 넘쳐나던 건물들에 둘러싸여 세계 굴지의 기업들의 네온간판이 화려한 불빛을 쏟아내고 있는 와이탄은 성공이란 곧 부(富)를 거머쥐는 것이며 상하이는 바오건처럼 누구나 그런 기회를 잡을 수 있는 꿈의 도시라고 말하고 있는 것이다.

한편 진팡이나 비비안과 달리 남성에게 선택을 받지 못하는 여성은 인어공주처럼 물거품이 될 수밖에 없다. 왕자에게 가기 위해 인간의 발을 얻는 대가로 인어공주는 목소리를 지불하는데 "목소리는 자신의 존재를 알릴 수 있는 몸이기에 자아정체성을 상징"(김미현 2001, 37쪽)하므로 이는 곧 남성에게 완벽하게 종속적인 존재가 되었음을 의미한다. 그녀는 왕자에게 자신의 견해를 피력하는 것은 물론이고 왕자를 구해준 것이 자신이라는 진실조차 밝히지 못한다. 그리하여 왕자의 사랑을 얻지 못한 그녀는 자신을 희생시킨다. 사실 동화에는 물거품이 된 인어공주가 인간—남성—의 사랑을 얻음으로써가 아니라, 자신의 노력으로 죽지 않는 영혼을 얻을 수 있다는 점에 보다 큰 의미와 창작의도가 담겨 있다. 그럼에도 불구하고 왕자를 위해 물거품이 되는 길을 선택한다는 점이 부각됨으로써 인어공주는 그야말로 순종적이고 희생적인 여성상으로서 오늘날까지 남성의 영원한 로망이 되고 있다.

〈수쥬〉는 인어형상을 전면에 내세우고 있는 만큼 여러 측면에서 동화 『인어공주』와 유사한 의미를 읽어낼 수 있다. 우선 영화의 이야기는 남성인 '나'의 내레이션으로 서술되고 '나'의 카메라와 시선을 통해 전개된다. 이처럼 서술의 주체가 남성이라는 것은 여성의 타자화, 대상화를 의미한다. 더욱이 수족관에 갇혀 있는 메이메이(美美)는 말을 할 수가 없다. 동화 속의 인어공주처럼 그녀도 묵묵히 남성에게 종속되어 있는 타자로 존재하는 것이다. 한편 아버지 혼자 보살피기에는 역부족인 무단은 종종 고모에게 보내지며 어느 날 자신의 앞에 나타난 마다를 사랑하게 된다. 하지만 마다는 무단의 아버지에게 돈을 빼앗기 위해 계획적으로 그녀를 이용한다. 여기에서도 많은 부분이 동화 속 인어공주의 처지와 오버랩되고 있다. 어머니가 없는 인어공주 역시 할머니의 보살핌을 받으며 처음 본 왕자를 사랑하게 되어 그에게 순결한 첫사랑을 바친다. 하지만 "왕자는 인어공주를 어린 동생처럼 아끼고 좋아했을 뿐 인어공주를 아내로 맞을 생각은 꿈에도 하지 않았다."(안데르센 2005, 86쪽) 왕자는 이웃나라 공주와 결혼을 하고, 사랑에 배신당한 인어공주는 물거품이 된다. 하지만 다시 공기의 요정이 되어 삼백 년간 착하게 사는 대가로 죽지 않는 영혼을 얻게 되는 것처럼 '나'에게서 진정한 사랑을 얻지 못한 메이메이 역시 나에게서 구원을 받지 못하고 '나'를 떠나지만 그로써 진정한 사랑을 찾을 수 있는 여지가 마련된다. 여기에서 영화의 배경이 되고 있는 상하이의 뒷골목, 악취가 풍기는 쑤저우허는 꿈—동화—을 잃어버린 상하이, 그리고 진정한 사랑을 찾아 떠나는 메이메이를 부각시켜주고 있다.

4_ 보여지는 대상

동화 속 공주들에게서 찾을 수 있는 또 하나의 공통점은 대단한 미모의 소유자라는 것이다. 그녀들의 미모는 사냥꾼에게서 목숨을 건질 수 있게 하고 관 속에 누워서, 혹은 죽음과도 같은 깊은 잠에 빠진 상태에서도 왕자의 사랑을 얻게 할 정도다. 그녀들의 미모는 남성의 마음을 움직이고 남성의 선택을 받기 위해서 반드시 갖추어야 할 전제조건이다. 여성의 미모는 스크린을 통해 투사될 때 더욱 빛을 발한다. 이런 속성을 잘 파악하고 있는 할리우드는 여성의 섹슈얼리티를 다양한 형태로 변형, 강조하며 남성적 기호에 맞는 여성의 이미지를 지속적으로 확대 재생산하는 데 앞장서 왔다. 여성은 가정을 지키는 정숙한 여인이거나 남성에게 종속된 천진난만한 존재가 아니면 뱀프, 밤쉘, 팜므 파탈이나 섹스키튼, 궁극의 악녀(ultimate bitch) 등 본질적으로는 동일하면서 외형만을 달리한 채 객체화, 타자화되어 각 시대를 대표했다.[8] 할리우드에서 여성을 다루는 이런 방식에 대해 E. 앤 카플란(E. Ann Kaplan)은 "할리우드영화에서 여성은 늘 최후에 소리를 내고 논술의 주체가 될 어떠한 가능성도 거절당하며 그들의 욕망 또한 남성의 욕망 아래에 굴복한다. 그들은 침묵하고 의기소침하게 생활한다. 만약 이것을 거부한다면 그들의 대담한 언행은 반드시 대가를 치르고 목숨을 희생당하게 된다."(E. Ann Kaplan 1997, 27쪽)라고 했다. 또한 로라 멀비(Laura Mulvey)는 "가부장적 무의식과 깊게 연루되어 있는 할리우드 고전영화들은 성애적인 보기의 방식, 관객의 동일화, 이미지의 구성방식을 통해 여성을 '보여지는 대상'으로 전시한다. 그 결과 가부장 문화의 타자인 여성은 남성의 환상과 욕망에 대한 상징으로서, 남성을 위한 기표로서만 재현되고 있다."(서인숙 2003, 41쪽)라고 했다.

할리우드에서 여성의 섹슈얼리티를 노골적으로 내세우고 있는 수많은 영화를 일일이 거론하지 않더라도 〈귀여운 여인〉만으로도 이 점을 확인할 수 있다. 영화는 줄리아 로버츠라는 할리우드 최고의 스타

---

8) 1910년대의 뱀프는 남성들에게 위협적인 존재로서 차갑고 사악하며 약탈적인 이미지를 가지고 있었으며, 1930년대에 나타난 밤쉘은 섹스심벌로 쾌활하고 기운차면서도 남성에게 항복하는 여인으로 남성에게 즐거움을 제공하였다. 제2차 대전으로 인해 전쟁터로 몰린 남성의 공백을 대신 차지했던 여성들에 대해 남성들이 느꼈던 두려움은 팜므파탈의 형상으로 나타났다. 곧이어 1950년대에 여유를 찾은 남성들은 멍청하면서도 육감적인 관능미를 가진 섹스 키튼으로 팜므파탈의 형상을 대체하였다. 1970년대에서부터 20세기 말에는 소름끼치는 궁극의 악녀가 주인공으로 등장하는데 이들은 지적인 데다가 훌륭한 교육을 받아 성공을 거둔 여성들을 일컫는다.(빌링허스트 제인 2005, 193~264쪽)

를 내세워 그녀의 몸을 꽤 과감하게 보여줌으로써 관객의 시선을 끌려는 의도를 숨기지 않았다. 그녀는 등장부터 예사롭지 않은데, 카메라는 익스트림클로즈업 쇼트로 아슬아슬한 레이스 삼각팬티를 걸친 그녀의 하반신을 앞뒤로 잡으면서 서서히 가슴부로 올라간다. 짧은 미니스커트 차림의 모습을 보여주는 장면보다 그녀의 몸을 샅샅이 훑는 듯한 이런 카메라의 시선은 여성을 더욱 성적 대상으로 취급하는 느낌을 준다. 더욱이 영화는 주인공의 직업을 창녀로 설정함으로써 이런 끈끈한 시선을 따라 그녀를 훔쳐보는 관객들로 하여금 그녀를 성적 대상으로 소비하는 것을 당당하고 당연시하도록 하고 있다.

〈수쥬〉 역시 노골적으로 여성을 응시하고 완전한 객체로 취급하겠다고 선언이라도 하듯이 여성을 보는 세 가지 시선, 즉 영화를 찍는 카메라—남성감독—의 시선과 영화 속 남자주인공의 시선, 그리고 남성 관객의 시선을 완전히 일치시키고 있다. 촬영기사라는 '나' 의 직업은 대놓고 메이메이의 몸을 찍어대는 것에 대해, 남자친구라는 '나' 의 신분은 수시로 그녀의 방을 들여다보는 것에 대해 전혀 제약을 받지 않는다. 또한 마다가 메이메이를 무단으로 착각하고 쫓아가는 것이 탈의실이라는 점에서 옷을 갈아입는 메이메이의 몸을 훔쳐보는 마다 역시 면죄부를 받게 된다. 이런 모든 과정에서 여성은 자연스럽고도

'나' 의 눈을 통해
보여지는 메이메이

당연하게 객체가 된다. 더욱이 카메라는 그녀의 몸 구석구석을 흔들리는 카메라로 은밀하게 훑어 내림으로써 에로틱하고 묘한 분위기를 만든다. 이러한 방식의 들여다보기나 훔쳐보기는 노골적인 주시보다 훨씬 자극적으로 작동한다.

뿐만 아니라 영화에서는 눈에 띄는 형상, 바로 '인어'라는 형상을 내세워 여성을 성적 지배대상이자 소비대상으로 재현하고 있다. 원래 그리스신화에 나오는 인어는 남성을 파멸시키는 대표적 형상 중 하나였지만[9] 오늘날 사랑하는 남성을 위해 목숨을 바치는 희생적이고 숭고한 여성의 대명사로 여겨지고 있는 것은 안데르센의 공로라고 할 수 있을 것이다. 아름다운 외모와 목소리를 가진 인어공주는 만 15세가 되는 생일날 처음으로 육지 구경을 나선 뒤 왕자를 보고 사랑에 빠지게 된다. 그리하여 마녀에게 목소리를 지불하고 물고기의 꼬리 대신 인간의 두 발을 가지게 되어 왕자를 만나는데, 이러한 설정들에는 여성에 대한 남성 지배 이데올로기가 집약되어 있다. 즉 일반적으로 만 15세란 나이는 육체적으로 여성으로서 기능할 수 있는 시기이다. "다리는 남근과 비슷했던 인어의 꼬리 대신 여성 성기가 생겨났다는 징표"(김미현 1995, 141~162쪽)가 되기 때문에 물고기의 꼬리 대신 인간의 하반신을 가지게 된다는 것은 어린이의 몸에서 성적인 기능을

---

9) 그리스신화에서 맹금의 발톱에 새의 날개를 단 추악한 마녀인 사이렌은 아름다운 모습으로 바꾸고 노랫소리로 항해하는 남자들을 홀려 바다 속으로 유인한다. 사이렌은 남자들을 유혹하는 데 실패하자 스스로 물에 빠져 죽는데 한참 후 물고기 꼬리를 한 아름답고 싱싱한 여인으로 물 속 세상에 다시 등장하게 되었다. 이것이 곧 인어로, 중세 때의 인어들은 남자들에게 파도 밑의 삶은 꿈에도 상상할 수 없는 엄청난 만족감을 제공할 것이라고 속삭이며 그들을 죽음으로 이끌었다.(빌링허스트 제인 2005, 66쪽)
이는 동화 『인어공주』에서도 뱃사람들이 인어를 보면 배가 위험에 처한다며 불안해하고 왕자의 생일파티 때 인어공주를 본 배가 풍랑을 만나 전복되는 모습 등으로 표현되고 있다. 〈수쥬〉에서도 쑤저우허에 나타난 인어를 보고 배 위에 있던 남성이 바다로 뛰어드는 쇼트가 있다.

할 수 있는 성인의 몸으로 바뀌었다는 것을 의미한다. 그때 처음 만난 남자를 사랑한다는 것은 여성의 처녀성을 의미하므로, 여기에는 여성에 대한 남성의 육체적 지배와 더불어 여성의 순결 이데올로기가 숨어 있다고 할 수 있다.

한편 메이메이의 직업은 '해피바' 라는 술집 한가운데 놓인 수족관에서 인어쇼를 하는 것이다. 여기에서 '술집', '수족관', '인어' 라는 각각의 단어는 서로 결합되어 보다 의미심장한 의미작용을 일으킨다. 즉 술집이란 주로 남성들이 이용하는 장소이다. 그리고 수족관의 기능은 관상용으로 물고기를 기르는 것이다. 수족관은 사방이 유리로 되어 완전히 노출되어 있고, 그 속에 담긴 것은 자신의 의지와는 무관하게 꼼짝없이 사육되며 보는 사람의 눈을 즐겁게 해줄 의무가 있다. 한편 인어는 아름다운 외모와 순결한 몸을 가지고 있으며 남성을 위해 자신을 희생하는 존재이다. 여기에서 그녀는 남성의 소유물로서 남성을 위해 존재하며 술에 취한 몽롱한 남성의 시선을 고스란히 받아들이고 남성에게 성적 대상으로 소비된다. 그들을 '해피' 하게 해주는 존재라는 의미가 생성되는 것이다.

〈수쥬〉
수족관 속
메이메이

섹슈얼리티와는 관계가 없을 것처럼 보이는 〈아름다운 신세계〉에서조차도 가려진 커튼 뒤로 진팡이 옷을 갈아입는 실루엣을 비추거나 비록 의도적이지는 않았다 하더라도 장바오건이 진팡이 옷을 갈아입는 모습을 넋을 잃고 쳐다보다가 그녀의 집에서 나오게 되는 장면을 보면 여성의 몸 훔쳐보기는 영화에서 거부할 수 없는 영역이라는 점을 확인할 수 있다.

5_ 맺는 말

이 글의 연구대상은 신시기와 상하이와 영화라는 세 개의 꼭짓점의 정점에 위치하고 있는 여성형상이다. 먼저 신시기는 모든 면에서 이전 시기를 청산하고 새롭게 도약할 수 있는 기회를 제공했고 상하이는 그 대표주자가 되었다. 영화 또한 이전 시기의 도식화되고 공식화된 경향에서 탈피하여 시장의 요구를 적극 수용할 필요성이 강조되었다. 그리하여 신시기 상하이영화도 과거의 영광을 재현하겠다며 나섰지만 그 과정은 순탄치 않아 힘겨운 싸움을 벌이고 있다. 이 과정에서 상하이영화는 자연스럽게 동화 및 할리우드와 소통하게 되었지만 그 속에서 여성형상은 대상화되고 또 타자화되고 말았다. 본 연구는 이를 구체적으로 고찰하기 위해 〈수쥬〉와 〈아름다운 신세계〉에서 나타나는 동화와 할리우드의 영향을 분석해 보았다.

먼저, 도시와 영화는 밀접한 관계를 가지고 있는데, 〈수쥬〉와 〈아름다운 신세계〉의 배경이 되고 있는 상하이는 복합적인 모습으로 표현되고 있다. 그리하여 두 편의 각기 다른 영화는 신시기 중국, 혹은 상하이가 마주하고 있는 이중적 현실을 상반된 입장에서 상징적으로 표현하고 있다. 〈수쥬〉에서 조명하고 있는 것처럼 화려하고 변화한 모습 이면에 온갖 추악함을 감추고 있는 도시 상하이는 개혁개방으로 인해 오염되고 변질되었으며 소중한 것을 잃어버린, 그래서 동화가 필요한 현실을 반영하고 있으며, 〈아름다운 신세계〉는 상하이의 뒷골목이 주요 배경이지만 오히려 전면에 드러나는 화려한 모습을 지향함으로써 개혁개방과 더불어 가능해진 개인성공 신화를 이룰 수 있는 꿈의 도시로 표현되고 있는 것이다.

다음으로, 이들 영화는 현실을 서로 다른 시각으로 바라보고 다르게 해석함에 따라 여성형상에서도 다소 차이를 보이고 있다. 물론 전체적인 맥락에서 이들 영화 속의 여성형상은 모두 유아적인 특성과 섹슈얼리티가 강조되고 있어 동화와 할리우드적 요소가 적절히 조화를 이루고 있다. 이들은 남녀의 대비를 통해 여성을 열등한 존재로 부각시키고 여성의 수동성과 의존성을 강조함으로써 여성에 대한 남성의 통제와 성적 대상화를 정당화하는 등 남성지배이데올로기를 옹호하고 있는 것이다. 하지만 『신데렐라』 혹은 〈귀여운 여인〉에서 이탈한 것처럼 보이던 〈아름다운 신세계〉는 결국 여성을 열등한 존재로 묘사하고 남성에 의해서 신분상승을 이루는 신데렐라 이야기와 동일한 결말로 돌아감으로써 기존의 양성 관계를 고착시키고 있음을 알 수 있다. 반면 〈수쥬〉는 동화 『인어공주』와 상당히 유사한 궤적을 걷지만 다른 결말을 선택함으로써 남성지배이데올로기를 살짝 비껴 나간다. 즉 무단은 혼자 희생하는 것이 아니라 다시 나타나 마다와 함께 죽음으로써 사랑을 완성하며 메이메이 역시 진정한 사랑을 찾기 위해 '나'를 떠남으로써 사랑은 더 이상 여성의 일방적인 희생만으로 이루어지는 것이 아니며 여성도 능동적인 주체가 될 수 있다고 이야기하고 있는 것이다. 이로써 영화는 희미하게나마 시대적 변화와 그에 따른 양성의 관계, 그리고 진정한 사랑과 양성의 역할을 재해석할 여지를 남겨두고 있다.

이상으로 전 세계적으로 양성관계의 고착화, 남성지배 이데올로기 선양에 결정적인 역할을 하고 있는 동화와 할리우드영화의 영향력이 신시기 상하이영화에서도 재현되고 있다는 것을 확인할 수 있었다. 하지만 〈아름다운 신세계〉와 같이 동화 및 할리우드가 그리고 있는 비현실적인 환상성을 실현가능한 현실적인 환상으로 변형하거나 〈수쥬〉와 같이 동화와는 다른 결말을 채택하는 것 등은 이들을 중국적으로 재해석하고 중국의 현실을 설득력 있게 반영한 것으로 보인다.

참고문헌

그림 형제 지음, 김유경 옮김(2007), 『그림동화전집』, 동서문화사, 서울

김미현(2001), 「인어공주와 아마조네스, 그 사이」, 『여성문학연구』 5

김철수(2005), 「동화의 성격과 '환상'에 대한 고찰」, 『사림어문연구』 제15집

김현정(1998), 『그림동화 등장인물의 전형성 연구—프로이드, 융, 그리고 페미니즘적 시각에서』, 이화여대 독어독문학과 석사학위 논문, 서울

김희경(1992), 『명작동화의 매력』, 교문사, 서울

동화와 번역연구소 지음, 김정란 옮김(2004),『신데렐라와 소가 된 어머니』, 논장, 서울

리어우판 지음, 장동천 외 옮김(2007), 『상하이모던 : 새로운 중국도시문화의 만개 1930-1945』, 고려대 출판부, 서울

목포대학교 아시아문화연구소 상하이영화연구팀 내부자료(2007), 『상하이영화 해제본』

빌링허스트 제인 지음, 석기용 옮김(2005), 『요부, 그 이미지의 역사』, 이마고, 서울

샤를 페로 지음, 지연서 엮음(2004), 『샤를 페로 희망의 동화』, 그린 북, 서울

서인숙(2003), 『씨네페미니즘의 이론과 비평-정신분석학에서 포스트페미니즘까지』, 책과 길, 서울
임대근(2006), 「상하이 영화 연구 입론」, 『중국현대문학』 제38호, 서울
존 벨튼 지음, 이형식 옮김(2000), 『미국영화 · 미국문화』, 한신문화사, 서울
최석희(2002), 『그림동화의 꿈과 현실』, 대구가톨릭대학교출판부, 대구
한스 크리스티안 안데르센 지음, 반딧불이 옮김(2005), 『눈의 여왕 : 안데르센 동화집』, (주)대교출판, 서울
E. Ann Kaplan, 曾偉禎等(1997), 『女性與電影-攝影機前後的女性』, 遠流出版事業股份公司, 臺北
蕭知緯 · 尹鴻(2005), 「好萊塢在中國 : 1897~1950年」, 『當代電影』 2005年 第6期, 北京
沈芸(2005), 『中國電影産業史』, 中國電影出版社, 北京
楊金福 編著(2000), 『上海電影百年圖史』, 文匯出版社, 上海
張莉(2006), 「童話故事中的女性形象分析及對學前教育的啓示」, 『外語藝術教育研究』 第4期, 廣州
張穎 · 許福蘭(2006), 「西歐傳統童話的文化解讀一兼論童話對女童的影響」, 『長春大學學報』 第16卷 第4期, 長春
張秦 · 楊敏(2006), 「格林童話在中國」, 『世界文學評論』 第2期, 武漢

제3부

이민도시 상하이의 도시문화

글로컬리티(glocality) 상황의 상하이 도시문화의 형성과 변화

홍 석 준

이 글에서는 최근 급변하는 전지구적 변환이라는 광범위한 문화적 과정에서 상하이와 상하이인의 정체성의 지속과 변화를 상하이 도시문화의 형성과 변화라는 측면에서 다루고 있다. 우선 상하이의 정체성을 글로컬(glocal) 도시로 규정하고, 글로컬 도시로서의 조건을 갖추기 위한 제반 노력을 상하이와 상하이인이 지닌 정체성의 관점에서 해석했다. 이에 따라 글로컬 도시로서의 발전 문제를 상하이 경제와 사회의 변화의 측면에 초점을 맞추어 그것이 상하이와 상하이인 정체성의 지속과 변화에 미치는 영향을 고찰했다.

1_ 머리말

21세기에 접어든 이래 세계화와 지역화가 공존하는 급변하고 있는 현실 속에서 상하이는 실로 놀랄 만한 정치적, 사회경제적, 문화적 변동을 겪고 있다. 글로벌 도시로서의 위상을 확보하기 위해 괄목할 만한 경제성장을 구가하고 있는 상하이는 중국의 향방을 가늠하는 최첨단 도시 혹은 동서고금의 다양하고 복합적인 문화가 적절하게 혼합되어 독특한 개성과 매력을 내뿜는 메가톤급 대도시로 발돋움하기 위해 요동치고 있다. 가히 동아시아를 넘어 세계로의 비상을 꿈꾸는 하나의 '동방명주(東方明珠)'라 간주할 만하지 않은가? 최근에 인터넷 활용이나 컴퓨터 보급이라는 측면에서도 상하이는 세계 유수의 정보통신 도시로서 손색이 없다는 평가를 받고 있다.

상하이가 최근에 들어서는 1990년대보다 더욱더 놀랄 만한 경제성장의 기치를 내세우며, 그에 따른 매우 급격한 사회변화를 추동하고 있다. 2003년 8월 상하이 시당국의 요청에 따라 베이징 중앙정부의 새로운 법령이 통과되어 상하이 중심가에 55개의 다국적 기업이 새로이 들어설 수 있게 되었다. 그럼으로써 상하이는 중국 경제 기적의 핵심적인 상징으로 부상하게 되었다.[1] 그만큼 상하이는 세계 시장에서 매력적인 시장으로 인식되기 시작한 것이다.

이 글은 최근 급변하는 전지구적 변환이라는 광범위한 문화적 과정에서 상하이와 상하이인(Shanghai ren) 정체성의 지속과 변화를 상하

1) 상하이의 이러한 글로벌 다국적 도시로서의 위상은 이미 1999년부터 본격화되기 시작했다. 1999년 가을 상하이에서 개최된 '포춘(Fortune) 글로벌포럼500'을 통해 《포춘》이 선정한 세계 굴지의 500개의 다국적 기업들이 상하이를 중핵으로 하는 중국의 내수 시장을 공략하기 위해 적극적이고 공격적인 경영을 위한 마케팅 전략을 구사하기 시작했다. 중국 내수 시장에 대한 마케팅 전략을 집중하고자 한 것이다.

이 도시문화의 형성과 변화라는 측면에서 다루고자 한다. 우선, 상하이의 정체성을 글로벌 도시로 규정하고, 글로벌 도시로서의 조건을 갖추기 위한 제반 노력을 상하이와 상하이인이 지닌 정체성의 관점에서 해석하고자 한다. 이에 따라 글로벌 도시로서의 발전 문제를 상하이 경제와 사회의 변화에 초점을 맞추어 그것이 상하이와 상하이인 정체성의 지속과 변화에 어떠한 영향을 미치고 있는가를 고찰할 것이다. 여기서 정체성이란 고정불변의 선험적으로 주어진 것이 아니라 시대적, 문화적 환경의 변화에 따라 끊임없이 변화하는 유동적인 것으로 규정할 수 있다. 이때 상하이의 정체성은 지금도 변화하고 있는 것으로 간주되며, 상하이인의 전략적 선택에 따라 끊임없이 변화하고, 문화적 상황의 변화에 조응하는 것으로 인식된다.

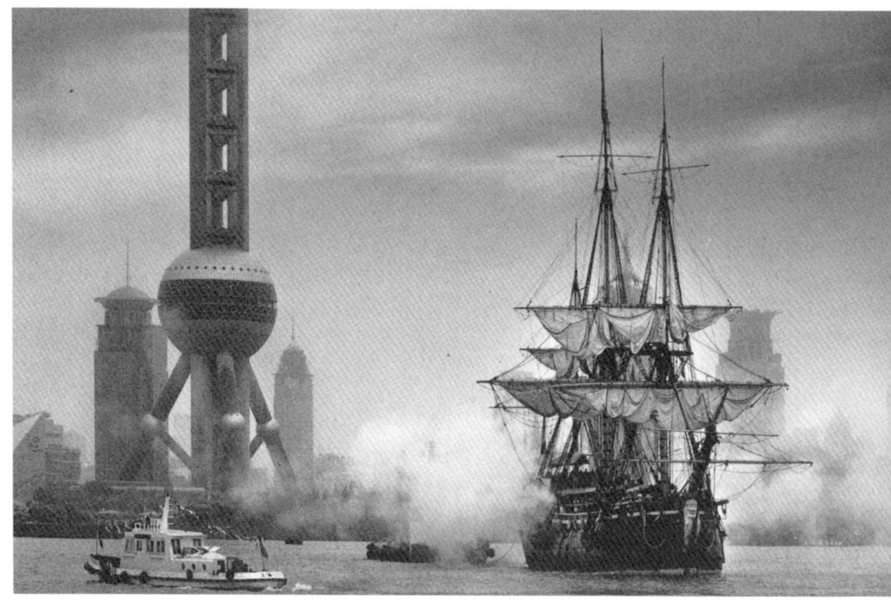

서양 범선(帆船)의 재현. 최근 상하이를 상징하는 동방명주 옆을 대포를 쏘며 항해하고 있다. 서양 범선이 제국주의의 침략을 상징한다면 그에 미동도 하지 않는 동방명주는 중국이라는 거대한 용이 입에 물고 있는 여의주이다.

2_ 상하이 도시문화의 형성과 변화: 경제와 사회

상하이는 13억 인구의 중국에서 1천3백만 명을 능가하는 인구를 지닌 최대의 도시에 속한다. 유동인구를 포함하면 1천7백만 명에 달한다는 보고가 있을 정도이다. 이러한 거대 도시 상하이는 최근 중국을 포함한 동북아시아 지역의 경제력을 가늠하는 새로운 상징으로 부상하고 있으며, 전 세계가 향후 상하이의 움직임에 대해 주시하고 있다.

상하이는 도시의 산업을 포함하는 하부구조의 재구조화 작업에서뿐 아니라 도시의 외관이나 형태 면에서도 이전과는 비교할 수 없을 정도의 급격하면서도 괄목할 만한 변화를 경험하고 있다. 중국 동부해안의 다른 주요 도시들과 비교해 볼 때, 상하이는 중앙정부로부터의 자율성이라는 측면에서 그다지 유리한 조건을 점유하지 못했던 것이 사실이다. 그러나 1990년대에 이러한 장벽이 제거되면서부터 상하이는 새로운 변화를 겪게 된다. 개혁개방의 물결을 타고 상하이는 이제 토지시장의 측면에서 새로운 실험을 하는 장소로 변모했으며, 도시의 재산 규모나 하부구조의 구축이라는 면에서도 새로운 도시계획의 모델을 제공하고 있다. 특히 외국자본의 유입을 통한 거대 도시의 건설이라는 목표를 세우고 상하이 시당국 차원에서 적극적으로 이를 유치하는 데 선도적 역할을 담당하면서부터 세계 도시를 향한 움직임에 더욱더 박차를 가하게 되었다. 1990년대에 접어들면서 상하이는 전지구화 과정에서 "위대한 도시의 재건과 관련된 이야기의 주인공"(Yatsko 1997, 60쪽)으로 등장하게 된 것이다.

푸둥(浦東)공항에서 편도 4차선 도로를 타고 푸둥지구에 늘어선 고층빌딩들을 바라보면서 남포대교를 건너 상하이 시내로 들어서면서 개혁개방경제의 최첨단을 달리는 글로벌 도시 상하이의 급속한 경제성장의 일면을 관찰할 수 있다는 것은 신선한 충격이다. 상하이는 중국을 사회주의 국가로 인식해온 타국의 방문객들에게 중국식 자본주의와 국제주의, 그리고 글로벌화라는 새로운 경험을 선사한다. 시시각각 변모해가는 상하이는 앞으로도 방문하는 시기마다 이전과는 판이하게 다른 인상을 줄 뿐 아니라 놀랄 만한 경험을 제공할 것이다.

상하이는 중국 최대의 상공업 도시이기도 하다. 상하이는 오래전부터 외부에 노출되었으며, 외국인의 유입을 허용한 도시로 '동양의 파리', '동양의 마력을 지닌 마술적인 도시'로 불려왔다. 도시로서 상하이의 역사는 그리 길지 않다. 창장(長江) 삼각주의 동남부에 위치하며, 지세는 평탄하고, 평균 해발은 4미터 전후이다. 주요 하천은 황푸장(黃浦江)과 그 지류인 쑤저우허(蘇州河)가 있다. 쑤저우허는 쑤저우와 상하이를 잇는 중요한 수로이며, 시 중심부의 와이탄(外灘)에서 황푸장과 합류한다. 기후는 아열대 해양성 몬순 기후에 속하며, 온난다습하고 사계절이 뚜렷한 특징을 보인다. 여름은 매우 무덥고 겨울에는 습도가 높아 기온은 그다지 낮지 않아도 살과 뼛속을 파고드는 추위를 느끼게 된다.(공건 2003, 69~70쪽)

상하이 도시의 형성과 변화를 역사적인 측면에서 간략하게 축약하여 제시해 보자. 상하이의 역사적 배경이라는 관점에서 볼 때, 그곳은 원래부터 대규모 도시였던 것은 아니다. 항우와 유방이 중원에서 패권을 다투던 진나라 시대와 삼국 시대 때, 상하이는 '호(滬)'[2]라 불리는 보잘 것 없는 어촌이었다고 한다. 이 작은 어촌이 '상하이'라는 이름으로 불리기 시작한 것은 1074년 송나라 때 상하이 진이 설치되면서부터라고 한다. 상하이란 '바다의 위'라는 뜻과 '윗바다'라는 뜻을 아울러 담고 있다. 13세기 중엽 남송이 해상무역을 담당하던 관서라고 할 수 있는 시박사(市舶司)의 분소를 이곳에 설치, 항구도시로 발전

2) '호'는 대나무로 만든 낚시도구를 뜻한다.

했다.(공건 2003, 70쪽) 1292년 원나라 때 상하이 현이 설치되고, 명대에 이르자 전국 최대 규모를 자랑하는 면방직업의 중심지가 된다. 오늘날처럼 세계적인 항구도시로 알려지게 된 것은 아편전쟁 이후이다. 1842년 청과 영국 사이에 체결된 난징조약으로 외국무역을 위해 개항하면서 세계사의 전면에 등장하기 시작했다.

1845년 이후 영국, 미국, 프랑스가 차례로 조계(租界)[3]를 설치했다. 그 후 아시아 최대의 국제도시로 변모했지만, 약 1세기에 걸쳐 구미열강의 경제적 진출과 일본 제국주의의 침략 대상이 되기도 했다. 1921년 7월 상하이에서는 제1회 중국공산당 전국인민대표대회가 열려 상하이는 중국공산당을 탄생시킨 지역이 되었다. 중일전쟁 승리 후 1949년 천이(陳毅)장군이 이끄는 중국인민해방군이 당시 국민당 지배하에 있던 상하이를 탈환하여 해방시켰다. 신생중국이 탄생한 이후에 "상하이가 경제적으로 벌어들이면 베이징은 소비할 뿐이다"라는 말이 있을 정도로 상하이는 중국 경제의 중심으로 자리 잡았다. 하지만 1980년대 개혁개방의 물결 속에서 남부의 광둥성 등과 비교해 볼 때 상하이는 시류에 뒤처져 발전 속도 면에서 늦어진 측면이 있었다.(공건 2003, 71쪽) 1990년대에 접어들면서 이러한 상황은 급속히 역전되었다. 개혁개방의 물결에 따라 그 중심이 상하이로 이전되면서, 상하이는 푸둥지구 개발을 기폭제로 하여 중국 경제발전의 상징으로 떠올랐다.[4]

중국 경제에서 상하이가 차지하는 비중은 가히 어마어마하다. 경제

3) 중국의 개항도시에서 외국인이 행정, 경찰 등을 관리하던 치외법권 지역으로, 반 식민지적 행정과 관리가 이루어졌다.

4) 상하이대학 중국당대문화연구센터(中國當代文化硏究中心)의 왕샤오밍(王曉明) 교수에 따르면, 상하이는 항구로서 금융과 무역, 물류, 그리고 부동산의 중심지로 인식되고 있다고 한다.(왕샤오밍 교수와의 인터뷰 2005. 2. 25.) 이 말에는 상하이가 중국 경제에서 소비의 중심으로 이미 자리 잡고 있다는 의미가 함축되어 있다고 생각된다.

적 수준에서는 영어와 세계적 브랜드가 집중되어 있는 곳이기도 하다. 베이징이 정치의 중심이라면 상하이는 경제와 문화의 중심지라고 할 수 있다. "세계시장과의 경쟁에서 상하이는 어떤 다른 나라의 도시와도 능히 이길 자신이 있다"고 말하는 상하이대학 왕샤오밍(王曉明) 교수의 발언에서 상하이 경제의 저력을 엿볼 수 있다.(왕샤오밍 교수와의 인터뷰 2005. 2. 25.) 그는 이어 "동아시아에서는 서울과 부산, 도쿄, 오사카, 홍콩 등지와 경쟁을 하고 있는 중이다. 특히 홍콩과는 오랜 라이벌 관계로 최근에 상하이에 대한 중국 내부는 물론 세계의 시선이 집중되면서 상하이의 경제성장이 더욱 각광을 받고 있다"며 상하이의 최근의 괄목할 만한 경제성장을 긍정적으로 평가한다.(왕샤오밍 교수와의 인터뷰 2005. 2. 25.) 이상의 내용을 통해 상하이의 동아시아에서의 위상을 재확인하고 다국적성, 국제성의 문화적 요인이 상하이 고유의 토착적인 문화와 서로 충돌, 경쟁하는 과정에서 상하이 경제성장이 이루어지고 있음을 확인할 수 있다. 한국, 일본, 홍콩 등과의 경쟁 속에서 상하이의 정체성은 새로이 만들어지고 있다. 이는 중국의 항구도시를 넘어 동아시아, 더 나아가 세계의 국제적인 대도시로서의 면모를 갖추기 위해 채비에 나선 상하이 도시문화가 새롭게 형성되고 있는 한 측면을 예시하는 것이기도 하다.

이와 같이 국제적인 항구도시로서 상하이는 세계 각국으로부터 또는 세계 각지의 다국적 기업으로부터 다국적 자본이라 칭할 만한 거대 자본이 집결되는 곳이기도 하다. 또한 물류와 세계금융의 중심으로서 국가 간, 계급 간 모순이 집결되어 나타나는 곳이기도 하다. 사실상 자본주의를 받아들인 상하이는 사회주의적 전통보다는 오히려 자본주의적 성향이 강한 곳임을 확인할 수 있는 갖가지 문화 현상을 목도할 수 있는 현장으로 거듭나고 있으며, 이전에도 실은 자본주의의 현장으로서의 토대를 이미 구축해 왔던 것으로 알려지고 있다.[5)]

2009년 화물처리 세계 1위를 기록한 상하이항의 모습. 상하이항은 세계도시로 나아가는 상징이다.

3_ 상하이 정체성의 문화적 측면

상하이의 정체성을 논하기 위해서는 이민사회로서의 특징(陳思和 2002), 과거 조계지로서의 도시 역할과 기능, 문화적 혼종성과 잡종 문화 등에 관해 언급해야 하겠지만, 홍콩과의 비교 역시 매우 중요한 논

---

5) 글로컬리티(glocality), 즉 세계성(globlaity)과 지역성(locality)이 공존하는 현상이 엄연히 현존하는 시대에 항구도시 문화의 형성과 변화에 대한 이론적, 방법론적 접근을 위한 모델을 올바로 구축하기 위해선 기존의 국민국가 중심의 모델에서 벗어나 다국적 자본의 흐름과 초국적 경제관계의 형성과 변화에 관심을 기울일 필요가 있다. 이는 곧 도시문화에서의 글로벌 스탠더드의 확립을 의미하는 것으로 세계 수준에 맞는 도시문화의 활성화라는 과제와 일맥상통한다. 도시문화, 특히 항구도시 문화의 변화를 제대로 이해하기 위해선 그 문화의 특징과 의미를 항구도시문화라는 보다 광범위한 맥락에서 재해석하는 것이 중요하다. 글로컬리티의 개념과 그 역동성 안에서 특정 도시문화의 형성과 변화를 정체성이라는 문화적 렌즈를 통해 고찰하고자 하는 것 역시 이러한 맥락에서 이해되어야 하며, 이는 비단 상하이의 도시문화에만 국한되는 문제는 결코 아니다. 다만 상하이는 글로벌한 차원과 로컬한 차원이 서로 만나 충돌하고 경쟁하는 과정에서 새로운 도시문화의 형성이라는 역동성이 다른 도시에 비해 비교적 보다 뚜렷하고 현저하게 드러나는 문화적 현장이라는 인식에서 글로컬리티 속의 도시문화 연구를 위한 주요 연구대상으로서의 자격을 충분히 갖추고 있다고 판단되었음을 이 자리에서 미리 밝혀두는 바이다.

제 중 하나임에 틀림없다. 윌리엄 오버홀트(William Overholt 2004)에 따르면, 홍콩과의 비교는 상하이 도시문화의 중요한 논쟁거리로 자리 잡고 있다. 상하이와 홍콩의 도시문화를 상호 비교하면서 왕샤오밍 교수는 다음과 같이 말한다. "홍콩은 전통적으로 식민지로서 이중적, 중층적 신분제에 의해 움직이는 사회였다. 대륙에서는 상하이가 공산당 치하에 있을 때 홍콩은 영국의 식민지배하에 있었다. 국경이 해체되면서 상하이가 발전하게 되었고, 이어 홍콩 역시 발전할 것으로 기대한다." (왕샤오밍 교수와의 인터뷰 2005. 2. 25.)

홍콩은 식민지였기 때문에 외국문화에 대해 개방적일 수밖에 없었으나, 상하이는 중국정부에서 개방 정책의 일환으로 의도적으로 발전시킨 지역이라는 평가를 받고 있다는 것이다. 상하이는 1930년대의 위상을 1980년대 후반에 접어들면서 회복하기 시작하여 1990년대 초반부터 본격적으로 경제 발전의 교두보 역할을 담당하기 시작했다. 이러한 평판은 중국 내에서 최근에 이르기까지 지속적으로 이루어지고 있다.

상하이의 장점은 식민지에서 벗어나 중국 내부와의 관계 속에서 발전해왔다는 데 있다. 1949년 이전에 이미 서양문화가 널리 퍼져 있었으며, 이는 상하이 문화의 변화에 큰 영향을 미쳤다. 중국적 특색을 지닌, 소위 '상하이다움' 또는 '상하이적인 것'의 발흥이 이루어졌던 것이다.

번드(bund) 와이탄(外灘)[6]은 올드 상하이(old Shanghai) 시절 일본이

---

6) 번드는 해안길을 의미하는 페르시아어에 어원을 두고 있는 힌디어로 치수, 제방을 뜻하는 용어였으나, 인도를 식민 통치했던 영국이 중국 각지에 조계를 건설하던 때에, 하안도로 또는 해안도로의 호칭으로 이 말을 가져왔다. 상하이의 번드인 와이탄은 쑤저우허(蘇州河)에 걸린 와이바이두차오(外白渡橋)에서 진링둥로(金陵東路) 부근까지의 남북으로 흐르는 황푸장(黃浦江)을 낀, 약 1.5킬로미터의 중산둥이루(中山東一路)와 얼루(二路)를 가리킨다. 1992년에 대확장공사로 인해 중산둥이루는 10차선이 되고, 강기슭에는 넓은

나 서유럽에서 온 여행객뿐만 아니라 광저우나 톈진으로부터 해로를 통해 들어오는 중국인에게도 가장 먼저 눈에 띄는 풍경을 제공했다. 상하이의 개발 또는 발전은 번드 와이탄을 시작으로 푸둥에서 그 정점에 달하고 있다. 중국정부는 상하이 푸둥 개발을 언급할 때 거의 항상 '용두론', 즉 "용의 머리를 자극함으로써 그 힘이 용의 몸통을 통해 꼬리에 미치게 한다"라는 말을 들먹이곤 한다. 용의 머리는 상하이의 별칭이다. 용의 긴 몸통은 중국 대륙을 남북으로 가르는 창장을 가리키며, 용의 꼬리는 중국의 서부 지역에 해당한다. 다시 말해 용두론에는 동부해안의 상하이를 원동력으로 삼아 창장을 타고 중국 내륙의 서부를 개발하겠다는 의지가 담겨 있다.

중국정부는 우선 상하이를 발전시킨 후에 상하이를 시발점으로 하여 서부지역 개발에 본격적으로 착수하겠다는 계획을 발표한 바 있다. 개혁개방 정책 이후 집중적으로 지원해온 동부 연해지역의 발전동력을 이제는 창장을 중핵으로 하여 서쪽으로 확장시키겠다는 경제개발 전략인 것이다.

상하이가 경제개발의 원동력으로 중국정부의 막대한 지원을 받는 중에도 중국 서부 지역은 이로부터 소외되어 왔던 것이 사실이다. 중국 서부지역은 주로 농촌지역이며, 비교적 최근까지도 노동력을 과잉이라고 할 정도로 농업생산과 부업에 투하하는 특성을 지니고 있다. 이러한 점에서 미국의 인류학자 클리포드 기어츠(Clifford Geertz)가 말하는 인볼루션(involution) 과정에 있었다고 볼 수 있다.(Geertz 1979)

화이하이루(淮海路)의 융싱(永興)백화점과 난징루(南京路)의 화롄(華聯)백화점의 각 층에는 세계 유명 브랜드의 상점들이 즐비하게 들어

산책로가 정비되었으나, 줄지어 늘어선 건축물들은 국가 중점 문물 보호단위로 지정되어 예전의 모습을 그대로 간직하고 있다.

서 있다. 말 그대로 다국적 기업의 각축장이 되고 있는 것이다. 특히 4층 가전제품 코너에는 한국의 삼성을 비롯하여 미국의 제너럴일렉트로닉스(GE), 네덜란드의 필립스, 일본의 소니 등 세계 유수의 다국적 기업이 진을 치고 손님을 맞이하고 있다. 하이얼, 캉자 등 중국 브랜드도 한 귀퉁이를 차지하고 세계 기업과 경쟁을 하고 있다.[7] 상하이 차이징(財經)대학 루스민 교수는 "상하이에 국경은 없다. 세계적인 경쟁력을 갖춘 기업과 제품은 모두 상하이에 모여 있다. 상하이는 최고가 아닌 제품을 몰아낼 수 있는 능력도 지니고 있다"라고 지적한 바 있다.(한국경제신문특별취재팀 2001, 25쪽)

지금으로부터 약 150년 전, 상하이 황푸장 강변 와이탄 북쪽 끝에 위치한 황푸공원 정문 앞에는 '중국인과 개는 출입금지'라는 팻말이 붙은 게시판이 있었다. 중국인은 영국에 상하이 땅 일부를 넘겨준 1845년부터 1928년까지 황푸공원에 출입을 금지당하는 상황에 처했던 것이다. 1842년 중국이 영국의 함포 외교에 굴복, 난징조약을 체결한 후 100여 년 동안 상하이는 외국인에 의한 반 식민지 상태에 놓였고, 당시 상하이인은 외국인들에게 개와 같은 존재로 인식되었다. 그러나 서유럽 열강의 침략은 상하이 발전에 보이지 않는 힘으로 작용하는 역사의 아이러니를 연출하게 된다. 서유럽 열강과 함께 수입된 자본주의가 상하이와 상하이인의 국제적 감각과 소양을 키우는 토양을 제공하게 되리라고는 예상하기 어려웠다.

황푸장 건너편의 푸둥은 21세기 국제도시 상하이의 상징이다. 황량했던 푸둥의 논밭을 중국 개혁개방의 상징이자 홍콩을 대신할 아시아

7) 그곳 매장 외부의 모든 상호가 거의 영어로 적혀 있었던 것과 한자를 발견하기 어려웠던 점은 이곳이 다국적 기업의 전시장이라는 점을 암시한다. 이것은 국제적인 다국적 기업의 축소판이라는 인상과 함께, 한자 일색인 도시에서 영어로만 되어 있는 매장이 도시 한 가운데 버젓이 자리 잡고 있다는 점 또한 매우 인상적이었다.

금융, 무역의 중심지로 전환하고자 하는 계획이 본격적으로 구상된 것은 1989년이었다. 그해 5월 당시 상하이시 공산당 서기로 재직 중이던 장쩌민(江澤民) 국가주석과 상하이 시장을 맡고 있던 주룽지(朱鎔基) 총리가 주축이 되어 '푸둥 개발 국제심포지엄'을 개최하면서 죽(竹)의 장막으로 인식되던 푸둥의 새로운 모습이 드러나게 되었다. 이듬해 4월 18일 중국공산당중앙위원회와 국무원, 개혁개방의 선도자인 덩샤오핑(鄧小平)이 강력한 후원자로 나서게 됨으로써 황량한 논밭이었던 푸둥은 자본주의적 발전의 전진기지로 새롭게 태어날 수 있었다.[8)]

난징루 상공에서 바라본 상하이 전경. 황푸강 너머 동방명주와 진마오 빌딩이 보인다.

8) 상하이의 괄목할 만한 경제성장은 인터넷의 확산과 인터넷 이용자 수의 폭증 현상에서도 발견된다. 개인용 컴퓨터(PC) 이용자 역시 날로 확산되고 있다. 컴퓨터의 최신 프로그램들도 컴퓨터에 능한 대학생들에 의해 순식간에 복제품으로 만들어져 흘러나오고 있는 실정이다. 이를 정품보다 훨씬 저렴하게 구입할 수 있다는 점도 중국에서의 컴퓨터 보급에 큰 영향을 미치고 있다. 물론 중국도 저작권의 국제적인 법규를 준수하기로 서약한 국제저작권조약의 가맹국이며, 불법 복제품을 단속할 수밖에 없는 입장인 것이 사실이지만, 이것이 아직까지는 제대로 수행되고 있지는 않는 듯하다. 처음에는 이러한 복제품들이

상하이는 하이테크 도시를 목표로 삼으면서도 동서고금이 아시아적인 일상 속에 혼재하고, 서로 혼합되어 뒤섞이는 가운데 조화를 찾아가는 다양하면서도 복합적인 문화적 혼돈의 도시라 불린다. 이런 의미에서 상하이의 문화적 정체성은 부단히 구성되고 변형되며 또한 누군가에 의해 조작되고 있다고 볼 수 있으며, 그래서 현재진행형이라 칭할 만하다.

4_ 글로컬리티(glocality) 속의 변화하는 상하이 정체성

상하이 정체성을 논하기 전에 전지구화(globalization)의 과정이라는 세계적 차원의 사회문화적 변화에 대해 살펴볼 필요가 있다. 현재 세계는 세계화 과정 속에 놓여 있는데, 이러한 상황에서 각 국가와 민족의 문화적 정체성을 확인하고 강화하려는 일련의 움직임 또한 일고 있다. 위(Wee(eds) 2002)에 따르면, 국가 또는 민족은 한편으로는 세계화의 요구에 부응하면서, 다른 한편으로는 자신의 문화적 정체성을 강조해야 하는 이율배반적인 현상을 경험하기 마련이다. 한마디로 현대사회는 전 지구 단위의 세계문화와 민족문화가 공존하면서 매우 복합적이면서도 다양한 문화적 현상을 만들어내고, 그러한 현상이 지배적인 형태를 띠는 상황하에 처해 있는 것이다.

한편, 세계화의 확산은 세계를 국가라는 단위에 의해서가 아니라

대학생이나 젊은이들 사이에서 일종의 상호부조나 편의제공 형태로 교환되다가, 최근에는 상품화되어 일반 시장으로 흘러나오게 되었고, 심지어 패키지 상품으로 버젓이 가게에 진열되어 있기도 하다. 이것이 상하이가 세계 각국의 영화를 비롯한 영상미디어 관련 VCD와 DVD의 천국이라 불리는 이유다. 긍정적인 측면에서 보면 상하이는 중국의 '정보화 실험도시' 의 역할을 자임하고 나섰으며, 이를 정부에서 적극 지원하고 있는 것이 보다 더 정확한 표현이라 할 수 있다.

민족이나 지역이라는 개념을 포함한 문화의 개념에 따라 구분할 필요성을 증대시켰다. 예컨대 상하이는 지리적, 정치적으로 중국이라는 국가 내부의 한 도시라는 단위에 포함되어 있다. 그런 한편 상하이는 세계와 직접 교통할 수 있는 상황에 처해 있으며, 이런 점에서 상하이를 중국을 넘어선 문화적 맥락 속에 놓고 접근할 필요가 있다. 상하이 문화가 중요한 개념으로 부상하고 있는 것이 세계질서의 재편 과정에서 보다 중요한 의미를 획득할 수 있기 때문이다. 또한 상하이는 단일하고 고정된 균질의 문화로 채워져 있지 않으므로 상하이 도시의 정체성을 다루는 과정에서 다문화주의라는 측면을 강조할 필요성이 있다.

이것은 상하이가 포스트모던(postmodern) 상황에 처해 있음을 의미한다. 포스트모던 상황하에서 문화란 독립적이고 자율적인 그 자체의 체계 또는 영역이라기보다는 사람들의 일상생활의 조건에 나타나는 주요 변화들에 대한 반응이다. 서유럽과 비서유럽, 우리와 그들, 자문화와 타문화라는 이분법적인 구분과 이들 사이에 존재하는 위계적 권력을 극복하려는 자기 성찰 역시 포스트모던의 주요한 문화적 특성이기도 하다. 이는 비서유럽사회의 문화를 서유럽사회의 문화와 동등한 기반에서 바라보아야 한다는 것을 의미한다. 이런 점에서 상하이 역시 예외가 될 수 없다. 문화적 대상은 그 지역에서 살아가는 사람들에 의해 만들어진다. 그들은 의미를 포함하고 있으며, 계산함으로써 이해되는 것이 아니라 읽고 해석함으로써 이해된다. 이는 대상의 권리를 회복하는 실천이기도 하다.

세계화가 가속화되는 상황에서는 문화적 혼종성(cultural hybridity)이 국가 간 경계를 초월하여 진행된다. 현재 상하이에서 이질적인 두 문화가 서로 착종되면서 혼합되는 현상을 관찰하는 것은 그리 어려운 일이 아니다. 젊은이들의 문화가 현대문화의 주체로 부상하고, 이들은 문화의 생산자이자 소비자로서 사회현실을 구성하는 주요한 문화적 담지자로서의 역할을 담당한다. 생산 개념으로부터 대량 소비가 일상화되고 있는 현실 속에서 그들은 자기만의 고유한 문화를 추구하기 위한 다양한 활동을 전개하고 있다.

이에 따라 기존의 고정되고 확정된 경계를 벗어나서 작동하고 있는 다층적인 문화접변 현상과 문화적 요소의 생산, 유통, 이용 및 소비 상황에 대한 체계적인 이해가 필요한 시점에 와 있는 것이다.(Lewellen 2002) 이는 세계화와 지역화가 공존하는 현실 속에서 두드러지게 나타난다. 세계화가 문화 또는 문화적 정체성이 국경이나 지역적 경계를 넘어서 구성된다는 인식을 확산시킨다는 점에서, 세계화와 지역화의 공존 현상을 직 · 간접적으로 경험하고 있는 우리에게 지역사회의 세계화라는 주제가 특별한 관심을 끄는 것은 당연하면서도 자연스러운 일이다. 오늘날 세계에서 정도의 측면에서나 종류의 측면에서나 문화적 이질성에 의해 특징지어지지 않는 사회는 거의 없다고 해도 과언이 아닐 것이다.(Goldberg 1994, ix)

이런 점에서 상하이 문화는 세계 문화와 밀접히 관련되어 있으며, 이에 따라 상하이의 세계성과 세계의 상하이와의 연계라는 두 차원을 모두 고려할 필요가 있다고 본다. 또한 상하이는 글로컬리티 속에 존재하며, 세계문화의 침투에 대응하여 자기 문화의 정체성을 확보하는 방향으로 상하이 도시문화 프로젝트가 기획, 수행되고 있다고 봐야 할 것이다. 상하이의 '글로컬하게 되기' (going glocal)는 현재진행형이며, 상하이 도시문화는 베이징을 중개로 하지 않고도 세계와 직접 연계를 맺고 있는 것이다.

이런 점에서 글로컬리티는 그 자체가 상하이의 최근 사회변화를 상징화하고 실재화하는 중요한 문화현상이라고 할 수 있다.[9] 앞서 언급한 바와 같이, 상하이는 이미 오래전부터 조계지를 통해 외래문화의 수용과 배제 과정을 경험했으며 자신만의 고유하면서도 독특한 문화를 형성해 왔다. 지금도 수많은 다국적 기업의 각축장으로서 세계 경제의 관심을 집중시키고 있으며, 중국 경제성장을 위한 원동력으로서의 역할도 수행하고 있다. 상하이는 중국 내에서 세계문화의 다양성과 복합성을 쉽게 발견할 수 있는 문화적 조건을 갖추고 있으며, 세계문화의 침투와 그에 대한 상하이의 대응이 묘한 대조를 이루는 일종의 문화복합(culture complex)이라 할 수 있다. 토착문화와 외래문화의

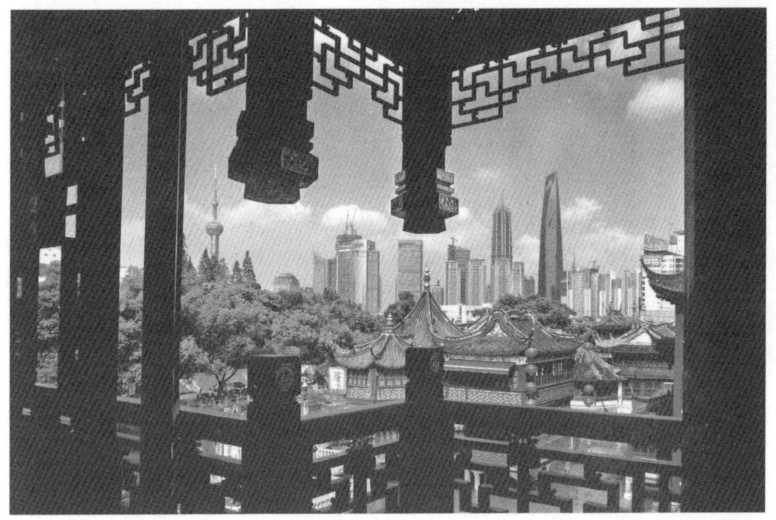

예원(豫園)의 한 누각에서 바라본 상하이 풍경. 멀리 동방명주 등의 최근 상하이 경관과 대조를 이룬 모습이 '상하이'의 문화복합적 특색을 잘 드러내고 있다.

---

9) 세계가 하나의 거대한 시장을 형성하고 세계금융자본의 위력이 국민국가의 위력을 능가하기 시작하면서 국민국가에 의한 '문화적 경계짓기'가 불분명해지고 말았다. 이러한 상황에서, 특정의 도시나 도시 내의 사회집단에 대한 학술적 관심뿐 아니라 하나의 도시 내에서도 외래문화와 토착문화 사이의 접촉과 충돌 과정에서 다시 만들어지는 다양한 문화적 요소들이 서로 교차하면서 연결되는, 소위 다문화주의적(multi curtural) 현상의 혼종적 문화접변의 역동적 과정이나 도시와 국가의 경계를 넘어 발생하는 초문화적 문화 횡단의 양상, 특히 도시문화의 '글로벌화와 로컬화', 즉 글로컬리티 현상 아래 숨겨진 문화적 함의를 포착하기 위한 이론적, 방법론적 접근은 최근의 도시문화의 변화를 해독하는 데 중요한 연구대상이 될 수 있다고 본다. 이런 점에서 상하이 도시문화 역시 예외가 될 수 없다.

긴장과 대립, 충돌이 이루어지는 현장으로, 그에 대응하는 과정에서 상하이 정체성이 형성되고 있는 것이다.

지금 상하이에서는 세계 각지에서 몰려드는 화폐, 상품, 사람, 이미지 및 정보가 급증하는 소위 글로컬리티의 문화적 흐름이 형성되고 있으며, 이것이 시장 개방과 더불어 자본주의의 실험대가 되고 있다. 어떤 이들은 이를 상하이의 성공으로 간주하기도 한다. 다국적 문화와 상하이 문화가 서로 충돌하는 과정에서 문화적 매개를 통한 연계가 만들어지고 있는 것이다. 여기에는 상하이의 글로컬리티와 상하이식 모더니티의 확장이라는 문화적 의미가 내재해 있다. 이는 곧 상하이식 포스트모더니티(postmodernity)라는 개념화를 통해 규정될 수 있을 것이다. 상하이가 경험하고 있는 상하이 정체성의 형성과 변화에 담긴 문화적 코드는 과연 무엇이며, 그 논리는 무엇인가.

상하이의 정체성이 변화하는 세계 속에서 형성되고 변형되는 유동성과 비정형성을 그 특징으로 하고 있다면 그것은 포스트모던 상황에서 유목적 성격을 지니는 것으로 봐야 할 것이다. 따라서 글로컬리티의 상황 속에서 끊임없이 변모하는 상하이의 정체성은 나름대로의 방식으로 세계와 접속하고 있다고 볼 수 있을 것이다. 상하이에서 글로벌 도시로서의 '정체성 만들기' 과정을 관찰하는 것은 중국은 물론 세계를 바라보는 것이라 할 수 있다.

한마디로 상하이는 전지구적 표준 또는 기준, 즉 글로벌 스탠더드가 통하는 곳이라고 할 수 있다. 상하이는 중국의 다른 도시와 달리 외국과 외국인에 대한 거부감이 상대적으로 적은 편이다.[10] 여기에 상하

10) 상하이의 경우에는 중국 내의 다른 지역과는 달리 해외유학파들이 귀국한 후 정부 부문에 취직하는 경우가 많아 공공서비스의 질 역시 다른 도시에 비해 상대적으로 높은 편이라고 한다. 한 예로, 현재 베이징대 경제학과에 재직중인 샤예량(夏業良) 교수는 상하이의 비즈니스 환경에 대해 이렇게 평가한다. "1999년 가을 상하이 푸둥에서 열렸던 포춘

이 고유의 독특하고 특수한 역사와 문화가 담겨 있다고 할 수 있다.

5_ 맺음말에 대신하여: 상하이인 정체성, 어떻게 볼 것인가?

상하이는 중국에서 가장 먼저 영국, 프랑스, 독일, 미국 등의 서양세계와 접촉하여 서양인들의 거주지가 되었고, 국제적인 항구도시로서 외국 문화의 전래와 수용 과정을 통해 외래 문물을 접할 기회가 가장 많았던 도시 중 대표적인 곳이다. 오래전부터 국제적인 항구도시로서의 면모를 갖춘 상하이에서 외래문화는 상하이인의 일상생활 속으로 흡수되어 새로운 변화를 겪게 된다. 그들은 항구도시의 거주자로서 중국에서 가장 먼저 최첨단 문화를 경험할 수 있는 기회를 획득할 수 있었고, 그 과정에서 독특한 발상으로 새로움을 창출하여 그것을 중국 각지로 전파시키는 데 전위적인 역할을 담당해 왔다. 이러한 과정 속에서 상하이는 '중국 내의 동양과 서양의 접점', '서유럽 문화를 접하

글로벌포럼500이 상하이의 국제화를 대변한다. 그 자리에는 다국적 기업 총수들이 모두 모였다." 이는 상하이가 글로벌 도시로서의 면모를 갖추기 시작했음을 의미한다. 2005년의 상하이는 이미 국제화되었다는 인상을 남겼다. 그렇다고 상하이 경제에 문제점이 전혀 없는 것은 물론 아니다. 샤예랑 교수는 이어서 "20세기 말엽 몇 년간 심한 디플레이션을 경험했다. 중앙정부가 내수부양정책을 실시하고 있지만 아직 해결되지는 않았다. 국영기업 및 금융기관의 부실은 상하이 경제에 가장 큰 부담이다. 그래서 채무를 주식으로 전환하는 정책을 쓰고 있다. 국영기업의 구조조정은 실업자 양산에도 불구하고 장기간 지속될 전망이다." 라고 말하고 있다.(http:news.naver.com/main/read.nhn?mode=LPOD&mid=etc&oid=015&aid=0000248003.에서 인용) 또한 상하이대학의 천시허(陳犀和) 교수 역시 "상하이의 가장 큰 문제는 혼란이다. 빈부의 격차가 심하며, 도농 간의 격차 역시 점점 더 심해지고 있다. 이는 상하이의 문화적 혼란의 가장 큰 요인이다. 이것을 어떻게 해결하는가가 상하이의 향후 과제가 될 것이다" 라며 상하이의 미래를 낙관할 수만은 없다는 심경을 드러내기도 했다.(천시허 교수와의 인터뷰 2005. 2. 26.)

는 중국의 전초기지' 라는 명성을 얻게 되었던 것이다.

동양과 서양의 접촉으로 형성된 독특한 문화의 산실 상하이의 역사와 문화는 1841년부터 1949년까지 거의 한 세기 동안 서양 열강들이 상하이를 지배하게 된 조계지 형성과정에서부터 만들어지기 시작했다. 이 과정에서 상하이의 토착문화는 서유럽 문화의 수용과 배척이라는 특수한 역사적 경험과 문화적 환경 속에서 혼합적인 도시문화의

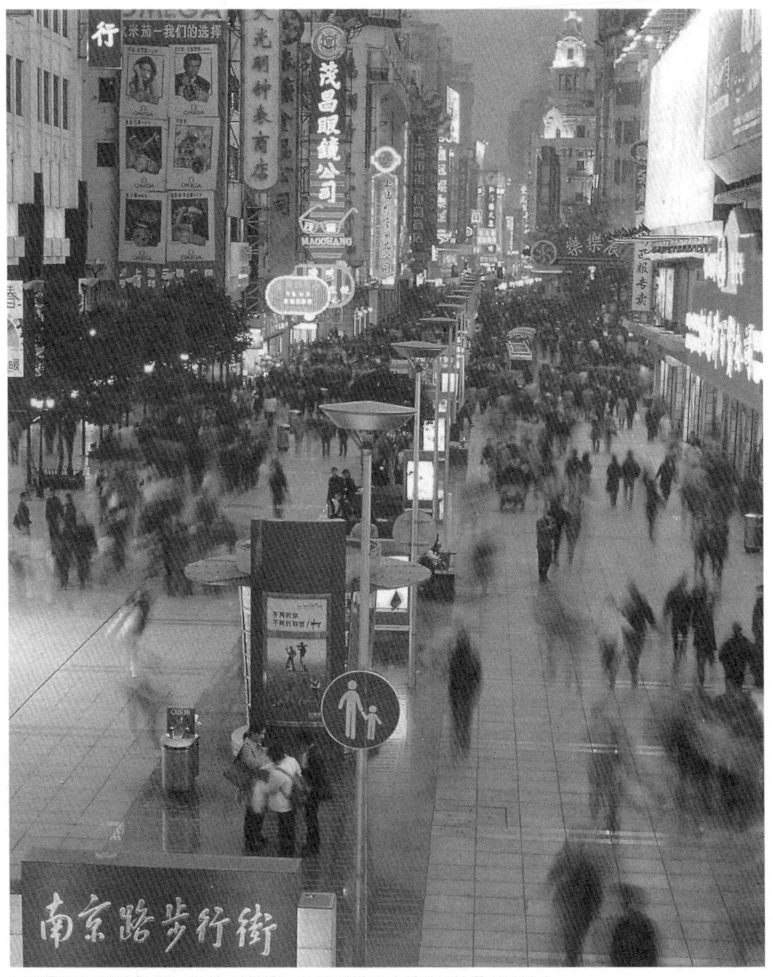

난징루(南京路)의 차 없는 거리. 난징루는 조계 시절부터 상하이의 중심가였다.

구축과 해체라는 고유한 문화적 진정성(authenticity)의 구도 속에 놓이게 된다. 중국 최초의 대규모 서유럽 조계지로서 상하이는 서유럽인들의 놀이터였으며, 이러한 반 식민지적 상태에서 서양문화와 동양문화가 어우러지는 독특한 문화적 색채가 만들어질 수 있었다.

1920년대 이래 상하이인의 문화적 특성으로 남녀의 사회적 지위가 중국 내의 다른 지역에 비해 상대적으로 평등하다는 지적이 있어왔다. 특히 상하이 여성들은 대담한 패션과 자유로운 성적 욕구, 그리고 독립성과 남성들과 대등하게 협상할 수 있는 능력으로 다른 지역의 중국인들을 놀라게 하곤 한다. 중국의 모든 사람들이 남녀를 불문하고 녹색 계통의 마오 셔츠를 입었던 문화대혁명 시기에도 상하이 여성들은 서유럽 스타일과 유사한 현대적 복장과 여성스러운 헤어스타일로 사람들의 이목을 집중시키는 나름대로의 특별한 방법을 찾아낸 것으로 널리 알려져 있다.(메이휴 2004, 13~14쪽)

상하이 남자들은 통상 멋쟁이 신사와 애인으로 통하기도 한다. 하지만 마다싸오(馬大嫂)라 불리는 상하이 스타일을 고집하는 상하이 출신 남편들은 쇼핑이나 빨래, 요리 등을 통해 자신의 정체성을 만들어 가는 특성을 지니는 것으로 알려져 있다. 마다싸오는 상하이 방언으로 통상 여성의 역할로 알려진 일이나 작업을 기꺼이 담당하는 사람들을 지칭한다. 북부 지역의 중국인들은 이러한 태도와 스타일을 여성적인 것이라며 비아냥거리기도 하지만, 상하이 남자들은 이에 개의치 않고 오히려 이를 가정적인 것으로 간주하여 강조하기도 한다.

중국 내에 떠도는 소문 중에는 상하이인들이 해외로 나가는 것을 좋아하여 비자를 받을 수 있는 국가라면 어디든지 간다는 식의 이야기가 있다. 이에 대해 타지역 사람들은 상하이인들은 서양을 숭배하고 외국인들에게 지나치게 관대하고 허용적이기 때문에 민족정신이나 줏대가 없는 사람들로 치부되는 경우도 상당수에 달한다고 평가하기도 한다. 상하이 여자들은 외국 남자들을 지나치게 좋아하는 경향이 있다는 비아냥거림이 가십으로 나돌기도 한다.

체질인류학적인 측면에서 볼 때, 상하이인의 얼굴 생김새는 역삼각형이 많고, 이마는 가로 세로 모두 넓은 편이다. 눈은 가늘고 길어 날카로워 보이며, 눈썹은 짧고 잘 움직인다. 코는 그리 높은 편이 아니며, 입은 튀어나왔지만, 턱은 약간 긴 듯하다. 이러한 생김새 때문에 상하이인은 지각신경이 잘 발달되어 있고, 감수성이 예민하고 뛰어나다고 알려져 있다.

상하이인은 지적이고, 계획적이며 자신의 생각을 체계적으로 정리할 줄 아는 사람들로 정평이 나 있다. 하지만 한편으로는 '천상천하 유아독존' 식의 아집과 독선이 강하며 자기 과시욕도 강한 편으로 알려져 있기도 하다. 오랜 세월에 걸친 외국문화와 접촉해온 상하이인은 직감력, 통찰력이 뛰어나며, 시대를 앞지르는 능력이 있는 것으로 인식되기도 한다. 멋을 내는 것을 좋아하고 세계적인 유명 브랜드나 국내 최고의 브랜드를 선호하며, 소위 '명품' 이나 '유행' 등의 단어가 함의하는 바에 매우 민감한 편이다. 이는 전형적인 도시인의 생활

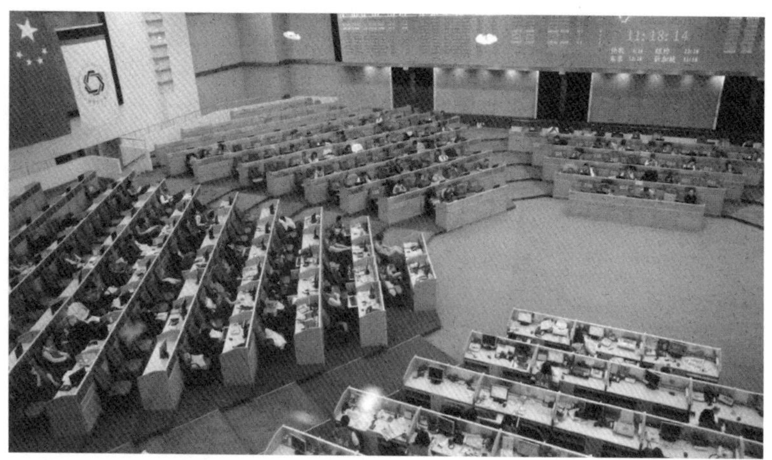

최근 우리 경제에도 영향을 주고 있는 상하이 주식시장의 모습

방식에 익숙한 상하이인의 문화적 특징의 일면을 보여준다.

상하이 방언은 표준중국어와는 달리 권설음이 아닌 촉음을 남기는 특징이 있다고 한다. 상하이인은 평소에 친구들이나 가족, 친지들과는 상하이 방언을 즐겨 사용하는 편이다. 이는 표준어와 매우 다른 어휘와 내용으로 이루어져 있기 때문에 표준어 사용자에게는 전혀 다른 말로 인식되기도 한다.

상하이인들은 이러한 역사적, 문화적 특징을 스스로의 정체성으로 규정하면서 자부심의 한 징표로 삼기를 원하지만, 다른 지역의 중국인들은 상하이 고유의 특성을 세속적인 것을 넘어서 속물적이고 지극히 자본주의적인 것으로 간주하기도 한다. 외래의 문물과 문화와의 접촉과정에서 생겨난 다양한 역사적, 문화적 경험을 지닌 상하이인의 독자적인 기질이나 스타일을 중국의 진정한 가치를 상실한 서유럽화되고 자본주의화된 행위와 관념으로 치부하려는 경향이 점증하고 있는 것도 부인하기 힘들다.

하지만 상하이인은 여전히 자신을 중국 최고의 지성과 경제력을 지닌 최고 계층으로 간주하고 있으며, 무엇보다도 스스로 대외적으로 개방적인 태도를 취함으로써 스스로 경제발전을 포함한 사회발전의 모델로 여기는 성향을 지니고 있다. 상하이인은 통상 외국인과 결혼하는 것을 신분 상승을 위한 것으로 여기지만 내륙의 중국인과 결혼하는 것은 자신의 신분이 하락하는 것으로 간주하는 경향이 있다. 이러한 성향과 태도 역시 상하이인 정체성의 한 측면이다.

상하이인은 상하이 이외의 다른 지역 사람들을 와이디런(外地人), 즉 외지 사람들로 간주한다. 상하이에 대한 애정과 자부심이 강한 상하이인들은 타이완에서 온 부자 관광객들을 타이바쯔(台巴子), 즉 타이완 촌뜨기들이라고 비웃기도 한다. 이와 반대로 남녀노소를 불문하고 상하이인은 외국인을 환영하고 그들과의 만남에 대해 어색해하거

나 생소한 느낌을 갖는 경우가 다른 지역의 중국인들에 비해 상대적으로 덜한 편이다.[11)]

한편, 상하이인은 곧잘 베이징인과 자신을 구분하며, 실제로 상하이인은 베이징인과 다르다. 이는 황허 문화권과 창장 문화권의 차이라고 할 수 있는데, 상하이인과 베이징인은 기질적으로도 매우 다른 양상을 보인다. 상하이인의 기질은 개방적이고 부드러운데, 이는 상하이가 무역이나 상공업 중심으로 중국 총생산의 약 1/3을 점유하고 있으며, 현대적 유행의 첨단을 달리는 국제도시의 시민이라는 자긍심에서 비롯된 것이다. 상하이대학의 왕샤오밍 교수는 "상하이는 경제, 금융, 문화의 중심으로 세 가지 측면에서 중심이지만, 베이징은 오직 정치의 중심일 뿐이다."라며, 중국사회에서 상하이가 차지하는 위상과 비중에 대해 강조한다. 상하이의 총 생산량 중 약 80%를 국내에서 흡수하기 때문에 자신들이 중국을 지키고 발전시키고 있다는 생각이 자부심으로 이어지는 것이다. "베이징인은 정치에 관한 이야기만 한다."라는 상하이인의 말 속에서 상하이인의 베이징에 대한 인식과 평가의 일면을 엿볼 수 있다.

상하이인에 대한 중국 내의 평가 중에는 이런 것이 있다. "상하이인은 거래 중에 1위안의 단위까지 엄밀하게 따질 정도로 계산에 민감한 성향을 지니고 있다. 비즈니스 감각도 뛰어나고 거래 면에서도 철저한 편이다. 인정에 호소하는 상술보다는 철저한 계산에 바탕을 둔 산술적 계산과 처리에 능한 편"이라는 것이다. 또한 상하이인에 대해 "주판알을 튕기는 사람"이라는 평가도 있다. 이는 상하이인이 타산적인 계산에 입각한 합리적 행위와 사고방식을 지니고 있다는 인식에서

11) 서양 사람들에 대한 태도가 매우 개방적이고 호의적이어서 상하이를 방문한 서양인들은 이에 매우 놀랐다는 경험을 털어놓기도 한다. 상하이 시당국은 국제적인 도시로 발돋움하기 위해 5%의 외국인 거주자들을 유치한다는 계획을 발표하기도 했다.

기인한 것이다.

하지만 이러한 평가는 상하이인의 성향이나 사회문화적 특성을 지나치게 일반화하는 오류를 범할 가능성이 크다. 상하이인의 정체성을 특정의 사회문화적 맥락에서 분리시켜 불변의 고정적인 이미지나 정체성으로 고착화할 가능성이 농후한 것이다. 실제로 상하이인도 다른 이들과 마찬가지로 매우 다양한 정체성을 갖고 있다. 그들은 사회경제적 조건, 예컨대 계급적 지위나 소득 수준의 차이에 따라 다양하게 자신의 정체성을 확립, 변형시키고 있으며, 또한 그들이 처한 문화적 환경이나 특수한 역사적 경험에 따라 상이한 정체성을 갖고 있다고 봐야 할 것이다.

참고문헌

공건 지음, 인수경 옮김(2003), 『상하이人, 홍콩人, 베이징人』, 사과나무, 고양

메이휴, 브래들리(2004), 『상하이: 상하이시티가이드, 전 세계 여행자의 바이블-론리 플래닛 시티 가이드』, 안그라픽스, 서울

한국경제특별취재팀(2001), 『상하이리포트』, 은행나무, 서울

康燕(2001), 『解讀上海 1990~2000』, 上海人民出版社, 上海

具德曼(Bryna Goodman) 著, 宋黏友 譯(2004), 『家鄕, 城市和國家-上海的地緣网絡與認同, 1853~1937』, 上海古籍出版社, 上海

劇湘萍 編著(2003), 『品牌城市』, 東南大學出版社, 上海

唐曜風 編著(2003), 『未來城市』, 東南大學出版社, 上海

馬長林 主編(2003), 『Shanghai in Foreign Concessions, 租界里的上海』, 上海社會科學院出版社, 上海

上海証大研究所(2002),『上海人(Shanghai Ren)』, 上海證大硏究所, 上海
上海証大研究所(2003),『文化上海(Cultural Shanghai) 2010: 把一介計絲樣的上海大給中國和世界』, 上海證大硏究所, 上海
盧漢超 著, 段爐 · 戶敏 · 子羽 譯(2004),『雨兒 虹灯外-20世紀初日常生活中的上海』, 上海古籍出版社, 上海
李琪 主編(2003),『新世紀 中國特大城市 公共行政官理: 以上海爲介案的發展戰略研究』, 文滙出版社, 北京
盧明華 外 著(2004),『海洋上的社會: 中國商船政委與船員的航海生活(The Political Commissar and His Shipmates: Transformation of the Commissar' s Role on Chinese Ships)』, 社會科學文獻出版社, 北京
中共上海市委宣傳部 編(2003),『走向國際大都市: 上海 "四化" 研究』, 上海人民出版社, 上海
陳思和(2002) "上海人, 上海文化和上海的知識分子", 上海証大硏究所『上海人(Shanghai Ren)』, 上海
Anthony Wilson-Smith(1994), "The Shanghai Spirit," *Maclean' s* 107
Arthur Johns(2003), "New cinema school set for Shanghai," *Variety* 392(9): 10
Betty Peh-T' i Wei(1993) *Old Shanghai*, Oxford University Press
C. P. Lo(1997), "Dispersed spatial development: Hong Kong' s new city form and its economic implications after 1997," *Cities* 14(5)
Clifford Geertz, David Theo Goldberg(ed)(1979), *Agricultural Involution*, Yale University Press
David Theo Goldberg(1994), *Multiculturalism*: A Critical Reader, Basil Blackwell Ltd.
Fulong Wo(2003), "Globalization, Place Promotion and Urban Development in Shanghai," *Journal of Urban Affairs* 25(1)
Giana M Eckhardt and Michael J. Houston(2002), "Cultural Paradoxes Reflected in Brand Meaning: McDonald' s in Shanghai, China," *Journal of International Marketing* 10(2)
Gina Lai(2001), "Social support networks in urban Shanghai," *Social Networks* 23
Hanchao Lu(1999), "Becoming Urban: Mendicancy and Vagrants in Modern Shanghai," *Journal of Social History* 33(1)

Huei-chen Flannery(1997), "Shanghai Booms as Center of Advertising Influence," *Advertising Age* 68: 24

Iain McDaniels(2004), "A Critical Eye on Shanghai," *The China Business Review* 31(1)

Jeffrey N. Wasserstrom(2001), "New Approaches to Old Shanghai," *The Journal of Interdisciplinary History* 32(2)

Jeffrey N. Wasserstrom(2003), "The Second Coming of Global Shanghai," *World Policy Journal* 20(2)

Jeffrey N. Wasserstrom, Joseph W. Esherick(ed)(1999), "Locating Old Shanghai: Having Fits about Where It Fits," *Remaking the Chinese City: Modernity and National Identity, 1900~1950*, University of Hawaii Press, Honolulu

Joseph W. Esherick(ed)(1999), *Remaking the Chinese City: Modernity and National Identity, 1900~1950*, University of Hawaii Press, Honolulu

Ka-iu Fung · Zhong-min Yan · Yue-min Ning, Yue-man Yeung · Xu-wei Hu(eds.)(1992), "Shanghai: China' s World City," *China' s Coastal Cities: Catalysts for Modernization*, Honolulu: University of Hawaii Press

Lukas Schwarzacher(2001), "Film fest Shanghai' d by politics," *Variety* 383(5)

Matthew Oresman(2003), "Catching the Shanghai Spirit," *Journal of Social Sciences* 12

P. Yatsko(1997), "Work in Progress," *Far Eastern Economic Review* 7 August

Shanghai Lexicograohical Publishing House(2004), *Touring Shanghai*, Shanghai Lexicograohical Publishing House

Stella Dong(2002) *Shanghai: Gateway to the Celestial Empire 1860~1949*, Form Asia

Susan Balderstone · Qian Fengqi · and Zhang Bing, William S. Logan(ed)(2002), "Shanghai Reincarnated", *The Disappearing 'Asian' City: Protecting Asia' s Urban Heritage in a Globalizing World,* Oxford University Press

Ted C. Lewellen(2002), *The Anthropology of Globalization: Cultural Anthropology Enters the 21st Century*, Bergin & Garvey, Westoirtm Connecticut, London

Wee(eds)(2002), *New Asia and Local Culture,-〉Local Culture and the "New Asia"*, Institute of Southeast Asian Studies, Singapore

Weiping Wu(1999), "City Profile Shanghai," *Cities* 16(3)

Weiping Wu, M. A. Cohen · B. A. Ruble · J. S. Tulchin · A.M. Garland(eds)(1996), "Economic competition and resource mobilization," *Preparing for the Urban Future: Global Pressures and Local Forces*, Woodrow Wilson Center Press and Johns Hopkins University Press, Washington, D.C

William H. Overholt(2004), "Hong Kong or Shanghai?" *The China Business Review* 31(3)

Yue-man Yeung · Xu-wei Hu(eds)(1992), *China's Coastal Cities: Catalysts for Modernization*, University of Hawaii Press, Honolulu

Yue-man Yeung · Xu-wei Hu, Yue-man Yeung · Xu-wei Hu(eds)(1992), *China's Coastal Cities as Development and Modernization* Agents: An Overview, China's Coastal Cities: Catalysts for Modernization, University of Hawaii Press, Honolulu

인터넷 기사 http:news.naver.com/main/read.nhn?mode=LPOD&mid=etc&oid=015&ai=0000248003.

■ ■ ■

이민도시 상하이와 타자화

임 춘 성

이 글에서는 1930년대 상하이가 단일한 정체성을 거부하고 중층적 네트워크 속에서 작동하고 있었다고 파악하면서 도시 연구와 영화 연구를 유기적으로 결합시켜 상하이와 상하이인의 정체성의 지도를 그리고 있다. 근현대도시 상하이의 핵심을 이민으로 파악하고 이민 정체성을 국족 정체성의 구체적 표현으로 설정해 상하이와 상하이인의 정체성을 고찰했다. 이민 도시 상하이와 역사적 개념으로서의 상하이인, 라오상하이인과 신상하이인, 문화적 개념으로서의 상하이인, 이민과 타자화에 대한 분석을 통해 상하이의 성격 규정과 상하이인에 대한 개념을 규정했다.

1_ 중층 네트워크 도시 상하이

> 오래 전 나는 올드상하이(老上海, old Shanghai)에 살았다. 그곳에 머물렀던 모든 외국인들과 마찬가지로 나는 '아주 대단한 특권들'(very special privileges)을 누렸다. 우리는 고향으로 돌아갈 시간들을 거의 잊어버리고 있었다. 동방의 파리, 상하이에서 불황은 결코 우리를 건드리지 않았다. 그러나 중국인으로 살기에는 끔찍한 시절이었다(It was a terrible time to be Chinese). 하지만 아무것도 우리를 귀찮게 하는 것은 없어 보였다. 우리는 그곳에서 행복한 시간을 보냈다.

위의 인용문은 영화 〈홍색 연인 紅色戀人〉(1998)의 내레이터 닥터 페인(Payne, Todd Babcock 분)의 회고적 독백이다. 이어서 1936년 상하이, 푸둥(浦東) 방향에서 와이탄(外灘)의 조계지(International Settlement and Concession)를 원경(遠景)으로 잡으면서 어느 술집(酒吧)의 장면이 줌업(zoom-up)된다. 테이블 위에서 춤추는 중국 무희, 그녀를 받아 함께 어울리는 닥터 페인, 주위에 자유롭게 자리 잡은 동서의 남녀들, 공공조계의 영국인 경찰 클라크(Clarke, Robert Machray 분), 그리고 중국 국민당 특무요원 하오밍(皓明, 陶澤如 분) 등이 등장한다. 영화의 주인공 '홍색 연인' 진(靳, 張國榮 분)과 추추(秋秋, 梅婷 분)가 아직 등장하지 않은 시점이지만 우리는 페인의 독백과 이어지는 장면에서 1930년대 상하이를 해석(interpretation)하는 실마리를 찾을 수 있다.

우선 홍미를 끄는 것은, 중국계 감독 입잉(葉纓, Yip Ying)이 중국에 관한 영화를 상하이에서 제작했음에도 불구하고 서양인 내레이터를 선택했다는 점이다. 전지구적 맥락에서 근현대화를 선도하면서 기타 지역을 타자화(othernization) 시켰던 서양,[1] 바로 그 서양인의 시점에서 사건을 기술하고 이야기를 전개시키고 있는 것이다. 그뿐만이 아니다. 이 영화는 대사의 80% 이상이 영어로 진행되고 있다. 요컨대 이 영화에서 상하이를 지배하고 있는 것은 서양인이고 서양언어다. 일반 서양인에 비해 양심적 지식인의 풍모를 가진 페인이 '아주 대단한 특권들' 이라고 표현한 부분과 맥락이 닿아 있다. 그리고 페인은 '중국인으로 살기에는 끔찍한 시절' 이었다는 말을 덧붙임으로써 관객의 신뢰를 확보하고 있다. 이처럼 조계지 상하이는 서양의 지배력이 강력하게 관철되고 있는 곳이었다.

'특권을 가진 서양인' 과 '끔찍한 삶을 사는 중국인' 이 공존하고 있는 도시 상하이. 그 내면에는 영국인 경찰 클라크와 국민당 특무 하오밍의 갈등과 연계가 있고, 공산혁명가 진 및 추추와 페인의 유대가 있다. 또 변절자와 혁명가의 관계가 있으며 아버지와 딸의 관계가 그 위

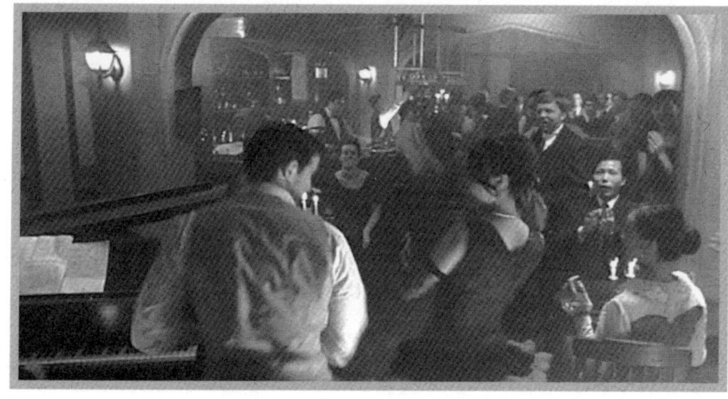

〈홍색 연인〉에서 화자 닥터 페인이 바에서 무희와 춤추는 장면. 뒤로 동서의 남녀들이 구경하고 있다.

---

1) 스튜어트 홀은 '서양과 그 외의 사회들' 이라는 관념이 어떻게 구성되었는지 그리고 서양사회와 비서양사회 사이의 관계들이 어떻게 재현되었는지를 검토했는데, 그 주장의 핵심적인 출발점은 " '서양' 이 지리적이 아닌 '역사적인' 구성물이라는 것이다." 그에게 있어 '서양적' 이라는 말은 "발전된, 산업화된, 도시화된, 자본주의적인, 세속적인, 그리고 현대적인" 이란 말과 통하는 것이고, '서양' 이라는 개념 또는 관념은 '사고의 도구', '이미지들 또는 재현(표상) 체계' 이자, '비교의 표준이나 모델', '평가기준 또는 이데올로기' 로 작용한다고 해석하였다.(스튜어트 홀 1996[2], 183~184쪽) 이는 '그 외의 사회들' 을 '타자화' 시키는 것과 동시에 진행된 것이다.

에 중첩되기도 한다. 그리고 상대방을 위해 자신의 목숨을 버리는 숭고한 사랑 이야기도 있고 사랑하는 여인의 아이를 수양딸로 키우는 순애보도 있다. 이렇듯 1930년대 상하이는 이미 단일한 정체성을 거부하고 '중층적 네트워크' 속에서 작동하고 있었다.

이 글에서는 정체성을 단일한 것으로 보기 보다는 복수성(plurality) 또는 혼성성(hybridity)을 가지고 있는 것으로 본다. 정체성을 구성하는 한 요소인 '문화적 정체성(cultural identity)'에 대한 기존의 두 가지 입장을 참조할 수 있다. '문화적 정체성'은 이 개념의 어떤 의미영역은 보전되고 지속되지만 어떤 의미영역은 특정의 역사적 상황에 의해 변화되거나 확대 또는 축소되는 탄력적인 역사적 개념이라는 전제(홍석준 1997)를 가진다. 1970년대 이후 인문학과 사회과학 분야에서 관심을 받아온 특정 집단의 문화적 정체성에 대한 이론적 접근은 근원주의적 입장(primordialism)과 도구주의적 입장(instrumentalism) 또는 상황주의적 입장(circumstantialism)으로 나뉜다.[2] 전자는 정체성을 근원적 연대에 기인하는 불변의 것이라는 입장을 취하고, 후자는 개인 혹은 집단의 이익을 극대화하기 위한 상황적 전략의 결과라는 입장을 취한다. 이 연구에서는 후자의 입장을 취한다. "정체성은 우리를 둘러싼 문화 체계들 속에서 재현되거나 다뤄지는 방식과 관련하여 형성되고 끊임없이 변형되는 것이다."(홀 1987) 완전히 통합되어 있고, 완성되어 있고, 확실하고 일관된 정체성이란 환상 또는 오인이다.

이런 기초 위에서 도시 연구와 영화 연구를 유기적으로 결합시켜

2) primordialism을 '원초주의'로 번역하고, 근원주의를 fundamentalism의 역어로 쓰기도 한다. 또한 아파두라이(2004)는 문화주의(culturalism)라는 용어를 '도구주의'와 상통하는 개념으로 사용하기도 한다.

3) 이 글에서는 국족(國族)을 nation의 역어로, 민족을 ethnic의 역어로 사용했다. '국족'이라는 용어는 타이완의 연구자들, 특히 다음 책의 용례를 준용했음을 밝혀둔다. 林文淇·沈曉茵·李振亞 編(2000),『戲戀人生-侯孝賢電影研究』, 麥田出版股份有限公司, 臺北.

상하이와 상하이인의 정체성의 지도를 그려보고자 한다. 이를 위해서는 '국족[3] 정체성(national identity)과 이민 정체성(migrant identity)', '계급 또는 계층 정체성(classical identity)', '젠더 정체성(gender identity)', '문화 정체성(cultural identity)' 등으로 나누어 고찰할 수 있는데, 근현대도시 상하이의 핵심을 이민으로 파악하기에 이 글에서는 '국족 정체성과 이민 정체성'에 초점을 맞추어 상하이와 상하이인의 정체성을 고찰할 것이다.

베네딕트 앤더슨의 『상상의 공동체』(1991)의 출판을 계기로 국족(nation)은 '상상된(imagined)', 즉 상상 속에서 지속적으로 형성, 재구성, 변형되는 것으로 인식되고 있다. 그러나 현실에서는 국족 동일시라는 국족 연대와 정서에 대한 감수성이 없다면 근현대적 주체는 깊은 상실감을 경험할 것이다. 그러므로 국족 정체성은 그 존재 유무에 초점을 맞출 것이 아니라 그 재현 방식이 중요한 것이다. 중국에서 근현대적 국족 정체성은 신해혁명과 함께 본격적으로 형성되었다고 할 수 있다. "사실상 민(국)족 정체성은 우리가 갖고 태어나는 게 아니라 재현(representation) 작용과의 관계 속에서, 그리고 그 내부에서 형성되고 변형된다는 것이다. 우리는 영국 민(국)족 문화에 의해 일군의 의미들로 '영국성'이 재현되어온 방식 때문에 '영국인'이 무엇인지 비로소 알게 된다."(홀 2000, 343쪽) 위 문장에서 영국을 중국으로 바꿔도 우리의 이해에 지장을 주지 않는다. '우리는 중국 국족 문화에 의해 일군의 의미들로 '중국성(Chineseness)'이 재현되어온 방식 때문에 '중국인'이 무엇인지 비로소 알게 된다.' 따라서 이 글에서는 국족 정체성에 대한 이상의 이해를 기초로 삼아, 20세기 상하이를 재현한 영화를 통해 중국인의 국족 정체성과 이민 정체성이 상하이인에게 어떻게 체현되고 재현되는지를 고찰하고자 한다.

이 글에서는 이민 정체성을 국족 정체성의 구체적 표현으로 설정하고자 한다. 아편전쟁 이후 한적한 어촌에서 근대적 대도시로 발전한 상하이는 이주민에 의해 형성된 도시이다. 그러므로 이민 정체성은 상하이인의 정체성을 이해하기 위한 주요한 고리이다. 초기의 광둥 매판을 제외하면, 닝보(寧波)를 중심으로 한 장난(江南)과 장베이(江北) 또는 쑤베이(蘇北) 지역에서 온 사람들이 주종을 이루는 이민들은 상하이로 진입하면서 동향인 조직의 강한 연대를 바탕으로 커다란 영향력을 행사하게 된다. 이들은 고향의 언어와 문화를 유지하면서도 기존 상하이의 언어 및 문화와 혼합되면서 독특한 새로운 상하이인의 정체성을 형성해나간다. 이 글은 상하이 건설과정에서의 이민 정체성에 초점을 맞추고자 한다. 아울러 이들의 이주와 정착의 과정에서 드러난 타자화와 그 과정에서 형성된 상하이인, 라오상하이인, 신상하이인 등의 양상을 상하이 영화[4]와의 연계를 통해 살펴보고자 한다.

2_ 이민 도시 상하이와 역사적 개념으로서의 상하이인

상하이를 '동방의 파리'[5]라고 할 때 그것은 화려한 문화 예술을 연상시키지만, '동방의 뉴욕'이라 할 때는 이민을 떠올리게 된다. 20세기 전반 상하이 노동자의 지연망을 연구한 전인갑(2002)의 연구,

4) 여기에서의 '상하이영화'는 주로 '상하이 재현 영화'를 가리킨다. 이 개념은 리어우판(李歐梵)으로부터 가져왔다. 林大根(2006)은 우선 '상하이를 배경으로 하는 영화', '상하이에서 제작한 영화'로 나누고, 연구 주제에 따라 '영화 속의 상하이', '상하이에서의 영화', '상하이 영화문화'로 나눈 바 있다. 楊金福(2006)는 상하이와 관련된 모든 영화를 다루고 있다. 이 글에서의 '상하이 재현 영화'는 '상하이를 배경으로 하는 영화' 및 '영화 속의 상하이'와 근접한 개념으로 설정한다.

5) 이에 대해 '동방의 파리' 등이 해방 전 문화권력과 담론권력 및 문예창작권을 장악한 엘리트들이 구성한 허구적 현실이라는 비판도 있다. 顧曉鳴, 「'上海人'的族類內涵和'新上海人'」, 上海證大硏究所 2002, 176쪽.

1920~30년대 상하이의 민간단체를 연구한 이병인(2006)의 연구는 이민을 전제로 삼고 있다. 개항 이후 상하이에 조계가 설치됨으로써 도시의 분위기는 보다 '자유' 로워졌고, 대외무역의 중심지로 되면서 이허양행(怡和洋行), 타이구양행(太古洋行) 등 동아시아 무역을 주도해 갔던 거대 상사(商社)들이 본격적으로 상하이에 진출했으며, 많은 자본을 가진 중국인들도 개항에 따른 경제적 과실을 확보하기 위해 대거 상하이로 몰려들었다. 또한 양무운동 및 청일전쟁 이후 국내외 자본에 의한 근대적 공장이 조계지역을 중심으로 발전하기 시작했다. 이 과정에서 상하이는 중국에서 가장 중요한 경제활동, 특히 대외무역의 중심지로 급부상했다.(전인갑 2002, 36~37쪽)

근현대 도시로서의 상하이의 기원은 난징(南京)조약으로 거슬러 올라갈 수 있다. 중국이 외국과 맺은 최초의 불평등조약에 뒤따른 조치는 개항과 조계였다. 이 두 가지는 근현대 도시 상하이의 외적 규정이다. 그리고 '동방의 뉴욕' 이라는 각도에서 상하이를 보게 되면 이민이 주요한 키워드가 된다. 뉴욕의 경우와 달리, 상하이에는 '상상된 선주민-인디안' 이 없었다. 그러므로 상하이인의 정체성을 살펴보기 위해서는 원주민과 이민의 관계에 초점을 맞추게 된다. 물론 뉴욕 이민의 출신지에 따라 요커(Yorker)와 아이리쉬(Irish) 등의 구별이 있었던 것처럼, 상하이 거주민들에게도 원적지에 따라 광둥(廣東) 상하이인, 닝보 상하이인, 사오싱(紹興) 상하이인, 쑤베이 상하이인 등의 구별이 있었다.[6] 호니그(Emily Honig)는 이 적관(籍貫)이 새로운 정체성

6) 후자오량은 상하이에 몰려든 전국의 엘리트들을 다음과 같이 평했다. "계산에 뛰어난 江南 사람들도 있었고, 해외 무역의 전통을 갖춘 廣東인들도 있었으며, 고생을 두려워하지 않는 山東인과 江蘇성 북부 사람들도 있었다."(후자오량 2005, 490쪽) 아울러 큰 가문이나 세가가 없는 상하이에서 무역 대리인 買辦들이 근대 상공업의 주도권을 장악했는데, "上海 최초의 매판 穆炳元은 寧波 사람이었고, 최초의 여객선 회사 사장인 李竹坪은 湖州(廣東 潮州-인용자) 사람이었으며, 최초의 근대 과학자 徐壽는 無錫 출신이었다."(같은 책 496쪽)

형성의 근거라 보고, 그것을 에쓰니서티(ethnicity)의 수준으로 끌어올려 분석의 잣대로 삼았다.(Honig 2004)

흔히 '상하이인' 이라는 개념에는 역사적 의미와 문화적 의미가 혼용되어 있는 것으로 보인다. 이 두 가지 개념에 대해 고찰하기에 앞서 그 물적 기초인 '상하이 거주민(Shanghai residents)' 에 관한 통계를 보도록 하자.

슝웨즈(熊月之 2002)는 상하이 거주민이 1843년 약 20만 명, 1853년 50만 명을 넘어서고, 1900년에 100만 명을 넘었으며 1915년에 200만 명, 1930년에 300만 명, 1947년에 400만 명을 넘었고, 1949년 초 546만 명에 달해, 100여 년 사이에 20여 배 증가했다고 분석했다(熊月之 2002, 63쪽). 또한 판웨이궈(樊衛國 2002)는 1910년 경에 전체 상하이 인구 130여만 명 중 75%가 이주민일 정도로 대규모의 인구가 유입되었고, 이들이 광범위한 도시하층민을 형성했다고 하였다.[7] 캉옌(康燕 2002)은 1950년대 이후의 거주민 상황을 도표화했는데, 그에 의하면 1952년에 572만 명이던 인구가 1980년에 1,147만 명으로 거의 2배가 되었다. 그러나 이 시기에는 모두 호구인구였다. 개혁개방 이후 그 상황은 달라져 비호구 상주인구가 1988년 1,353만 명 중 125만 명, 1993년 1,528만 명 중 281만 명, 2000년에는 1,674만 명 중 353만 명으로 증가했음을 보여주고 있다.(康燕 2001, 377쪽, 表一) 20년 만에 353만 명의 외지인이 상하이에 들어온 셈이다.

구체적인 인구 상황에 대해서는 통계자료로 미루고, 이 글에서 관심을 가지는 부분은 상하이인의 정체성이 원주민과 이민의 관계에서 형성되었고, 그것은 지금도 계속 진행 중이라는 점이다. 다시 말해, 1852년의 54만 명을 원주민으로 본다면(그것도 1843년의 20만에 비

---

7) 樊衛國, 「晩晴移民與上海近代城市經濟的興起」, 『上海經濟研究』, 1992. 2, 60쪽. 여기서는 전인갑 2002, 37쪽 각주40)에서 재인용.

해 2배가 넘는다), 1910년까지 약 54만 명의 이주민이 유입되었는데, 약 60년 사이에 2배로 늘어난 인구, 즉 원주민과 이민을 합한 인구가 상하이인이라는 것이다. 그렇다면 54만 명 단계에서의 정체성이 128만 명 단계에서 어떤 측면이 지속되고 어떤 면이 변화되었는가에 초점을 맞추어야 할 것이다. 이런 문제의식은 오늘날까지도 유효하지만 이에 대한 조사는 본고의 연구범주를 벗어나는 것이어서 여기서는 다만 그 문제의식을 거론하는 것에 그친다.

역사적으로 볼 때 상하이인의 정체성 형성에 몇 가지 중요한 계기가 있었다. 이를테면 1853~1855년의 소도회(小刀會) 사건[8]과 1870년의 쓰밍공소(四明公所) 사건[9] 등은 상하이인이 자신을 돌아보는 계기가 되었을 것이다. 그중에서도 이주민의 도시 상하이에서 그 정체성 형성에 결정적인 역할을 한 것은 '신중국' 건설 이후 시행된 '호적관리제도' 였다. 근현대도시 상하이 발전의 기본 동력이랄 수 있는 이주민의 전입을 근본적으로 봉쇄한 이 제도는 한편으로는 '새로운 상하이다움(new Shanghai-ness)' 의 수혈을 저해했지만, 다른 한편으로는 이주가 금지되었던 약 30년의 시간에 그동안 형성된 상하이다움을 돌아보고 다듬을 수 있게 되었다. 다시 말해 이주의 각도에서 볼 때 이 30년의 공백은 그 전과 후를 나눌 수 있는 분기점이 되었고, 이전의 상

8) 1854년 광둥성에서 청조를 무너뜨리고 자신의 왕국을 세우기 위해, 천카이(陳開)를 중심으로 한 천지회(天地會)가 반란을 일으켰으며, 이 반란은 곧이어 전성에 있던 천지회의 호응을 얻으면서 큰 세력을 떨쳤다. 또 태평천국이 난징에 도읍을 정하자, 상하이 부근에 있던 천지회 계열의 소도회(小刀會) 집단도 1853년에 이에 호응하는 반란을 일으키면서 상하이 부근의 현성들을 일시 점령하였다.

9) 쓰밍공소는 닝보상인이 상하이에 세운 동향회관이다. 1874년 프랑스가 조계를 확장하기 위해 쓰밍공소의 묘지를 통과해 철도를 부설하려 강행하다가 인민의 반항에 부딪쳐 철회했다가, 1898년 다시 도로를 확장하려 했다. 이에 상하이의 닝보인과 상하이 주민이 투쟁을 벌였다. 北京師範學院歷史系中國近現代史教研室(1985), 『簡明中國近現代史詞典(上下册)』, 中國青年出版社, 北京, 196~197쪽 참조.

하이와 상하이인의 정체성을 돌아보고 다듬을 수 있는 시간이 되었던 것이다. 흔히 이 공백기 전의 상하이와 상하이인을 '라오상하이(老上海)' 와 '라오상하이인(老上海人)' 이라 하고, 개혁개방 이후의 상하이에 이주한 사람을 '신상하이인(新上海人)' 이라 일컫는다. 그리고 '신상하이' 란 '신상하이인' 만의 상하이가 아니라 그들이 '라오상하이인' 과 함께 만들어가는 상하이를 가리키는 것으로 보아야 한다. 물론 양자 사이의 역학 관계가 충분히 고려되어야 할 것이다. 이 글에서는 '라오상하이인' 과 '신상하이인' 이라는 역사적 개념을 전제하되, 양자를 불변하는 고정된 개념으로 설정하지 않고, 양자가 끊임없이 섞이고 호동(互動)함으로써 '상하이인' 이라는 문화적 개념을 생성하는 것으로 본다.

그러면 장난인과 장베이인을 각각 대표하는 닝보인과 쑤베이인의 관계 속에서 라오상하이인이 형성되어가는 과정을 추적해보자.

3_ 라오상하이인의 형성—닝보인과 쑤베이인의 경우

1930년대 최고 감독의 한 사람인 쑨위(孫瑜)의 〈대로大路〉(1935)는 내륙 도로공사 현장에서 겪는 사건을 애국과 매국의 갈등에서 그리고 있다. 그러나 이민의 각도에서 도로공사 현장으로 떠나기 전에 초점을 맞추어 보면, 도시 생활에 적응하지 못한 이주 노동자의 모습을 생

---

10) 이 글에서는 텍스트를 연구대상으로 설정하기보다 상하이인 정체성을 이야기하기 위한 사례로 '호명' 하는 방식을 취했다. 학제간 연구에서 항상 문제가 되는 것이지만, 텍스트와 콘텍스트의 상호 작용에 관한 연구는 그 당위적 필요성에 반해 그 성과는 변변치 않다. 대개는 텍스트 분석과 콘텍스트 연구가 따로 진행되고, 나중에 그것을 묶는 방식을 취하게 된다. 이 글의 의도는(제목은) '텍스트를 통한 콘텍스트의 구성' 이었지만 결과는 콘텍스트 연구가 주가 되고 말았다. 구체적이고 심층적인 텍스트 분석은 다음 단계의 작업으로 미룬다.

생하게 묘사하고 있음을 알 수 있다.[10)]

주인공 진거(金哥, 金焰분)의 부모는 고향의 굶주림을 피해 대도시 상하이로 이주한다.[11)] 그 도중에 모친은 사망하는데, 죽기 전 남편에게 "앞으로 가세요(朝前走)"라는 말을 남긴다. 부친은 도시에서 막노동을 하며 진거를 양육한다. 진거는 자연히 막노동 현장에서 잔뼈가 굵어졌고 부친마저 잃은 후에는 막노동판의 중심인물로 성장한다. 그는 노동자 사이의 갈등, 골목길에서의 사건 등을 도맡아 해결한다. 일본 침략을 걱정하는 라오장(老張)을 격려하고, 동료들 간의 갈등을 해결하며, 길 가는 아가씨를 희롱하는 장다(章大)를 훈계하고, 심지어 좀도둑으로 몰린 한(韓)을 구해주고 그를 자신의 그룹으로 받아들인다. 그리고 그들 6인의 그룹은 도로공사 현장에서 지도그룹을 형성한다. 진거는 리더답게 일자리를 찾지 못해 불안해하는 동료들에게 내지 도로공사를 제안한다. 그들은 "타인이 통치하는 도회에서 구차하게 사는 것(在他人統治下的都會裡偸生)"을 포기하고 내지로 가서 도로를 건설하고자 한다. 이때 타인의 기의는 분명치 않다. 가까이는 그들을 해고한 사장(또는 그들의 대리인)일 수 있고 멀리는 외국인일 수도 있다. 어쨌든 이주 노동자에게 대도시는 삶을 도모하기에 쉽지 않은 곳이다. 결국 그들은 그동안의 삶의 현장을 떠나 내지의 도로공사 현장으로 떠나야 했다. 물론 '애국'이라는 명분 아래. 평상시 쌓아둔 진거(및 그 그룹)의 신망 덕분에 다른 실업 노동자들도 자연스레 합류하게 된다.

영화에서 명확하게 언급되지는 않지만, 당시 상하이의 일반 상황과 영화 속 이들의 친밀한 관계로 미루어 볼 때, 이들은 동향 출신일 가능성이 높다. 그렇지 않더라도 최소한 동업조직이다. 어려서 부모를 따

---

11) 호니그에 의하면, 이들은 쑤베이인이다.

라온 진거가 대도시 공사판에서 자라면서 터전을 닦고 그를 바탕으로 그룹을 형성해 간다(你們五個人是一幫). 그러기에 도시 공사장에서 해고된 후 일자리를 찾던 중 내륙의 도로공사 현장으로 가자는 진거의 제안에 그룹원들은 흔쾌히 따라 나설 수 있었다. 이들의 구성은 다양하다. 고아, 대학생, 좀도둑 등. 이들은 도시 변두리에 거처하면서 서로 의지하며 삶을 도모한다. 서로 다투기도 하지만 내부 갈등은 리더(大哥)에 의해 조정된다. 그들의 삶은 고달프지만 나름대로 여유를 가지고 있다. 후에 언급하겠지만, 이들 대부분은 생계형 이민이므로, 당시 장난에서 가장 좋지 않은 환경일지라도 자신의 고향보다 좋다고 느끼게 되었기(Honig 2004, 37쪽) 때문이다.

상하이의 급속한 발전은 난징조약에서 규정한 5개 항구(廣州, 福州, 厦門, 寧波, 上海) 개항에서 비롯되었다. 상하이가 동남 연해 중부와 창장(長江)이 바다로 들어가는 곳에 위치해 교통이 편리했기 때문에 외국자본주의와 중국 민족자본주의가 모두 상하이를 주요한 투자 장소로 삼아 근대 상공업이 신속하게 발전했고 도시 인구도 신속하게 증가했다. 1843년에서 1895년의 짧은 52년간 상하이 인구는 23만에서 100만으로 증가했고, 1930년대에는 330만으로, 1949년에는 550만에 이르렀다.(范玉春 2005, 187쪽) 판위춘에 의하면, 상하이 도시인구는 주로 다음의 세 가지 내원을 가지고 있다고 한다. 첫째, 본지 농업인구의 전환(직업 전환), 둘째, 외지 상인의 대량 진입, 셋째, 태평천국전쟁시기 이후의 피난민이 그것이다. 첫째의 경우는 직업 전환이라 할 수 있고, 둘째의 경우 주로 광둥과 저장(寧波 · 紹興), 안후이(徽州) 출신이 주였고, 셋째의 경우 쑤난(蘇南), 저시(浙西) 출신이 중심이었다.(范玉春 2005, 187~188쪽) 특히 쑤베이인과 닝보인은 상하이에서 주요한 위치를 차지했는데, 쑤베이 출신의 수공업자 · 인력거꾼과 닝보 출신의 전장(錢莊) 상인이 모두 유명하다.(范玉春 2005, 188쪽) 호니그에 의하면, 19세기 자연재해로 인한 빈곤은 북에서 남으로 대다수 이민을 이주하게 했다. 상하이를 포함한 장난(江南)은 장쑤(江蘇) 북부에서 온 난민의 목적지가 되었다.(Honig 2004, 35쪽)

사실 이민도시에서 누가 주도권을 장악하느냐의 문제는 매우 중요하다. 우리는 뉴욕에서 그 전형적인 모습을 볼 수 있다. 마틴 스코시즈(Martin Scorsess)의 〈갱스 오브 뉴욕 Gangs of New York〉(2002)은 19세기 뉴욕을 배경으로 요크계 갱(도살자 빌)과 아일랜드 갱(발론 신부)의 영역 다툼을 소재로 하고 있다. 처음에는 요크계가 승리하지만, 패배한 아일랜드계 발론 신부의 아들 암스테르담[12]이 천신만고 끝에 빌과 대결하여 아버지의 원수를 갚는다는 갱스터 영화다. 세르지오 레오네(Sergio Leone)의 〈원스 어폰 어 타임 인 아메리카 Once Upon a Time in America〉(1984)에는 프랑스 이민이 출현한다.[13] 또한 우리에게 잘 알려진 프란시스 포드 코폴라(Francis Ford Coppola)의 〈대부God Father〉 시리즈(1972, 1974, 1990)는 시실리계 이민이 뉴욕으로 이주해와 주도권을 잡아가는 과정을 그린 영화다. 스파이크 리(Spike Lee)의 〈똑바로 살아라Do the Right Things〉(1989)는 흑인 · 히스패닉계와 백인 사이의 일상적 갈등이 피자가게 사진과 같이 사소한 것에서 시작하여 살인 · 방화에 이를 수 있음을 경고하고 있다. 이처럼 '요크-아이리쉬-프렌치(도이치)-시실리-흑인 · 히스패닉 · 아시안' 으로 이어지는

〈갱즈 오브 뉴욕〉에서 기독교도 토박이와 카톨릭교도 이주민의 패싸움

12) 뉴욕의 이전 이름은 뉴암스테르담이었다.

13) 이 영화는 주인공 누들스가 '중국인 극장(Chinese theater)' 에서 아편을 태우면서 행복하게 웃는 장면으로 끝난다. 그곳에는 상당히 많은 서양인과 중국인들이 그림자극을 보는 문화공간인 동시에 아편을 태우는 휴식공간이기도 하다. 이민의 관점에서 보자면, 중국 이민들이 이미 뉴욕에 자리 잡았음을 보여주고 있다.

이민의 행렬은 그 선후에 의해 먼저 온 이민이 주인 행세를 하고 후에 온 이민은 그에 적응하면서 주도권을 노리는 상황을 연출한다. 그리고 이 과정에는 폭력이 도사리고 있다.

〈상하이 트라이어드〉에서 궁리의 공연

1990년대 '상하이 노스탤지어'를 점화시킨 영화(박자영 2004)로 꼽히는 장이머우(張藝謀)의 〈상하이 트라이어드搖啊搖, 搖到外婆橋〉(1995)에도 폭력조직이 등장하는데, 이들은 동향의 동성을 조직의 근간으로 삼고 있다. 조직의 보스와 류수(六叔) 그리고 수이성(水生)은 모두 탕(唐)씨다. 배신으로 얼룩진 암흑가에서 믿을 수 있는 것은 동향의 친척뿐이라는 사실은 이민도시 상하이에서 동향조직이 번성할 수밖에 없음을 상징적으로 보여주고 있다. 천카이거(陳凱歌)의 〈풍월風月〉(1996)에도 비슷한 조직이 등장하는데, 보스(大大)가 중량(忠亮)의 누나가 살고 있는 장난(江南) 팡(龐)씨네 사정을 손바닥 들여다보듯이 꿰고 있는 것으로 보아 장난 출신으로 상하이에 자리 잡은 동향조직일 가능성을 보여준다.

이처럼 주도권은 대개 이민 시기의 선후와 숫자의 다소에 의해 결정되기 쉽다. 전인갑(2002)에 의하면, 19세기 후반 꾸준히 유입된 이주민은 주로 광둥(廣東)과 저장(浙江), 특히 닝보(寧波) 출신이 주종을 이루었다. 이 두 지역의 이주민은 이후에도 지속되었고, 그 결과 20세기 초에는 상하이에서 이들 두 지역 출신자들이 사회, 경제적으로 가장 영향력 있는 집단으로 떠오르게 된다.(전인갑 2002, 37쪽) 아편전쟁 이전 '광둥 무역체제'[14]에 힘입어 서양 상인들과 긴밀한 관계를 맺고 있던 광둥 상인들이, 개항과 함께 서양 상인들을 따라 상하이에 먼저 들어온 것은 당연한 일이었다. 또한 상하이와 인접한 닝보는 오랜 도시 경험을 가진 도시로, 근현대로 들어서면서 인구밀도가 높아지면서 땅 부족 현상이 두드러졌다. 여기에 자연경제가 해체되는 시기에 유구한 경상(經商)의 전통을 바탕으로 신흥 도시 상하이에 진출했다.(李瑊 2000, 35~41쪽)그리하여 상하이의 닝보인에게는 "닝보인이 없으면 도시가 형성되지 않는다"라는 말이 나올 정도였다. 시간의 선후면에서는 외국 상인과 일찍부터 관계를 맺어온 광둥 상인이 앞섰지만,[15] 숫자면에서는 인접성으로 인해 닝보인이 타지역에 비해 단연 우세했다. 이들은 오랜 도시 경험과 유구한 경상 전통에 기초해 서서히 상하이

14) 서양 상인의 지속적인 개항요구에 청 왕조도 대외무역의 필요성은 인정하고 있었으나, 국방을 고려해야만 했다. 그리고 외국과의 무역도 청의 황제가 베푼다는 형식이었다. 최종적으로 광둥의 성도였던 광저우(廣州)가 서양과 무역을 할 수 있는 항구로 지정되었다.(1757) '광둥 무역체제'는 국가로부터 특허를 받은 13명의 특허상인, 즉 13公行들이 외국과의 무역뿐만 아니라 외교업무까지도 관장하게 됨으로써 더욱 확대되었다. 사실 아편전쟁은 바로 이때 형성된 '광둥 무역체제'를 타파하기 위해 벌어진 사건이라 할 수 있다.

15) 문화계의 광둥 상하이인의 대표로 1930년대의 대표적 여배우인 롼링위(阮玲玉)를 꼽을 수 있다. 그녀는 1937년 3월 7일 자살했는데, 그 주요한 원인으로 당시 언론권력에 대한 저항을 꼽는다. 다른 각도에서 볼 수도 있다. 관진평(關錦鵬; Stanley Kwan)의 동명 영화에서 자살하기 전날 파티가 유성영화와 관련된 것이었음은 시사하는 바가 크다. 즉 언어의 측면에서 상하이와 접목하지 못한 여배우가 유성영화 시대로 접어들면서 자신의 시대가 끝났음을 자인한 것이기도 하다.

를 접수했다.

반면 쑤베이인은 자연재해로 인한 생계형 이민이 주종을 이루었다. 그들은 밥을 먹고 살 수만 있기를 희망하며 상하이로 몰려들었다. 그러기에 직종을 가리지 않고[16] 일을 했으며, 자연스레 상하이의 하층을 형성하게 되었다. 그러나 이민의 숫자가 증가하면서 "쑤베이인이 상하이에 정착하려는 시도는 이미 자리 잡고 있는 장난의 중국 엘리트 집단과 외국 통제하의 시정부의 견제를 촉발했다. 쑤베이인은 중국 엘리트집단이 추구하는 모던하고 고아한 정체성에 위협이 되었고, 상하이 공부국(工部局)은 그들이 이 통상항구의 모범 거주구라는 지위에 손상을 줄 것으로 생각했다. 중외 엘리트들에게 쑤베이인은 외인 또는 객민(客民)이었다."(Honig 2004, 35쪽) 상하이에서 똑같은 이민이면서 쑤베이인은 외지인이었고 이미 자리 잡고 있는 사람은 본지인으로 자처했다. 그들은 쑤베이인을 차별화시켰다. 이런 현상은 '쑤베이 · 쑤베이인 · 쑤베이 문화의 주변화' 라고 할 수 있다. 그리고 그 주체는 쑤베이인 자신이 아니라 장난인(江南人)이었다. 물론 장난 엘리트 집단이 의도적으로 쑤베이인을 억압한 것은 아닐 수 있다. 그러나 신흥도시 상하이에서 주도권을 행사하려는 노력은 자연스레 자신과 다른 집단을 '타자화' 하면서 진행되기 마련이다. 이는 새로운 도시문화를 규정하기 위한 각 이민집단의 쟁탈전이었다. 그 결과 쑤베이인의 문화는 상하이문화로 인정받지 못하고, "홀로 존재하고 주변에 처하게 되었다."(Honig 2004, 48쪽) 이런 현상은 해납백천(海納百川)이라는 특색을 가진 상하이의 명성을 무색하게 할 만큼 모든 분야에서 진행되었다.

쑤베이문화의 주변적 위치는 언어방면 특히 상하이 방언 발전에서

---

16) 『新上海灘』의 딩리(丁力, 劉德華분)와 그 집단들도 쑤베이인으로 볼 수 있다.

일목요연하게 드러난다. 상하이 방언은 그 유일한 진정한 본지인, 즉 푸둥인(浦東人)의 언어에 기초한 것이 아니라 각 지역 방언의 혼합이라고 한다. 그러나 사실상 우위(吳語)에서 내원한 쑤저우 방언과 닝보 방언이 중요한 영향을 주었다. "닝보에서 상하이로 이주해 온 대다수가 상인이다. (…) 닝보 상인의 지위가 상대적으로 높기 때문에 사람들은 즐겨 그들의 언어를 사용했다."[17] 이런 현상은 상하이문화의 지배적인 한 축을 형성했는데, 상하이인의 정체성은 '닝보인이 중심이 된 장난인(江南人)이 쑤베이인을 타자화시키면서 형성되어간 것' 이라고 할 수 있겠다.

4_ 문화적 개념으로서의 상하이인—정체성의 지속과 변화

2001년 9월 상하이 정다연구소(證大硏究所)가 개최한 '신상하이인' 에 관한 학술토론회는 개혁개방 이후 밀려 들어오는 새로운 이주민에 대한 학술적 토론이었다. 그러나 '신상하이인' 을 규정하기 위해서는 자연스레 '라오상하이인' 과의 관계에 초점을 맞추게 된다. "모두 다음의 사실에 동의했다. '신상하이인' 은 상하이 자체와 마찬가지로 끊이지 않는다. 신상하이인이 라오상하이인으로 변하고 라오상하이는 끊임없이 전국 각지에서 오는 서로 다른 배경의 신이민과 상하이 본지 거주민을 받아들여 도시에 끊이지 않는 새로운 관념과 새로운 지식을 가져올 뿐만 아니라 신상하이인을 파생시킨다."(上海證大硏究所 2002, 1쪽) 이처럼 신상하이인과 라오상하이인의 구분은 고정적인 것

17) 周振鶴 · 游汝杰(1986), 『方言與中國文化』, 上海人民出版社, 上海, 50쪽. 여기서는 Honig(2004), 49쪽에서 재인용.

이 아니라 유동적으로 변화하는 과정 속에 있는 것으로 보고 있다. 즉 외지인이 상하이에 와서 신이민이 되고, 신이민은 일정 기간이 지나면 신상하이인이 되며 신상하이인은 다시 라오상하이인으로 되는 과정, 외지인-신이민-신상하이인-라오상하이인의 과정이 지속되면서 상하이는 일관된 생기와 활력을 유지하게 되는 것이다. 그러므로 "상하이는 이민도시이기 때문에 그 역사가 오래될 수 있지만 낡지는 않을 것이다."(같은 책 2쪽)

요컨대, 이 학술토론회에서는 개혁개방 이후 상하이 정체성의 핵심을 '이민 도시' 로 본 셈이다. 그러나 각론으로 들어가면 의견이 분분하다. 왕더펑(王德峰 2002)은 이렇게 말한다. "상하이의 특수성은 중서문화의 교류와 충돌의 최전선이라는 점에 있다. 상하이는 중국 전통사회의 해체 및 서세동점의 역정을 집중 체현하고 있다. 그것은 중국 현대화 과정의 바로미터' 다." 그러므로 그는 "중국 문화 생명의 각도에서 당대 중국인의 새로운 아(亞)문화유형으로서 '신상하이인' 을 연구 · 토론"(같은 책 23쪽)할 것을 주장했다. 그의 견해에 따르면, 상하이인은 '라오상하이인' 과 '신상하이인' 으로 구성되는데, 전자는 문화개념이고 후자는 집체개념이다. 그러나 양자는 상대적인 개념으로, 1949~1978년까지의 사회주의 개조 및 건설의 시대가 라오상하이인과 신상하이인을 획분시켰다. 그러나 라오상하이인도 근본을 파고 들어가면 대부분 이주민이었다. 다시 말해 라오상하이인의 대부분은 외지에서 이주해온 신상하이인이었던 셈이다. "중국 근현대사의 엄격한 '훈련소' 이자 서양 학습의 '학교' 로서의 상하이에서 그들은 '몸으로 서양을 체험' 한 최초의 사람들이었다."(같은 책 25쪽) 이처럼 라오상하이인은 '훈련소' 와 '학교' 를 우수한 성적으로 졸업한 사람들로 구성되어 있다. 그들의 문화를 '해파문화(海派文化)' 라고 하는데, 그것은 서양 자유주의와 중국 남방문화의 개방적 요소가 결합된 것으로, 개인가치의 독립성과 보편적인 사회관용의 추구를 특징으로 한다. 그러므로 신상하이인이 개혁개방이라는 새로운 시대에 상하이라는 중국 당대 발전의 중요한 실험실에서 라오 상하이인이 가꾸어온 문화생명을 계승 발전시킬 수 있다면, 그들은 새로운 상하이인이 될 것이다. 그리고 이 글에서는 그들을 상하이인으로 상정한다.

린상리(林尙立 2002)는 이렇게 주장한다. "상하이인의 시민의식은 상하이라는 이 도시사회에서 형성되었다. 시민의식은 상하이로 인해 형성되었고 상하이는 시민의식으로 인해 발전했다." 그는 또한 상하이 시민의식의 정신적 핵심이 합리주의이고, 권리의식이 상하이인의 합리주의의 기본 내핵을 구성한다고 인식했다. 그런 연후에 상하이 정치문화의 독특성이 권리주의, 능력주의, 제도주의, 현실주의, 생활주의의 다섯 가지 방면으로 구체적으로 드러난다고 주장했다.(같은 책 38쪽) 권리의식 · 합리주의 · 시민의식을 상하이인의 정체성으로 볼 수 있다는 그의 견해는 다분히 서양적 가치개념에 경도된 측면이 있다.

청나이산(程乃刪 2002)은 상하이인에 대해 다른 해석을 제기했다. "상하이인은 원주민과 다르다. 상하이인은 원주민을 '본지인' 이라 부르지 상하이인이라 부르지 않는다. 상하이인의 마음속에 원주민과 상하이인은 함께 언급할 수 없다. 그 사이에는 분명한 경계선이 놓여 있다."(같은 책 56쪽) 이른바 '본지인' 이라 불리는 원주민과 상하이인을 분리하는 것은 문화적 접근이다. 해파 상하이어에 관한 청나이산의 견해도 주목할 만하다. 그는 상하이 방언일지라도 본지어와는 크게 다른데, 상하이어는 개량된 본지화로, 여러 지방 방언의 정화(精華)와 서양 외래어를 유합한 '해파 상하이어(海派滬語)' 라고 평하고 있다.(같은 책 58쪽) 사실 언어는 국족 정체성(national identity)의 일부분이다. 1997년 이전 광둥어 구사능력이 홍콩인 판명 여부의 시금석(임춘성 2005, 168쪽)이었던 것과 마찬가지로, 상하이어도 '토박이 상하이인'의 시금석 중 하나다. 광둥어는 원형이 보존된 채로 사용되지만, 상하이어는 상하이인과 마찬가지로 '해납백천(海納百川)'의 결과물이자 해파문화의 산물이다.

슝웨즈(2002)는 문화개념으로서의 상하이인에 초점을 맞추어 상하이인의 정체성에 접근하고 있다. 그 요점은 1949년 이전의 이중 정체성으로부터 1980년대 이후의 단일한 정체성으로 전환되었다는 것이다.(같은 책 69쪽) 여기에서 '이중'과 '단일'은 공간의 이중성과 단일성을 가리키는 말이다. 즉 1949년 이전에는 고향과 상하이의 이중 정체성을 가지고 있었지만, 1949년부터 1978년까지 약 30년의 시간을 거치면서 대부분 상하이에 동일시되어 단일한 정체성을 가지게 되었다는 것이다. 1980년대 이후 다시 이주민이 증가하여 2000년 1,674만에 이르렀는데, 그 가운데 상하이 호구(戶口)가 없는 상주인구가 353만 명이고 그 외에도 유동인구가 300만 정도다. 이들은 또 이전의 라오상하이인이 겪었던 과정을 비슷하게 겪게 될 것이다.

스룬주(施潤玖)의 〈아름다운 신세계美麗新世界〉(1999)는 시골청년이 상하이에 와서 적응하는 과정을 보여줌으로써 상하이 드림을 형상화한다. 당첨된 아파트를 받기 위해 장바오건(張寶根, 姜武분)은 처음으로 상하이에 온다. 잠시 머물 숙소가 필요한 바오건은 이모할머니(毛阿菊) 집을 찾아오지만, 이모할머니는 죽고 그 딸인 진팡(金芳, 陶虹분)을 만나 그 집에 임시로 거처하게 된다. 바오건은 근면하고 착실해서, 빌린 돈으로 생활하는 진팡과 사사건건 부딪친다. 그러나 바오건은 아무 말 없이 진팡에 맞추어 생활한다. 어느 날 밤, 바오건이 자신을 훔쳐본다고 오해한 진팡은 바오건을 욕하고, 다음 날 바오건은 거처를 옮긴다. 알고 보니 바오건이 당첨된 아파트는 현재 건설

중으로 준공까지 1년 반이나 남았다. 수많은 친지들의 등쌀에 고향으로 돌아갈 수도 없는 바오건은 상하이에서 이런저런 일을 하게 된다. 그러나 대도시 생활에 쉽게 적응하지 못하고 실직한다. 다시 진팡의 집에 기거하게 된 바오건은 진팡의 허황된 꿈에 말려 가지고 있던 얼마 안 되는 돈을 증권 투자에 털리지만, 증권거래소에서 본 도시락 판매에 흥미를 느끼고 손을 댄다. 진팡의 무시와 반대에도 불구하고 도시락 판매업은 날로 번창하고, 진팡과도 화해를 하고 상하이에서 자신의 아름다운 세계를 만들어간다. 이 영화에서 신상하이인 바오건은 상하이인 진팡과 여러 면에서 대조적인 모습을 보인다. 상하이에 처음 온 것임에도 불구하고, 바오건은 자신의 목적을 진팡에게도 알리지 않는 등 나름대로 신중함을 가지고 있다. 그리고 여간해서는 지갑을 열지 않는다. 시가 70만 위안짜리 아파트를 10만 위안을 줘서 돌려보내려는 부동산회사 사장의 화려한 언사에도 속아 넘어가지 않는다. 진팡이 갖고 있는 일확천금의 허황된 꿈에 휘말리지 않고 5위안짜리 도시락 장사를 시작해서 상하이에서 자리 잡는 과정을 보노라면, 오히려 바오건이 상하이인다움을 더 많이 가지고 있는 것으로

〈아름다운 신세계〉에서 시골사람 장바오건이 상하이 주택건설회사 사무실로 들어가는 장면

보인다.[18)]

그러나 '신상하이인' 이 '상하이인' 으로 편입되는 과정은 평탄치 않다. TV드라마 〈쟁값孼債〉의 분석을 통해 "이주민에 의해 형성된 도시 상하이가, 이주하기를 희망하는 타지인에게 얼마나 절망적인 곳인지"를 보여준 유세종(2005, 168쪽)의 연구는 여성을 비롯한 소수자가 상하이에서 주류가 되는 것이 얼마나 지난한지를 알려준다.

5_ 이민과 타자화—상하이인 정체성의 정치학

한 가지 문화전통이 다른 문화전통에 의해 억압되어, 표면적으로는 소멸되지만 '숨은 구조' (hidden structure)의 형식으로 심층에 숨어 있다가, 새로운 환경에서 회복 내지 부활하는 현상을 '근현대 전통의 부활' (the revival of the modern tradition)이라 명명할 수 있다.(林春城 2005, 341~342쪽) 1920~30년대의 상하이의 자본주의와 도시문화는 사회주

---

18) 조혜영(2006)은 토론문에서 "농촌에서 올라온 남자주인공에게 북방 기질인 의리 있고, 속 깊으며 약간 촌스러운 특징과 동시(에-인용자) 남방인의 특징인 장사꾼 기질(결코 우둔하지 않은-원문)을 부여해 도시의 이기적이고 영악한 여자 주인공을 설복하는 〈美麗新世界〉는 90년대 이래 농민문제를 다루는 중국 관방 이데올로기에 완전히 영합하는 구조를 보인다."라고 하면서 "이런 주류 이데올로기의 성공담을 외지인이 상하이에 정착하는 과정의 예로 볼 때 그 객관성이 담보되는 것인지?"라는 질문을 제기했다. 텍스트를 '1990년대 중국 내적 콘텍스트' 와 연결시켜야 한다는 지적에 동의하고, '관방 이데올로기에 영합' 했다는 분석에도 동의한다. 한 마디 덧붙이면, 〈美麗新世界〉는 결코 예술적 완성도가 높은 텍스트가 아니다. 다만 이 글에서 〈美麗新世界〉를 텍스트로 '선택' 한 의도는 주인공을 '농민' 으로서가 아니라, '신이민' 으로서 '호명' 한 것이다. 그리고 '신이민->신상하이인->상하이인' 의 과정을 훌륭하게 보여주는 인물로 설정한 것이다. 당일 발표자로 참석한 上海大學 王光東 교수는 발표가 끝난 후, 필자에게 1990년대의 상하이 신이민의 특징을 고수입과 고학력으로 요약한 바 있다. 王교수 자신이 山東 출신의 '신이민' 이다. 이는 신이민이 그만큼 능력이 있다는 반증이다. 반면 〈쟁값〉의 주인공들은 잘 적응하지 못한 사례라 할 수 있다.

의 중국 시기 은형구조로 억압되었다가 1990년대 중반 이후 부활한다. 1990년대 중반 이후 중국 전역에 상하이 노스탤지어(鄕愁) 붐이 일어나는데, 이는 사회주의 이전의 상하이, 특히 1920~30년대 상하이를 주요 대상으로 삼고 있다. 상하이 노스탤지어는 '전쟁'과 '혁명'의 연대를 막 통과한 중국인에게 결핍된 풍요로움에 대한 기억을 상상으로 제공하면서 1990년대 이래 중국 전역을 풍미한 중요한 문화현상 중의 하나이다. 장이머우의 〈상하이 트라이어드〉와 천카이거의 〈풍월〉에서 발단한 상하이 노스탤지어 붐은 이후 왕안이(王安憶)의 『장한가長恨歌』, 신톈디(新天地)의 스쿠먼(石庫門), 헝산루(衡山路) 카페 등으로 이어진다. 이제 라오상하이는 부르주아 공간을 안전하게 소비하고자 하는 욕망(박자영 2004, 99쪽)과 결합되어 "시간경험을 변경시키고 역사성을 희석시키면서 유사 역사감각을 상기시키는 노스탤지어 현상"인 '상상된 노스탤지어'(아파두라이 2004)를 제공한다. 노스탤지어를 상기시키는 것은 전지구적 자본주의가 도시민의 소비욕망을 겨냥한 상업전략의 핵심이기도 하다. 그것은 역사와 기억을 소비하는 상품으로서 유통된다.

그러나 잊지 말아야 할 것은, 노스탤지어 현상 이면에 존재하는 이민과 타자화의 역사이다. '동방의 파리'라는 기표에 가려진 소외된 하층의 존재가 그 주요한 측면이다. 해납백천으로 묘사되는 상하이의 개방성에도 불구하고, 그 속에는 중심과 주변이 존재했었고, 중심화에 따른 주변화가 진행되었으며, 넓은 음지 위에서 양지의 존재가 가능했었다는 사실에 대해 '상하이 노스탤지어 붐'은 눈을 감고 있다.

호니그(2004)의 연구는 바로 이 지점에 착안하고 있다. 그에 의하면 상하이에서 원적(原籍)은 에스닉의 함의를 가지게 된다.(111쪽) 고향에서는 의식하지 못하고 있다가, 상하이에 와서 다른 지역 사람들을 만나게 되면서 자신의 정체성을 갖게 되는데, 그것은 단순한 지역의 차이가 아니라, 우리와 타인을 구분하는 기준이 된다. 뉴욕 이민 초기에 요커와 아이리쉬, 백인과 유색인종의 구별이 있었듯이, 상하이에도 크게 볼 때 장난인(江南人)과 쑤베이인(蘇北人)의 차별이 있었던 것이다. 뉴욕에서 초기에 요커가 원주민을 자처하면서 아이리쉬를 주변화시킨 것처럼, 상하이에서는 장난인이 쑤베이인을 타자화시키면서 그 내용을 구성한 것으로 볼 수 있다. "장난인이 보기에 쑤베이는 우선적으로 북방에서 온 가난한 난민을 하나로 묶은 용어이고, 그로써 그들 자신과 이 계층 사이의 구별을 두드러지게 하려 했다. 실제로 장난인은 자신들의 우월감을 수호하기 위해 언어 · 개성 · 문화 내지 지리상의 구별을 과장했을 것이다." (Honig 2004, 112쪽)

1930년대 쑤베이인의 붕호구(棚戶區, 빈민가)는 외국조계를 둘러싸면서 형성되어 거의 완벽한 원을 형성할 정도로 넓은 공간에 많은 인구가 집중되었다. 그러나 상하이를 지배한 것은 장난인의 문화였다. 위에서 언급한 대로 상하이 방언은 장난의 우위(吳語)에서 내원했는데, 그것은 쑤베이의 방언과 달랐고 쑤베이 방언을 배척했다. 훗날 상하이 지방희로 확정된 극종(劇種)은 장난 전통을 기초로 삼았고 이는 북방의 화이쥐(淮劇)와 큰 차이가 났다. 전형적인 상하이 요리도 장난의 정통 풍미에서 비롯되었다. 상하이인이 되는 것은 장난 '엘리트'처럼 문아(文雅)하고 정명(精明)함을 닮는 것이고, 거친 쑤베이인과 선명한 차별화를 형성하는 것이다. 이렇게 쑤베이는 상하이 모던을 정의하는 대립면이 되었다.

참고문헌

김정구(2004), 「1930년대 上海 영화의 근대성 연구－여성의 재현 양상을 중심으로」, 한국예술종합학교 예술전문사 증서논문, 서울

김지석(1996), 『아시아 영화를 다시 읽는다』, 한울, 서울

김지석(2000), 「동아시아 영화의 위상과 그 장래」, 『황해문화』 제27호, 새얼문화재단, 인천

김태승(1997a), 「近代上海의 都市構造－人口構成과 空間配置를 중심으로」,『역사학보』155

김태승(1997b), 「1930년대 이전 上海 공공조계의 지배구조와 화인참정운동」, 『동양사학연구』58

김태승(2001), 「민국시대, 上海人 의식의 형성과 시장체제」,『중국학보』 제43집, 한국중국학회

노정은(2004), 「1930년대 상하이인의 도시 경험과 영화 경험」,『중국학보』 제50집, 한국중국학회, 서울

루홍스 · 슈샤오밍 지음, 김정욱 옮김(2002), 『차이나 시네마－중국영화 백년의 역사』, 도서출판 동인, 서울

멍판화 지음, 김태만 · 이종민 옮김(2002),『중국, 축제인가 혼돈인가』, 예담, 서울

박자영(2004), 「上海 노스텔지어: 중국 대도시문화현상 사례와 관련 담론 분석」,『중국현대문학』 제30호, 한국중국현대문학학회, 서울

박자영(2005), 「좌익영화의 멜로드라마 정치-1930년대 上海 대중문화 형질」, 『중국현대문학』 제33호, 한국중국현대문학학회, 서울

베네딕트 앤더슨 지음, 윤형숙 옮김(2002), 『상상의 공동체: 민족주의의 기원과 전파에 대한 성찰』, 나남출판, 서울

서경식(2009), 「홀로코스트, 팔레스타인 그리고 조선」, 《한겨레신문》, 2009. 3. 6.

쇼조 후지이 지음, 백영길 옮김(2002), 『현대 중국 문화 탐험－네 도시 이야기』, 소화, 서울

슈테판 크라머 지음, 황신자 옮김(2002), 『중국영화사』, 이산, 서울

씨네21 엮음(2002), 『영화감독사전』(증보판), 한겨레신문사, 서울

아르준 아파두라이 지음, 차원현 · 채호석 · 배개화 옮김(2004), 『고삐 풀린 현대성』, 현실문화연구, 서울

유세종(2005), 「식민지 상하이와 탈식민지 상하이의 비주류, 여성－魯迅雜文, 〈쑤저우허 蘇州河〉, 〈짓값孽債〉을 중심으로」, 『중국현대문학』 제35호, 한국중국현대문학학회, 서울

이남석(2001), 『차이의 정치－이제 소수를 위하여』, 책세상, 서울

이병인(2006), 『근대 상해의 민간단체와 국가』, 창비, 서울

임춘성(2005), 「홍콩영화에 재현된 홍콩인의 정체성과 동남아인의 타자성」, 임춘성 외, 『홍콩과 홍콩인의 정체성』, 학연출판사, 서울

장정아(2003), 「'홍콩인' 정체성의 정치 : 반환 후 본토자녀의 거류권 분쟁을 중심으로」, 서울대학교 대학원 박사학위논문, 서울

전인갑(2002), 『20세기 전반기 상해사회의 지역주의와 노동자－전통과 근대의 중층적 이행』, 서울대학교 출판부, 서울

전인갑(2004), 「上海: 발전사와 근대성 문제」, 『20세기 전반기 上海의 역사와 문화』, 목포대학교 아시아문화연구소 제3차 〈上海, 上海人, 上海 영화〉 콜로키엄 자료집, 목포대학교 아시아문화연구소, 무안

정문상(2004), 『중국의 국민혁명과 상해학생운동』, 도서출판 혜안, 서울

제임스 프록터 지음, 손유경 옮김(2006), 『지금 스튜어트 홀』, 앨피, 서울

프랑수아 베유 지음, 문신원 옮김(2003), 『뉴욕의 역사』, 궁리, 서울

스튜어트 홀 외 지음, 전효관 외 옮김(1996), 『현대성과 현대문화 1, 2』, 현실문화연구, 서울

스튜어트 홀 외, 지음, 전효관 · 김수진 외 옮김(2000), 『모더니티의 미래』, 현실문화연구, 서울

홍석준(1997), 「도서부 동남아시아의 종족성 연구를 위한 시론」, 홍석준 외 저, 『동남아의 사회와 문화』 도서출판 오름, 서울

후자오량 지음, 김태성 옮김(2005), 『중국의 문화지리를 읽는다』, 휴머니스트, 서울

康燕(2001), 『解讀上海1990~2000』, 上海人民出版社, 上海

郭緖印(2003), 『老上海的同鄕團體』, 文匯出版社, 上海

樊衛國(2002), 「晩晴移民與上海近代城市經濟的興起」, 『上海人』, 學林出版社, 上海

范玉春(2005), 『移民與中國文化』, 廣西師範大學出版社, 桂林

上海證大硏究所 編(2002), 『上海人』, 學林出版社, 上海

上海證大研究所 編(2003),『新上海人』, 三聯書店(香港)有限公司, 香港
沈煬,「二三十年代中國電影與上海文化語境」, 中國藝術研究院 碩士研究生學位論文
楊金福 編著(2006),『上海電影百年圖史(1905~2005)』, 文匯出版社, 上海
楊東平(1994),『城市季風-北京和上海的文化精神』, 東方出版社, 北京
王德峰(2002),「"新上海人"與當代中國的文化生命」,『上海人』, 學林出版社, 上海
熊月之(2002),「上海人的過去 · 現在與未來」,『上海人』, 學林出版社, 上海
李琀(2000),『上海的寧波人』, 上海人民出版社, 上海
林大根(2006),「一個面對上海電影研究的苦惱」,『2006年《電影上海》colloquium』, 木浦大學校亞細亞文化研究所-上海大學亞洲電影研究中心, 上海
林尙立(2002),「權利的空間:市民意識與上海政治文化」,『上海人』, 學林出版社, 上海
林春城(2005),「作爲近現代傳統之復活的金庸武俠小說」,『中語中文學』第36輯, 韓國中語中文學會, 首爾.
程乃刪(2002),「上海, 貴姓?」,『上海人』, 學林出版社, 上海
Emily Honig, 盧明華 譯(2004),『蘇北人在上海, 1850~1980』(中文), 上海古籍出版社, 上海
Emily Honig(1992), Migrant Culture in Shanghai: In Search of a Subei Identity, Frederic Wakeman, Jr. and Wen-hsin Yeh, *Shanghai Sojourners*, The Regents of the University of California, Berkeley
Leo Ou-fan Lee(1999), *Shanghai modern: the flowering of a new urban culture in China, 1930~1945*, Harvard University Press, Cambridge

상하이인의 도시경험과 영화경험

노 정 은

이 글에서는 1930년대 상하이인의 도시경험과 영화경험의 관계에 대한 물음에서 시작해 상하이인의 식민 근대에 대한 대응방식을 살펴보고 이러한 경험들이 근대적 자아정체성 형성에 어떠한 역할을 했는지를 밝혔다. 이를 위해 우선 시각성과 시선의 문제를 중심으로 상하이인들이 상하이라는 도시공간을 어떻게 체험했는지를 살펴보고, 이러한 식민지 관객성이 식민 근대성의 메커니즘과 어떠한 관계를 가지는지에 대해 논의했다. 상하이 도시화의 과정에서 실질적 주체로 형성된 도시 이주민 계층에게 상하이의 도시경험과 대중오락으로서의 영화경험은 어떠한 방식으로 진행되었는지, 그리고 상하이 영화 환경이 상하이 도시민의 영화경험에 어떻게 영향을 미쳤는지, 이 과정에서 도시 이주민이 지닌 문화적 소양, 경제적 기반, 심미적 토대는 상하이 영화문화 형성에 어떻게 작동했는가를 설명함으로써 상하이 영화문화의 소통과정을 점검하는 동시에 상하이 도시민의 영화경험이 어떠한 방식으로 상하이 식민지 근대성에 구현되는지를 고찰했다.

1_ 상하이와 근대 경험

이 글은 1930년대 상하이인의 도시경험과 영화경험의 관계성에 대한 물음에 기초하여 상하이인의 식민 근대에 대한 대응방식을 살펴보고 이러한 경험들이 근대적 자아정체성 형성에 어떠한 역할을 하였는지를 밝히는 데 그 목적을 둔다. 이를 위해 식민지 근대성이 어떠한 형태로 도시에 투영되는지 살펴보기 위하여 상하이 도시 공간에 대한 시선의 문제에 주목하고자 하는데, 구체적으로 1930년대 상하이에 형성된 영화 환경이 도시로 이주한 이들에게 어떠한 지각양식의 변화를 초래했는지와 이러한 지각양식의 변화가 1930년대 상하이 영화에 어떠한 양식의 변화를 가져왔는지를 추적하고자 한다. 이러한 탐색은 문화연구의 접근법을 통해 상하이 지역연구라는 범주와 방법론의 가능성을 찾는 구체적 시도이기도 하다.

상하이에 대한 지역연구는, 1980년대 이후 미국 학자들에 의해 주도되었으며 미국 중국학의 중국지역 연구 중에서 가장 성공한 연구영역이라고 할 수 있을 것이다. 또한 근래 들어 중국 문화권에서도 '올드 상하이(老上海)' 에 대한 회고 붐이 일면서 '상하이 노스탤지어 현상' 과 연관된 논의가 제기되고 있다.[1] 이러한 논의들의 새로운 환기기능에도 불구하고 이들의 한계 또한 분명하다. 전자의 정치 · 경제 중심으로 이루어진 연구방식은 체제나 사회 관련된 거대담론에 집중하고 있어 당시 상하이인의 현실인식이나 감성으로 구성된 일상성을

1) 1998~1999년 사이에 올드 상하이 관련 수필집과 화보집이 대량으로 소개되는데, 그 대표적인 책으로는 陳丹燕, 『上海的風花雪月』, 作家出版社, 1998; 『老月份牌』, 上海書報出版社, 1997; 吳亮, 『老上海』, 江蘇美術出版社, 1998; 張遇 主編, 『老上海寫照』, 安徽文藝出版社, 1999 등이 있다.

환기시키지 못한다. 이러한 부분은 최근 생활사에 대한 관심으로 내용이 보강되는 듯하지만 이러한 접근 역시 현대성에 관한 풍경을 재연하는 데 국한되고 있다.[2)]

올드 상하이 붐은 사실 개혁개방 이후의 중국 정권의 이념적 정체성 형성과 밀접한 연관성을 추론해 볼 수 있는데, 60여 년 전의 역사를 과거라고 명명하는 데는 국가 이데올로기적인 금기지역이었던 시공간을 안전하게 소비하고자 하는 욕망이 감춰져 있다고 보이기 때문이다. 이와 같은 회고붐은 위험한 공간인 상하이를 오래된 공간으로 밀어 넣음으로써 식민지의 역사로 얼룩져 있는 근대 부르주아 공간을 탈역사화하는 동시에 현재 국가 권력의 개입과 거리를 두면서 자본의 안전지대로 향유하고자 하는 현실욕망의 외현으로, 현재 중국의 말하지 못하는 자본주의적 소비욕망의 표출이기도 하다.[3)]

이러한 경향은 곧 1990년대 이후 중국의 문화적 정체성이 지닌 복합성을 알려주는 중요한 근거이다. 나아가 1990년대 이후 중국의 문화적 정체성은 역사적, 사회적 맥락 속에서 밝혀야 할 필요성을 시사한다. 사회주의 체제 속에서 여전히 '사회주의적' 이어야 하는 현실과, 상품화된 노스탤지어로 상상된 과거 아닌 '과거' 는, 중국문화의 현재를 근대적이면서도 탈근대적인 특수성으로 설명할 수밖에 없는 근거를 제공하며, 사회주의와 절연하면서 그 이전의 '순수' 한 '현대' 적 상하이와 연계하여 상상하는 것은 긍정적이든 부정적이든 지금을

2) 올드 상하이의 도시문화 연구에 대표적인 저서로 재미 중국학자 리어우판의 *Shanghai Moden: The Flowering of a New Urban Culture in China 1930~1945*, Harvard University Press, 1999를 들 수 있는데, 저자가 밝히고 있듯이 이 책은 1930년대 상하이의 풍경을 사실적으로 재연하는 데 그 목적을 두고 있다.

3) 올드 상하이에 대한 문제제기는 박자영의 논의를 따르고 있다. 1990년대 상하이의 회고붐에 대해서 박자영은 이를 현재 중국의 세계주의와 관련한 노스탤지어 현상으로 분석하고 있다.(박자영 2004, 91쪽)

해명하기 위한 '근대성'에 대한 추적이기 때문이다. 이러한 상호 모순적이고 다중적인 정체성에 대해 역사적 차원을 획득하면서 현실을 재구하기 위해서, 그 탐색의 시작은 오늘 중국인, 혹은 근대인들의 모습이 가장 솔직하고 일상적으로 투영된 그곳에서 비롯되어야 할 것이다. 근대의 상은 현재와 동시대적 유사성을 지니는 그 어떤 지점으로부터 출발하는 과거의 일상성에 대한 주목에서 시작되어야 하며, 그 일상성의 재구에 의한 '근대적 개념'이 새롭게 찾아지지 않으면 안 된다. 그렇다고 할 때 우리는 그 시발점을 1930년대 '즈음'에서 시작할 수 있을 것이다.

1930년대 중국 근대성을 밝히는 데 상하이라는 도시 공간은 중요하다. 20세기 초 상하이는 조계지가 형성된 식민지 현장인 동시에 중국 각지의 이주민으로 구성된 이민공간이었다. 또한 서양 문명의 진입구인 동시에 발달된 상업경제를 기반으로 한 소비문화 공간이기도 하였다. 이러한 다양한 외적 내적 요소들은 전근대에서 근대로의 이행을 주도하였고 근대적 도시문화의 혼종성을 상하이에 형성시켰다. 1930년대 상하이는 바로 전통과 현대의 경계에서 전통과 근대가 혼재된 문화를 숨 가쁘게 살아냈던 식민지 근대성을 가장 압축적으로 보여주는 공간인 것이다.

한편 이 글에서 상하이를 주목하는 까닭은 근대적 문화 양태가 이 도시의 조건만을 기반으로 하기 때문은 아니다. 오히려 이러한 도시적 삶과 문화가 근대성이라는 역사의 새로운 양식을 가장 특징적이고 명료하게 보여주기 때문이다. 다시 말해서 풍경으로서의 도시를 발견하고 묘사의 대상을 시골에서 도시로 옮겨왔기 때문이 아니라 상하이를 조건지웠던 물질성이 외재적 세계를 '도시인의 눈'으로 바라보고 근대인의 극도로 긴장된 감각체계를 양성하여 외부에 반응하도록 만들었기 때문이다. 여기에서 도시는 물리적 장소일 뿐만 아니라 생활

양식으로서 그것의 표현을 만들어 내는 공간이 된다. 이렇게 근대성을 공간의 논리로 육화한 도시는 근대 체제가 그렇듯이 문화제도 자체의 변형 혹은 새로운 제도화의 근거가 된다.

이 지점에서 영화라는, 당시로서는 감각적 충격에 상응하는 새로운 형식이 중요해진다. 문화 제도의 변형과 새로운 감성의 등장을 가장 민감하게 거론한 발터 벤야민의 지적처럼, 도시의 근대성에는 '무엇을 보느냐'의 문제를 넘어서 '현실을 보는 방식'이 문제시된다. 기술복제예술의 핵심인 영화, 라디오, 사진, 음악녹음 등 새로운 매체의 발명과 그로 인한 매체 환경의 변화는 예술의 혁명 나아가 사회전체의 변혁과 깊은 관계가 있기 때문이다. 요컨대 매체 환경의 변화, 가령 영화나 사진의 등장은 전통적인 지각양식, 전통적인 예술생산 방식과 관계 등을 혁신적으로 변화시키게 되었다. 이는 단순히 현존하는 매체를 통하여 혁명적 '메시지'를 주입하는 문제가 아니라 매체 자체를 혁명화하는 문제와 연결된다. 주지하듯이 1930년대 상하이는 중국영화의 메카로서 기능하였을 정도로 영화생산의 중요한 거점이 되었다. 그렇다면, 이러한 영화 환경이 상하이라는 도시성을 형성하는 데 어떻게 기능하는지, 또한 중국영화를 통해서 당시 상하이인들은 어떠한 근대적 미적 경험을 하게 되는지는, 중국 근대성 형성을 해명하는 데 중요한 문제가 될 수 있다. 예를 들어 도시생활의 다양한 변화, 신경질적인 리듬, 갑작스럽고 날카롭지만 언제나 사라지게 마련인 도시적 인상들은, 도시인들로 하여금 현실을 결정된 상태가 아니라 움직이는 시각적 경험으로 발견케 만들기 때문이다.

따라서 이 글에서는 우선 시각성과 시선의 문제를 중심으로 상하이인들이 상하이라는 도시공간을 어떻게 체험하게 되는지를 살펴보고, 이러한 식민지 관객성이 식민 근대성의 메커니즘과 어떠한 관계를 가지는지에 대해 논의를 진행할 것이다. 이러한 논의의 과정은 상하이인의 도시 경험이 상하이인의 정체성을 어떻게 규정하는지에 대한 설명을 동반할 수 있을 것이다.

다음으로 상하이 도시화의 과정에서 실질적 주체로 형성된 도시 이주민 계층에게 상하이의 도시경험과 대중오락으로서의 영화경험은 어떠한 방식으로 진행되는지를 검토할 것이다. 또 상하이 영화 환경이 상하이 도시민의 영화경험에 어떻게 영향을 미치는가, 이 과정 속에서 도시 이주민층이 지닌 문화적 소양, 경제적 기반, 심미적 토대는 상하이 영화문화 형성에 어떻게 작동하는가를 설명함으로써 상하이 영화문화의 소통과정을 점검하고, 이러한 상하이 도시민의 영화경험이 어떠한 방식으로 상하이 식민지 근대성에 구현되는지를 살펴볼 것이다.

2_ 식민지 관객의 황홀경

1930년대 근대 도시 상하이에서 살아가는 이들에게 상하이는 매혹(enchantment)의 공간이었다. 이러한 매혹에 의해 생산되는 황홀경은 놀랍고 경이로우며, 절대적이고 강력한 것으로 경험되었다. 1930년대 대표적인 해파작가 무스잉(穆時英)은 상하이의 도시 풍경을 다음과 같이 묘사하고 있다.

> 빨간 거리, 녹색의 거리, 파란 거리, 보라색의 거리……강렬한 색으로 화장한 도시로구나! 네온등이 뛰어오른다. —오색 빛의 물결, 변화하는 빛의 물결, 색 없는 빛의 물결—넘치는 빛의 물결의 하늘, 하늘 안에 술이 있고, 네온등이 있고, 하이힐이 있고, 시계도 있다……

무스잉이 그리고 있는 도시 풍경에 대한 황홀경(phantasmagoria)은 바로 이전까지는 상상할 수도 없던 형태의 근대적 문물들과 서유럽식 생활 방식에 다름 아니었다. 놀라움은 이질성에 대한 자각으로, 이질성은 곧 흠모의 대상으로, 흠모는 곧 수용의 형태로 받아들여졌다.(김정구 2004, 35쪽) 그러나 황홀경의 실체를 들여다보면, 상하이 대중들이 경험한 근대는 조계지역으로 대표되는 서유럽 제국주의 식민문화의 유산이었고, 조계 지역에 들어선 서양식 건물들은 사실상 식민 정책을 위한 것이었다. 상하이라는 구체적인 물리적 공간이 가지는 역사성에도 불구하고, 1900년대 이후 중국인들에게 상하이는 떠다니는 기표로 하나의 물신적인 상품으로 기능하는 것이었다. 따라서 상하이가 제공하는 스펙터클은 대상화된 물성(thingness)으로서만 체현되기 때문에(현실문화연구편 2000, 61쪽) 스펙터클이 내재하고 있는 생산관계는 재현물에 의해서 철저히 감추어지고 있으며(기 드보르 1996, 19쪽) 이로 인해 식민지 대중이 식민 지배자를 바라볼 수 있는 유일한 시선은 사물성과 관계한 물신화된 시선뿐이라고 하겠다.

사물성과 관계한 물신화된 시선의 생산관계는 마르크스가 상품의 물신숭배 원칙을 언급하면서 일찍이 지적한 바 있다. 상품은 욕망을 창출하는 신비함과 매혹을 불러일으키지만,

서양인 상(像)

그 생산관계는 철저히 은폐하는 것이 물신주의의 특징이다. 나아가 발터 벤야민은 모더니스트적 관심을 19세기 파리의 거리를 한가히 거닐던 부르주아 산책자에게까지 확대시키면서, 노동계급과 상품의 관계를 탐구한다.(Susan Buck－Morss 1990, 37~43쪽) 벤야민은 소외된 도시 노동자에게 진열된 상품은 판타스마고리아로서 주마등같이 지나가는 시각적 환영으로만 작용하며, 이 환영은 도시 노동자로 하여금 부르주아들처럼 상품 소비자로서의 주체성을 획득하지 못하고 단지 객체인 관객 수준에 머물게 한다고 주장한다. 자본주의 생산관계 속에 놓인 개인은 생존을 위해 도시 공장에서 자신의 노동을 상품화해야 하는데, 그의 임금으로 시장에 있는 상품을 구매할 수 없을 때 물신 숭배가 일어난다는 것이다. 즉 진열대에 전시된 상품은 노동자에게는 단지 시각적 환영일 뿐이며 그것들은 물신화되어 상징적 가치만을 재현할 뿐이라는 것, 이것이 벤야민이 지적한 의미의 황홀경의 진면목이라 하겠다.

식민지와 식민 종주국 근대성의 관계도 이와 비슷하다. 즉 식민지 대중에게 식민 종주국의 근대성은 물질성의 매개를 통해서만 체험되기 때문에 식민지 근대성은 기본적으로 상품과 소비를 통해 재현되며 물신 숭배의 형식으로 나타난다. 식민 지배하에서 식민 종주국의 근대성과 식민지의 근대성을 매개해주는 것은 근대성의 겉모습인 물질적 구현물들의 '물질성'이었고, 이러한 구현물들은 피지배자인 식민지의 정체성을 형성하는 중요한 요인으로 작용하였다. 이러한 식민지적 기제 속에서 식민지민들은 근대성의 발현을 위해 값싼 노동력을 착취당하면서도 근대성을 생산해내는 주체가 되지 못한 채 근대의 주변에서 근대성의 관객의 위치에 머물 수밖에 없었다. 따라서 서유럽적 산업사회의 시장경제 구조가 강화될수록, 식민지에서는 물신화된 산업상품에 대한 매혹과 욕망이 내적으로 심화되어 식민지민들의 삶은 이러한 '주술적' 생산과정의 일부가 된다는 모순이 발생한다. 결국 상품 물신화의 핵심은 생산관계로부터 소비자의 소외를 가능하게 해주는 시각적 주술 효과에 있는 것이다. 즉 '식민지 모방은 진열장 안쪽에서 경험하는 직감적이고 촉각적인 것이 아닌, 진열장 밖에서 보는 시각적 모방이다.'(현실문화연구 편 2000, 80쪽) 그 결과 식민지의 근대화는 이미 물신화된 시각적이고 물질적인 식민 종주국의 근대성을 베껴내기에 급급할 뿐이며, 그 과정에서 정작 그렇게도 매혹적으로 보였던 황홀한 물질성을 만들어내는 공고한 물적, 제도적 기반에 대해서는 소외되는 것이다.

동일시와 황홀경으로 이루어지는 식민지 관객성이 식민지 모방의 형태로 나타난다는 식민 근대성의 메커니즘에 의거한다면, 반식민 도시 상하이의 조계 지역이 제공하던 서유럽 근대의 스펙터클은 시각적 황홀경이자 근대를 관람하는 거대한 스크린이었으며, 상하이 대중이 경험하는 근대의 황홀경은 이성적 사고가 아닌 감각적 경험이고 즉각적 반응이었다. 이때 시각성은 상하이 근대성의 핵심적인 요소가 된다. 따라서 상하이 근대성 구성은 활자화된 인쇄 출판문화나 문학작품 속에서 재현 형상에 의해 구현되는 것이라기보다 그러한 것들이 만들어내고 있는 상하이의 도시 풍경이라는 시각성에 보다 직접적으로 기초하고 있다 하겠다.

그렇다면 근대성을 시각적으로 체험하는 식민지적 조건에서 상하이인들은 어떠한 퍼스펙티브를 선택했으며, 그 관객성의 특징들은 어떤 것이었을까? 여기서 문제가 되는 것은 식민지 근대성에 기반한 상하이인의 정체성이다. (반)식민 근대 도시 상하이인들은 봉건적 전통사회에서 벗어나 중국에서 가장 선진적인 도시민으로 편입되는 동시에 타자로 축출되는 모순을 겪었다. 타자의 주체 구성은 식민주체에 의해 이루어지므로, 식민주체의 정체성에 타자의 것이 섞여 있듯, 그를 모방하는 타자의 주체 역시 분열적일 수밖에 없다. 식민주체의 지배 담론을 전유하는 타자의 담론 역시 차이와 분열에 의해 구성될 수밖에 없는 것이다. 그렇기에 모든 형태의 정체성은 혼종적으로 존재하게 된다. 전차, 자동차, 인력거, 자전거 등이 섞여 있는 모습, 근대와 전근대, 시간적 공간적 차이와 낙차가 섞여 있는 혼성적 풍경은 동일시의 욕망을 자극시키는 동시에 무질서한 혼란스러움과 불안을 야기시킨다. 이런 혼종적이고 양가적인 상황이 상하이인으로 하여금 근대에 대한 동일시를 꿈꾸게 하는 동시에 비동일적인 소외를 느끼게 하고, 비동일적 소외로 말미암은 고통은 그들에게 일탈을 꿈꾸게 만든다. 이때 근대를 바라보는 그들의 시선 역시 분열적으로 드러나게 되는데, 이상화시켜 동일화하려는 이미지와, 관조와 욕망의 근원으로서의 이미지 사이를 끊임없이 오가게 되면서 시각적 불확실성을 드러낸다. 다시 말해서 그들의 시선 속에는 구경꾼의 수동적인 시선으로 포획되는 욕망과 분열의 틈을 통해서 주체로서의 시선을 확보하고자 하는 욕망이 다중적으로 겹쳐 있는 것이다.

영화의 양면성-환상과 비판 사이에서

1930년대의 대표적인 리얼리즘 영화인 〈거리의 천사馬路天使〉(1937)는 상하이인의 식민지 근대적 시선의 다중성을 적절하게 설명해준다. 이 영화의 도입부 장면은 당시 상하이 도시민들이 상하이의 도시 풍경을 시각적 황홀경으로 체험하고 있음을 보여준다. 영화는 상하이의 도시 풍경 쇼트로 구성된 몽타주 시퀀스로 시작하는데, 높은 고층빌딩, 자동차, 네온사인과 카페, 댄스홀의 장면 쇼트와 구경꾼으로서의 상하이인들의 시선이 효과적으로 대비된다.[4] 상호 연관되지 않는 개체들을 연결하는 몽타주 방식은 경험의 대상에서 그 '아우라(Aura)'를 벗겨내는 충격적 근대 경험의 표상이며 예술적 등가물이라는 벤야민의 지적처럼,[5] 영화에서 상하이 근대 풍경에 대한 몽타주 시퀀스는 상하이 도시민들이 경험하는 혼란과 충격으로서의 근대성의 속도감을 재현하고 있다.[6] 그리고 이를 바라보는 상하이 도시민들의 타자화된 시선은 수동적이고 방관적인 구경꾼의 것과 같다. 이 장면이 상징적으로 시사하는 것처럼 근대가 생산한 가시적 황홀경을 상하이인들은 구경꾼의 시선으로, '근대'를 '안'에서가 아니라 '바깥'에서 바라보고 있는 것이다.

마천루의 아찔함(〈신보〉)

4) Leo Ou-Fan Lee, Yingjin Zhang(ed), "The Urban Milieu of Shanghai Cinema, 1930~40", *Cinema and Urban Culture in Shanghai 1922~1943*, Stanford University Press, 1999, p. 90.

5) 벤야민은 충격이란 외부의 계속되는 자극에 대해 인간이 그에 대처하는 능력을 잃어버리는 것으로서 대도시 체험의 근본형식이라고 지적하면서, 이에 대한 예술적 등가물을 몽티주 기법이라고 파악한다. (반성완 1996, 124~131쪽)

6) 벤야민은 영화가 도시 대중의 경험과 밀접한 관련을 지니고 있다고 지적하는데, 충격적 장면, 카메라 위치의 갑작스러운 이동, 시간과 공간의 불연속, 클로즈업과 조망을 보여주며 그 편집속도와 피사체 크기도 수시로 변하는 영화적 속성이 도시 경험의 속성과 다를 바 없다고 보는 것이다.(피터 월렌 1998, 74쪽)

이러한 몽타주 기법으로 처리된 도입부와 달리 영화의 캐릭터가 본격적으로 등장하여 이야기가 시작되는 부분에서 영화는 느린 속도로 도시 계급 모순의 문제를 리얼리즘 기법으로 전개하는데, 이런 대비된 서사방식은 도시에 대한 상하이인의 양가적 인식양태를 보여주는 효과를 빚어낸다. 이 부분에서 상하이는 더 이상 타자화된 매혹의 스펙터클이 아니라 일상을 살아가는 고달픈 삶의 현장이다. 영화는 신문 기사의 클로즈업 장면이나 변호사 사무실의 풍경을 중국의 신흥 부르주아에게 동일시될 수 있는 근대 문명의 상징으로 대조시키면서, 그 대조의 포커스를 빈민 청년들의 마술 쇼, 글자 놀이, 제복을 가지고 노는 장면에 맞추고 있다.[7] 이러한 장면들은 절대적이고 강하며, 폐쇄적인 닫힌 근대공간에 부단한 동요와 불확실성으로 가득 찬 일상 경험들을 중첩시키면서 전반부의 권력화된 절대성의 이미지들을 희화화하여 해체시킨다. 이 장면을 역사적 시공간인 1930년대 상하이와 오버랩시킬 경우, 그들의 희화화된 흉내내기는 식민 대상으로서의 상하이인의 분열적인 자기 인식에 대한 일탈 표현으로 해석된다. 왜냐하면 그들의 일탈 방식에는 복제물을 통해 원본으로 향하고 싶은 동일화의 욕망과 비동일적이고 가짜일 뿐이라는 자기 인식의 양가성이 유희적으로 드러나 있기 때문이다. 서유럽 제국 열강들에 의해 만들어진 상하이의 근대 풍경은 그 자체로 원본에 대한 복제이며, 근대성의 교묘한 위조품인 것이다. 이 장면들에서 우리는 상하이로 재현되는 식민지 모방의 허위성을 유희의 방식으로 전복하고자 하는 시선을 읽어낼 수 있다.

영화에서 서유럽에 의해 식민화된 근대성의 재현 과정에는 서유럽의 전유에 대한 거부의 시선—욕망—이 혼재되어 드러나는데, 예를

7) Leo Ou-Fan Lee 1999, 90쪽.

들어 타자화된 대상은 일탈의 과정에서 방관자의 위치에서부터 점차 역동성을 회복하고 전시되는 대상에서 구체적인 시선을 확보해 가는 주체적인 인물로 전환된다. 특히 〈거리의 천사〉에서 창녀 샤오윈(小雲)이 여자 주인공인 샤오홍(小紅)보다 더 역동적인 인물로 다가오는 이유는, 그녀가 바라볼 수 있는 시선을 확보하면서 시선의 주체가 되기 때문이다. 그녀는 외부 세계와 어떤 유기적 연대도 누리지 못하는 존재이며 도시의 소외자이고 자본의 노폐물이다. 제도에 의해 철저하게 타자화된 그녀는 시선의 권력—남성에 의한, 혹은 서유럽에 의한—을 거부함으로써 자신의 존재론적 한계를 넘어서고자 욕망한다. 주체적 시선을 확보한 그녀는 남자 주인공인 샤오천(小陳)을 상상하고 욕망하며, 샤오홍과 샤오천의 관계 역시 그녀의 시선을 통해 재현된다. 영화에서 샤오윈의 능동적인 바라보기는 시선의 권력을 획득하고자 하는 도시민의 대항 욕망을 투영한다. 이는 호미 바바가 제안하는 것처럼, 근대성의 수용과정에서 이항적 경계를 허물어 흑백논리로부터 해방되고자 하는 혼종성(hybridity)을 가능케 하는 종족간적 주체 형성(inter-ethnic subjectivity)의 가능성이 배제되지 않았으며(호미 바바 2002), 식민화의 서사과정은 식민이라는 지배적 서사뿐 아니라 피식민이라는 대항 서사가 양가적이고 분열적으로 나타나기 때문이다.

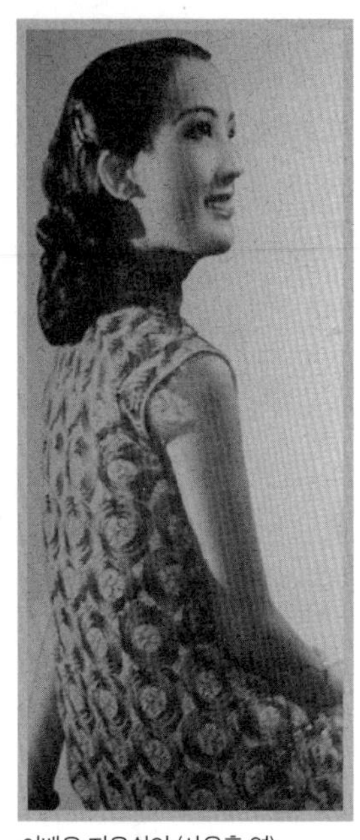
여배우 저우쉬안 (샤오홍 역)

3_ 도시 이주민의 영화경험

상하이는 근대적 개념의 사회집단 혹은 계층의 실체가 중국의 다른 지역보다 급속하고 명확하게 형성된 지역이다. 근대적 계층의 형성이 신속하게 이루어질 수 있었던 원인은 경제적, 정치적 배경에서 설명될 수 있는데, 아편전쟁 이후 서유럽 제국주의에 의해 강제된 상하이 개항은 자본주의 근대 도시로의 급속한 발달을 가져왔고, 권력의 상대적 공백과 조계지의 존재로 인하여 국내외 자본의 투자가 집중되면서 상하이는 중국에서 가장 전형적인 자본주의 도시로 성장하게 된다. 그 과정에서 상공계층은 부의 축적을 통해 이 사회에서 가장 영향력 있는 계층으로 자리 잡았으며, 각종 산업 노동자와 도시 중산층이라 할 수 있는 집단이 형성되었고, 이로 인해 유입되어 들어온 도시 이주민 층은 이 도시에 고갈되지 않는 노동력을 제공하면서 도시 산업의 공급원이 되었다.(전인갑 2002, 6쪽)

당시 상하이가 공공조계, 프랑스조계, 화계라는 세 통치권력이 정립하고 있었음에도 하나의 상하이로 유지될 수 있었던 것은 자본을 중심으로 한 경제적 메커니즘이 상공 계층과 노동자 계층을 비롯한 다양한 계층과 사회집단을 중심에 두고 움직이고 있었음을 말해준다. '국중지국(國中之國)' 이라고 불리는 조계지로 인하여 상하이인들은 국가 권력으로부터 상대적으로 자유로운 사회활동이 가능해지면서, 그러한 현상은 상하이에 새로운 사상과 문화의 출현을 가능하게 만드는 조건으로 작용한다.(전인갑 2002, 6쪽) 경

영화광고(《신보》)

제적 번영으로부터 유발된 근대 출판문화는 문학과 잡지 매체의 발달을 촉진하였고 '해파(海派) 문화' 라는 독특한 문화 현상과 함께 새로운 정치사상과 문학운동이 주창되었으며 상하이 문화활동을 주도하던 '상하이 지식인군' 이 형성되었다. 이와 더불어 대규모의 이민 노동자층은 상하이의 문화 소비자층이 되었으며 이러한 문화적 조건은 상하이에 도시 대중문화 시장이 형성될 수 있는 기반을 마련하였다.

상하이의 인구 유입은 급속도로 진행되었다. 1910년경 전체 상하이 인구의 75%가 이주민이었고 그들 대부분은 도시 하층민을 형성하였다. 1915년에는 10년에 비해 55%가 증가하였고, 1927년에는 15년에 비해 31%, 1930년에는 1927년에 비해 19% 정도로 폭발적인 인구 증가율을 보이는데, 1948년에는 상하이 인구가 580만 명에 달하였지만 그중 상하이 토박이의 비중은 단 19%에 불과했다.[8] 이들은 주로 상하이 주변 지역인 강남 지역, 즉 장쑤성(江蘇省), 저장성(浙江省), 안후이성(安徽省)에서 유입되었으며, 특별한 기술이 없었던 하층 이민자들은 주로 황푸(黃浦) 강변의 근대 서양식 공장들에서 당시 상하이의 주요 산업인 방직업에 종사하게 된다. 1933년 중국이 소유한 서양식 공장의 50% 정도가 상하이에 있었으며 1949년까지 전국 공장의 60%가 상하이에 집중되어 있었기 때문에 상하이 주변 지역은 물론 전국 각지로부터 노동자가 몰려들었다는 것은 어찌 보면 지극히 자연스러운 일이었다.[9]

'상하이 드림(上海夢)' 으로 불리던 당시의 폭발적인 이민 열풍은 경제적인 요인과 더불어 종래에는 미처 경험하지 못했던 자동차, 전화,

---

8) 전인갑 2002, 44쪽, 상하이 인구통계에 관해서는 鄒依仁, 「舊上海人口變遷的硏究」, 1980, 90쪽, 표1 上海歷年人口統計(1852~1950) 참조

9) 裴宜理(Elizabeth J. Perry), 劉平 譯, 「上海罷工」, 江蘇人民出版社, 2001, 18~34쪽 (김정구 2004, 34쪽 재인용), 상하이 노동자 계층의 출신지역과 상하이 지연조직망에 관해서는 전인갑 2002, 23~59쪽 참조.

전등, 수도 등의 서양 문물에 대한 동경과 서양식 근대 생활에 대한 매혹이 불러일으킨 결과였다. 각 지역에서 몰려든 다양한 이민자들의 거대 유입은 근대 도시 상하이에 끊임없이 활력을 불어넣으며 상하이를 메트로폴리탄으로 조건 지우는 토대가 되었으며 동시에 상하이 이민자들은 중국에서 가장 선진적인 도시에서 살아가면서 봉건적 전통사회에서 벗어나 상하이 '시민' 이 되어갔다.

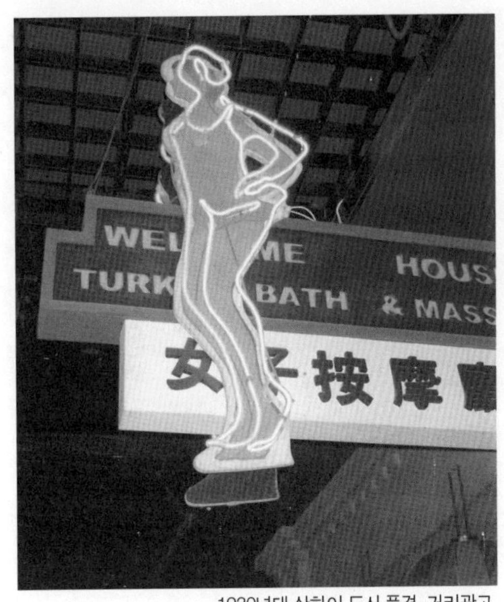

1930년대 상하이 도시 풍경-거리광고

이들 상하이 이주민들에게 근대 도시 상하이가 주는 시각적 자극은 지배적이었다. 이는 근대 도시문화가 시각성을 축으로 하고 있다는 의미인 동시에 도시 문화 자체가 하나의 시각적 쾌락의 대상이 된다는 것을 의미하는데, 이주민들에게 상하이는 하나의 매혹적인 스펙터클로 전시되었다. 상하이 대중에게 근대는 읽는 것이 아니라 보는 것이었으며 일상으로 경험되는 감각이었다. 이렇게 근대적 물질성을 매개로 한 시각적 황홀경을 영화 관람 행위에 연결시킬 경우, 영화를 본다는 것은 마치 진열된 상품을 응시할 때 발생하는 시각적 환영이라는 기제 속에서 작동된다. 스크린에서 펼쳐지는 또 다른 세계의 모습을 보면서 개인적 동일시가 가져다주는 환영을 보았고, 고단한 현실에서 도피할 수 있는 안락함을 제공하는 환상을 경험했던 것이다. 좀 더 적극적으로 해석한다면, 이주민들에게 영화를 본다는 행위는 영화를 통해 식민 주체에게 독점되었던 시선의 권력을 자신들에게 확장시키는 의미를 지닌다고 하겠다. 근대 물질문명의 타자일 수밖에 없었던 그들에게 영화를 보는 행위는 제도적으로 허용된 시공간 속에서 근대에 대한 숨겨진 욕망을 분출할 수 있는, 근대적 삶의 질서를 잠시 전도시킬 수 있는 해방적 경험이기 때문이다. 정해진 공간과 제한된 시간 동안 그들은 '가상적인 것에 새로운 진실성을 부여' 하면서 현실의 삶이 환상에 복종하는 일탈의 쾌락을 맛보게 되는 것이다. (장 뒤비뇨 1998, 278쪽) 영화 관람에 있어서 동일시와 시선 획득이라는 양가적 의미는 식민지 관객에게 있어서 더 매혹적이고 절박한 동기일 수밖에 없었다.

당시 영화 매체의 수용적 측면에서 상하이인들의 관객성을 논의할 경우에도 시각성은 중요하다. 상하이에서 영화의 주요 관객층인 이민 노동자층은 대부분 문자 문화의 수혜자들이 아니었다. 1933년에 시행된 통계에 의하면 상하이 방직 노동자들의 경우, 남자는 50~60%, 여자는 80~90%가 완전 문맹이었으며 문맹률은 평균 80% 이상이었다.[10] 그들에게 영화는 특별한 문화적 훈련이나 경제적 부담을 요구하지 않으며, 일상적으로 접할 수 있는 근대의 오락문화였다. 태생적으로 시각적 속성을 특징으로 육화된 예술인 영화는 기존의 언어나 문자를 중심으로 한 예술형태와는 달리 비언어적인 수단—배우의 동작이나 표정—을 통해서도 의사를 전달할 수 있기 때문에,[11] 이러한 영화의 시각성은 문자 문화에서 제외되었던 상하이 이주 노동자들에게 허용된 거의 유일한 문화적 창구가 되었다. 그들에게 영화는 부담

10) 忻平, 「從上海發現歷史」, 上海人民出版社, 1996, 27쪽.

11) 로버트 시템은 영화와 바흐친의 다성성의 관계를 이렇게 설명한다. "영화는 다른 어떤 매체보다도 이러한 언어 외적인 요소를 잘 갖추고 있는 양식이다. 유성 영화는 모든 언어적인 상황들, 즉 영상과 음향이 모두 화면에 나타난다. 유성 영화에서는 말의 강세와 억양을 지닌 말을 들을 수 있으며, 동시에 그 말에 수반되는 얼굴 표정이나 다른 표현도 볼 수 있다. 영화는 그 모든 것을 있는 그대로 보여준다." (Stam Robert 1988, 132쪽)

없는 가격에 즐길 수 있는 여가활동이었으며 가장 간편한 볼거리이며 여흥이었다.

이러한 시각적 도시경험과 영화경험은 1930년대 도시 대중문화에 있어 문자 중심의 인식적 틀을 급속하게 다원화하였다. 1930년대 상하이에서 대중문화로서의 영화의 보급과 유행은 인쇄 출판업의 그것보다 선행하였을 뿐만 아니라 더욱 빠른 속도로 진행되었다. 1911년 중화민국 건국과 더불어 본격적으로 융성했던 인쇄 출판업, 상무인서관, 중화서국과 같은 출판문화의 성행 즉, 인쇄 대중 매체의 보급이 지식인 주도로 진행된 대중화 프로젝트였다면 1896년 서유럽으로부터 수용되면서 대중들에게 폭발적인 인기를 얻으면서 비약적으로 성장한 영화는 주요 소비층인 도시 대중들에 의해 주도되면서 이미지 중심의 문화적 토양을 형성하였다.

1905년 이후 1931년까지 설립되고 활동했던 제작사들 가운데 절대다수는 상하이에 근거를 두고 있었다. 1925년을 전후로 중국 전역에 있는 영화사는 모두 175개였는데 그중 141개의 영화사가 상하이에 있었기 때문에 상하이는 전체 영화사의 90%에 가까운 제작사를 보유하고 있었다. 아울러 그 활동 기간을 살펴보아도 상하이의 영화사들은 평균 3년을 웃도는 수치를 기록하고 있어 베이징 지역의 2년여, 광저우(廣州) 지역의 1년여 정도의 기간에 비추어 보더라도 상하이에서 매우 지속적인 영화 제작 활동이 이루어졌음을 알 수 있다.(임대근 2002, 90쪽) 제작을 비롯하여 관객과의 소통 과정에 중요한 역할을 하는 배급과 상영에 있어서도 상하이는 중국 대도시 중에서 실질적인 중심이 되었다. 1920년대 중반 이전까지만 하더라도 이 업종은 대부분 외국인들에 의하여 이루어졌는데, 이는 영화 관객층이 대부분 외국인들이었을 뿐더러 상영되는 영화 또한 외국영화의 수입에 의존하고 있었기 때문이다.[12] 1920년대 상하이에 아이룬극장(愛倫影戲院)과 상하이대

극장(上海大戲院)이 개관하면서 중국인 관객들이 증가하기 시작했다. 1927년 당시에는 중국에 106개의 영화관 중에서 26개가 상하이에 있었으며 아오덩(奧登)극장처럼 1,420개의 좌석을 갖춘 고급스런 대형 극장도 생겼다. 극장과 영화사의 수치를 통해서도 알 수 있듯이 1930년대 상하이는 '매일 백만여 명의 사람들을 집어 삼키는' (Leo Ou-Fan Lee 1999, 75쪽) 명실상부한 영화 도시였다.[13)]

이러한 영화 문화의 발전, 오락 공간으로서 영화관의 융성은 외국영화의 유입과 함께 중국영화 산업의 발전을 촉진시켰으며, 중국에 유성영화가 등장하는 1931년을 기점으로 전통적인 오락장들은 쇠퇴기에 접어들기 시작했다. 영화관은 점차 전통극을 상연하는 다원(茶館) 같은 중국의 전통적 오락 문화 공간을 대체하는 새로운 여가 공간으로 자리 잡게 되었으며 도시 대중문화를 대표하는 상징성을 갖게 되었다. 그렇다면 20세기 초 상하이 도시민들에게 영화관은 어떠한 의미의 공간이었을까.

공통된 목적을 위해 사람들이 모인 곳이라는 의미에서 영화관은 공적인 장소이다. 그러나 공적인 이 공간을 채우는 것은 관객의 상상력이다. 그러므로 공적 공간인 영화관은 관객의 상상력이라는 사적인 기능들로 가득 찬 공간, 즉 공적이면서 동시에 사적인 이중적 공간이 된다.(레지 드브레 1994, 336쪽) 상하이의 영화 환경에 있어서 역시, 도시 이주민층에게 영화관은 현실과 일상으로부터의 일탈을 꿈꾸는 사적 공간이면서, 이러한 경험을 공유하기 위해 다양한 계층의 사람들이 모이는 공공 공간이기도 하였다. 따라서 '영화를 보러간다' 는 것

---

12) 리쑤위안과 후쥐빈은 당시 상황을 설명하면서 적어도 관객의 8~9할은 외국인이었을 것이라 주장한다. 酈蘇元 · 胡菊彬, 『中國無聲電影史』, 中國電影出版社, 1996, 102~103쪽 참조.(임대근 2002, 92쪽 재인용)

13) Leo Ou-Fan Lee 1999, 98쪽.

1930년대 상하이 도시 풍경– 영화관(좌)과 백화점(우)

역시 두 가지 차원에서 해석될 수 있는데, 하나는 스크린의 스펙터클이 제공하는 풍경과 환영들을 만나는 경험이며, 다른 하나는 영화를 보러 영화관에 가는 행위의 경험이다. 어쩌면 그들에게는 영화 자체보다 극장에 가는 일이 더 중요하였을지도 모른다.

1930년대 극장 설립 붐은 이러한 추론을 뒷받침하는 근거로 제시될 수 있다. 1930년대 상하이의 주요 극장들은 대부분 외국인 조계지역에 설치되었으며 극장은 그 자체로 상하이의 볼거리가 되었다. 영국식 빌딩, 고층의 호텔, 프랑스식 호화 사택, 그리고 아파트와 맨션과 함께 세워진 극장 건축물은 또 하나의 스펙터클을 제공하였다. 1933년에 체코의 유명한 건축가인 라디슬라우스 후데츠(Ladislaus Hudec)가 설계한 다광밍(大光明)의 경우, 2,000여 석의 규모에 냉난방 시설이 완비되어 있고, 아르 데코 스타일의 넓은 로비와 분수대, 화려한 네온 등 차양, 서유럽식 화장실을 갖춘 공간이었다.(Leo Ou-Fan Lee 1999, 75쪽) 이러한 영화 환경의 외적 조건으로 도시 이주민들에게 있어서 극장 체험은 새로운 세계로의 진입을 의미했을 것이며 새로운 세계와의 접촉이었을 것이다. 그들에게 극장에 가는 것은 볼거리에 매혹되는 개인적 체험이면서, 볼거리의 즐거움을 찾아 함께 모이는 사회적 활동을 의미하는 것이었다.

그렇다면 상하이 도시민들이 즐겨본 영화는 무엇이고, 그들은 어떠한 기준에 의해서 영화를 수용하고 선택하였는가. 즉 중국 관객성을 구성하는 그들의 문화적 기호는 영화 인식에 어떻게 작용하였고, 영화를 보는 그들의 습관은 어떠한 방식으로 영화 제작에 영향을 미쳤는가, 나아가 상하이인의 대중적 취향이 서유럽영화의 수용과 중국 전통문화의 계승에 어떻게 능동적으로 작용하였는가. 이러한 문제들을 검토하는 것은 상하이영화의 대중적 양태 고찰에 있어서 선행되어야 할 점이다.

1930년대 이전까지 중국 도시 대중에게 서유럽영화는 단연 선호되었다. 상하이의 일류급 호화 영화관은 대부분 할리우드영화를 상영하였다. 이들 영화 관람료는 1~2위안이었는데 중국영화를 상영하는 이류 영화관에 비하면 거의 열 배에 달하는 가격이었고 영어와 중국어로 된 설명서도 발행하였다. 영화잡지나 정기 간행물의 영화 칼럼은 할리우드영화 이슈들을 전하였고, 여성잡지나 화보집은 그레타 가르보 같은 할리우드 스타 사진이나 이들에 관한 소식에 상당한 지면을 할애하였다.(Leo Ou-

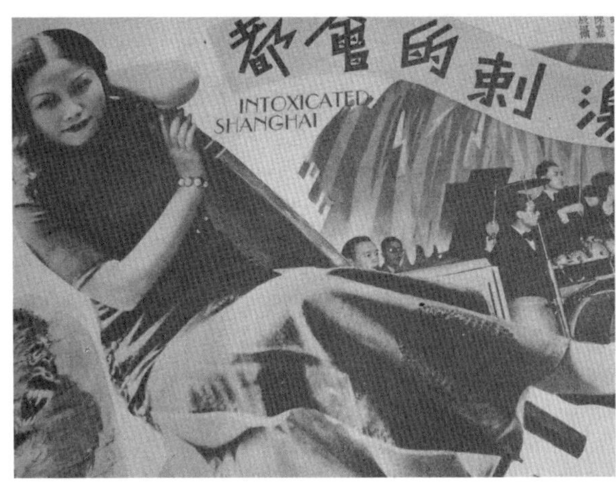

도시의 자극 감각
–여성

Fan Lee 1999, 79쪽) 할리우드영화에 대한 열광은 자본력과 기술력을 바탕으로 한 서유럽영화가 시장을 점하고 있었기 때문이기도 했지만 더 중요한 원인은 근대 문명의 시각적 황홀경으로 말미암은 것이었다. '어떤 관객들은 영화 속에 등장하는 최신 패션을 그대로 따라하기 위해 자신의 재단사를 극장에 데리고 들어올' 정도로 할리우드영화에 매혹되었으며, 중국인 영화감독들은 새로운 기술을 배우기 위해서 할리우드영화를 보러 갔다.[14)]

문제는 이러한 상하이 도시민의 영화 편향이 할리우드영화 모델이 갖는 정체성, 보편성, 우수성을 증명하는 것이 아니라 상하이 사람들에게 신기한 볼거리를 제공하는 데서 기인한다는 사실이다. 즉 상하이 도시 관객들에게 영화는 하나의 오락거리로 제공되었으며, 상하이인들은 새로운 놀이나 유흥 문화의 일환으로 영화를 즐겼던 것이다. 바꾸어 말하면 이러한 서유럽영화에 대한 대중적 양태는 중국의 전통적인 대중적 놀이문화에 대한 문화적 · 심리적 요인에 기인한 것이며, 여가 선용 기능의 차원에서 형성된 것이었다는 해석이 가능하다.

영화에 대한 중국인들의 오락적 인식은 서유럽영화가 중국에 유입될 당시 중국인들이 영화를 번역하는 기표의 변화과정에서도 근거를 찾아볼 수 있다. 임대근의 지적에 따르면, 중국에서 영화를 가리키는 명칭은 '서양 그림자극(西洋影戲)' '활동사진(活動影戲)' '영희(影戲)' '영편(影片)' '전영(電影)' 등으로 변화해 왔는데, 초기에는 대부분 '영희' 라는 표현이 그 개념의 주된 둘레로 설정되어 있음을 알 수 있다.[15)] 그런데 이른바 '영희' 는 송대에 기원을 두고 발전하여 온 중국 전통극

14) Miriam Bratu Hansen, *"Fallen Women, Rising stars, New horizons: Shanghai Silent Film As Vernacular Modernism"*, Film Quarterly, no.54, issue no.1, p.13 (김정구 2004, 83쪽 재인용)

15) 그림자극에 관한 이하의 논의는 임대근의 논지를 따라 기술한다. (임대근 2002, 145쪽)

의 한 형태였으니 당시 중국인들이 이와 공연 방식이 비슷한 영화의 전래를 두고 '서양 그림자극' 이라 명명한 것도 무리는 없을 것이다. 이후 '영희' 라는 기표는 '영편' 또는 '전영' 이라는 기표가 확고히 자리 잡을 때까지 초기 중국영화계에서 기존의 '영희' 와는 다른—서유럽적 양식을 중국적 놀이의 맥락으로 끌어들이는—번역과 전이의 과정을 거쳤다고 하겠다. 물론 실제로는 그것이 영화예술을 가리키는 명칭이었기 때문에 '영희' 라는 기표가 갖는 역사적 단절성과 실제적 이중성은 매우 분명한 것이기는 했으되, 동일한 기표에 대한 수용자들의 반응이 일정하게 기존의 기의를 연상시킬 수 있었음을 인정한다면 당시 중국의 영화가 어떠한 방식으로 대중들에게 수용되었을 것인가 하는 점을 살펴보는 데에도 도움이 될 것이다. 그러한 방식이란 역시 중국 전통극의 일종으로서 그림자극의 대중적 영향력과도 무관하지 않을 것이다.

1920년대 초기 중국영화가 연극 전통을 계승하여 연극영화의 창작이나 전통극이나 근대극의 극영화로 전환되는 과정 역시 영화에 대한 중국인들의 전통적 놀이문화에 대한 인식이 반영된다. 중국의 전통적 연행예술에 있어서 극문학 혹은 극문화는 중국의 속(俗)문화를 대표하는 대중적 문화 장르였다. 서사적 · 미학적으로 새로운 형식을 갖춘 영화가 본격적으로 등장하기 전까지 중국 초기 영화가 상당 부분 전통극 형식을 따르고 있는 측면은 중국인의 영화 인식과 관계될 것이며 동시에 영화의 대중성을 보장해주는 가장 확실하고 손쉬운 접근 방법이었을 것이다. 당시 중국의 영화 제작자들의 영화에 대한 인식 역시 이러한 측면을 방증해준다. 예컨대 장스촨(張石川) 같은 이가 아세아영화사를 인수하여 영화제작에 뛰어들면서 "흥미 때문이건 호기심 때문이건 영화라고는 몇 편 보지도 못한 내가 선뜻 허락을 한 것은 영화[影戲]를 촬영하는 일이 중국 고유의 구극(舊戲)을 연상시켰기 때문이다."라고 밝힌 점은 그 대표적인 예가 될 것이다.[16] 서유럽영화의 수용은 중국의 전통적 연행문화에 대한 인식을 바탕으로 자국민의 대중적 감각의 지평 위에서 경험되는 것이었다.

따라서 중국영화가 대중성, 대중적 영향력을 확보하기 위해서는 중국의 문화 전통에서 형성된 중국 대중들의 심미적 취향이나 미적 형식을 통해 자기화해야 하는 과정이 필수적이라고 하겠다. 1930년대 상하이영화가 중국영화의 원형적 의미를 지닐 수 있다면, 그 근거는 바로 1930년대 상하이영화는 서유럽영화가 안정적으로 본토화하는 데 성공하였음을 의미하기 때문이다. 1930년대 영화에 대한 평가에 대해서는 역사적 · 미학적 차원에서 좀 더 주밀한 논의가 필요하겠지만 당시 리얼리즘 계열의 대표 작품이라고 일컬어지는 〈거리의 천사馬路天使〉(1937), 〈신녀神女〉(1934), 〈어부의 노래漁光曲〉(1934), 〈신여성新女性〉(1934) 같은 작품만 보더라도 이들 작품의 대중적 성공은 중국의 대중적 감각에 기반하여 서유럽영화의 영향을 취사선택하여 효과적으로 사용하고 있는 데서 비롯된다고 하겠다.[17] 당시 중국감독들은 영화계에 소개된 서유럽 이론이나 기법—러시아 몽타주 이론이나 독일의 표현주의 기법, 할리우드 장르 기법 등—을 수용하는 과정에서 중국 관객들에게 소통될 수 있는 방식, 즉 전통적 대중적 심미관에 맞추어 이를 해석하고 변용하였다.[18] 1930년대 상하이영화가 보여준

16) 程季華, 『中國電影發展史』 第1~2卷, 中國電影出版社, 1963, 16쪽.

17) 예를 들어, 할리우드영화인 〈Street Angel〉(Frank Borzage, 1928)을 원작으로 하고 있는 〈거리의 천사〉의 경우, 이 영화가 중국 관객에게 다가간 요인은 원작이나 할리우드식의 영화 장르적 관습을 수용해서가 아니라 중국 관객들이 즐길 수 있는 소통 방식으로 전달되었기 때문이다.

18) 〈어부의 노래〉와 〈신여성〉의 감독인 차이추성(蔡楚生)은 〈어부의 노래〉 관객들에게 띄우는 글을 통해 다음과 같이 감독의 입장을 서술하고 있다. "몇 편의 영화가 좋은 효과를 거두지 못한 것을 본 후, 나는 더욱 굳게 믿게 되었다. 한 편의 좋은 영화가 되기 위한 가장 주요한 전제는 관중에게 흥미를 유발할 수 있는지의 여부인 것이다. 몇몇 영화

이러한 섞임의 시도와 노력은 이후 중국영화의 다양한 변용에 원형적 역량으로 작용되고 있음은 부인할 수 없을 것이다.

피식민 지역에서의 식민문화 수용이라는 형태로 진행된 상하이영화가 구성되는 과정에는 외래의 것에 대한 수용과 중국 전통에 대한 능동적 계승을 통해 근대에 대한 대중적 수용과 반응, 번역과 전유 과정이 포함되었다고 하겠다. 텍스트로서 서유럽영화는 중국의 문화적 전통이라는 콘텍스트 속에서 '번역' 되었고, 서유럽영화의 영향과 중국 내부의 전통적 요소의 수용은 구체적 현실과 지역적 특정성에 기반하여 혼종되는 과정을 통해서 상하이영화의 고유한 특징을 만들어내었다.[19]

4_ 나오며

1930년대 상하이인들의 도시경험과 영화경험의 과정에는 식민지 근대에 대한 그들의 혼성적 대응방식이 드러나 있으며, 이러한 경험은 상하이인의 정체성으로 구성되고 있다. 텍스트로서 서유럽의 근대가 중국이라는 콘텍스트 속에서 번역되고 전유되는 과정 속에서 식민이라는 지배적 서사가 일방적으로 작동하는 것이 아니라 피식민이라는 대항 서사가 개입되면서, 상하이인의 모더니티 경험은 양가적이고

들의 경우, 그 의식적 경향은 모두 정확하거나 정확하게 접근하고 있는데도 왜 완벽한 효과를 거두지는 못했던 것일까? 그것은 관객들의 흥미를 끌기에 지나치게 지루하기 때문이다. 따라서 관객들이 작가의 의도에 보다 손쉽게 접근하기 위해서는, 정확한 의식적 외면에 당의(糖衣)를 싸서 관객들이 흥미를 느끼고 쉽게 받아들이도록 해야 하는 것이다." 蔡楚生, 「八十四日之后一給〈漁光曲〉的觀衆們」, 廣播電影電視部電影局黨史資料徵集工作領導小組 中國電影藝術研究中心, 『中國左翼電影運動』, 中國電影出版社, 1993, 364쪽.

19) 이에 대한 구체적 논의는 졸고, 「상하이 좌익영화의 미적 허위성-'선전' 과 '오락' 의 변주」, 한국중국현대문학학회 편, 『중국현대문학』 제41호를 참조할 수 있다.

분열적으로 나타났다. 이항적 경계를 허물어 해방되고자 하는 혼종성을 가능케 하는 상하이인의 대자적 주체 형성의 가능성이 배제되지 않았던 것이다.

1930년대 상하이인의 모더니티 경험을 재현, 중재하는 역할을 수행했던 중국영화들은 프레임 안에 선택된 것과 프레임 밖으로 배제된 것에 대한 공감적 퍼스펙티브를 마련해갔고, 이는 도시 상하이의 지정학적 위상을 그려내었다고 할 때, 1930년대 상하이영화는 상하이라는 고유의 시공간을 페티쉬화하면서 부분으로 전체를 보여주었다. 따라서 지금 우리가 영화를 통해 상하이를 읽는 것은 바로 그들의 선택과 배제의 전략을 밝혀내는 작업이 될 것이며, 숨겨진 것과 드러내는 것, 부정된 것과 드러난 것의 실체를 규명함으로써 중국의 근대적 시공간 속 복잡한 관계의 그물망들은 조금씩 수면 위로 드러날 것이다.

참고문헌

장 뒤비뇨 지음, 류정아 옮김(1998), 『축제와 문명』, 한길사, 파주
기 드보르 지음, 이경숙 옮김(1996), 『스펙타클의 사회』, 현실문화연구, 서울
호미 바바 지음, 나병철 옮김(2002), 『문화의 위치』, 소명출판사, 서울
주디스 메인 지음, 강수영 외 옮김(1994), 『사적소설/공적영화』, 시각과 언어, 서울
M. 칼리니쿠스 지음, 이영욱 외 옮김(1993), 『모더니티의 다섯 얼굴』, 시각과 언어, 서울
레지 드브레 지음, 정진국 옮김(1994), 『이미지의 삶과 죽음』, 열화당, 파주
슈테판 크라머 지음, 황진자 옮김(2000), 『중국 영화사』, 이산, 서울

김정구(2004), 『1930년대 상하이 영화의 근대성 연구－여성의 재현양상을 중심으로』, 한국예술종합학교 석사논문

김진송(1999), 『서울에 딴스홀을 許하라』, 서울, 현실문화연구

루홍스 · 슈샤오밍 지음, 김정욱 옮김(2002), 『차이나 시네마』, 동인, 서울

노정은, 「상하이 좌익영화의 미적 허위성- '선전' 과 '오락' 의 변주」, 한국중국현대문학학회 편, 『중국현대문학』 제41호

반성완(1996), 『발터 벤야민의 문예이론』, 민음사, 서울

박자영(2004), 「상하이 노스탤지어: 중국 대도시 문화현상 사례와 관련 담론 분석」, 『동아시아에서 문화교류연구, 어떻게 할 것인가』, 성공회대 동아시아연구소 대중문화교류 프로젝트 중간발표 논문집

M. 버만 지음, 윤호병 이만식 옮김(1994), 『 현대성의 경험, 현대미학사, 서울

보드리야르 지음, 이상률 옮김(1996), 『소비의 사회』, 문예출판사, 서울

임대근(2002), 『초기 중국 영화의 문예전통계승 연구』, 한국외국어대학교 박사학위논문

전인갑(2002), 『20세기 전반기 상해사회의 지역주의와 노동자』, 서울대학교 출판부

피터 월렌 지음, 송평인 옮김(1998), 『순수주의의 종언』, 시각과 언어, 서울

현실문화연구 편(2000), 『문화읽기 : 삐라에서 사이버문화까지』, 현실문화연구, 서울

郭建英 繪, 陳子善 編(2001), 『摩登上海: 30年代的洋場百景』, 廣西師範大學出版社, 桂林

穆時英(1987), 『南北極 公墓』, 人民大學出版社, 北京

Stam Robert(1988), *"Mikhail Bakhtin and Left Cultural Critique"*, *Postmodernism and its discontents : theories, practices*, edited by E. Ann Kaplan, London ; New York : Verso

Susan Buck－Morss(1989), *The Dialectic of Seeing: Walter Benjamin and the Arcades project* , MIT press, Cambridge

Yingjin Zhang(ed)(1999), *Cinema and Urban Culture in Shanghai 1922~1943*, Stanford University Press, Stanford

Leo Ou-fan Lee(1999), *Shanghai modern : the flowering of a new urban culture in China, 1930-1945* , Harvard University Press, Cambridge

개혁개방 이후 상하이 시민문화의 특징과 의미

홍 석 준

이 글에서는 개혁개방 이후 급속하게 변화하기 시작한 상하이를 대상으로 중국 사회의 시민사회 또는 시민문화의 특징과 의미를 문화인류학적 관점에서 이해하는 데 중점을 두었다. 1978년 개혁개방 정책 이후 현재까지 상하이 도시문화의 형성과 변화의 문제를 시민문화와 신시민 계층이라 불리는 중산층의 대두의 문제와 관련시켜 그들의 성장과 특성을 고찰하는 한편 상하이의 혼종성 역시 도시문화의 중층성과 복합성, 그리고 역동성으로 인해 종전과는 매우 다른 양상과 의미로 변모할 수밖에 없다는 점을 전제로 하여 상하이 도시문화의 형성과 변모를 추적했다.

1_ 머리말

오늘날 전지구적인(global) 시장논리의 확산에 따라 상품으로서의 문화가 국가나 민족의 경계를 넘어서 침투하는 그 이면에는 정치와 경제의 힘이 강력하게 작용하고 있다. 이러한 정치경제의 전지구화(globalization) 현상이 엄연한 현실로 자리 잡아가는 것을 부인하기는 힘들다. 하지만 각 민족 또는 국가가 정체성을 확보하기 위해 자신의 문화를 재생산하고자 애를 쓰고 있는 것도 사실이다. 이는 권력이나 경제적 논리만으로는 설명되지 않는다. 특정 사회의 시민단체와 시민운동에 주목하여 '시민사회(civil society)'[1]의 형성과 변화, '시민문화(civil culture)'의 구성 요건에 관심을 갖는 것은 이런 이유에서 당연한 일이다.

---

1) 서구의 시민사회는 자유와 평등, 이성과 계몽을 그 기본이념으로 하여 서구의 근대국가의 형성과 함께 새로운 체제로 등장했다. 특히 근대 민주주의체제가 정립되면서 본격적으로 이 개념이 사용되기 시작했다. 서구사회에서 시민이란 18세기의 양대 정치혁명과 산업혁명 이후 산업사회의 새로운 중추적 계급으로 등장한 부르주아 중산층의 대두와 더불어 생성된 것으로, 자유·평등의 개인주의 사상과 이성·계몽의 합리주의 이념을 그 내용으로 하는 시민정신을 그 핵심으로 하여 발전했다.(Jonathan Hearn 2001 참조) 이러한 시민정신은 제도적으로는 자유평등권, 참정권 및 복지권의 보장으로 구현되고 시민 개개인의 의식에게는 민주산업사회에 맞는 합리주의적 보편주의적 세계관을 토대로 한 새로운 윤리관과 질서의식으로 정착된 것이다.(김동일 1986; 한태선 1997, 296쪽) 물론 시민사회라는 말은 아리스토텔레스의 정치학에서부터 나오기 시작했지만, 일반적으로 서구사회에서 시민사회란 용어는 절대왕정을 무너뜨리고 귀족과 성직자의 특권을 폐지했으며, 시민의 자유와 권리가 확보되고, 인간은 법에 의해서만 지배되는, 그러나 인간은 모두가 법 앞에 평등한 대우를 받게 되는 근대 민주주의체제가 정립되면서 탄생한 사회를 말한다(김동일 1986, 82쪽; 전기원 1997 참조). 한편, 그람시는 서구 자본주의체제가 프롤레타리아 혁명에 의해 타도되지 않고 오히려 그 체제를 견고하게 유지해 나가는 반면에 계급적 혁명운동은 대중성을 상실하여 침체되어 가고 있는 현실을 날카롭게 통찰했다.(고석규 1997 참조) 그러한 이유로 찾은 것이 시민사회였다. 시민사회란 도덕적 지도력 곧 헤게모니가 형성되고 작동되는 영역인데 이 영역의 견고성, 지속성 때문에 자본주의체제가 유지될 수 있었다고 보았다. 하지만 이 글에서는 시민사회를 "국가로부터 자율적이며, 국민이 자발적으로 만든 사회단체와 조직이 활동하는 영역"(이와사키 이쿠오

최근 세계 전역에 걸쳐 시민단체의 급격한 성장이 이루어지고 있다. 특히 경제발전의 새로운 모델로 인용되는 동아시아에서 이러한 현상은 매우 현저하게 드러나고 있다. 이런 점에서 동아시아의 시민사회 또는 시민문화와 관련된 문제를 다루는 것은 매우 역동적으로 변모하는 동아시아 사회와 문화의 특징과 의미를 이해하는 데 도움을 줄 것이다.[2] 일반적으로 비정부기구(NGO: Non-Governmental Organization)라 불리는 시민단체의 활동이 활발해지면서 시민사회와 시민문화에 대한 관심 역시 급증하고 있다.

그러나 과연 시민사회와 시민문화라고 말할 때 시민은 무엇을 지칭하며 무엇을 의미하는가? 이러한 질문에 대한 속 시원한 대답을 찾기란 그리 쉽지 않지만, 일반적으로 시민단체는 제5의 힘(5th Power)이

2002, 32쪽)으로 정의하고자 한다. 즉 시민사회단체는 전문가 단체, NGO(비정부조직), 노동조합, 학생운동, 종교 단체, 원조 단체, 공동체 조직, 기업 내 조직, 자원결사체 등과 같이 국가의 영향으로부터 일정 정도 자유롭고 자율적인 상태에서 국민 스스로 만든 단체로 규정되며, 시민사회란 이들 단체나 조직이 활동하는 영역을 가리키는 광의의 의미를 지니는 용어로 사용하고자 한다.(홍석준 2006 참조) 다시 말해 이 글에서 다루는 시민사회의 개념은 국가나 정부의 영역과 구별되는 상대적으로 자율적인 시민의 공간을 의미하며, 특히 1990년대 이후 시민사회의 개념은 시장과도 구별되는 개념으로 국가, 시장, 시민사회가 우리들의 삶의 전체를 구성하는 것으로 이해되어야 한다는 관점에서 고유의 자율적 영역을 갖는 개념으로 사용하고자 한다.(이시재 1995, 2000 참조)

2) 백영서(2004)는 동아시아 지역에서의 중산층의 대두를 통해 도래하는 사회문화 영역의 역동성에 대한 해석을 시도한 바 있다. 그는 동아시아의 시민사회를 '민간사회' 란 개념으로 파악함으로써 전통성과 근대성이 결합하는 과정을 규명하는 동시에 동아시아의 중산층이 갖는 국가에의 의존성과 그로부터의 자율성의 양면성을 드러내는 단서로 삼고자 했다. 또한 이것을 민주주의의 전망과 관련해 좀 더 깊이 있게 규명하기 위해서, 그들의 의식 내지 가치관을 고찰했다. 그는 '아시아적 가치' 론이 동아시아 중산층의 가치관을 설명하는 데 적절치 못하다는 점을 지적하고, 글로벌리즘(globalism)의 영향 속에서 그들에 의해 새로 만들어지고 있는 동아시아 발 대중문화를 동아시아인의 새로운 정체성을 형성케 할 문화적 자원으로 주목하면서 대중문화의 상상력과 비판의식의 결합가능성에 기대를 거는 연구결과를 발표했다. 이로써 동아시아에서 근대화와 사회문화변동 사이의 상호작용을 시민사회의 성장이라는 분석틀을 통해 고찰하는 학술적 시도를 한 바 있다. 보다 자세한 내용에 대해선 백영서(2004)를 참조할 것.

라 불린다.(고석규 2000) 시민단체의 활발한 활동만을 놓고 시민사회가 있다고 말할 수 있을까? 과연 시민사회와 시민문화란 무엇을 의미하는가? 어떤 사회를 시민사회라 일컬으며, 어떤 문화를 시민문화라 칭할 수 있는가? 물론 새로운 시대가 세계적 시민사회(global civil society)를 지향하고 있다면 시민사회는 시민사회단체를 포함하는 광범위한 의미의 비정부기구의 역할과 활동에 의해 추동될 것이 분명하다. 그리고 새로운 시대의 시민운동은 지역사회 · 시민사회단체의 역할과 활동 여하에 따라 크게 좌우될 것이라는 전망 역시 유효하다.

이 글에서는 개혁개방 이후 상하이를 대상으로 상하이의 신시민계층(new civil class)[3)]의 성장과 그들의 특성을 고찰함으로써 상하이 도시문화의 형성과 변모를 추적하고자 한다. 1978년 제1차 개혁개방정책의 실시 이후 상하이 사회는 급속하게 변화하기 시작하는데, 여기서는 1차 개혁개방 정책 이후 현재까지 상하이 도시문화의 형성과 변화의 문제를 시민문화와 신시민계층이라 불리는 중산층의 대두와 관련시켜 고찰하고자 한다. 여기에는 상하이의 혼종성 역시 도시문화의

---

3) 여기서 신시민계층이란 개혁개방 이후 새롭게 생겨난 사회계층으로, 대표적으로는 "시장이라는 제도와 논리가 도입됨에 따라 단기간에 치부한, 소위 벼락부자를 가리키는 신푸런(新富人)과 외자기업이나 대기업의 사무직 종사자로 비교적 높은 보수를 받는 화이트칼라를 가리키는 바이링(白領)"을 들 수 있다.(이정훈 2005, 118쪽 참조) 특히 "신푸런은 개혁개방 이래 20년도 안 되는 기간 동안 출현하여 전체 인민의 1%의 수치를 점하면서 사회전체 수입의 절반을 차지하고 있는 새로운 사회계층으로, 1992년 덩샤오핑의 남순강화 이후 전면화된 시장정책을 통해 과거 사회주의 시기에는 찾아볼 수 없었던 이러한 새로운 사회계층이 형성되었는데, 이들의 경제적, 사회적 출현이 문제가 된 이유는 그것이 단지 개인의 물질적 성과에 그치는 것이 아니라 그 자체가 상하이 사회가 추구해야 할 인생의 목표이자 이상으로서 과대 선전되고 포장됨으로써 대중들의 정신적 추구를 물질적 성공의 전일적 추구라는 단일한 방향으로 고착시키는 이데올로기적 대중조작으로 귀결된다는 점 때문"에 특히 주목을 끈다.(이정훈 2005, 125쪽 참조) 이 글에서는 신시민계층 중 신푸런과 바이링으로 대표되는, 소위 신중산층을 주된 분석의 대상으로 삼는다. 이 글에서 사용된 신시민계층이나 시민사회, 시민문화라는 개념뿐 아니라 그것이 갖는 문화적 의미를 고찰하기 위한 연구목적이나 연구주제 발굴과 개발의 측면에서 이정훈(2005)과 이태주(2005)의 논거에 힘입은 바가 크다는 점을 밝혀둔다.

중층성과 복합성, 그리고 역동성으로 인해 종전과는 매우 다른 양상과 의미로 변모할 수밖에 없다는 전제를 바탕으로 하고 있음을 밝혀둔다.[4)]

이 글은 상하이를 대상으로 중국 사회의 시민사회 또는 시민문화의 특징과 의미를 문화인류학적 관점에서 이해하는 데 중점을 둘 것이다. 시민사회에 대한 문화인류학적 관심은 주로 이론적 문제에 국한되었을 뿐, 특정의 사회를 대상으로 다룬 적은 거의 없었다. 이는 시민사회라는 개념 자체가 서유럽에서 유래했으며, 그 성격상 서유럽 중심주의로부터 벗어날 수 없는 태생적 한계를 안고 있는 것으로 인식되었고, 문화인류학은 이를 극복하기 위한 이론과 방법론을 제공해 온 것으로 알려져 왔다는 점과 무관하지 않다. 이는 지금까지 "시민사회에 대한 문화인류학적 관심과 실천이 제대로 이루어지지 못했던 것은 시민사회와 문화인류학 사이의 불편한 관계 때문"(이태주 2005)이라는 지적을 낳기도 했다.[5)] 하지만 시민사회에 대한 관심이 문화인류

4) 상하이 도시문화의 대표적인 특징으로 혼종성이 자주 거론되어 왔다.(왕샤오밍 2003; 이정훈 2005; 홍석준 2005) 1920년대, 30년대 상하이 도시문화의 혼종성과 1949년부터 1960년 문혁시대, 그리고 1970년대 말 제1차 개혁개방시대부터 20세기 말까지, 나아가 21세기에 접어든 현재에 이르기까지 상하이 도시문화의 혼종적 성격은 한 마디로 규정하기 어려울 정도로 각각 다른 의미를 지닌다. 본고는 이전 연구가 거의 다루지 않았던 2000년 이후부터 현재까지 최근의 상하이 도시문화의 혼종성을 다루고자 한다. 이를 1920년대, 30년대 상하이 도시문화의 특성과 의미라는 연구주제와 상호 비교해 봄으로써 도시문화의 혼종성이 정치적, 경제적, 사회적 맥락에 따라 매우 다른 내용과 형식을 가질 수 있음을 밝혀보고자 한다.

5) 이태주(2005)는 "시민사회(civil society)라는 개념은 태생적으로 서구 중심적이고 규범적인 슬로건으로서, 자본주의 발전과 글로벌라이제이션, 민주화, 신사회운동(new social movement) 등과 관련하여 실천적이고 이념적인 수준에서 사회 지향의 모델로서 논의되고 있는 반면에, 문화인류학이란 학문은 보편주의적 시민사회 개념을 수용하고 적용하기보다는 이 개념이 함축하고 있는 서구 중심주의와 자문화중심주의를 비판하고, 문화상대주의 관점에서 시민사회 개념을 해체하고 경험적 수준에서 다양한 시민사회 개념을 제시함으로써 서구 모델에 도전하고자 하기 때문"에 시민사회와 문화인류학 사이에는 이념적으로나 실천적으로나 어느 정도의 불편한 관계가 불가피했다고 주장한다.

학자들로부터 항상 외면받아 왔던 것은 아니다.(Hann et al. 1996) 문화인류학자들은 지금껏 꾸준히 시민사회를 다루어 왔으며,[6] 이는 시민사회 또는 시민문화에 대한 문화인류학적 접근의 유용성을 설득력 있게 전달한다.[7]

---

6) 이런 점에서 시민사회라는 연구 분야 또는 연구주제에 관한 문화인류학적 관심은 결코 새로운 것이 아니다. 고전적인 또는 전통적인 의미의 인류학(classical anthropology)에서 주된 연구대상으로 삼았던 마을, 이웃관계, 빈민가와 농촌조직, 교회, 조합, 사회운동집단, 공장, 시장, 병원 등 모든 공사 영역이 광의의 시민사회이기 때문이다. 문화인류학자들은 사회조직, 관료제, 정책과정, 사회운동 등의 연구를 통해 일상생활에서의 다양한 시민사회 개념을 찾아내고 그 속성을 '두껍게 기술'(thick description)하는 데 치중해 왔다. 특히 비정부기구에 대한 문화인류학적 접근은 전통적인 사회조직과 관계망, 가치체계와는 다른 특성을 지니는 조직유형에 대한 기존 학문분과와는 차별화된 방법론적 접근을 시도함으로써 그 작동에 의한 사회 변화의 추동력을 파악하기에 매우 유용한 관점을 제공한다.(이태주 2005 참조)

7) 우선 기존의 시민사회에 대한 이념 논쟁과 현실분석의 괴리를 극복할 수 있다는 특징을 지닌다. 자유주의적 시민사회론과 사회주의적 시민사회론의 비판과 반비판과정을 통해 시민사회를 하나의 운동 지향적 이념으로 형성해나가고 있으나 정작 시민사회운동의 현실태에 관한 분석은 매우 미비한 상태이다. 둘째, 시민사회 개념이 지니는 서유럽의 발전론적이고 진화론적인 함축이 거의 여과되지 않고 적용되고 있을 뿐 아니라, 시민사회가 마치 문명전환적 이상주의를 대변하는 것과 같이 신비화되어 있다. 반면에 실제로 시민사회가 어떠한 양태로 존재하고 조직 원리와 특성, 가치관과 신념체계가 어떠한지에 대한 연구는 매우 파편적인 수준이다. 셋째, 지나치게 규범적인 논의로 치닫고 있다. 최근의 사회자본(social capital), 신뢰(trust), 거버넌스(governance), 동반자 관계(partnership), 성찰적 근대성과 성찰적 자본, 세계시민 등에 관한 논의들은 얼마나 시민사회 논쟁이 규범적이고 개념적 수준에서 진행되고 있는지를 보여준다. 과연 그러한 지적 구성물들이 특정의 사회조직의 원리나 문화적 정체성과 특수성을 얼마나 올바로 해석해내고 실천적 의미를 부여해주는지에 대하여 의심해 볼 필요가 있다. 이런 점에서 시민사회의 인류학은 이슈 중심의 인류학, 사회와 문화에 대한 실천적 해석과 담론 형성의 인류학적 가능성을 보여준다. 또한 인류학은 개발, 환경, 인권, 분쟁, 편견, 허위의식과 지배, 신화와 상징, 인종과 성, 세대와 지역차별, 문화자본, 공동체와 규범, 관용과 신뢰 등에 이르기까지 사회문제를 경험적으로 접근하는 데 큰 장점을 지니고 있다. 뿐만 아니라 인류학은 개인주의를 넘어서 공동체적 연대라는 이상과 반국가, 반시장, 반서유럽 중심의 사상을 암묵적으로 실천하여 왔다고 볼 수 있다. 이런 의미에서 시민사회와 시민문화에 대한 인류학적 접근을 상하이와 같은 대도시의 경제, 개발, 도농 간 격차, 중산층, 시민의 문화향유체계 등을 대상으로 분석을 시도하는 일은 상하이 도시문화의 형성과 변화를 이해하는 데 큰 도움을 준다고 말할 수 있다. 이를 종합하여 요약하면, 시민사회 또는 시민문화에 대한 문화인류학적 접근은 사회운동관점의 시민사회론, 규범적인 시민사회론, 비정부기구 조

2_ 개혁개방 이후 상하이 시민문화의 형성과 그 의미

1) 중국의 경제발전과 시민문화

1987년부터 시행된 제2차 개혁개방 정책으로 인해 중국사회는 소득 분배와 재산 축적 문제 등에 있어 지역 간, 계층 간 빈부격차 현상이 심화되었다. 좀 더 구체적으로 말하면 도시 노동자와 농민 사이, 도시와 농촌 사이, 정신노동자와 육체노동자 사이의 격차가 보다 뚜렷하게 심화되면서 예전에 볼 수 없었던 심각한 사회문제가 발생하게 되었다. 이와 더불어 현재 중국사회 내에서 처음으로 계층이라는 용어가 등장하게 되었고 사회주의 시장경제체제가 실시되면서 도시사회는 보다 다양화, 복잡화되었다. 나아가 국가와 정부의 권위와 개인의 자유 사이에 완충 역할을 할 수 있을 것으로 기대되는 소위 시민사회가 중국에서도 이론적으로뿐 아니라 실제로 존재하기 시작했다는 진단도 출현하게 되었다.(陳明明 2001, 104쪽; 곽덕환 2006, 286쪽에서 재인용)

덩샤오핑의 선부론(先富論) 주장에 입각하여 1978년 이래 우선적으로 특정지역을 선정하여 발전시키는 경제특구 정책이 시행되었다. 이에 따라 해당 지역경제는 급속도로 발전했으나 여기에 해당하지 않은 지역은 상대적으로 낙후될 수밖에 없었다.[8] 그 결과 중국사회의 빈부

직관리론 등이 정치의 '전통적'이고 비공식적인 부문의 중요성을 간과하여 왔던 점을 지적하고 이를 극복하는 데 기여할 수 있다는 특징과 의미를 지니고 있다고 할 수 있다. 또한 시민사회를 시장과 법치, 민주주의의 발전이라는 서유럽의 자유주의적 보편주의 이상과 특정 사회의 특수성이라는 상대주의의 양극단에서 인식하는 오류를 극복하고 현실적이고 다원적인 모델을 구축하는 데도 기여할 수 있다.

8) 이 문제와 관련하여 중화인민공화국 수립 이래 지역 간 경제발전의 격차는 다음 세 단계를 거쳐 발생했다는 분석이 있는데, 제1단계는 1952년부터 1878년에 이르는 시기로 이 시기 경제발전에 있어 그 격차가 확대되었던 시기였고, 제2단계는 1978년부터 1991년에 이르는 시기로 이 시기에는 경제발전 격차가 오히려 좁혀졌던 시기로 간주된다. 제3단계

와이탄에서 단체로 태극권(太極拳)을 수련하는 모습

격차가 매우 심각한 수준에 이르고 있으며, 높은 소득 수준으로 안락한 생활을 누리고 있는 사람들이 늘어나는 반면 상대적으로 소득이 낮거나 소득이 거의 없는 실업자들이 등장하면서 계층 간 경쟁과 이해관계의 충돌 가능성이 점차 높아지고 있다.

현재 중국에는 과거에는 존재하지 않았다고 간주되었던 중산층이

는 1992년부터 1995년 기간으로 경제발전의 격차가 연안지역과 내륙지역으로 나뉘어 다시 확대되었던 시기로 보는 시각이 그것이다.(胡鞍鋼 2002, 340~341쪽; 곽덕환 2006, 286~287쪽에서 재인용) 이러한 지역 간 불균형 발전은 개인 간 소득 불평등 현상으로 나타났는데, "1978년에서 1995년까지 소득이 가장 높은 직업과 가장 낮은 직업 사이의 격차가 약 2.17배에서 2.23배로 상승했고, 도시지역 내에서 주민들 사이의 소득격차를 표시하는 지니 수에 따르면 1980년 0.16, 1988년 0.233, 1994년 0.3 혹은 0.33을 나타낼 정도로 급속히 상승하고 있다"(곽덕환 2006, 287쪽)는 것이다. 곽덕환(2006, 287쪽)에 따르면, "현재 중국의 지니 수는 0.45를 넘어 세계에서 최대의 소득불평등국가 대열에 진입했다"고 한다. 그는 "지니 수가 0.4 이상이면 소득격차가 매우 심각한 상태를 나타낸다. 과거 마오쩌둥 시대의 중간 소득층이 1990년대부터 몰락해 갔고 심지어는 심각한 빈곤층으로 전락했다. 1990년대 말엽의 한 조사에 의하면 도시 내 20%의 고소득층이 전체 총소득의 42.4%를 차지하고 있고, 20%의 저소득층 가구가 단지 6.5%의 소득에 머물고 있다"고 밝히고 있다.(곽덕환 2006, 287쪽)

중국공산당 제1차 전국대표대회가 열렸던 곳. 상하이에서 가장 번화한 신톈디(新天地) 옆에 자리하고 있어 묘한 대조를 이루고 있다. 사회주의 중국과 최첨단 자본주의가 공존하고 있다.

실제로 존재하는지 또는 이러한 구분이 중국 사회연구에 어떠한 의미를 지니는지에 관한 문제 제기가 심심치 않게 이루어지고 있다. 중국에서 집단의 개념은 혈연관계에서부터 출발하는 경향이 있는데, 이는 가족과 친족, 씨족, 문중 등에서부터 공동체적인 이웃의 개념에 이르는 약간 확대된 개념으로 사용되고 있다. 이에 반해 계층이나 계급의 개념은 혈연과 지연공동체 개념을 넘어 사회구조 내 구성원 간의 차이보다는 바깥 구성원의 차이가 크고 그로 인해 사회 지위의 고하가 구분되는 것을 인정하는 구분 방법이라 할 수 있다.[9)]

중국 사회과학계에서는 덩샤오핑의 개혁 개방정책의 실시 이후 급격한 사회분화가 발생하기 시작했다는 데 대체로 의견의 일치를 보이

9) 일반적으로 계층이라는 개념은 재산, 지위, 명예 등을 기준으로 하는 자본주의체제의 사회구분 방법으로 널리 알려져 있고, 반면에 계급이라는 개념은 경제적 부의 소유 유무에 따른 재산의 배분이라는 측면을 강조한다는 점에서 사회주의적 구분법이라고 알려져 있다. 하지만 중국의 경우, 이러한 구분에 부합되지 않는 특수성이 존재한다.

고 있다. 마오쩌둥 시대에는 일정 정도의 산업화에도 불구하고 사회분화가 뚜렷하지 않았기 때문에 중산층이 형성될 가능성이 거의 존재하지 않았던 반면에, 덩샤오핑의 개혁 개방 정책으로 인한 경제개혁의 결과로 전통적인 산업노동자와 농민 이외에 새로운 중산층이 출현하게 되었다는 것이다.[10)]

이와 같이 개혁개방 정책의 실시 결과 경제발전의 성과를 누리고는 있지만 사회 내 빈부격차와 도농 간 격차, 지역 간 격차 등이 심화되었으며, 사회분화의 심화로 인해 계층 간, 계급 간 이해관계의 충돌과 대립의 가능성이 높아짐으로써 이는 결국 중국사회의 심각한 사회문제의 원인으로 지적되고 있다. 중국 정부에서는 공산당과 정부만으로는 이러한 문제를 효과적으로 해결하기 어렵다고 판단하고, 중산층 중심의 민간 영역의 능력을 배가하는 방식으로 사회문제 해결에 나서고 있다. 공산당과 정부와 민간 영역을 연계하는 활동을 전개하는 역할과 임무를 맡게 된 집단이 바로 비정부기구라 불리는 단체 또는 조직들이다.[11)]

---

10) 2002년 연구 결과에 따르면, 중산층으로 분류될 수 있는 사람들의 수가 8천만 명 이상이고, 향후 10년 동안 중산층의 소득 수준에 도달할 수 있는 능력을 갖춘 집단이 4억 명에 이를 것으로 예상되고 있다. 현재 중국사회에서 수입이 연간 인민폐(人民幣) 1만 위안에서 10만 위안, 금융자산이 3만 위안에서 10만 위안인 인구와 가정을 모두 계산하면 경제적 소득이라는 측면에서 볼 때 중산층이 24.6%이고, 소비 수준의 측면에서 보면 중산층이 34%이며, 스스로 자신을 중산층이라 칭하는 집단은 46.8%에 이르는 것으로 추산되고 있다.(周曉虹 2005, 1, 5쪽; http://www.phoenix.com 자료, 곽덕환 2006, 288쪽에서 재인용)

11) 비정부기구의 한 영역으로 비영리조직인 NPO(Non-Profit Organization)를 들 수 있는데, 중국에서는 정부의 사회 기능을 보완할 수 있는 조직으로서의 NGO의 역할 중에서 NPO의 역할과 기능의 효율적 수행에 더 큰 기대를 걸고 있다. 이 점은 상하이의 경우도 예외가 아니다. 참고로 NPO의 역할이 매우 활성화된 사례로 일본을 들 수 있다. NPO는 일본에서 매우 독특한 범주로 다루어지고 있다. 미국에서는 NPO는 세법상의 범주로 영리활동을 하지 않아서 면세되는 단체를 의미한다. 따라서 대학이나 병원, 교회 등도 모두 NPO에 속한다. 그러나 일본에서는 시민활동이 중심을 이루고 있다. 또 NGO라는 개념은 정부가 아닌 모든 단체를 지칭하는 것으로 되어 있으나 기업도 당연히 여기에 포

2) 상하이 정체성, 상하이 도시문화, 상하이 시민문화

세계시민운동의 현 동향은 세계가 점차 작아지고 있으며, 하나로 연결되고 있다는 인식을 바탕으로 전개되고 있다. 소위 세계시민사회를 향한 움직임이 세계 곳곳에서 일어나고 있고, 이는 인적, 물적 네트워크를 통해 세계 구석까지 곧바로 전달되고 있으며, 다양한 문화의 전시장에서 전개되고 있다. 여기에는 반(反) 글로벌라이제이션의 경향과 '아래로부터의 전지구화'를 통한 전지구화의 적극적 활용이라는 상반된 입장이 존재한다. 이와 같이 시민문화의 형성은 국가와 민족의 정치적, 사회적 실천을 초국가적 공간으로 전달할 수 있는 현실과 맞물려 있다. 세계문화는 더 이상 고립되거나 특정의 경계를 통해 확연히 구분되지 않는다. 문화는 서로 접촉하는 과정에서 자신의 문화적 주권을 상대 문화에 전이시키거나 서로 횡단하면서 충돌한다. 이 과정에서 문화의 혼종화(hybridization)가 일어나게 된다.

상하이도 이러한 흐름에서 자유로울 수 없다는 점을 염두에 둔다면, 상하이의 시민문화의 형성 역시 이러한 맥락에서 그 상징적, 실제적 의미를 찾아야 한다. 공적 장소(public places) 또는 공간이나 도시 거버넌스(urban governance)에 대한 관심은 이러한 세계의 변화와 불가분의 관계를 맺고 있으며(Arturo Escobar 2001, 139~141쪽), 이 점에서 상하이도 예외가 아니다. '열린 광장의 문화'를 지향하는 공적 장소의 도시 거버넌스 창출을 위한 조건의 성숙 여부에 따라 상하이 사회

함된다. 그래서 시민운동과 관련이 있는 시민활동의 범주는 NPO와 NGO가 교집합을 이루는 부분, 즉 시민의 자발적인 참여를 통해서 행해지는 비영리조직을 지칭한다고 규정할 수 있다. 일본에서 NPO법에 의해 등록된 단체들의 주요 활동에 관한 보다 자세한 내용에 관해선 이시재(2000)를 참고할 것.

2010년 5월에 개장하는 상하이엑스포 중국관의 모습. 천방지원(天方地圓)의 전통 원리와 초현대식 건축의 만남을 상징한다.

의 시민문화의 특성과 의미가 만들어질 수 있다.[12)]

이러한 관점에서 볼 때 상하이의 정체성은 오랜 기간에 걸쳐 다양하고 복합적인 외래문화의 수용과 배척의 지속적인 과정에서 만들어졌으며, 지금도 만들어지고 있다. 역사적으로 자신만의 고유하면서도

12) 이런 의미에서 시민사회가 실제로는 "무성적, 가치중립적, 비인종적이며, 국가에 대응적인(responsive) 것으로 전제하는, 이른바 '보편적' 시민권의 이념적 허점"을 지닌, "무성적 시민사회의 모순적 공존을 낳을 뿐"이라는 비판적 지적(조효제 2000, 24쪽 참조)에 귀를 기울일 필요가 있다. 이는 자발성을 "사적인 보살핌의 영역에 공적 복지를 제공하는 방식에 따라 사적 영역(예컨대 가족)에 대입시키면 차별을 구조화하는"(조효제 2000, 25쪽) 기존의 시민사회론이 지닌 문제점을 극복하고, 시민의 자발성을 실제 현실 속에서 역동적으로 작동시킬 수 있는 운동 실천의 대안적 수단으로 전환시킬 수 있는 적합한 방법이 될 수 있을 것이다. 참고로 한국사회의 시민운동은 한국사회의 각종 정치적 비리나 부정부패의 척결, 경제정의 실현, 환경문제, 여성문제, 복지문제 등에 대한 올바른 인식, 문화예술과 연관된 삶의 질 향상 등을 위해 사회적 상황에 대한 현실인식을 모토로 출발한 시민단체에 의해 추동되었다.(유팔무 · 김호기 편 1995; 임희섭 · 양종회 편 2000) 한국사회에서의 시민운동은 암울한 정치적, 사회적 현실에 대한 분노와 저항에서, 소위 '저항의 풍요화'를 이루어내는 데 성공했다. 기성 정치권에 대한 분노가 극에 달해 있었던 상황에서 사람들은 일상에서 벗어나 자유와 해방감에 의한 일종의 절대적인 공동체 상태에 이르길 바랐고 그를 가로막는 정치구조적 장애물을 제거하기를 갈망했다. 이러한 정치적, 사회적 상황에 대한 현실인식을 바탕으로 하여 사회의 각종 부조리에 대한 저항과 투쟁의 과정 속에서 시민운동의 활성화를 위한 조건이 점진적으로 구비될 수 있었다고 생각한다.

독자적인 문화적 정체성을 형성, 변모시키는 과정에서 동양과 서양의 문화가 서로 충돌하면서 상하이 문화를 다양하고 중층적인 것으로 만들어내는 도시문화의 역동성이 표출되기도 했다. 즉 상하이의 정체성은 동양문화와 서양문화가 만나 서로 접촉하는 과정에서 형성된 혼종 또는 잡종문화(hybrid culture)를 그 특징으로 한다고 볼 수 있다. 이는 상하이의 국제적인 항구도시, 즉 다양한 문물과 문화, 그리고 인간이 서로 만나서 충돌하는 과정에서 긴장과 갈등, 모순이 중첩되어 표출되는 이질적인 문화 간의 조우가 발생하는 현장이라는 이미지와 상징성을 획득하는 주요한 문화적 요인으로 작동한다. 이 때문에 상하이의 정체성은 때로 다양하고 이질적인 문화들이 한데 어우러져 하나의 주물로 만들어지는, 소위 '용광로(a melting pot)'라는 개념으로 규정되기도 한다.

다른 한편으로, 상하이 사회를 규정짓는 중요한 개념 중 하나로 이민사회를 들 수 있다. 상하이는 기본적으로 외지로부터의 이민을 통

조계의 상징이었던 와이탄 앞 서양식 건축물 야경. 지금은 상하이를 대표하는 금융 거리이다.

해 형성된 이민사회다.(陳思和 2002) 이민사회로서 상하이의 문화적 특징은 개방성이다. 상하이에는 중국적인 것뿐만 아니라 전지구적인 것이 모두 집결되어 있다고 해도 과언이 아니다. 상하이다움은 곧 중국다움이자 중국적인 것과 국제적인 것 또는 글로벌한 것과의 혼합을 의미한다. 상하이인(上海人) 개념 역시 신조어인데, 누가 상하이인인가에 대한 논의는 매우 분분한 편이다.[13)]

문화대혁명 시기에 상하이는 중앙정부로부터 공격 대상이 되었고, 중국 사회주의 발전의 장애로 인식되기도 했다. 다시 말해, 비난의 표적이 된 것이다. 1949년 이전의 상하이는 문화적으로 매우 활성화된 지역이었으나 1949년 이후 1970년대까지 상하이의 위용은 점차 약화되어 갔다. 하지만 1970년대 후반 개혁, 개방의 시기에 자본주의적 질서에 대한 수용이 이루어지면서 상하이에 대한 관심 역시 크게 진작되었다. 이에 따라 전통에 대한 재평가 작업과 더불어 상하이 정체성에 대한 관심 역시 부활했다.

상하이대학의 천시허(陣犀和) 교수는 상하이 문화를 한마디로 표현하면 무엇이라고 말할 수 있겠는가라는 질문에 "상하이 문화를 한마디로 말하기는 매우 어렵지만 굳이 말하라면 혼종성(hybridity)이라는 단어가 가장 어울릴 것"이라고 답했다.(천시허 교수와의 인터뷰 2005. 2. 27.) 이 대답에는 문화의 모든 속성이 상하이에서는 모두 혼합된 상태로 존재한다는 의미가 포함되어 있다. 중국뿐만 아니라 세계의 모든 문화들이 상하이에 집약되어 있다는 뜻이기도 하다. "일단 어떠한 문화라도 상하이에 들어오는 순간 상하이적인 것이 된다. 그리고 그것은 세계로 뻗어나가 글로벌한 것이 된다"라는 천시허 교수의 말에

13) 상하이인에 대한 개념 규정과 관련된 문제를 잘 드러내는 대표적 영화로 〈항구海港〉가 있다. 여기에는 영화와 상하이 정체성의 문제가 잘 녹아 있다.(왕샤오밍 교수와의 인터뷰 참조 2005. 2. 25.)

는 내륙의 문화는 상하이에 집결하여 황해를 건너 한국과 일본으로, 그리고 태평양을 건너 미국과 유럽으로 전달된다는 점이 강조되어 있다.

혼종성이나 혼합이라는 개념이 포스트모던 시대의 화두가 될 수 있다고 한다면, 상하이는 포스트모던 도시에 속할 수 있는 것이다. 이러한 관점에서 보면, 상하이 정체성은 혼합문화(mixed culture) 속에서 배양되고 성장하여 세계로 퍼져나간다고 말할 수 있다. 여기에는 혼종 또는 잡종(hybrid)의 특성이 내포되어 있다. 이민사회로서 각지로부터 이주해 온 사람들의 충돌과 결합, 조화, 갈등을 통해 형성된 혼합문화는 상하이 정체성을 대표하는 주요 주제라고 할 수 있으며, 이러한 상하이 문화의 형성 배경에서 조계지로서의 역할을 무시할 수는 없다.

영국 조계를 시작으로 러시아, 프랑스 조계가 형성되면서 상하이는 새로운 모습으로 변모했다. 다채로운 서양문화와 국내의 전통문화가 적절히 혼합, 융화되면서 새로운 변종의 상하이 문화가 형성된 것이다. 당시 조계는 해외무역의 중심지였다. 중국 내 또 하나의 중국이라

상하이 교외 신부유층의 고급 주택가 모습

는 말이 나오게 된 것도 이러한 맥락에서 이해될 수 있다.

1980년대 개혁, 개방 시기에 국가정체성을 대체할 새로운 정체성의 모색이 이루어지면서 상하이는 주목받기 시작했다. 초국가적 질서에 적절히 적응할 수 있는 자격을 갖춘 도시로 상하이는 제격이었다. 더욱이 푸동 경제발전 계획이 발표되면서 상하이는 명실상부한 글로벌 시티로 거듭나게 된다. 이전까지 반자본주의적 체제를 고수해 온 중국 정부가 자본주의를 수용하기로 결정하면서 상하이의 혼합문화는 이를 적절히 수용할 수 있는 용광로의 의미를 부여받았다. 다양한 이질적 요소들이 한 데 모여 새로운 것을 창출해 내는 용기로서의 도시 상하이는 이질성과 통일성의 변증법적 혼합을 통한 새로운 문화의 창출을 기다리고 있었다고도 볼 수 있다.

현재 상하이의 혼합문화는 계속해서 변화하고 있는 중이다. "지금도 여전히 현대판 전설을 낳고 있다"고 평가되는 상하이의 현재는 중국에서 가장 모던한 도시의 모습을 보여줄 뿐 아니라 포스트모던의 최첨단을 선도하는 유행의 발신지 역할을 성공적으로 수행해내고 있다고 평가된다.[14] 난징둥루 거리의 젊은 상하이 여성들은 중국에서 최고로 모던하고 세련된 유

쇼핑을 하고 있는 상하이 신세대 여성들.
세련된 외모와 분위기가 세계 어느 곳의 여성들에 뒤지지 않는다.

행을 대표하는 이들로 알려져 있다. 외국인에 대해 개방적이며 거리낌 없이 시원시원하게 응대하는 자신만만하고 여유 있는 태도는 상하이인의 국제적 감각이 최근에 급조된 것이 아니라 국제화의 오랜 역사와 문화를 간직해 온 가운데 형성된 것임을 능히 감지할 수 있다. 상하이에서 인기 있는 패션이나 헤어스타일, 히트 상품, 영화나 비디오 등은 상하이에서 편집되는 잡지나 카탈로그 등에 게재되고 이는 중국 각지로 퍼져나간다.(다테 2002, 58쪽) 유행의 측면에서 상하이는 베이징을 능가한다. 이 점 또한 상하이가 문화의 중심지임을 인정하지 않을 수 없는 한 대목이다.

3_ 맺음말

중국사회는 개혁개방 이후 급속한 도시화 과정을 겪었으며, 그중 대표적인 도시를 꼽는다면 상하이를 들 수 있을 것이다. 상하이의 도시화 과정은 도시의 팽창으로 인한 도농 간의 격차를 크게 하는 형태와 내용으로 진행되었다. 냉전구조의 붕괴와 정치적 개방성의 증대, 시장경제의 성장과 중산층의 확대는 상하이와 같은 대도시의 경우, 전통적인 사회질서를 변화시켜 시민사회가 발전할 수 있는 좋은 문화적 환경을 제공했다. 그러나 경제성장은 많은 부작용도 가져왔다. 빈

14) 상하이 인근 지역의 발전과 도약을 활에 비유하여 설명하는 경우도 있다. 상하이가 외부로 향해 뻗어가는 화살촉의 형상을 하고 있으며, 그 방향은 태평양을 향하고 있다는 것이다. 상하이의 한 대학 교수는 "중국에서 동부 연안 지역이 거대한 활이라면 창장은 화살이다. 그리고 상하이는 화살촉이라고 할 수 있다. 이 화살촉은 바로 태평양을 겨냥하고 있다"라고 상하이의 지리적 위치와 그 의미를 활의 비유를 들어 설명하고 있다. 활과 화살촉의 비유를 통해 상하이가 중국 경제의 허브(hub)에서 태평양을 겨냥하고 미국을 표적으로 하여 미국을 능가하는 세계 경제의 허브로 거듭나고 있다는 것이다.(한국경제특별취재팀 2000, 24쪽에서 재인용)

부의 격차, 농촌경제의 파탄과 급속한 도시화, 그리고 자원의 고갈과 환경파괴 등 경제성장우선에 따른 사회적, 환경적 비용의 문제가 대두하게 된 것이다.[15)]

그러나 과연 고속 성장을 구가하고 있는 상하이의 도시문화에 대해 언급할 때 상하이의 시민문화가 형성되었다고 감히 말할 수 있을 것인가. 이에 대한 대답을 하기란 쉽지 않은 일이다. 최근 고도의 경제성장을 이루고 있다고 평가되는 상하이 사회에서 시민들의 삶의 질적인 측면들에 대한 배려는 과연 어느 정도 이루어지고 있으며, 실제로 실천된 경우는 얼마나 될 것인가.

도시의 시민문화 형성은 시민들의 문화향유체계 구축과 밀접한 관련을 맺고 있다. 상하이가 근대 이후에 형성된 신흥의 항구도시로 성장한 대도시라는 점을 상기한다면, 신흥 대도시라는 여건, 즉 지역사회에 대대로 살아오던 토박이 주민들은 극소수에 불과하며, 따라서 지역에 고유한 전통적 문화예술도 없고, 문화예술 활동을 위한 기반시설도 전혀 부재한 여건하에 놓인 상하이를 떠올릴 수 있을 것이다. 물론 1920년대와 30년대에 전성기를 구가했다는 여러 연구결과를 통해 우리는 상하이 도시문화의 이중성을 엿볼 수 있을 것이다. 하지만 상하이 주민들의 문화향유체계라는 측면에서 보면 상하이 시민문화에 대한 평가를 포함하여 시민문화의 존재 자체에 의구심이 드는 것 또한 부인하기 힘들 것이다.

개혁개방 정책 실시 이후 국가정체성을 대체할 새로운 정체성의 모색이 이루어지면서 상하이는 다시 주목의 대상이 되었다. 초국가적 질

15) 참고로, 1960년대 말부터 일본에서는 급속한 경제성장과 축적의 결과, 각지에서 공해문제가 발생했고 주민운동이 일어나 지방자치를 중심으로 정치변동을 가져왔다. 중국에서도 최근 경제성장의 결과로서 생활환경의 파괴가 일어나고 있고, 이것이 주민운동을 불러일으키는 계기로 작용할 가능성이 점차 높아지고 있다.(이시재 2000; 한경구 2002 참조)

서에 적절히 적응할 수 있는 자격을 갖춘 도시로 상하이는 제격이었다. 더욱이 푸둥(Pudong) 경제발전 계획이 발표되면서 상하이는 명실상부한 세계도시(global city)로 거듭나게 된다(Wu 1999, 207~216쪽). 이전까지 반자본주의적 체제를 고수해 온 중국 정부가 자본주의를 수용하기로 결정하면서 상하이의 혼합문화는 이를 적절히 수용할 수 있는 용광로의 의미를 부여받았다. 다양한 이질적 요소들이 한데 모여 새로운 것을 창출해 내는 용기(用器)로서의 도시 상하이는 이질성과 통일성의 변증법적 혼합을 통한 새로운 문화의 창출을 기다리고 있다고 볼 수 있다.

현재 상하이 도시문화에 대한 관심은 다양한 방식으로 폭넓게 전개되고 있다. 변화와 개혁을 지향하는 사회 전체의 분위기와 맞물려 진정한 변화와 개혁을 성취하기 위해선 상하이인의 삶과 문화에 대한 심도 있는 이해를 바탕으로 도시문화에의 자발적이면서도 적극적인

신부유층과 외국인을 위한 상하이 교외의 골프장. 호수와 어우러진 모습이 특이하다.

참여가 무엇보다도 중요하다는 인식도 광범위하게 확산되고 있다.

상하이의 신시민계층에 의해 주도되는 시민문화는 시민단체 간 신뢰(trust) 형성의 여부에 따라 그 성격이 크게 달라질 것이다.[16] 최근 중국사회는 시민사회로의 진입을 앞두고 있다고 평가될 정도로 그간 시민사회로의 진입을 위한 시민단체와 시민운동이 활발하게 일고 있다. 양적으로 그 수가 기하급수적으로 늘고 있는 가운데 앞으로 중국의 시민문화를 만들어내기 위해선 '열린 시민사회' 로 나아가야 한다는 주장이 대두하기도 한다. 열린 시민사회는 시민단체들이 신뢰를 바탕으로 사회갈등을 최소화하기 위해 노력하는 한편, 정치권과 거리를 두고 제3세력으로서의 정체성을 확립하는 데 주력해야 할 것이다. 국가권력의 도덕적 해이(moral hazard)가 확산되고 사회의 신뢰가 하락하고 있는 현 시점에서 시민단체들은 시민들로 하여금 자신의 활동에 지속적인 관심을 갖도록 보다 적극적인 노력을 경주할 필요가 있으며, 시민들 스스로 자원결사체 활동에 참여할 수 있는 프로그램을 개발, 제시해야 할 의무가 있는 것이다. 그럼으로써 신뢰라는 사회자본(social capital)을 축적하기 위해 시민단체들 사이의 협력과 공조체제를 구축하는 일에 시민단체가 주도적으로 나서야 할 것이다.

앞으로 상하이를 비롯한 중국의 시민사회 형성과정의 정치적 · 사회적 의미는 무엇인가에 대한 이론적 · 실천적 작업이 이루어져야 할 것이다. 이는 현상 이면에 대한 철저하고 꼼꼼한 해독을 수반해야만 하는 일이다. 문화유산, 문화예술, 지역축제, 영상문화 등과 관련된 지방자치단체의 무분별한 발전정책과 동질화를 위한 경제 논리에 대응하여 세계의 흐름을 놓치지 않은 상황에서 문화의 특성에 대한 마인

16) 여기서 '신뢰' (trust)란 혈연적 유대를 바탕으로 하지 않는 개인 또는 집단 간의 유대관계를 의미한다.(후쿠야마 1997 참조)

드를 기초로 문화를 제대로 읽어내고 이를 실천에 옮기는 일에 앞장서는 것은 시민단체로서의 권리이자 의무이기도 하다.

결론적으로 시민문화의 창달은 문화의 주체를 배제하지 않은 상태에서만이 이루어질 수 있는 것이라는 인식하에 문화에 대한 총체적 관점과 그에 바탕을 둔 마스터플랜에 대한 이론적, 실천적 관심을 늦추지 않은 상태에서 그 대안을 제시함으로써 오류와 문제점을 시정하도록 유도하는 일에서 시작된다고 할 수 있다.[17)]

---

17) 결론에 덧붙여 한마디 첨언한다면, 상하이 도시문화의 형성과 변화과정에서 문화를 둘러싸고 상하이 시와 주민들 간에 어떠한 상호작용이 이루어지고 있는가 하는 문제는 상하이 도시문화의 시민문화로서의 성격을 규정하는 데 매우 중요한 의미를 지닌다고 할 수 있다.. 그러므로 상하이의 도시문화의 형성과 변화의 사례가 우리에게 시사하는 바 중 가장 핵심적인 것은, 도시 건설에 있어서 장래의 주민들의 삶의 질을 향상시키기 위해 이루어져야 할 정책적 배려의 내용에는 문화향유체계를 어떻게 하면 주민들이 자발적이고 적극적으로 참여할 수 있게 하는 방향으로 만들 것인가에 대한 배려가 포함되어 있는가의 여부와 그에 대한 평가라고 말할 수 있다. 장구한 세월에 걸친 신도시의 구상과 건설 실행이라든가, 주민의 사회적 통합 증진을 목표로 한 조치들로서 하나의 근린지구 내에 가능한 한 다양한 사회계급들이 함께 거주하도록 유도하는 것이라든가, 전입자 상담관 제도를 통해 신규 이입자들에게 조언과 정보를 제공하는 것 등은 상하이 도시문화의 특성에 대한 고려에서 비롯되었다는 점에서 문화 생산의 주체들이 진지하게 고려해 보아야 할 문화자원들이다. 상하이시 행정당국이 추진해 온 문화예술 정책들의 내용 속에도 이러한 문화자원과 관련된 문화적 아이템들이 많이 담겨 있다. 예컨대, 필자가 만났던 상하이시의 영화와 예술 관련 행정당국자나 관련 단체의 간부들은 상하이에서의 문화예술 향유 실태의 열악성의 주된 원인으로 문화예술 관련 기반시설들의 부족과 상하이 도시인들의 문화예술에 대한 인식 부족을 꼽았다. 공연장, 전시장, 박물관 등과 같은 기반시설들이 절대 부족한 데다가 문화예술 행사들에 대한 지원비에 해당하는 예산마저 부족하다 보니 문화예술 행사들이 자주 열릴 수 없게 되고, 그러다 보면 일반 시민들의 문화예술에의 접촉 기회 자체가 줄어들어 자연히 문화예술 활동에 대한 인지도나 참여도가 낮아질 수밖에 없다는 것이다. 한마디로 예산부족을 주민들의 문화예술 향유 실태의 열악성의 근본 원인으로 파악하고 있다. 하지만 지방정부가 채택한 공공미술 및 지역공동체 예술에 대한 적극적 지원, 그리고 지역사회 내의 문화예술 활동들에 대한 체계적인 홍보 등과 같은 문화예술 정책의 소프트웨어적인 측면들에 대한 관심과 투자가 무엇보다도 중요하다. 이런 점에서 상하이시의 지역공동체 예술에 대한 강조와 지원 정책은 시사하는 바가 매우 크다고 할 수 있으며, 이 과정에서 시민문화의 창달, 형성 및 변모에 대한 논의가 보다 새로운 국면으로 접어들 수 있다고 생각한다.

참고문헌

고석규(1997), 「18 · 19세기 서울의 왈짜와 상업문화: 시민사회의 뿌리와 관련하여」, 『서울학연구』 13(1)

곽덕환(2006), 「중국 중산층의 대두와 역할」, 『중국연구』 37

김동일(1986), 「시민사회의 문화적 기초」, 『한국사회학』 20(2)

다테 히로지 지음, 김향 옮김(2002), 『상하이는 지금: 시장경제의 핵심을 만든다』, 동아일보사, 서울

백영서(2004), 「동아시아의 근대화와 사회문화 변동: 전통사회의 해체와 시민사회의 성장」, 『동아연구』 46

왕샤오밍(2003), 「현대 중국의 민족주의」, 『황해문화』 40

유팔무 · 김호기 공편(1995), 『시민사회와 시민운동』, 한울, 서울

이시재(1995), 「한국과 일본의 시민사회의 비교연구」, 현대일본연구회 국제심포지엄 발표문

이시재(2000), 「동아시아의 변동과 신사회 운동의 정치세력화」, 『한국사회과학』 22(1)

이와사키 이쿠오 지음, 최은봉 편역(2002), 『아시아 국가와 시민사회』, 을유문화사, 서울

이정훈(2005), 「90년대 중국 문학 담론의 확장과 전변」, 서울대학교 대학원 중어중문학과 박사학위논문

이태주(2005), 「초국가 시대의 시민사회와 INGO」, 한국문화인류학회 제32차 학술대회 발표문

임희섭 · 양종회 공편(2000), 『한국의 시민사회와 신사회운동』, 나남출판, 서울

전기원(1997), 「시민사회, 시민문화 그리고 합의민주주의」, 『부산정치학회보』 7(2)

조효제 편역(2000), 『NGO의 시대: 지구시민사회를 향하여』, 창작과비평사, 서울

프란시스 후쿠야마 지음, 구인회 옮김(1997), 『트러스트: 사회적 미덕과 번영의 창출』, 한국경제신문사, 서울

한경구(2002), 「가와사키시의 문화정책과 시민문화」, 『사회과학연구』 15

한국경제특별취재팀(2001), 『상하이리포트』, 은행나무, 서울

한태선(1997), 「한국 시민사회의 문화적 특성과 그 이해」, 『사회과학논총』 16

홍석준(2005), 「글로컬리티(glocality) 속의 상하이(Shanghai)와 상하이런(Shanghai ren) 정체성」, 중국현대문학학회 · 목포대 아시아문화연구소 학술심포지엄 발표문

홍석준(2006), 「글로컬라이제이션과 지역사회 시민운동」, 『인문학논총』 6(1)

陳思和(2002), 「上海人, 上海文化和上海的知識分子」, 上海証大硏究所 『上海人(Shanghai Ren)』

Arturo Escobar(2001), "Culture sits in places: reflections on globalism and subaltern strategies of localization", *Political Geography* 20

Chris Hann and Elizabeth Dunn(eds)(1996), *Civil Society: Challenging Western Models*, Routledge, London

Jonathan Hearn(2001), "Taking Liberties : Contesting Visions of the Civil Society Project", *Critique of Anthropology* 21(4)

P. Yatsko(1997), "Work in Progress," *Far Eastern Economic Review* 7 August

Weiping Wu(1999), "City Profile Shanghai," Cities 16(3)

| 원문 출처 |

제1부 상하이영화와 영화 상하이

중국영화를 통해 본 상하이와 상하이인의 정체성: 임춘성, 새로 쓴 글

상하이영화 연구 입론: 임대근(2006), 「상하이 영화 연구 입론立論」, 『중국현대문학』 제38호, 한국중국현대문학학회, 서울

상하이영화와 중국영화의 형성: 임대근 · 노정은(2009), 「1930년대 '상하이 영화'와 '중국 영화'의 형성」, 『중국현대문학』 제48호, 한국중국현대문학학회, 서울

상하이 영화산업의 특징과 변화: 곽수경(2006), 「상하이영화의 수집을 통해 살펴본 상하이 영화의 특징과 변화」, 『중국문학연구』 제32집, 한국중문학회, 서울

제2부 상하이영화와 재현의 정치학

중국영화의 상하이 재현과 해석: 유경철(2007), 「중국 영화의 상하이 재현과 해석」, 『중국현대문학』 제41호, 한국중국현대문학학회, 서울

상하이 좌익영화의 미적 허위성-'선전'과 '오락'의 변주: 노정은(2007), 「'선전'과 '오락'의 변주」, 『중국현대문학』 제41호, 한국중국현대문학학회, 서울

올드 상하이영화의 영상서사 미학적 정체성: 김정욱(2007), 「상하이 영화 연구 I -1930년대 라오(老)상하이 영화의 영상 미학적 정체성」, 『중국인문과학』, 한국중국인문과학학회, 광주

상하이에 관한 기억과 '역사들'의 재현: 임춘성(2007), 「彭小蓮의 '상하이 삼부곡'을 통해본 노스탤지어와 기억 그리고 '역사들'」, 『중국연구』 제39호, 한국외국어대학교 외국학종합연구센터 중국연구소, 서울

상하이영화의 남성텍스트적 혐의 읽기: 곽수경(2009), 「論《神女》與《新女性》的男性文本的嫌疑」, 『當代電影』, 2009年第1期, 中國電影藝術硏究中心, 北京

상하이영화의 여성형상에 나타난 동화와 할리우드의 영향: 곽수경(2009), 「신시기 상하이영화와 여성형상 – 동화와 할리우드의 영향을 중심으로」, 『중국현대문학』 제45호, 한국중국현대문학학회, 서울

글로컬리티 상황의 상하이 도시문화의 형성과 변화: 홍석준(2007), 「글로컬리티(glocality) 속의 상하이(Shanghai)와 상하이런(Shanghai ren) 정체성: 상하이 도시문화의 형성과 변화」, 『인문학논총』 제6권 2호, 한국인문과학학회, 충남

이민도시 상하이와 타자화: 임춘성(2006), 「이민과 타자화: 상하이 영화를 통해 본 상하이인의 정체성」, 『중국현대문학』 제37호, 한국중국현대문학학회, 서울

상하이인의 도시경험과 영화경험: 노정은(2004), 「1930년대 상하이인의 도시경험과 영화 경험」, 『중국학보』 제50집, 한국중국학회, 서울

개혁개방 이후 상하이 시민문화의 특징과 의미: 홍석준(2007), 「개혁개방 이후 상하이 시민문화의 특징과 의미」, 『중국현대문학』 제40호, 한국중국현대문학학회, 서울

| 상하이 영화 목록 |

연도 영화명/감독/제작사

1913 성황묘의 헤프닝二百五白相城隍廟(THE SILLY IN TOWN GOD' S TEMPLE)/張石川/亞細亞影戲公司

1921 옌루이성閻瑞生(YAN RUISHENG)/任彭年/中國影戲硏究社

1922 노동자의 사랑勞工之愛情/張石川/明星影業公司

1922 희극대왕 상하이 유람기滑稽大王游滬記(KING OF COMEDY VISITS CHINA)/張石川/明星影片公司

1923 연꽃 지다蓮花落(A LOTUS RHYME0/任彭年/商務印書館活動影戲部

1924 사람의 마음人心(A POOR HEART)/顧肯夫・陣壽蔭/大中華影片公司

1925 상하이 부인上海一婦人(A SHANGHAI WOMAN)/張石川/明星影片公司

1925 옛정前情(THE LOVER IS NOT A FORMER ONE)/朱瘦菊/百合影片公司

1925 사랑의 재난情天劫(又名《杜鵑血淚》)(A FATAL LOVE)/任彭年/商務印書館活動影戲部

1926 다정한 여배우多情的女伶(A LOVELORN ACTRESS)/張石川/明星影片公司

1926 결혼의 자유逃婚(FREEDOM OF MARRIAGE)/夏赤鳳/大中國影片公司

1926 운 좋은 바보 呆中福(THE LUCKY MAN)/朱瘦菊/大中華百合影片公司

1926 상하이 세 여자上海三女子(THREE GIRLS IN SHANGHAI)/任矜苹/新人影片公司

1926 상하이의 밤上海之夜(THE NIGHTS OF SHANGHAI)/鄭益滋/神舟影片公司

1926 상하이의 꽃上海花(SHANGHAI FLOWER)/任彭年/國光影片公司

1926 투명한 상하이透明的上海(TRANSPARENT GENERAL)/陸潔/大中華百合影片公司

1927 무대 위의 사랑歌唱奇緣 (ROMANCE IN THE HALL)/汪福庄/國光影片公司

1927 바다의 손님海上客(A NEW COMER)/錢雪凡/滬江影片公司

1927 호수가의 춘몽湖邊春夢(DREAM BY THE LAKE)/卜萬蒼/明星影片公司

1928 마전화麻振華(MA ZHENHUA)/朱瘦菊/大中華百合影片公司

1928 상하이-무희上海-舞女(A SHANGHAI DANCING-GIRL)/王賜龍/大中華百合影片公司

1928 작살 협객漁叉怪俠(STRANGE KNIGHT)/孫瑜/長城畵片公司

1930 길가의 들꽃野草閑花/孫瑜/聯華影業公司

1930 황금의 길黃金之路(THE GOLDEN ROAD)/程步高/明星影片公司

1931 여인의 비통한 사랑桃花泣血記/卜萬蒼/聯華影業公司

1932 들장미野玫瑰/孫瑜/聯華影業公司

1933 민족 생존民族生存/田漢/藝華影業有限公司

1933 세 명의 모던 여성三個摩登女性/卜萬蒼/聯華影業公司

1933 상하이 24시上海二十四時/沈西苓/明星影片股份有限公司

1933 장난감小玩意/孫瑜/聯華影業公司

1933 시대의 자식時代的兒女/李萍倩/明星影片股份有限公司

1933 자매姊妹花/鄭正秋/明星影片公司

1933 지분시장脂粉市場/張石川/明星影片股份有限公司

1933 날 밝을 무렵天明/孫瑜/聯華影業公司

1933 향초미인香草美人/陳鏗然/明星影片股份有限公司

1933 혈로血路/錢雪凡/白虹影片公司

1934 제자의 범행桃李劫/應云衛/電通影片公司

1934 마이 부인麥夫人/張石川/明星影片股份有限公司

1934 신녀神女/吳永剛/聯華影業公司

1934 신여성新女性/蔡楚生/聯華影業公司

1934 어부의 노래漁光曲/蔡楚生/明星影業公司

1934 여아경女兒經/張石川/明星影片股份有限公司

1934 안녕, 상하이再會吧, 上海/鄭云波/聯華影業公司

1934 체육황후體育皇后/孫瑜/聯華影業公司

1935 국풍國風/羅明佑/聯華影業公司

1935 대로大路/孫瑜/聯華影業公司

1935 사악한 미녀蛇蝎美人/楊小仲/聯華影業公司

1935 시대의 영웅時勢英雄/應雲衛/藝華影業公司

1935 삶의 시작人之初/史東山/藝華影業有限公司

1935 자유의 신自由神/司徒慧敏/電通影片公司

1935 버림받은 여자秋扇明燈/譚友六/聯華影業公司

1935 폭풍우暴風雨/袁叢美/藝華影業有限公司

1935 고난 속의 아이들風雲兒女/許幸之/電通影片公司
1935 향수鄉愁/沈西苓/明星影片股份有限公司
1935 형제행兄弟行/程步高/明星影片公司
1936 길 잃은 어린 양迷途的羔羊/蔡楚生/聯華影業公司
1936 신구 상하이新舊上海/程步高/明星影片股份有限公司
1936 황푸강변黃浦江邊/邵醉翁/聯華影業公司
1937 거리의 천사馬路天使/袁牧之/明星影業公司
1937 교차로十字街頭/沈西苓/明星影片股份有限公司
1937 세뱃돈壓歲錢/張石川/明星影片股份有限公司
1937 이처럼 화려한如此繁華/歐陽予倩/聯華影業公司
1937 어머니의 노래慈母曲/朱石麟·羅明佑/聯華影業公司
1938 60년 후의 상하이탄六十年後上海灘/楊小仲/新華影業公司
1939 고도 천당孤島天堂/蔡楚生/香港大地影業公司
1939 신지옥新地獄/吳村/國華影業公司
1941 어지러운 시대의 풍경亂世風光/吳仞之/金星影業股份有限公司
1941 세상의 아들 딸世界兒女/費穆/民華影業公司·大風影片公司
1941 들장미野薔薇/卜萬蒼/華成影業公司
1941 꽃의 눈물花濺淚/張石川·鄭小秋/進行影業股份由鄉公司
1947 난세의 연인들亂世兒女/程步高/東方影業公司
1947 밤의 여관夜店/佐臨/文華影業公司
1947 봄 강물은 동쪽으로 흐른다一江春水向東流/蔡楚生·鄭君里/昆侖影業公司
1947 천당 춘몽天堂春夢/湯曉丹/中央電影企業股份有限公司
1947 팔천 리 길의 구름과 달八千里路雲和月/史東山/昆侖影業公司
1947 행복 광상곡幸福狂想曲/陳鯉庭/中央電影攝影場第二廠
1947 귀향일기還鄉日記/袁俊/中央電影企業股份有限公司一廠
1947 금의환향衣錦榮歸/趙丹/中央電影企業股份有限公司二廠
1948 여가수의 노래歌女之歌/方佩霖/香港大大化影業公司
1948 거리와 골목街頭巷尾/潘孑農/中央電影企業股份有限公司
1948 집들의 등萬家燈火/沈浮/昆侖影業公司
1948 우산의 꿈巫山夢回/屠光啓/群力影藝社

1948 삼인행三人行/陳鏗然/中央電影企業股份有限公司

1948 화창한 봄날艶陽天/曹禺/文華影片公司

1948 살인범凶手/李萍倩/國泰影業公司

1949 미인행麗人行/陳鯉庭/昆侖影業公司

1949 연애의 길戀愛之道/歐陽予倩/香港南群影業公司

1949 싼마오의 유랑기三毛流浪記/趙明・嚴恭/昆侖影業公司

1949 잃어버린 사랑失去的愛情/湯曉丹/國泰影業公司

1949 여인의 봄女兒春/黃漢/大同電影企業公司

1949 불장난玩火的女人/屠光啓/大華影業公司

1949 멍텅구리 이야기二百五小傳(梨園英烈)(ANECDOTES OF AN ACTOR)/鄭小秋/大同影業公司

1949 밀어내기 擠/周彦/海燕電影制片廠

1949 까마귀와 참새烏鴉與麻雀(CROWS AND SPARROWS)/鄭君里/昆侖影業公司

1949 시계表(THE WATCH)/佐臨/文華影業公司

1949 희망은 인간세상에希望在人間/沈浮/昆侖影業公司

1950 관연대장關連長(CAPTAIN GUAN)/石揮/文華影業公司

1950 사상문제思想問題(QUESTIONS IN MIND)/佐臨/文華影業公司

1950 인민의 힘人民的巨掌(THE MIGHTS OF THE PEOPLE)/陳鯉庭/昆侖影業公司

1950 혼인대사婚姻大事(MARRIAGE IS AN IMPORTANT EVENT)/徐昌霖/慧昌影片公司

1951 내일을 위해 단결하리라團結起來到明天(UNITED FOR TOMORROW)/趙明/上海電影制片廠

1951 우리 부부 사이我們夫婦之間(BETWEEN A COUPLE)/鄭君里/昆侖影業公司

1951 사랑일 뿐只不過是愛情(IT IS ONLY LOVE)/韓義/合作影片公司

1951 고난 속의 부부患難夫妻(THE TROUBLED COUPLE)/韓蘭根/上海惠昌商務有限公司

1952 노동의 열매勞動花開(FRUITS OF LABOUR)/陳鯉庭/長江・昆侖聯合制片廠

1953 솜 잣는 노래紡花曲(SONGS OF TEXTILE)/沈浮/長江・昆侖聯合制片廠

1954 삼 년三年(THREE YEARS)/趙明/上海電影制片廠

1954 위대한 시작偉大的起点(THE GREAT BEGINNING)/張客/上海電影制片廠

1956 평화를 위해爲了和平(FOR PEACE)/佐臨/上海電影制片廠

1957 농구장 소동球場風波(TROUBLE ON THE PLAYGROUND)/毛羽/海燕電影制片廠

1957 안개 속 밤 항해霧海夜行(SAILING IN A FOGGY NIGHT)/兪濤/天馬電影制片廠

1957 바다의 혼海魂(SOUL OF THE SEA)/徐韜/海燕電影制片廠

1957 행복幸福(HAPPINESS)/天然 外/天馬電影制片廠

1958 용감한 철강 노동자鋼城虎將(THE HEROIC STEELWORKERS)/趙明/江南電影制片廠

1958 강철 꽃 피다鋼花遍地開(SPARKS OF MOLTEN STEEL)/魯韧/海燕電影制片廠

1958 란란과 둥둥蘭蘭和冬冬(LANLAN AND DONGDONG)/楊小仲/天馬電影制片廠

1958 이름 없는 영웅無名英雄(UNKOWN HEROES)/高衡/江南電影制片廠

1958 싼마오가 장사를 배우다三毛學生意/黃佐臨/天馬電影制片廠

1958 세 전우三個戰友(THREE COMRADES)/黃佐臨/天馬電影制片廠

1958 상하이 아가씨上海姑娘(THE GIRL FROM SHANGHAI)/成蔭/北京電影制片廠

1958 사랑스런 공장愛廠如家(LOVE FACTORY AS HOME)/趙明/江南電影制片廠

1958 영원한 전파永不消逝的電波(THE INFAILING RADIO WAVE)/王萍/八一電影制片廠

1958 영웅, 파커를 따라잡다英雄趕派克(HERO CATCH UP WITH PARKER)/桑弧/天馬電影制片廠

1958 1호 특급열차第一列快車(THE FIRST EXPRESS)/徐蘇靈/江南電影制片廠

1958 맹렬한 불 속에서鐵窓烈火(ORDEAL BY IRON FIRE)/王爲一/天馬電影制片廠

1958 바다 위 붉은 깃발海上紅旗(THE RED FLAG AT SEA)/陳崗/天馬電影制片廠

1958 황바오메이黃寶美(HUANG BAOMEI)/謝晋/天馬電影制片廠

1959 강철가족鋼鐵世家(A STEELMAKING FAMILY)/湯曉丹/天馬電影制片廠

1959 오늘은 쉬는 날今天我休息(MY DAY OFF)/魯韧/海燕電影制片廠

1959 봄날이여 영원히萬紫千紅總是春(SPRING FOREVER)/沈浮/海燕電影制片廠

1959 지하소년대地下少先隊(UNDERGROUND YOUNG PIONEERS)/高衡/天馬電影制片廠

1959 음악가 녜얼聶耳(NIE ER, THE MUSICIAN)/鄭君里/海燕電影制片廠

1959 향초香飄萬里(SWEETGRASS)/傅超武/天馬電影制片廠

1959 황푸강 이야기黃浦江的故事(THE STORY OF THE HUANGPU RIVER)/佐臨/海燕電影制片廠

1960 격류激流(TORRENT OF REFORM)/强明/海燕電影制片廠

1960 60년대 첫 번째 봄날六十年代第一春(THE FIRST SPRING IN 1960s)/沈浮/海燕電影制片廠

1960 상하이 전투戰上海(THE BATTLE OF SHANGHAI)/王氷/八一電影制片廠

1960 그녀들의 마음她們的心源(THEIR WISHES)/兪仲英/天馬電影制片廠

1960 새 시대의 영웅風流人物數今朝(HEROES AT PERSENT)/趙明/天馬電影制片廠

1961 51호 병참51號兵站(DEPOT No.51)/劉瓊/海燕電影制片廠

1962 리대표, 리군, 그리고 리씨大李, 小李和老李(BIG LI, YOUNG LI AND OLD LI)/謝晋 /天馬電影制片廠

1962 마술사의 기막힌 운명摩術師的奇遇(STRANGE ADVENTRUE OF A MAGICIAN)/桑弧/天馬電影制片廠

1962 여자이발사女理髮師(WOMAN BARBER)/丁然/天馬電影制片廠

1963 축구팬球迷(FOOTBALL FANS)/徐昌霖/天馬電影制片廠

1963 부모처럼如此爹娘(SUCH PARENTS)/張天賜/海燕電影制片廠

1963 72가구의 세입자들七十二家房客(THOSE 72 TENANTS)/王爲一/珠江電影制片廠

1965 청년 세대年青的一代(THE YOUNGER GERERTION)/趙明/天馬電影制片廠

1965 소년 축구부小足球隊(A YOUNG FOOTBALL TEAM)/顔碧麗/海燕電影制片廠

1965 내가 당연히 해야 할 일這是我應該做的(THIS IS MY DUTY)/張天賜/海燕電影制片廠

1974 수술 조명 아래의 은침無影燈下頌銀針(SONG OF ACUPUNCTURE TREATMENT)/桑弧/上海電影制片廠

1974 안전벨트一副保險帶(A SAFE BELT)/宋寧奇/上海電影制片廠

1974 강철시대火紅的年代(THE FIERY YEARS)/傅超武/上海電影制片廠

1975 조선소에서戰航台(IN THE SHIPYARD)/傅超武/上海電影制片廠

1977 보검이야기大刀記(SHORT STORIES OF A KNIFE)/湯化達/上海電影制片廠

1979 비밀국의 총소리保密局的槍聲(GUNSHOTS IN THE CIB)/常彦/長春電影制片廠

1979 젊은 친구들小字輩(BUS No.3)/王家乙/長春電影制片廠

1979 침묵 속에서於無聲處(IN THE SILENCE)/魯韌/上海電影制片廠

1980 악마와의 교류與魔鬼打交道的人(THE MAN WHO DEALS WITH DEVILS)/林崗/珠江電影制片廠

1981 여주苦果(BITTER FRUIT)/劉斌/西安電影制片廠

1981 새벽이 오는 깊은 밤子夜(MIDNIGHT)/桑弧 外/上海電影制片廠

1981 제3의 피살자第三個被謀殺者(THE THIRD VICTIM)/孫沙/長春電影制片廠

1981 천이 시장陳毅市長(MAYOR CHEN YI)/羅毅之 外/上海電影制片廠

1981 7월의 화염七月流火(WILDFIRE IN JULY)/葉明 /上海電影制片廠

1982 배웅의 총소리開槍, 爲他送行(SHOOTING FOR HIM)/高正/上海電影制片廠

1982 도시 속의 시골都市裏的村庄(A CORNER IN THE CITY)/騰文驥/西安電影制片廠

1982 엄마, 어디 계세요媽媽, 你在哪裏(WHERE ARE YOU, MOM?)/李華/長春電影制片廠

1982 역광逆光(A BACK-LIT PICTURE)/丁蔭楠/珠江電影制片廠

1982 비 내린 후雨後(AFTER RAINING)/溶磊/長春電影制片廠

1984 붉은 치마의 유행街上流行紅群子(RED DRESSES ARE IN ORPHANS)/齊興家/長春電影制片廠

1984 아훈 이야기阿混新傳(THE NEW STORIES OF DU XIAOXI)/王爲一/珠江電影制片廠

1984 5호 첩보원五號機要員(SPY NUMBER 5)/李連法/長春電影制片廠

1984 상하이의 밤上海之夜/徐克/香港電影工作室有限公司

1985 아파트公寓(APARTMENT)/劉欣/珠江電影制片廠

1985 보석반지寶石戒指(A GEM RING)/石洗/內蒙電影制片廠

1985 장씨집 작은 마님張家少奶奶(THE WAY SHE LIVES)/葉明/上海電影制片廠

1986 1937년의 상하이大上海1937(1937 OF SHANGHAI)/張徹/中國電影合作制片公司 外

1986 도시의 가면무도회城市假面舞會(MASQUERADE)/宋江波/長春電影制片廠

1986 쑨중산孫中山(DR. SUN YAT-SEN)/丁蔭楠/珠江電影制片廠

1986 나와 급우들我和我的同學們(ME AND MY CLASSMATES)/彭小連/上海電影制片廠

1986 아룽의 전설阿龍浴血記(THE LEGEND OF AH LONG)/張裕民/西安電影制片廠

1986 백일몽異想天開(THE DAYDREAM)/王爲一/珠江電影制片廠

1986 암살계획명 페르시아고양이波斯猫在行動(ASSASSINATION)/莿杰/長春電影制片廠

1987 도련님의 고생少爺的磨難(THE TRIBULATIONS OF A YOUNG MASTER)/吳貽弓/上海電影制片廠

1988 마쑤전 복수기馬素貞復仇記(MA SUZHEN TAKES REVENGE)/沈耀庭/上海電影制片廠

1988 한 남자와 한 여자某男與某女(MR. AND MISS SOMEBODY)/王麟/珠江電影制片廠

1988 카라얀 납치사건 綁架卡拉場(KIDNAPPING KARAJAN)/張建亞/上海電影制片廠

1988 삶과 죽음 사이生死之間(ON THE BEAT)/沈耀庭 外/上海電影制片廠

1988 아만의 코미디阿滿的喜劇(LAUGHING WITH TEARS)/張剛/上海電影制片廠

1988 왕징웨이 암살刺殺汪精衛(THE ASSASSINA OF WANG JINGWEI)/應旗/廣西電影制片廠

1988 잔혹한 욕망殘酷的欲望(LUST TO KILL)/徐偉杰/上海電影制片廠

1988 암살명단在暗殺名單上(TARGETS)/吳建新/上海電影制片廠

1988 흑기 특사黑旗特使(THE SPECIAL ENVOY)/宋江波/長春電影制片廠

1989 금색 손톱金色的指甲(GOLDEN FINGERNAILS)/鮑芝芳/上海電影制片廠

1989 신출귀몰하는 도둑百變神偷(MAGIC STEALER)/梁治强/上海電影制片廠

1989 복수대세계復仇大世界(REVENGE IN THE GREAT WORLD)/王學新/長春電影制片廠

1989 분노하는 상하이憤怒的孤島(THE WRATHFUL ISLAND)/蔣衛和/瀟湘電影制片廠

1989 비밀 전쟁秘密戰(UNDERGROUND WARFARE)/太綱/峨眉電影制片廠

1989 세 커플과 도둑三對半情侶和一個小偸(THREE COUPLES AND A THIEF)/崔東勝/長春電影制片廠

1989 상하이 무희上海舞女(SHANGHAI DANCE HALL GIRL)/徐偉杰/南京電影制片廠 外

1989 어둠 속의 포르노 유령夜幕下的黃色幽靈(PORN FREAK)/達式彪/上海電影制片廠

1989 무소유一無所有(BLACK PUMA)/江海洋/上海電影制片廠

1989 탐정 훠상智破奇案(HUOSANG SOLVES A CASE)/徐紀宏/上海電影制片廠

1989 마지막 귀족最后的貴族(THE LAST ARISTOCRATS)/謝晋/上海電影制片廠

1989 의적 루핑俠盜魯平(LUPING, THE CHIVALROUS THIEF)/沈耀庭/上海電影制片廠

1990 고도의 정보전쟁孤島情報戰(SHANGHAI INTELLIGENCE WAR)/郭林/深圳電影制片廠

1990 기동대軍統特遣隊(TASK FORCE)/潘劍琴/長春電影制片廠

1990 규방의 정한閨閣情怨(原名《花較淚》)(TEARS OF THE BRIDAL SEDAN)/雅克/上海電影制片廠

1990 불상과 협객佛光俠影(THE CASE OF THE BUDDHA)/彭克柔/上海電影制片廠

1990 와이탄의 용과 뱀外灘龍蛇(又名《斧頭幫舵主》)(INSIDE STORY OF SHANGHAI)/薛産東/長春電影制片廠

1990 달은 사람을 따라 돌아오고月隨人歸(RETURN WITH THE MOON)/吳貽弓/上海電影制片廠

1990 피 묻은 다이아몬드滴血鑽石(BLOOD-RED DIAMOND)/沈耀庭/上海電影制片廠

1991 천지개벽開天闢地(THE CREATION OF A WORLD)/李歇浦/上海電影制片廠

1991 쓸 데 없는 참견多管閑事(AHMAN' S STORIES)/張剛/上海電影制片廠

1991 못생겼지만 마음은 곱답니다我很醜, 可是我很溫柔(I' M UGLY BUT I' M GENTLE)/莊紅勝/上海電影制片廠

1991 연인들有情人(FOR LOVE)/包起成/上海電影制片廠

1991 깊은 정義重情深(DEEP EMOTIONS0/孫天相/內蒙古電影制片廠

1991 하루가 백 년一夕是百年(A YEAR AFTER GETTING MARRIED)/陳鷹/珠江電影制片廠

1991 난푸 대교情灑浦江(THE NANPU BRIDGE)/賀國甫/上海電影制片廠

1991 꿈을 찾아 나선 천 리길千里尋夢(THE QUEST FOR A DREAM)/楊延晋/上海電影制片廠

1991 촛불 속의 미소燭光裏的微笑(HER SMILE THROUGH THE CANDLELIGHT)/吳天忍/上海電影制片廠

1991 당신에게 시집가겠어就要嫁給你(IT' S YOU I WANT TO MARRY)/徐曉星/瀟湘電影制片廠

1992 교회당으로의 피신教堂脫險(ESCAPE FROM CHURCH)/鮑芝芳/上海電影制片廠

1992 마굴 속의 사랑魔窟生死戀(LOVE IN DEN)/宋榮/北京電影制片廠

1992 꿈의 술집의 저녁 풍경夢酒家之夜(EVENING AT THE DREAM BAR)/達式彪/上海電影制片廠

1992 두 번째 밀월蜜月再來(SECOND HONEYMOON)/包起成/上海電影制片廠

1992 싼마오의 종군기三毛從軍紀(AN ORPHAN JOINS THE ARMY)/張建亞/上海電影制片廠

1992 상하이의 휴가기간上海假期(MY AMERICAN GRANDSON)/許鞍華/上海電影制片廠

1992 경찰과 소매치기神警奇偷(THE POLICEMAN AND THE THIEF)/石曉華/上海電影制片廠

1992 영웅의 눈물英雄地英雄淚(THE GREAT LAND, THE HEROIC POETRY)/李建生/上海電影制片廠

1992 잠입臥底(INTERLLIGENCER)/沈耀庭/上海電影制片廠

1992 자링강의 유혈喋血嘉陵江(THE EAGLE' S NEST)/薛産東/峨眉電影制片廠

1992 미션 없는 행동無使命行動(ACTION WITHOUT MISSION)/喬克吉/長春電影制片廠

1993 증권거래소의 로망스股市婚戀(ROMANCE IN THE STOCK MARKET)/宋榮/天山電影制片廠 外

1993 증권 열풍股瘋(SHANGHAI FEVER)/李國立/瀟湘電影制片廠

1993 상하이탄의 실전奪命驚魂上海灘(ENCOUNTER IN SHANGHAI)/江海洋/上海電影制片廠

1993 섹스스캔들桃色新聞(NEWS OF AN ILLICIT LOVE AFFAIR)/達式彪/上海電影制片廠

1993 도시의 로망스都市情話(ROMANCE IN METROPOLITAN SHANGHAI)/徐紀宏/上海電影制片廠

1993 동방제일 자객東方第一刺客(FIRST KILLER IN SHANGHAI)/趙文析/廣西電影制片廠

1993 꿈 아닌 꿈夢非夢(THE DREAM IS NOT A DREAM)/岑苑/上海電影制片廠

1993 화가 류하이쑤 전기叛逆大師海粟的故事(THE STORY OF THE PAINTING MASTER LIU HAISU)/姚壽康/珠江電影制片廠

1993 복수報仇(REVENGE)/莊胤建/峨眉電影制片廠

1993 사기꾼詐騙犯(THE SWINDLER)/沈耀庭/上海電影制片廠

1993 상하이의 옛일上海往事(REVERIE IN OLD SHANGHAI)/梁普智/上海電影制片廠

1993 왕선생의 불타는 욕망王先生之欲火焚身(MR. WANG' S BURNING DESIRES)/張建亞/上海電影制片廠

1993 암살絶殺(ASSASSINATION)/張中偉/長春電影制片廠

1993 함정 속의 결혼陷穽裏的婚姻(MARRIAGE IN A TRAP)/宋棨/上海電影制片廠

1994 이사의 기쁨喬遷之喜(THE MOVING)/姚壽康/上海電影制片廠

1994 여인의 분노怒海紅顔(A WOMAN TO ANOTHER WOMAN)/徐慶東/北京電影制片廠

1994 끝나지 않은 서커스 사랑馬戲情未了(CIRCUS KID)/午馬/珠江電影制片廠 外

1994 낯선 사랑陌生的愛(LOVE FROM STRANGERS)/徐偉杰/上海電影制片廠

1994 비정한 사수悲情槍手(GRIEVED GUNFIGHTER)/于本正/上海電影制片廠

1994 오피스걸奧菲斯小姐(OFFICE GIRLS)/鮑芝芳/上海電影制片廠

1994 구사일생絶境逢生(NARROW ESCAPE)/張建亞/上海電影制片廠

1994 이연걸의 정무문精武英雄(FIST OF LEGEND)/陳嘉上/北京電影制片廠 外

1994 지옥은 도대체 몇 층인가地獄究意有幾層(HOW ON EARTH IS IN THE HELL)/呂小籠/廣西電影制片廠

1994 천여지天與地(HEAVEN AND EARTH)/黎大煒/福建電影制片廠 外

1994 레드로즈 화이트로즈紅玫瑰與白玫瑰(RED ROSE, WHITE ROSE)/

關錦鵬/天山電影制片廠 外

1994 붉은 모자의 로망스紅帽子浪漫曲(THE ROMANCE OF PORTERS)/于杰/上海電影制片廠

1995 상하이 트라이어드搖啊搖, 搖到外婆橋/張藝謨/上海電影制片廠

1995 위험한 소녀危情少女/婁燁/龍威制片公司制作

1995 인약황혼人約黃昏/陳逸飛/香港思遠影業公司 · 上海電影制片廠

1995 취권2大醉拳/章家良/嘉禾電影有限公司 外

1996 물푸레나무金秋桂花遲/杜民/北京電影制片廠

1996 주인 이야기老板的故事/韋家輝/上海電影制片廠 外

1996 스지교 아래世紀橋下/羅小玲/中國兒童電影制片廠

1996 상해탄新上海灘(SHANGHAI GRAND)/潘文杰/永盛娛樂製作公司

1996 쿵푸 신동들神勇小拳童(KONG FU KIDS)/李劍/上海電影制片廠

1997 상하이 신부上海新娘/史風和/上海電影電視公司 外

1997 나의 피 나의 사랑我血我情/李欣/上海電影電視公司

1997 무희舞女(TIDE OF DANCING WOMEN)/沈悅/北京電影制片廠

1998 용감히 상하이탄에 뛰어들다義俠勇闖上海灘/杜韋達/峨眉電影制片廠

1998 상하이 기사上海紀事/彭小蓮/上海電影電視公司

1998 홍색 연인紅色戀人(A TIME TO REMEMBER)/葉纓/北京紫禁城影業公司

1998 네 가지 기쁨四喜臨門/王鳳奎/上海電影電視公司

1998 사랑하는 사람滄海有情人/李駿/珠江電影制片廠

1999 아름다운 신세계美麗新世界(A BEAUTIFUL NEW WORLD)/施潤玖/西安電影制片廠

1999 공화국의 깃발共和國之旗/王冀邢/北京紫禁城影業公司

1999 녹색의 사랑綠色柔情/石曉華/上海永樂影視公司

2000 커커의 마술 우산可可的魔傘/彭小蓮/上海美術電影制片廠

2000 2000년에 만나요相約2000年/錢永强/上海永樂影視公司

2000 수쥬蘇州河(SUZHOU RIVER)/婁燁/婁燁電影公司

2000 유리는 투명한 것玻璃是透明的/夏剛/北京電影制片廠

2001 상하이 여인들假裝沒感覺(SHANGHAI WOMEN)/彭小蓮/上影集團

2002 상하이 패닉我們害怕(SHANGHAI PANIC)/陳裕蘇/澳洲龍威影視制作有

限公司

2003 아름다운 상하이美麗上海(SHANGHAI STORY)/彭小蓮/上海電影制片廠

2003 자줏빛 나비紫蝴蝶(PURPIE BUTTERFLY)/婁燁/上海電影制片廠

2006 자스민 여인들茉莉花開(JASMINE WOMEN)/侯咏/金英馬影視文化公司 外

2006 상하이 룸바上海倫巴(SHANGHAI LUNBA)/彭小蓮/上海電影制片廠

| 찾아보기 |

인명

ㅈ.

ㅊ.

키워드

ㅇ.

■ **임춘성**(林春城, Yim Choon-sung)

중문학/문화연구. 목포대학교 중어중문학과 교수. 한국외국어대학교 중국어과를 졸업하고 같은 대학 대학원에서 문학석사학위와 문학박사학위를 받았다. 〈한국 중국현대문학학회〉 회장(2006~2007)을 역임했고 현재 동 학회 고문직을 맡고 있다. 지은 책으로 『소설로 보는 현대중국』, 『21세기 중국의 문화지도-포스트사회주의 중국의 문화연구』(공편저), 『동아시아의 문화와 문화적 정체성』(공저), 『홍콩과 홍콩인의 정체성』(공저), 『중문학 어떻게 공부할까』(공저), 『중국 현대문학과의 아름다운 만남』(공저), 『영화로 읽는 중국』(공저), 『위대한 아시아』(공저) 등이 있고, 옮긴 책으로 『중국 근대사상사론』(李澤厚著), 『중국통사강요』(白壽彝主編, 공역), 『중국 근현대문학운동사』(편역) 등이 있으며, 중국 근현대문학이론과 소설, 중국 무협소설과 중국 영화, 상하이와 홍콩 등 중국 도시문화, 이주와 디아스포라, 정체성과 타자화 등에 관한 논문 70여 편이 있다. csyim2938@hanmail.net

■ **곽수경**(郭樹競, Kwak Su-kyoung)

동아대학교 중어중문학과를 졸업하고 성균관대학교와 베이징사범대학교에서 각각 문학석사학위와 문학박사학위를 받았다. 동시에 베이징영화아카데미(北京電影學院)와 중국영화예술연구센터(中國電影藝術研究中心) 석사과정에서 영화를 공부했다. 지금은 동아대학교 중국학과에서 강의를 하고 있다. 지은 책으로 『현대중국의 이해』(공저), 『중국영화의 이해』(공저) 등이 있고, 옮긴 책으로 『이중톈 미학강의』, 『21세기 중국의 문화지도』(공역)가 있다. 「魯迅소설의 각색과 중국영화사」, 「코미디영화로서의 『有話好好說』 분석하기-원작 『晩報新聞』과의 비교를 통해」, 「중국의 한국드라마와 한류스타 현상」, 「중국에서의 『대장금』 현상의 배경과 시사점」 등 중국영화와 문화 분야에 관한 다수의 논문이 있다. 525ksk@hanmail.net

■ **김정욱**(金炡旭, Kim Jung-wook)

전남대학교 중어중문학과 조교수. 중국 현대 소설 및 현당대 드라마로 전남대학교에서 석사 박사 학위를 취득하였다. 다시 베이징영화대학(BEIJING FILM ACADEMY) 석사과정에서 중국영화각색론을 중심으로 연구하여 과정을 이수하였다. 상하이사범대학에서 1년 반 동안(2008. 2~2009. 8) 교환교수로 파견 근무하였다. 지은 책으로는 『중국의 이해』(공저), 『영화로 읽는 중국』(공저)이 있으며, 번역서로는 중국영화사를 번역한 『차이나시네마』가 있다. 근간의 연구 논문으로는 「「神女」를 보는 어떤 한 장의 지도」, 「阿詩瑪」의 詩的 原型과 영상 서사 연구(上)(下)」 등 중국 현당대 연극, 영화이론에 대한 논문이 있다. cineek@hanmail.net

■ **노정은**(魯貞銀, Roh Jung-eun)

이화여대 중어중문학과를 졸업하고 푸단대학 중문학부에서 문학석사학위와 문학박사학위를 받았다. 현재 건국대학교 중어중문학과 부교수로 재직 중이다. 지은 책으로 『중국 현대문학과의 만남』(공저) 등이 있고, 옮긴 책으로 『중국당대문학사』(陳思和 지음, 공역)가 있다. 최근 논문으로 「『상하이 베이비』와 '신인류' 의 문화적 징후」 등이 있다. rjecilvia@hanmail.net

■ **유경철**(劉京哲, Yu Kyung-chul)

강릉원주대학교 중어중문학과 조교수. 2005년 『金庸 武俠小說의 '中國想像' 硏究』로 서울대학교 문학박사학위에서 취득하였다. 「"中華主義", 韓國의 中國 想像」, 「武俠 장르와 紅色經典-양자에 관련된 '시간' 과 '시간성' 을 중심으로」, 「지아장커(賈樟柯)의 『샤오우(小武)』 읽기-현실과 욕망의 '격차' 에 관하여」, 「중국 영화의 상하이 재현과 해석」, 「장이머우의 무협영화, 무협장르에 대한 통찰과 위험한 시도」 등의 논문이 있다.
mapping@dreamwiz.com

■ **임대근**(林大根, Lim Dae-geun)

한국외국어대학교 중국어과를 졸업하고 동 대학원에서 「초기 중국영화의 문예전통 계승 연구(1896~1931)」로 박사학위를 받았다. 현재 한국외국어대학교 대학원 글로벌문화콘텐츠학과 및 중국어통번역과 조교수. 부산대학교 영화연구소 및 한국예술종합학교 트랜스아시아영상문화연구소 객원연구원. 중국 영화연구자 집단인 중국영화포럼을 중심으로 대중문화 연구와 강의, 번역 등의 일을 하고 있다. 지은 책으로 『중국영화의 이해』(공저), 『영화로 읽는 중국』(공저) 등이 있으며, 최근 논문으로 「상하이 베이비: 텍스트의 확장과 맥락의 재구성」, 「중국 영화의 국적성 혹은 지역성과 역사·문화정치학」, 「김염: 1930년대 상하이 디아스포라와 국족 정체성의 (재)구성」 등 다수가 있다. rooot@hufs.ac.kr

■ **홍석준**(洪錫俊, Hong Seok-joon)

문화인류학/동남아시아 지역연구. 말레이시아의 사회와 문화. 목포대학교 문화인류학과 교수. 서울대학교 인류학과를 졸업하고 같은 대학 대학원에서 문학석사학위와 인류학박사학위를 받았다. 〈한국문화인류학회〉 이사 및 연구위원, 〈한국동남아학회〉 연구이사, (사)한국동남아연구소 행정부소장을 역임했고 현재 〈한국문화인류학회〉 이사 및 기획위원장직을 맡고 있다. 지은 책으로, 『동아시아의 문화와 문화적 정체성』(공저), 『낯선 곳에서 나를 만나다: 문화인류학 맛보기』(공편저), 『처음 만나는 문화인류학』(공저), 『동남아의 사회와 문화』(공저), 『동남아의 종교와 사회』(공저), 『홍콩과 홍콩인의 정체성』(공저) 등이 있고, 옮긴 책으로 『샤먼』(공역), 『동남아의 정부와 정치』(공역) 등이 있으며, 문화인류학 이론과 방법론, 문화와 종교, 종교변동론, 지역연구와 문화연구, 동남아시아의 지역연구, 동남아시아의 사회와 문화, 동아시아의 해양문화, 동아시아의 항구도시문화 등에 관한 다수의 논문이 있다. anthroh@chol.com

상하이영화와 상하이인의 정체성

초판 1쇄 펴낸날 2010년 3월 30일

지은이 임춘성 곽수경 김정욱 노정은 유경철 임대근 홍석준

펴낸이 강수걸

펴낸곳 산지니

등록 2005년 2월 7일 제14-49호

주소 부산광역시 연제구 거제1동 1493-2 효정빌딩 601호

전화 051-504-7070 | **팩스** 051-507-7543

sanzini@sanzinibook.com

www.sanzinibook.com

ISBN 978-89-92235-88-4 93680
ISBN 978-89-92235-87-7(세트)

값 25,000원

* 이 도서의 국립중앙도서관 출판시도서목록(CIP)은
e-CIP 홈페이지(http://www.nl.go.kr/cip.php)에서
이용하실 수 있습니다.(CIP 제어번호 : CIP 2010001094)